JN012992

戦略管理論

ミッションからインテグリティへ

Mission to Integrity

三宅　光頼　著

青山ライフ出版

もくじ

はじめに

　本書は、経営戦略および経営管理を理解し、実務として展開運用するための基本書である。特に、ビジネススクールで経営を学ぶ再学習者および実務家のための初学者用のテキストとして執筆した。

　最も意識したのは、過度にアカデミックにならないことはもちろんであるが、逆に、過度に実務家向けにカスタマイズしないよう配慮した点にある。実務家は事例や経営書の中に答えを探していることが多い。その答えが事例の中に見つからないとわかったとき、多くの実務家は思考停止状態になり、解決策の深掘りを止めてしまう。

　現実の答えは自社の中、方法論は現場担当者の中にしかない。

　理論よりも重要なのは、実務家の現場感覚と倦むことのない思考シミュレーション、特に、長時間の抽象的な思考に耐えられるだけの思考の忍耐力である。本書はそれらを支援するため、全体像の理解と実務的に展開する考え方と気づきの提供を重視した。

　本書の構成は下記の通り。

第 1 章　ミッションおよびインテグリティ編
　ミッションの構造を理解するとともに、競争差別化要因、成長促進要因の強化のため、ミッションを役割の中で再構築し、実践する方法を解説する。併せて、ミッションからインテグリティへの展開により、企業の今後のあるべき姿について提言と解説を行う。

第 2 章　戦略編
　戦略論の概要とコンセプト、ファンクション、アクションの 3 視点から戦略を展開する方法論とアプローチについて解説する。戦略策定と実践には、理論よりも方法論やツールに実践的な「手垢」が付いていることが望ましい。思考のツールとして使い慣れていること、それも一つ二つではなく、数種類を使いこなした方法やツールであること。その選択肢を提供する。

第 3 章　分析編
　本書で定義する戦略とは「勝ち方、または、ボロ負けしない負け方」を考える

こと。その戦略を策定し実行するためには、まず、自社の「相対化」が求められる。自社の事業構造分析から始まり、業界構造分析、産業構造分析、そして戦略構造分析と展開し、それぞれの分析ツールの使い方と目的を解説する。

第4章　コスト編

　我々が実務的にコントロールできるのはコストだけである。売上、利益、顧客（市場）、競合、いずれもコントロールできない。コスト構造を分析し、いかにコスト削減し、利益を追求するか、方法と考え方、実践的な展開方法について解説する。

第5章　利益および価値編

　企業にとって利益は、正しく経営していることの証明となる。その意味で、利益は過去からのメッセージであり、予算は未来への予言となる。企業の利益構造と価値構造を正しく把握することは戦略管理のスタートであり、そのための予算策定と実績管理がゴールとなり新たなスタートラインとなる。健全な予算設定と実績管理および企業の利益と価値を捕捉する方法論について解説する。

第6章　財務および経理編

　企業にとって資金の流れは血液の流れであるため、その停滞は倒産を意味する。そして、財務は血液量とその輸血を意味する。企業会計と企業財務の視点から資金の流れ、分析と運用、特にP/L、B/S、C/F、BEPの理解と把握の方法論について解説する。

第7章　資本編

　資本で重要なのは、調達とレバレッジである。その活動性と安全性は企業の存在と存続を確実にする。資本および資本金の調達方法と運用方法、諸手続と煩雑な各種規制は前提として重要であるが、より重要なのは出資者、投資家への対応であり、そのための開示と適時適格性について解説する。

第8章　人事編

　拙著『人事戦略論』で書き漏れた多くの人事戦略の論点を再構築して解説する。特に、報酬戦略と報酬管理、報酬におけるモデル賃金の設計と望ましい要員管理、人材ポートフォリオ、リーダーシップ、さらにキャリア戦略の構造と実践的な展開について解説する。

第9章　組織編

　本章では組織の4機能強化と仕事の設計のあり方について提言を行う。さらに今日的課題である組織のサイロ化と、組織変革の実践のためのアプローチ、組織改革の阻害要因と促進要因について再定義を行い、実践的な変革について解説する。

第10章　技術編

　技術（力）および研究（力）に求められる独自性、継続性、強化可能性、応用性といった実践的な展開について解説する。併せてMOTの観点から、技術の本質的な見極めと選択、そして技術の市場化へのアプローチについて解説する。

第11章　思考編

　思考には、正解としての方法もプロセスもない。必要なのは思考エネルギーの効率的な運用だけである。そしてこの点は、個人の性格や習慣、環境に多くを依存する。本章では特にクリティカルシンキングを、意図的、極限的、対抗的、効率的な思考方法として解説する。

　本書は、拙著『人事戦略論』と同様、敢えて筆者の独善的な主張を重視した内容となっている。

　その誤解曲解の是正のため、今回も多くの方々のご教示、知見、精査を頂いた。特に、相澤憲氏（中外製薬）青野雅子氏（日本化薬）、秋田伸也氏（トヨタ）、石田晃史氏（パレクセル・インターナショナル）、石野亮太氏（ボストンコンサルティング）、岡田陽一郎氏（ベイカレントコンサルティング）河鰭憲幸氏（勤務医）、木村治美氏（アクセンチュア）、澤田憲助氏、澤村昌樹氏（東千葉動物医療センター院長）、冨本昌樹氏（参天）、羽鳥光俊氏（富士フイルム）、濱口正樹氏（ローム浜松）、松崎宰氏（日本特殊陶業）、安田剛規氏＜あいうえお順＞の諸氏である。

　これらの泰山北斗の教授がなければ本書は陽の目を見ることはなかった。当然、筆者の浅学さにより生ずる誤謬、牽強付会はすべて筆者の責であることに変わりはない。ここに、改めて諸氏に深く謝意を表す次第である。

2021年吉日

第１章　ミッションおよびインテグリティ編

私はただ、しようと思うことは、
是非しなければならないと思っているばかりです！
言語道断だ！　そんな風にしてお前の義務を捨てることができるのか？
私には神聖な義務が他にあります！
どんな義務というのだ!?
私自身に対する義務ですよ！
何より第一に、お前は妻であり母である！
何よりも、第一に私は人間です!ちょうどあなたと同じ人間です！
少なくともこれからそう成ろうとしているところです！
お前の言うことは子供のようだ。
お前は自分の住んでいる社会を理解していない。
ええ分かっていません!これから一生懸命分かろうと思います！
社会と、私と、どちらが正しいのか決めなくてはなりませんから！

NHK　朝の連続ドラマ「おちょやん」主演　杉咲花
2021 年 4 月 8 日放送より
＜原作「人形の家」（イプセン）／弁護士ヘルメルとノーラの台詞＞

・・

本章では、
　①ミッションとは何か
　②ミッションの限界は何か
　③インテグリティとは何か
　④インテグリティの目指すもの
について解説する。

1. ミッションとは何か [1]
　ミッションの意味は、

1　詳細は、拙著『人事戦略論　ストラクチャーとフレームワーク』青山ライフ出版　第８章参照。

第一義は使節。使節団
第二義は使命。重要な任務
第三義は伝道。布教、宣教または伝道組織を指す[2]。

　ミッションの重要かつ意味のある今日的なメッセージは「存在意義」である。その堅牢さを理解するには、事業戦略に対する深い理解が必要不可欠である。
　同業者が多く存在する中で自社の製品やサービスが「なぜ顧客から選ばれているのか」「なぜ顧客は自社製品を購入するのか」、その問いに対するストレートな答えがミッション「存在意義」である。「存在意義」を表出するために自らに対して課した負託が「コミットメント」である。ミッションとコミットメントは車の両輪であり、コミットメントのないミッションは実行が担保できない。逆にミッションのないコミットメントはノルマ化し、デモチベーションを引き起こす。

　「コミットメント」は2つの意味をもつ。
　第一は結果について約束すること。
　第二は未達の場合にペナルティを受ける覚悟があることを宣言すること。
　多くの企業は、この第二の意味を曖昧にすることが多く、「ミッション」自体が狡猾に粉飾されているため、尊敬できないどころか、信用すらできない企業や経営者が増産されている。

2. ミッションの実践的な展開

　実行スキームの中核は「競争差別化要因」と「成長促進要因」を特定すること。
　第一に、顧客がなぜ自社を選択したのか、その競争差別化要因を徹底的に分析し、その違いを訴求することで、本来の強みと弱みが見えてくる。競争環境は、終わりのない価値競争、開発競争、営業競争を強いることになり、それが価格競争になった場合、消耗戦に突入し、組織も個人も疲弊する。製品の品質と価格の決定権限（選択権限）を顧客と競合が有しているためであり、最終的な価格決定権、品質決定権が自社にない限り、競争戦略が終わることはない。競争戦略は必然的に疲弊する。

2　https://dictionary.goo.ne.jp/word/%E3%83%9F%E3%83%83%E3%82%B7%E3%83%A7%E3%83%B3/
Goo 辞書より。

そのため第二の課題である「成長促進要因」の追求が生まれる。

成長促進の重要な戦略目標は「価格決定権」の獲得。そのために求められるものが「オリジナリティ」。究極的には「 Only One 」。

それは「差別化」程度ではない圧倒的な独創性と市場支配力が求められる。残念ながら価格決定権を Only One や「独占・寡占」、あるいは「優越的立場」で得ようとすると、「成長促進要因」の健全な主旨が歪められる。

Amazon や Facebook、Twitter は無くてもいいが、「砂漠の井戸」は必要不可欠である。

成長促進要因には、絶対的な付加価値が「そこ（企業）にある」ことに気づくよう求められる。自社および自社の製品は、無くてはならないモノなのか、無くても誰も困らないモノなのか。そこに答えがある。

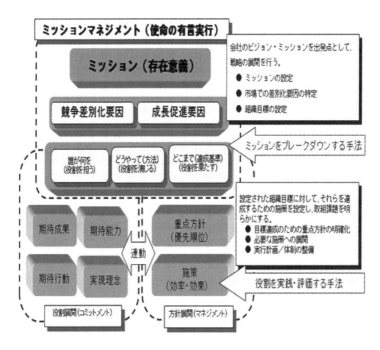

図 1-1 ミッション・マネジメントの体系図　（筆者作成）

3. ミッションに必要なもの：ミッションの実務的展開

　ミッションを実務的に展開するには、「付加価値を誰が創造しているのか」「どうやって付加価値を産みだしたのか」を制度と組織にブレークダウンするとともに、意識と行動レベルで実践的に展開する必要がある。それが「役割展開」と「方針展開」である。

　役割展開は、
　　①役割を担う　　（職務基準／マネジメント行動）
　　②役割を演じる　（行動基準／リーダーシップ行動）
　　③役割を果たす　（達成基準／パフォーマンス行動）
　この３つが基本となる。

　第一：「役割を担う」ためには、職務・職権・職責の３つ、別の表現だと、組織開発・人材開発・業務開発の３つ。あるいは職務拡大・職務充実・職務深耕の三位一体が必要となる。
　第二：「役割を演じる」には、知識・経験・能力の３つが必要条件、十分条件は覚悟・仮説構築（シミュレーション）・職歴（キャリア）の３つ。シンプルには心・技・体の三位一体が必要となる。
　第三：「役割を果たす」には、目標・行動・計画が必要条件。十分条件はコミットメント、ターゲット、エンパワーメントの３つ。シンプルには、種まき度、汗かき度、刈り取り度の三位一体である。

（1）役割を担う　（職務基準／マネジメント行動）

　誰もが、平易に役割を担うことができるようにするには、明確な職務基準（ジョブ・ディスクリプション）があることが望ましい。その職務基準の最初は、担うヒトによって異なるようなものではなく、比較的わかりやすく取り組みやすい「組織機能」からブレークダウンするのが望ましい。当然、役割に習熟し、更なる役割の開発・拡大・充実を求めるのは問題ない。

　「組織機能」は、大企業でも零細企業でも、必ず４つの機能を持っている[3]。

3　企業は必ずこの４機能を分業しており、これを「事業」と呼ぶ。分業できていない経営を「家業」と呼ぶ。

　第一は守る機能（ガバナンス&コンプライアンス機能）、第二は作る機能（プロダクション&クリエーション機能）、第三は作ったものを売る機能（セリング&マーケティング機能）、そして第四は売った利益を配分する機能（シェアリング&インベストメント機能）である。

表 1-1 経営組織の 4 機能（筆者作成）

①守る機能	Compliance	信頼される企業になること 組織に秩序を持ち込むこと 頼られる企業になること
	Governance	尊敬される企業になること 名誉を獲得すること
②作る機能	Creation	イノベーションを実現すること
	Production	良品の安定供給義務を果たすこと
③売る機能	Marketing	製品価値を伝えること 顧客を創造すること
	Selling	製品をお金に換えること リピーターを作ること
④配る機能	Investment	将来に投資すること 次世代人材を発掘育成すること
	Sharing	株主、従業員に配当すること 顧客に還元すること

　役割を担うには、能力に応じた職務（業務）の配分が基本である。適切な職務配分には、職務基準の設定と職務分析による序列化が一般的なアプローチとなる。

　まどろっこしい面倒な方法であるが、能力に応じた仕事の配分、すなわち適材適所を実現するためのアプローチとして間違いがない。

（2）役割の分析方法（主な 3 タイプ）

　役割の職務分析方法は、大きく 3 タイプがある。

　第一は基本的な「職務分析法」。

　役割記述書の記述内容に基づいて職務を一つひとつ点数化する方法である。ここでは、職務の数、兼務の数、さらに組織上の職位によって役割が拡大する。

上場企業であっても、分業のできていない世襲で事業を実施している「家業」レベルの企業は非常に多い。

規模（人数、売上げ）は考慮しない。この点が次のポイント・ファクター方式と異なる。

　日本的な観点からトップマネジメントは除いて同じ役職であれば規模にかかわらず同一の役割サイズとみなすことが多い。多くの企業で「店格」を規模（売上、職員数等）で設定することがあるが、人事異動で制約があるため規模による処遇格差は回避するか、最小限にとどめることが多い。

　第二は組織内の機能別の役職に基づく「オーバーレイティング法」。

　ヘイシステムのポイント・ファクター方式などがこれに該当する。ポイント・ファクターでは、まずジョブディスクリプション（職務基準）を作成し、ジョブポジションとして区分する。それを企業規模（一般的には、資本金か売上高）によってグレーディング（序列化）する。その序列化はポイント・ファクターによる。一つ一つのポジションを「インプット×スループット×アウトプット」という基準によって算出する。ポイント・ファクター方式は組織上のポスト（役職）ではなく、職務上のポジション（役割）を重視する。この序列は、最終的にジョブサイズとして認識される。

　ヘイシステムの設定順序は、ジョブディスクリプション⇒ジョブサイズ⇒ポイント・ファクターによる [4]。

　第三は、「ファクター・コンパリゾン方式」。

　職務分析法とポイント・ファクター方式の中間となるものである。コーポレートリソーシス方式とも呼ばれ、欧州に多い。内容は職務基準ではなく職務ポジションのもつ機能に着目して、その大きさとレベルを測定する。

4　本寺大志，『職務をベースとした人事・賃金制度改革』労政時報 3902 号、労務行政研究所編 2016.1.8-22 p.116-138　ヘイシステムは、ヘイグループの創始者であるエドワード・ヘイが 1940 年代に開発したもの。世界共通の職務評価基準 Hay ガイドチャートは、米国を中心に 9000 社に導入され、グローバル共通の一つのモノサシとなっている。米国でも 1 万社にも満たないため、一般的な賃金調査レベルでしかない。仕組みも 80 年以上も前のため概念的な古さは否めない。日本企業での導入実績は乏しい。筆者のイメージでは、日本でヘイシステムを導入している企業は大半が人材育成で苦戦し、業績低迷している。

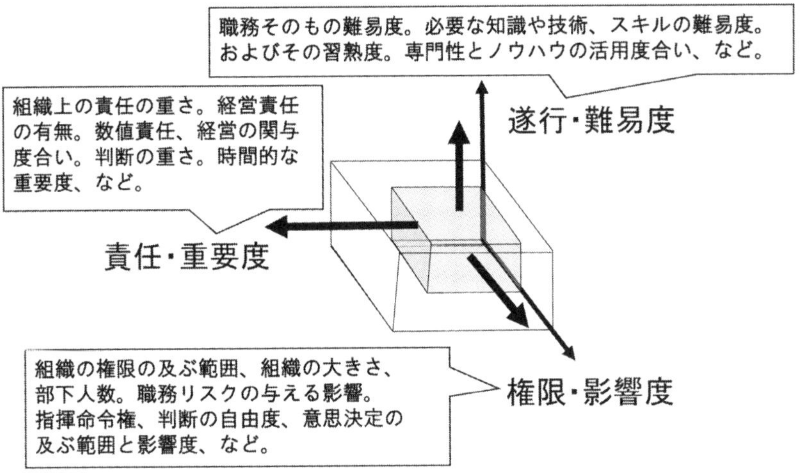

職務そのもの難易度。必要な知識や技術、スキルの難易度。およびその習熟度。専門性とノウハウの活用度合い、など。

遂行・難易度

組織上の責任の重さ。経営責任の有無。数値責任、経営の関与度合い。判断の重さ。時間的な重要度、など。

責任・重要度

組織の権限の及ぶ範囲、組織の大きさ、部下人数。職務リスクの与える影響。指揮命令権、判断の自由度、意思決定の及ぶ範囲と影響度、など。

権限・影響度

図1-2　測定の定性指標の例　（筆者作成）

（3）役割を演じる（行動基準／リーダーシップ行動）

「役割を演じる」には明確な行動基準があることが望ましい。行動基準は職能要件からのブレークダウンであり、その構造は下記の通り。

　　　①職務要件：職歴、基礎体力、基礎学力（専門性、学歴など）
　　　②職能要件：職務遂行能力（企画力、折衝力、責任性など）
　　　③行動要件：行動、コンピテンシー要件
この3側面の測定が一般的なアプローチとなる。

「役割を演じる」には、序列化した職務レベルに応じて、能力測定を行い、適性を判定する。
　能力判定は、ミクロレベルでは、
　　　①レベル1：仕事ができる　　　⇒　仕事を教えられる（作業者）
　　　②レベル2：仕事を教えられる　⇒　部下を育てられる（経験者）
　　　③レベル3：部下を育てられる　⇒　人材配置ができる（熟練者）
　　　④レベル4：人材配置ができる　⇒　組織設計ができる（指導者）
　　　⑤レベル5：組織設計ができる　⇒　事業創造ができる（変革者）
この5段階で序列化する。

能力測定のマクロレベルは、

①レベル１：仕事・課業を任せられる（担当職）
②レベル２：部下・業務を任せられる（指導職）
③レベル３：組織・経費を任せられる（監督職）
④レベル４：市場・顧客を任せられる（管理職）
⑤レベル５：会社・資産を任せられる（経営職）

この測定レベルは、職務（課業）、職位（職階）、職種（職群）、職掌（キャリア系統）の仕事要素のフレームワークと相まって、成果、貢献度、発揮能力、行動特性、保有能力、潜在能力等の能力要素のフレームワークで判定する。

能力判定では職務の遂行能力とアセスメント（職位適性）を実施することになる。通常は、マネジメント力、企画設計力、渉外交渉力、審査質問力、演出プレゼン力、想像発想力、創造具体化力、判断理解力などアセスメントの５段階で職種適性⇒業務遂行力⇒指導育成力⇒組織運営力⇒戦略構築力のレベルを設定したうえで判定することになる。

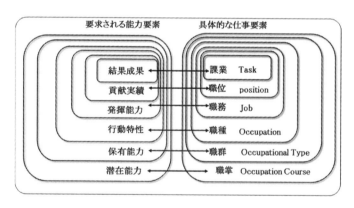

図 1-3　仕事要素と能力要素の対応関係　（筆者作成）[5]

（４）役割を果たす（達成基準／パフォーマンス行動）

これらの意味の展開型から、ミッションとは、
①到達すべき目標

5　詳細は、拙著『人事戦略論』青山ライフ出版（2015）参照。

　②行動（方法や手段）

　③求められること（依頼・義務）

という形で構成されていると解釈される。

　「役割を果たす」第一義は、

　　短期：組織目標&個人目標の達成

　　中期：製品開発&事業展開による市場開発

　　長期：人材創造&事業創造による顧客創造

　この役割の果たすべき成果は時間軸によって異なり、そのための投資と準備が異なる。経営者として最も大切なのは人材創造に対して逡巡できるか、である。

　「役割を果たす」第二義は、

　　レベル1：事業のサステナブルな基盤構築

　　レベル2：顧客との伴走を可能にする未来提案

　　レベル3：ガバナンス&コンプライアンスによる信頼と名誉の獲得

　この役割の果たすべき成果は事業の多様性と広域性を追求し、さらに普遍性と汎用性を可能にする。最も大切なのは環境変化に対して予測し変革できるか、である。

4. ミッション・マネジメントからの「告発」と、起こりうるべき「転換」

　ミッションは「何を」「どういう方法で」達成するかが重要と思われがちだが、実際は、「誰の（ミッション）」「何の為の（ミッション）か」という発信者の意図と目的が最も重要となる。なぜなら、実行者は発信者とは常に「別人」だからである[6]。

　ミッションが実行されるのは、現場では別人によって実行されるというこの解釈で、ミッションの目的も方法も、現実にはあまり重要ではないことに気づく。

6　キリストの十字軍がいい例である。イエス・キリストは異教徒を殺せと命じたのだろうか。布教のためには何をしてもいいと説いただろうか。すべては都合のいい解釈で権力者が自己を正当化するために、洗脳を利用した。「1095年11月にフランスのクレルモンで行われた教会会議で、教皇は重大発表を行うと宣言した。発表の日、居合わせたフランスの貴族たちと聖職者に向かって教皇は、イスラム教徒の手から聖地エルサレムを奪回しようと訴えた。彼は、人口が増えすぎたフランス人にとって聖地こそがまさに「乳と蜜の流れる土地」であると訴え、この行動に参加するものには地上において天において「神の報い」が与えられること、もし軍事行動の中で命を落としても「免罪符」が与えられることを告げた。この呼びかけに居合わせた群集の熱気は高まり、「神のみむねのままに！」という叫びがこだました。
https://ja.wikipedia.org/wiki/%E7%AC%AC1%E5%9B%9E%E5%8D%81%E5%AD%97%E8%BB%8D
果たして、ここでの本当の敵はイスラム教徒なのだろうか？　十字軍　Wikipedia より。

ミッションが、「発信者の独善的なメッセージと企業価値の宣伝広告」に過ぎないなら、我々は、後付けの理屈がミッションという衣を纏って、もっともらしく出てくることを警戒しなければならない。実際には、この解釈がミッションを、経営者による経営者自身のための都合の良い洗脳の道具として使われていることを覆い隠す。

　ミッションは、企業や社会が必要としているのではなく、経営者自身が自分自身の裏切りを封じ込めるために、社会と従業員に対して公言するために、援用されているのである。

　これまで、企業経営における「ミッション」とは経営者（発信者）による現場担当者に向けられた「洗脳」を意味した。これがミッションを誤解させ、行動を誤らせることがあった。

　ミッションの最大の欠点は、大半の主語が「We（我々は）」であること。

　これほど傲慢な「定義」はない。

5. ミッション・マネジメントの再定義

　今、ミッションの再定義が必要となる。

　ミッションとは実行者（供給者）だけの言葉ではない。

　ミッションは受益者とその代弁者（ステークホルダー全員）の言葉でもあるべきである。

　望ましいのは、顧客が企業のために「企業経営者と企業管理者のために」未来を啓蒙する言葉でなければならない。政府が発信する「マニフェスト」を集票のための「小道具」で終わらせないために、国民がその遂行を監視するように、受益者とステークホルダーの側からのモニタリングが必要なのである。

　ミッションの簡潔で直接的なメッセージは、これまでは「存在意義」であった。

　自分たちの存在意義、顧客のための存在、顧客とともに成長する存在。多くの競合の中でなぜ顧客は自社を選んだのか。なぜ、自社が成長できたのか。なぜ、他社が衰退し撤退しているのか。その答えは今まで「洗脳」であり「広告宣伝」であった。

　実態は、「大風呂敷・手前味噌・自画自賛」による「洗脳」が大半である。

　自社の製品を広告宣伝し、TVや雑誌で褒め称えるのは「自社」だけというのがマーケティングの現状。これまでの「ミッション・マネジメント」は、一部で表層的に喧伝されていた。

　なぜ、企業は顧客の声を自社のミッションにしないのか。なぜ、企業は顧客からの要望や期待を自社のミッションにできないのか。それ自体が顧客が真摯に企業に対して「あるべき姿」として望んでいるものなのに。

6. ミッション：「社会（顧客）に対してのみ許された自己犠牲」

　今、我々は「ミッション」を生活者（消費者・顧客）の手に取り戻さなければならない。

　多くの顧客はなぜその会社に存続してほしいと願うのか。なぜ、その会社の製品を無理してでも購入し、その会社と製品やサービスを支持するのか。

　理由は、それが消費者側のミッション（伝道）だからである。

　健全で健康であり、生活に必要不可欠であるだけでなく、そこに存在するだけで安心と安堵を提供し、いつでも信頼に足り、驕ることがなく常に控えめで飾らず高ぶらず、それでいて内なる情熱と直向きさを忘れず、将来に向けた希望、夢を発信し続け、裏表なく自分を等身大で表現し続ける存在。

　そんな存在を尊敬し、信頼し、支持し、生活を委ね、人生そのものを重ねる。

　ミッションとは、生活者（消費者・顧客）自身が、能動的主体的に自身の「存在意義」を持つことであり、そのことに意味と意義のある企業を存在せしめる「使命」が生活者（消費者・顧客）側に内在していることを意味する。

　企業の存在意義ではない。企業の使命でもない[7]。

　「賢い消費者」という自虐的な言葉が、社会から一掃されるような社会になったならミッションはその存在意義を失うだろう。消費者は自己防衛しないといけないほど、「企業が顧客をだます」ことが当たり前になり、騙された顧客のほうが悪であるかのように喧伝される社会。

　現代の経営は、顧客側にそう言わしめるほど、企業側のミッション・マネジメン

7　企業のミッションなら、まだ多少なりともマシかもしれない。大半のミッションは、経営者の意欲的な自己実現であることが多い。神戸のある会社 A 社（小売業）の「ミッション」は創立以来「愛と協同」「組合員のために」。堺市の冠婚葬祭業 B 社のミッションは「顧客に感動を」。A 社は社内販売で従業員に無用な羽毛布団や電子レンジを買わせ、B 社は 100 時間を超える残業でも時間外手当を支払っていない。2020 年ある 1 人の従業員が、1 年半勤務後、未払い残業代の支払いを提訴。たった 1 年半で残業代は 200 万円近くになり、会社側が支払った。他の従業員は、まだそのことを知らない。会社側は、それでも残業代を払うことに後ろ向きである。

トが狡猾になり、過剰に世間に表出されるようになってしまった。

　本章は、その企業側の行為に対する反訴であり、現状がダモクレスの剣となっている証を示すものである[8]。

　今日、「存在意義」と定義されているミッションは、その意味では、手垢が付き過ぎている。虚妄ではないが、誇大広告に近くなった。昨今のSDGs（Sustainable Development Goals）[9] や ESG（Environment・Social・Governance）[10] の精神からミッション、ビジョン、バリューの新たな再定義を実施する時がきた。

　残念であるが、筆者の眼から見れば、SDGsもESGも、一部の投資家の「資金集め」の道具としてうまく「活用（利用?）」されている姿が重なって見える。

7. ミッション：「生存欲求の純粋すぎる故の変質を警戒」[11]。

　ミッションを「存在意義」、「天命・使命（価値を創造すること）」と定義したなら、逆の立場での定義は、顧客から「選ばれること」を意味し、それは結果とし

8　紀元前4世紀初頭、古代ギリシャ文化圏内にあったシケリア島（現・シチリア島）にて全島を支配下に収めて繁栄を謳歌する植民都市シュラクサイ（現・シラクサ）での話（ギリシャ神話）。全シケリアを統べる僭主ディオニュシオス2世に臣下として仕える若きダモクレスは、ある日、僭主の権力と栄光を羨み、追従の言葉を述べた。すると後日、僭主は贅を尽くした饗宴にダモクレスを招待し、自身がいつも座っている玉座に腰掛けてみるよう勧めた。それを受けてダモクレスが玉座に座ってみたところ、ふと見上げた頭上に己を狙っているかのように吊るされている1本の剣のあることに気付く。剣は天井から今にも切れそうな頼りなく細い糸で吊るされていた。ダモクレスは慌ててその場から逃げ出す。僭主ディオニュシオス2世は、ダモクレスが羨む僭主という立場がいかに命の危険を伴うものであるかをこのような譬えで示し、ダモクレスもまたこれを理解するのであった。
https://ja.wikipedia.org/wiki/%E3%83%80%E3%83%A2%E3%82%AF%E3%83%AC%E3%82%B9
（2021年7月31日アクセス）

9　「SDGsとは、2015年9月の国連総会で採択された『我々の世界を変革する：持続可能な開発のための2030アジェンダ』の中で示された、2030年に向けた国際的な開発目標である。前身のMDGs（ミレニアム開発目標）とは異なり、開発途上国と先進国の双方のコミットメントが求められる。また、国際機関や各国政府だけではなく、民間部門も主体的に行動することが要請される。」https://gentosha-go.com/articles/-/27413
（2021年7月31日アクセス）

10　国連環境計画（UNEP）の金融イニシアティブ（UNEP_FI）並びに国連グローバル・コンパクトで策定され、2006年4月27日のニューヨーク証券取引所にてコフィー・アナンが取引開始のベルを鳴らす発足式典が行われた。原則の公表後はより多くの投資家による原則の選択の推進、有益な情報提供、著名機関での連携の促進が行われている。これら責任投資原則は6の原則からなり、35の行動が示されている。
https://ja.wikipedia.org/wiki/%E8%B2%AC%E4%BB%BB%E6%8A%95%E8%B3%87%E5%8E%9F%E5%89%87
「責任投資原則」Wikipedia。ここでも「We」が邪魔をする。

11　アーサーアンダーセン編『ミッション・マネジメント　価値創造企業への変革』生産性出版1997

ての「生き残り」を意味することになる。

　今日では、それを徹底した「勝ち残り」まで行き着く。「勝ち残り」に必要なものは、純粋なまでの「生存欲求」である。言い換えるなら「欲望」そのもの。本能は、遺伝子の中でも最も強力なものであるが、企業の生存欲求もこの本能に似て強力になる。

　社会的組織である教会、軍隊、病院、学校、行政などは、目的が明確でシンプルであるだけに、ミッション＝目的と同期する。企業・国際機関など、内外で利害の対立する組織では、ミッションそのものが複雑になる。その複雑さは必然で、不可避と信じ込まされた場合「多様性・多義性・多面性」こそ、ミッションの必然性だと単純に許容される[12]。

　ミッションは「企業の生存欲求」と同一視され、「個人の生存欲求」と重なり、最終的には「個人の欲求」から「経営者のエゴ」に変質しやすい。多くの企業が粉飾決算する理由として、会社の存続を表向きの理由にする。その大半の実態は個人的な「保身」に変質しないよう、警戒が求められる。

　米国ファンド経営者ブライアン・ヘイウッド氏は、「形だけ」のESG（環境・社会・ガバナンス）に注目した投資を警戒し、真の価値を生むサステナビリティを強調する。さらに世界最大の投資運用会社、ブラックロックのCEOラリー・ファンクは「自社の目的（パーパス）」を「長期で価値を生み出す」ことに意味があるとする[13]。

8. ミッションの敵は何か

（1）ミッションの敵

　ミッションが存在意義である一方で、個人の保身と同一視できるほど、自分自身を洗脳できるレベルのものだけが、純粋なまでの「ミッション」となりうる。

　「金儲けしたい」というより「常に顧客のためにプロフェッショナルでありたい」と洗脳できれば、個人的な「金儲け欲求」を代位でき、自分自身でも気がつか

12　R.H. ウォーターマン (1990) によれば、理念やミッションは、企業経営にとっても、生産性向上にとっても、必然ではないことが実証されている。RH Waterman　adhocracy "The power to change "

13　2021年3月22日　日経新聞　P5

ない位に欲求を希薄化させ、美辞麗句でもって粉飾できる。

　このことは、「ミッション」と表裏一体の課題。すなわち、ミッションの敵が何か
を示している。

　ミッションの敵は『ミッションそのもの』である。

　ミッションが熱意や使命感、さらに社会に受け入れやすいメッセージ性を持てば
持つほど、ミッションは頑強になる。それで自己洗脳ができれば、成功や名誉、
報酬ややりがい・働きがいを手に入れられるからである。

　ミッションは悪意を持って改題される。典型が改題者の「勝利&貢献度」である。

　みずほ FG の 2020 年の株主総会では、京都市の NPO 法人が温暖化対策
の国際的枠組みである「パリ協定」に基づいた経営戦略を開示するよう定款変
更を求めた議案が 35％もの賛成を得たという。一企業の温暖化対策を「定款」
にまで要求する必然が投資家側に積極的にあるとは思えないが、NPO 法人とし
たら、それが自社の存在意義を明確化できるため、NPO の演技として、みずほ
FG が効果的に利用された。

　同じく英国金融大手バークレイズと米国石油大手エクソンモービルの総会でも
ESG を巡る株主総会が焦点になったという[14]。脱炭素やダイバーシティーに対応し
ていることをアピールすれば、投資マネーを引きつけることが比較的容易となるか
らであろう。

（2）ミッションの未必の故意による解釈

　ミッションが企業によって検証されることなくお題目のように繰り返されると、経
営者みずからが未必の故意による解釈を流布していることに気がつかない場合が
ある。

　ミッションの未必の故意による解釈とは、

　　①勝利や利益が得られたとき、全てが癒やされてしまい、検証を忘れること。

　　　⇒「要は、勝てばいいんでしょう」という（隠れた）開き直り。

　　②現場に権限を委譲したとき、現場の暴走を「努力や自立」「出る杭」と

　　　勘違いすること。

　　　⇒本当は経営者の怠慢と無責任体質。あるいは寛容な経営者のフリをした

14　2021 年 3 月 22 日　日経新聞　P.11

欺瞞。

⇒現場担当者は、「私に任されていると思ってました」という（牽強付会した）無責任感。

③法律やルール、社内規定で明文化されていないと開き直ること。

⇒本当は「ミッション」により回避されるべき戦略が、「背に腹」問題として許容されてしまう「ご都合主義ミッション」の横行。

⇒「別に、禁止されているわけではない」という（子供じみた）開き直り。

これらが組織の都合や、上司の黙認や沈黙による看過、さらに当事者の部下や従業員の服従によっても、もたらされてしまうのである。最終的にミッションとは全く無関係な解釈が発せられる。

④使命感や存在感を喪失し、自社しか見えず、世界の中心だと誤解すること。

⇒「誰にも迷惑はかけていない」「私自身が経営者としてやりたいことをやるために作った会社だ」「私自身、極めて利己的な一個人に過ぎない」という逃げ打ち。

筆者が 2010 年にニューヨークの ITT を訪問した際、CSR の責任部署のディレクターは、「我々は社会に貢献する製品を作っている。この活動が ESG だ」「社会貢献とは、『社会に意味のある会社』になることだ。我々はそれを実践している」とのこと[15]。

今、ESG も SDGs も、「ブーム」になっている。今日、こうしたミッションの未必の故意による解釈が多数存在している。

15　2010 年 10 月。ITT Corporation と呼ばれて、現在は航空宇宙産業、交通産業、エネルギー産業などに部品を提供する世界的な事業を営む企業で、ニューヨーク州ホワイト・プレインズに本社を構える。筆者が JPS の使節として 2010 年に訪問した時の担当者の回答より。2007 年に貿易違反（対共産圏違反）を引き起こし、司法省、国防総省と再発防止措置を約束していた。

（3）ミッションの希薄化

　今日、ミッションは、残念ながら、少々薄っぺらで安っぽい。

> ＜粉飾決算をした企業の一覧（挙げればきりがないがないが、以下一例）＞
> 日本熱学工業、山陽特殊製鋼、リッカー、不二サッシ、オリンパス、ヤオハン・ジャパン、カネボウ、ライブドア、三田工業、プロデュース、山一證券、日本テレビ、インデックス、エフオーアイ、ビックカメラ、東芝、グローバルアジアホールディングス、クリアストリーム、てるみくらぶ、はれのひ、ディー・エル・イー、ひびき。
> 　海外では、エンロン、ワールドコム、リーマンブラザーズ、ワイヤーカード、ラッキンコーヒーなど[16]。

　理由は、誰もが口にする割に多くは、本質的なミッションが実行されている気配がない[17]。ミッション自体が、本人も気がついていない経営者のエゴを隠すための化粧に使われる。経営者の個人エゴとは、「経営の醍醐味というエゴ」、「カリスマ経営者と呼ばれたがるエゴ」「名誉を纏いたがるエゴ」「意思決定の裁量のエゴ」「誰が実行しても同じなのに」である。

　特に、日本の上場しているトップ企業の経営者が、粉飾・賄賂・国外違法出国など否定的な報道で騒がれているだけに厄介である。特にこうしたトップが「それらしく哲学や理念を語っている」だけに、更に厄介である。

　多くの成功した経営者の成功物語が後付けのミッションで粉飾されており、売らんがための挑発的なタイトルもやたらと本屋に増えている[18]。

16　https://ja.wikipedia.org/wiki/%E7%B2%89%E9%A3%BE%E6%B1%BA%E7%AE%97　日本の粉飾決算の事例。2021年3月1日閲覧

17　特に、尊敬されるべき大手の企業のトップ個人にそれが散見された。レバノン生まれのブラジル人は大手自動車会社日産のトップとして君臨したあげく、会社を私物化して、この言葉を口にしつつ、海外レバノンに違法に脱出したことが新聞報道された。大手電力会社のトップ（八木誠氏のほか、岩根茂樹前社長、森詳介元会長、豊松秀己元副社長、白井良平元取締役ら5名）は公共事業を統轄する立場にありながら、地元の有力者（福井県高浜町の森山栄治元助役（故人））にヤクザまがいの恫喝を受けつつも私服を肥やしたとされる。他の取締役の全員が、である。マスコミが説明を求めると、「個人情報」といって説明を拒否したという。
企業のトップの性根が腐ると企業全体まで「腐った肉の匂いがする」（「半澤直樹」の第5回の有名な台詞）とならないことを願う。日々、汗にまみれて現場をささえる英雄達の悲哀が目に浮かぶ。
時事通信　日産自動車　https://www.jiji.com/jc/article?k=2020013000831&g=soc
時事通信　関西電力　　https://www.jiji.com/jc/v7?id=201909kdkzgm　今や一部の企業のトップは自分自身の腐敗臭にすら気づいていない。

18　「経営の哲学」「魂の経営」「心の経営」さらに「99%の人が実践できていない‥」「仕事が早い人だけが知っている‥」「できる人の秘密の‥‥」「これだけで成功確実‥」といった類いの本がよく売れている。それなりに充実した内容ではあるが、実践的な成果は不明。中には400万部を売り上げた自己啓発本もあるという。この本の筆者は世の中の自己啓発本をかき集めてエッセンスをとりまとめただけ、自分ではなにも実践していないと豪語していた。書籍は「売れてナンボ」の世界なのでそれでも問題はない。それを実践するかし

　こうした経緯だからこそ、今一度、ミッションを定義することは意味があると思われる。本章の目的は「ミッション」の再定義であり、脱皮であり、過度な洗脳からの解放である。そのために、敢えて（改めて）ミッションの負の側面に光をあて、その陰の部分を否定し、実践的に取り組む仕組みと仕掛けを新たに作り込む[19]。

（4）ミッション[20]は健全な「再」洗脳

　ミッションは健全な「再」洗脳である。ミッションはその語義の通り、伝えること、運ぶこと。重要なのは「誰の・何を・誰に」運ぶかである。社会的理念的にお化粧され粉飾されていたとしても、多くは経済的な利益や企業価値の増大、事業の存続を主体にする。「行きなさい。行って私の言葉（福音）を伝えよ」ということになる[21]。

　宗教的には「福音そのもの」が重要であり、経営的には「行くこと」が重要となる。それでも本質的には福音を受け取った者が「福音から何を学び、何を実現したか」が重要なのである。その意味で、ミッションとは「洗脳された者が、他者を洗脳する」ことができ、さらに「他者から洗脳された他者が、新たな自分自身のミッションで、己を満足させ得たか」そのプロセスにかかっている。
　今、必要なのはミッションそのものを信じる者たちの「再洗脳」である。

　これからのミッション・マネジメントは、企業が顧客の声を自社の経営理念に掲げることである。顧客が表明し顧客が希望する企業の姿を実現し、そのためだけに実行すること。これがミッション・マネジメントでなければならない。
　企業側の答えは、一層単純になる。それは「Yes」の一言で済むからである。

ないかは購入者の責任。成功本・啓発本で、成果が出なくても一切関係ない。書籍とはそういうものなので世界は平和である。

19　自社の商品に「おいしい〇〇」という商品名をつけているのを見かけるようになった。「おいしいラーメン」「おいしい牛乳」「おいしい漬物」など。コマーシャルではない。マーケティングが「手前味噌、自画自賛、大風呂敷」のご都合主義に陥っていると言われるゆえんがここにある。

20　ミッション（英：mission）は、ラテン語の mittere（ミッテレ：送る、つかわす）から派生した語。様々な意味がある。人や人のグループに与えられた、特に遠方の地へ行き果たすべき役割。使命、任務。上記のミッションによってつかわされた人やグループのこと。長期的な（上述の）ミッションのもとに設立された組織や機関のこと。航空機によって（遠方で）行われる作戦。航空作戦参照。宇宙開発における一連の作戦行動。イエス・キリストが弟子たちに与えた、遠方へ行き 福音（＝良い知らせ）を広く人々に伝えるという使命。宣教団体、伝道団。（wikipedia）

21　マタイによる福音書28:1-20

9. ミッション・マネジメントから、インテグリティ・マネジメントへ

（1）インテグリティ・マネジメントの定義と意味

　再洗脳の内容は、とてつもなく繊細で不透明である。それは、自身が関与できない領域まで配慮を要求し、責任を持つ覚悟を要求する。

　カカオ農園の児童労働[22]、新疆ウイグル自治区の綿の使用[23]、これらをビジネスとして利用する企業を攻撃するNPO団体。こうした行動には覚悟が要求される。しかし、実態は「抗議しやすい相手」にだけ抗議し、自分ができることだけ実行して正義が実現できたと勘違いする。本当に抗議すべき相手は別にいる。それは「できない」からではなく、抗議することが「自分の正義」だからである。それを「ミッション」というなら、ビジネスに「ミッション」を持ち込む目的は「Make Money」以外には考えられない。

　ミッション・マネジメントの中心概念は、MVV（Mission・Vision・Value）であるが、不特定多数のステークホルダーの存在を前提にしたとき、MVVは、自らを律するだけの単純な規範となる。

　市場や顧客のために「存在意義」を明示するのではなく、相手がどこの誰であっても単純に「高潔」であることを自ら証明する。

　それがIFE（Integrity・Fairness・Ethics）である。

22　『チョコレートの真実』著　キャロル・オフ、北村陽子（訳・著）英治出版　2007年
　　http://acejapan.org/choco/childlabour　カカオ

23　https://news.yahoo.co.jp/articles/b694fe8db5031fb2cfce62b917239f6a55aa085f　ユニクロ

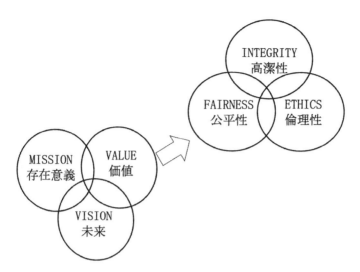

図 1-4　ミッション・マネジメント（MVV）から
インテグリティ・マネジメント（IFE）へ（筆者作成）

表 1-2　インテグリティ・マネジメント（IFE）（筆者作成）

項目	Key Word	概念
高潔性	INTEGRITY	①提供するサービスや製品に微塵も虚偽欺罔がなく、利害関係者との一切の関係性においても潔さと潔癖さを備えていること ②第二義として高潔性を有する利害関係者から指示されており、意思決定にも行動においても、企業経営者の実践するすべてが理解されており、全幅の信頼がおかれていること ③言っていることと実行していることに些かも齟齬がないこと ④実行に後ろめたさが無いこと。無知無能からくる愚行が無いこと。妥協や性善・怠惰や言い逃れが無いこと
公平性	FAIRNESS	①利益に対し私利私欲を優先することなく、逆に、他者利益に配慮し優先すること ②公平性とは「平等」ではなく、明確な自己意識と価値判断の上で行動していること ③「弱者」に手を差し伸べ、「日陰」に陽を照らず仕掛けビルトインしていること
倫理性	ETHICS	①シンプルには、他人に批判されない行動がとれていることは当然、自身に恥じない行動がなされていること ②見栄や体裁を追わず、派手さや受けを狙っていないこと ③国、宗教、民族、性別、嗜好、歴史、しきたり、風習に対し、無知を纏わず、晒さず、喧伝せず、強いることなく、秩序だっていること ④「結果を出せばいいんでしょ」「別に禁止されてるわけではない」「誰にも迷惑掛けていない」など、視野・思考・知徳・配慮・社会性の欠如を自己肯定的に主張し、他者の意見を無視することでしか自己防衛できない状況から離脱できていること

（2）インテグリティ・マネジメントの今日的展開

　企業経営には顧客だけでなく、株主からも高潔性が求められている。

　そのため、企業が意識して高潔性を追求するようになった。企業の理念的な発展や哲学的な回帰もあるだろうが、理由は明確。

　現状では、まだ、シンプルに高潔性が好感度を生み、潔さを生み、尊敬を集める道具になるからである。そこでは「お金」の匂いもする。

　できるならば、インテグリティ・マネジメントでは、この利益概念（お金の匂い）を払拭したいと考える。現段階では、利益が効果的な誘因になるならこれも止むを得ないかもしれない。まだ、インテグリティ・マネジメントは「妥協の段階」である。

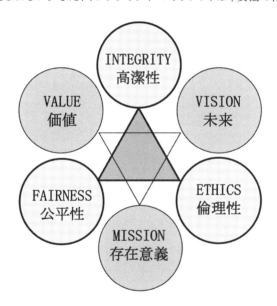

図 1-5　今日的な意味としてのミッション・マネジメントと
インテグリティ・マネジメントの融合　（筆者作成）

　CSR（企業の社会的責任）論から発展して、SRI（社会的責任投資）が、コマーシャル的に喧伝されるようになった。当初は純粋に利潤を追求する企業への警告と戒律をもたらすものであったが、実体的に投資家が投資先を選別し出すと、企業の側から投資家を誘導するための逆再生が始まった。

　投資家が企業を SRI に誘導するのではなく、企業が SRI で投資家を誘引する

ようになったのである。

　その誘引が継続されるにつれて、新たな企業行動の展開が生じた。
　まず、インテグリティ・マネジメントを継続するうちに、一部の企業で自家撞着型の洗脳が生じた。
　次に、実際に収益構造の大幅な改善を果たし、インテグリティ・マネジメントの重要性を再確認し、結果的に「改宗」する経営者も出始めた。
　そして現在、企業価値の増大が当然だった世代の経営者基盤から、社会貢献が当然の世代の経営者基盤が確立し、そもそもの企業価値増大のミッションを「異教（邪教）」と見なす経営者群が生じたのである。

　インテグリティ・マネジメントを実行するには、決別しなければならない概念がある。それは呪縛といってもいい。
　最初に決別すべきは、「競争・成長・比較優位・顧客満足・企業価値・事業存続」といったこれまでの信奉概念からの改宗である。
　知らない間に、「他社を出し抜くこと・他社に勝つこと」が「顧客に選ばれること」「顧客価値を実現すること」と同義になり、「企業価値の増大と事業の存続」が、「勝利と成功」「成長と独占」と同義になった。

　これからの経営概念としてインテグリティ・マネジメントが主流となる。それは経営学としてのインテグリティ・マネジメント概念であって、哲学でも宗教でもない。そして、経営学から企業経営に、企業経営から経営行動にブレークダウンするために翻訳が必要である。
　ただ、この道のりはまだ遠い。

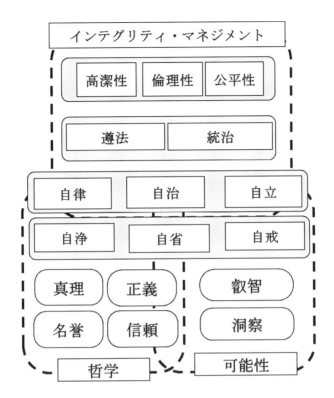

図 1-6　インテグリティ・マネジメントのフレームワーク　（筆者作成）

10. インテグリティ・マネジメントによる持続可能な優位性確立

　ミッション・マネジメントが経営的な推進力を持つのは容易に理解できる。経営者自身の主張にパワーがあるからである。一方で、インテグリティ・マネジメントが持続可能な優位性を確保することはかなり難しい。それ自身に推進力を持ちにくく概念そのものに親和性がないからである。そのため、インテグリティ・マネジメントを意味のある経営戦略まで昇華させるには、さらに戦略を必要とする。

（1）顧客の持続可能な優位性と成長性のための支援

　インテグリティ・マネジメントで持続的・継続的な優位性を確立するには2通りのアプローチが考えられる。

第一のアプローチは、「顧客の持続可能な優位性と成長性のための支援」である[24]。

　この支援には5通りの方法がある。

　　①既知の、利用可能な戦略代替案の範囲の、可能な限りの拡大

　　　たとえ攻撃方法が競合相手に知れていたとしても、顧客が「持続可能な成長と顧客の優位性」を確保できるならば、タネばれした手品であっても顧客は満足するものである。そのためには、喜ぶ顧客数を増やす必要がある。それには集客力を期待しない地道な経営努力しかない。

　　②顧客の成功の阻害要因の、成長への転換

　　　インテグリティ・マネジメントでは、競争を自省的、自浄的に自己の成長に転化させる。差別化と同質化の実現、コストのリーダーシップ実践、市場集中実践、資源集中実践、いずれも成長促進要因であり、阻害要因でもある。その一つ一つを強く認識しながら、成長へと導くべく方向転換させる必要がある。

　　③成長の基礎能力のためのマイナス要因の地道な回避[25]

　　　避けるべきは、資産減耗、能力逸失、従業員の離職・退職・引き抜き、資金の引き上げ等であろう。戦略は一連の資産と能力に基づいており、資産、能力なくして、企業側の競争優位を持続することは一般的には不可能である。企業は、その減耗の要因を地道な努力で回避をすることが望ましい。

　　④成長市場の創造、または製品・市場による逆選択

　　　技術イノベーションによる市場の創造、マンネリ打破、流行の先取り等、普通なら競争戦略のための効果的な方法が、相互の支援によって成長戦

24　インテグリティ・マネジメントは内部反乱からの頑強性や外部攻撃からの堅牢性で劣る。寧ろ脆弱といってもいい。そのため常に「支援」が必要である。理由は簡単、インテグリティ・マネジメント自体がヒューマンファクターそのものだから。戦略のリスク対策はAVERSION（回避）、財務のリスク対策はHEDGE（防護）。それに対し、人事のリスク対策はSHARE（共有）が基本となる。人事リスクとは「老いと死」。これはだれも回避できない。防護もできない。できるのはシェアのみである。お互いに来たるべきリスクに対して支援し、共有する。

25　例えば、高品質の製品を供給するために必要な設計や製造能力。適材適所の実現、健全な競争環境の実現とそれを支える企業文化である。実際のところ、戦略自体は容易に模倣できるが、戦略を効率的に行うために必要な資産と能力を模倣するのは容易ではない。

　　経営戦略の成功に必要な資産と能力を獲得するには、過去の成功した事業ではどのような資産と能力が効果的であったか、ターゲット市場セグメントはどのようにして特定したか、購買動機は何だった、特に付加価値を生み出しているバリューチェーンの要素はどこか、逆に、失敗した事業はどのような資産と能力を欠いていたのか、どんな資産と能力が浪費されたか、購買動機の障壁は何だったか、これらの分析と判断を繰り返すことで資産と能力を獲得することができる。

略のための重要な手段となる。当然、自社にとって不利な方法は、相手にとって有利な方法である。「こうすればもっと自社を叩くことができるよ。やり方が手ぬるいよ」と競争相手に知らしめることが、市場の創造や成長を促すとしたら、皮肉ではあるが、インテグリティ・マネジメントでは「覚悟を問う戦略」となる。

⑤パートナーの選択による支援

この方法は単純で、コストもかからない。しかも、多くの事業者は協業者を常に探している。主要なパートナーは出資者、銀行支援、M&A になる。パートナーが多ければチャンスも大きい。そしてリスクを寡少にする。ただし、パートナー自体がインテグリティ・マネジメント信奉者であることが望ましい。

（2）コモディティ市場の創造 [26]

第二のアプローチは、「コモディティ市場の創造」である。

コモディティ市場の創造とは、過剰な企業努力に依存しない顧客側からの「引き」による経営基盤の確立、もしくは既存市場の普遍性を活かしたコモディティ化の確立である。たとえば「塩・水・酒」「石油・天然ガス・石炭」「鉄・銅・アルミ」「米・麦・とうもろこし」「肉・卵・胡椒」など。

これらは戦後の闇市のような渇望時代や、銘柄米を高値で求める飽食時代は例外として、一般には、単純な安定供給だけで市場が成立する。製品が市場を創造しているのである。

コモディティ市場の創造であっても、戦略と資産と能力は市場によって評価される。

成長を前提にしたなら、成長促進要因の持続が重要である。さらなる成長のためには、本来、誰にとっての成長なのか、市場側にもたらされる果実と経営側が受け取る成果の需要相手を明確に認識することが重要である。

資産や能力は時として、適切なパートナーにしか持続可能な成長を生みだせない場合がある。その時は稀なことではあるが、想定していない形で、適切なパートナー以外の本来重要な協力相手を意図せずに排除してしまっている場合があ

26　コモディティ市場とは、米、塩などの第一次産業の産品および鉄や石油などの鉱業産品が形成する市場である。この概念を発展させて、顧客側が何ら比較購買することなく、取引するまで製品化を目指す市場を創造すること。

る[27]。

　協力相手に対し望ましい資産や能力が供給できない場合、それを効果的に補完する戦略を構築し推進する必要がある。戦略が持続可能な成長要因になるケースは、一般的に以下のいずれかに当てはまる。
　　①市場におけるコスト優位の不断で継続的な確立の進行（走り続ける経営）
　　②差別化の形成変化の連続（変化し続ける経営）
　　③決定的で圧倒的な与信の供与による自己増殖の確立（無限と誤解させる
　　　程度の拡大）

　中途半端な強みでは、品質や価格の僅かな差などは、十分なインパクトを与えきれず、評価すらされない。多くの市場では時間とともに製品がコモディティ化してくるため、相応の差別化もコスト優位性も技術的優位性も、時間とともに無意味と思えてくるようになる。重要なポイントは、持続的成長要因が目に見えてくることである。
　事業ドメインやポジションを、持続可能な成長要因の対象である市場（顧客）とリンクさせ、共鳴させることが重要である。
　通常、製品の信頼性や品質保証に関する能力や資産は、顧客にとって明白でないため、広告やデザインによって目に見えるようインパクトを与え続け、実際に使用することによって実感させることになる。そのことがコスト増を招き、差別化を困難にさせる一方で、コモディティ化を促進させ、市場の側からの逆選択を可能にさせる。

　無理な価格訴求や僅かな品質の差異の押し売り、偽装した口コミや耳障りな製品名の連呼、最終的には、好意的に勘違いしたインフルエンサーの活用による製品ブランドの拡販など、最前線で働く実務担当者の自尊心や忠誠心を逆なでするようなマーケティング手法でしか戦略を策定できないならば、ミッション・マネジメントの限界を悟る時が来ているのかもしれない。

27　例えば、テスラとパナソニックのバッテリーの供給契約は、図らずも他者を排除する動きを生み出しかねない。当事者にその気が無くても、知らないうちに優先順が作られ、電動化に強力なパートナー（例えばBMWやトヨタ）を排除してしまったかもしれない。

11. インテグリティ・マネジメントの理想型

　本章で筆者が「理想型」とするインテグリティ・マネジメントのモデルがある。

　それは、次の等式が成り立つ企業に他ならない。そして、その企業のみが本当の意味で「自治」を許される企業となる。それは独立した国家に等しい。

表 1-3　インテグリティ・マネジメントの理想型な概念式　（筆者作成）

自治　＝	＋「自立＋自律」	⇒	経済的・経営的自由	
	＋「自戒＋自省」	⇒	精神的・観念的自由	
	＋「自責＋自浄」	⇒	法規的・遵法的自由	
	＋「自然＋自在」	⇒	社会的・政治的自由	
	＋「自尊＋自愛」	⇒	理念的・人道的自由	
自治＝自立＋自律＋自戒＋自省＋自責＋自浄＋自然＋自在＋自尊＋自愛				

　「自治」が完全に成立する状況が作り出されることは極めて少ないであろう。それぞれは、程度あるいはレベルの差が大きく、表層的にも深層的にも重層しているからである。

表 1-4　インテグリティ・マネジメントの理想型　（筆者作成）

用　語	項　目	意　味
自　由	自　治	尊敬される企業、信頼される企業として認知されている。自らの運命を自らの責任で決定し、処罰し改善し成長し独立を維持できる。
経済的経営的に自由であること	自　立	経済的に独立し、利益を挙げ続けることのできる状態であること。援助や支配を一切受けないこと。
精神的観念的に自由であること	自　律	自らの行動、発言を主体的に規制すること。権威や欲望に拘束されず、自らの普遍的道徳的規範に従うこと。
	自　戒	自らを戒め、悟りを開き、将来に向けて統制、制御できること。
	自　省（自制）	不要な感情や過剰な欲望を制し、自らの行動や態度をかえりみて反省をすること。
法規的遵法的に自由であること	自　責	自分で自分の不正不義不浄を責め咎めることができること。
	自　浄	自らの力、それ自体の働きで清らかにし、腐敗を改め、排除できること。
社会的政治的に自由であること	自　然	無理、わざとらしさがなく、本来の状態であること。
	自　任	行動や思考、言動が思いのままであり、法や規則が一切気にならないこと。矩（のり）を超えないこと。
理念的人道的に自由であること	自　尊	自らの人格を尊び、誇りと品格を保っていること。
	自　愛	自分自身も他人も、分け隔てなく、同じように大切に扱い、命をいとおしむこと。

12. ダークパターン：新たな事例と傾向 [28] [29] [30]

　今、世界が「ダークパターン」に警戒し、対策を打とうとしている。

　ダークパターンとは、「消費者を惑わすサイト設計等」を意味する。このサイトに対して世界は規制を進めている。具体的には十数種類に分類されている。

　その代表例は、

① 「同意欄の事前チェック」を要求し同意しない場合は、サービスを提供できないように仕向ける方法（EU一般データ保護規制抵触）。これにより入手したデータが企業側の意図で自由に活用できるよう同意させる

② 退会方法が複雑で、わかりにくく設計されたサイト、あるいは電話に限り退会させる仕組み（米連邦取引委員会が 2020 年に提訴）

③ 「定期購入」が「自動設定」されており、その説明自体わかりにくくしているサイト

④ 在庫の少なさを「煽る」販売方法

⑤ 特定のボタンを目立たせ、選択を誘導させる方法

⑥ 余分な注文を促す方法　（ジャパネットなどが得意な抱き合わせ商法）

⑦ 早い者勝ちを促すよう「タイムモニター設置」「カウントダウン」「30 分以内の注文は値引き」などで購入を煽る方法

⑧ 自動的にメールマガジンを送付する仕組み

⑨ 誇大広告、おとり広告、クリック数「いいね」の偽造など

⑩ 顧客購入機器を不良品と交換する際に、最初の機器をデータごと回収する方法

⑪ 期限の定めのない「期間限定販売」

⑫ 通常販売価格（あるいは定価）自体に「実販売実績」のない値引きなど

　消費者評議会（政府系）は 2021 年 1 月 Amazon プライムの解約を困難にしていると指摘、調査を開始した。同じ動きはギリシャ、フランス、ドイツでも相次いでいる [31]。

28　英国著名なウェブデザイナー、ハリー・ブリヌル氏の新語。

29　https://gigazine.net/news/20200522-design-dark-patterns-trends/

30　2021 年 3 月 27 日　日経新聞

31　amazon で知らない間に「定期購入」させられていた経験がある。以前「絵筆」を予備を含め 4 本購入したら、毎月 4 本送られる「定期購入」にデフォルトで設定されていた。商品が送られるまでそれがわか

プリストン大学アルネシュ・マトゥール氏は「ダークパターンが企業のイメージ低下を招くため、自主対応が増える」とみる。

JTB の宿泊予約「るるぶトラベル」では、予約プランの大半を「もうすぐ SOLD OUT」と表示されていた。「SOLD OUT」の表示基準は非公開。日経新聞社の調査後「空き室あり！」に変更された。「楽天トラベル」では、プランごとに「残り○室」と表示される。そもそも何室が販売されているのか、ここでも表示の基準はない[32]。

多くの企業は、消費者側の「チェック不足」を追求し、自分たちの「善意無過失」を主張し、「仕方なく諦める」よう仕向ける。最も多い言い訳は「他社もやっている。他社も同じ」とのコメントを繰り返す。

これもミッション・マネジメントの視点からは「別に法令には違反していない」「禁止はされていない」ということになる。消費者はこの手の企業のやり方に「うんざり」していることを企業側は未だに認知しようとしていない。日本の企業のウェイブサイトでこうした手法が目立つという。今後は、SNS 等を通じて、こうした企業を「ブラック企業」と同じレベルで「ダークパターン企業」として名指しで攻撃するコメントが増えると思われる。

13. グローバル化：新たな基準と傾向[33]

2021 年 3 月。通信アプリ大手、LINE の利用者の個人情報などが、システムの管理を委託されていた中国の会社の技術者からアクセスできる状態になっていた。この問題で、実際に中国の技術者から少なくとも 32 回、日本のサーバーにアクセスがあったことが判明した。

LINE では、「社内の調査」で、情報の漏洩は『現時点では』問題は発生し

らない仕組みになっており、発送メールに「定期購入ありがとうございました」という事後報告メールで初めてそれを確認できた。後で、その購買記録を確認したが、購買記録でも定期購入は不明なままであった。

32　2021 年 3 月 27 日 日経新聞　P7

33　NHK ニュース https://www3.nhk.or.jp/news/html/20210317/k10012918871000.html
2021 年 3 月 27 日検索。
　LINE 個人情報 中国 委託先技術者から少なくとも 32 回アクセス　2021 年 3 月 17 日 18 時 36 分。この問題は、LINE がシステムの管理を委託している中国の会社の技術者 4 人が、日本国内のサーバーに保管されている利用者の名前や電話番号、それにメールアドレスといった個人情報にアクセスできる状態になっていたもの。LINE では 2 月下旬にアクセスできない措置を取ったが、中国の技術者から少なくとも 32 回、日本のサーバーにアクセスがあったことがわかった。

ていない。「社内調査では」これまでのところ、情報が悪用されたという報告はない。これからも『社内に』有識者からなる委員会を設けて調査し、「社内の」調査委員会で検証したい、とのこと。残念ながら、これらも典型的な「ダークパターン」である。

　問題点は、自分たちが何をしているか、何を公表しているか、トップ自らが判断軸を失ってしまっている点である。社外に対して「ご意見無用」と公言していると同じことに気がついていない。

　この社内のダークパターンに新たなパターンが生まれる[34][35]。

　国家間のグローバルリスクが顕在化しつつある点である。具体的には、中国で「国家情報法」が発動されているため、従業員の国籍自体が今後問題になるパターンである。LINE の問題も、企業を取り巻くグローバルという「環境」でしかない。

　さらなる問題は今後の企業側の対応である。

　非常に残念ながら、今後は、出資者の国籍、業務委託先の国だけでなく、従業員の国籍による採用制限など、非常に厳しい状況が生まれる可能性が増大したことになる。企業側は「グローバル」の再定義が求められる。市場、人材、法律、経済、金融、通貨、言語。全てが「新グローバル」の概念で再定義される。データサーバーが海外に有ることが除外理由であるだけでなく、法令違反になりかねない。最悪の場合、中国国籍の社員を雇うこと自体がテロ行為に加担したとも捉えられかねない自体が常態化する。

14. インテグリティ・マネジメントの違いと「ニュアンス」

　これまでのミッション・マネジメントで追求された成果は、往々にしてインテグリ

34　中国「国家情報法」第 7 条で、「いかなる組織及び個人も、法律に従って国家の情報活動に協力し、国の情報活動の秘密を守らなければならない。国は、そのような国民、組織を保護する。」

35　中国、国家情報法を施行　国内外の組織・個人対象 2017 年 6 月 28 日19:44
【北京＝共同】中国で 28 日、国家の安全強化のため、国内外の「情報工作活動」に法的根拠を与える「国家情報法」が施行された。新華社電によると、全国人民代表大会（全人代＝国会）常務委員会で昨年 12 月に審議入りし、今月 27 日に採択された。国家主権の維持や領土保全などのため、国内外の組織や個人などを対象に情報収集を強める狙いとみられる。習近平指導部は反スパイ法やインターネット安全法などを次々に制定し、「法治」の名の下で統制を強めている。だが、権限や法律の文言などがあいまいで、中国国内外の人権団体などから懸念の声が出ている。国家情報法は工作員に条件付きで「立ち入り制限区域や場所」に入ることなどを認めたほか、組織や市民にも「必要な協力」を義務付けた。https://www.nikkei.com/article/DGXLASGM28H6T_Y7A620C1FF2000/　日経新聞

ティ・マネジメントの観点から再度検証を行う必要がある。

　本章で指摘した4つの論点から、事例を通じて再確認する。

　論点1：法律では禁止されていない　⇒　特に違反しているわけではない?

　論点2：結果を出せばいい　⇒　結果が全てを癒し、免責される?

　論点3：誰にも迷惑かけていない　⇒　自分の勝手。放っておいてよ。

　論点4：全て私に任されていると思ってました　⇒　権限委譲ってそういうこと?

事例1　パナマ文書[36]

　2013年、パナマ文書は中央アメリカの国のパナマにある法律事務所「モサック・フォンセカ」が作成した書類。タックスヘイブンを利用した顧客の情報が記載されている。その数は1150万件。具体的な企業名と租税回避額（母国側から見れば意図的脱税）の中で、GEが約1080億ドルでトップ。アップルは2位で826億ドル。ファイザーは730億ドルで3位に掲載されているという。例えば、スターバックス（本社アメリカのシアトル）は、世界30カ国に事業展開しており、イギリスにも700店舗以上展開している。そのカラクリは2000〜2015年の5年間のうち14年間は損失を計上し、コーヒー豆をスイスの子会社から帳簿上、高値で買い取り、イギリスの利益をオランダ欧州本社へ移し、さらに知的財産権の巨額のロイヤリティをオランダへ支払うことで、法人税の高いイギリスでは赤字とすることである。

　2015年アップル社は、米国法人税率は35%の中で、アップル社の税率は実質2%だったという。アイルランドに3つの子会社を持ち、アメリカでは課税は会社の設立地へ。アイルランドでは会社をコントロールする拠点によって課税されるため、利益の6割をアイルランド子会社に集中させている。アイルランドでは、ロイヤルティ支払いによってオランダを通り抜け、バミューダへ利益を移しているという。この「税逃れ」の構造は「ダッチサンドウィッチ」と呼ばれている。

　ちなみに、日本企業でパナマ文書に名前が出ている企業は、電通、バンダイナムコ、シャープ、サンライズ、大日本印刷、大和証券、ドリームインキュベータ、ドワンゴ、ジャフコ、ソニー、ファーストリテイリング（ユニクロ）、やずや、みずほFG、三井住友FG、JAL、石油資源開発、丸紅、三菱商事、商船三井、

36　https://ja.wikipedia.org/wiki/%E3%83%91%E3%83%8A%E3%83%9E%E6%96%87%E6%9B%B8
Wikipedia
https://toyokeizai.net/articles/-/118977　東洋経済新聞社

日本製紙、オリックス、第一三共などがあるという。

事例 2　米レンタカー大手ハーツ・グローバル・ホールディングスの破産 [37]

「この計画は腹立たしい」

2020 年 9 月、米レンタカー大手ハーツ・グローバル・ホールディングスの破産手続きを進める裁判で、裁判官の厳しい言葉が何度も発せられた。矛先は経営陣にボーナスとして計 540 万ドル（約 5.7 億円）を支払う計画。同社は一時解雇を含め 1 万 6 千人を削減した一方、破産申請の数日前にも役員に高額の特別手当を支給した。実際には破産申請の数日前に役員らに対して計 1600 万ドル（約 17 億円）以上の特別手当を支給した。

米レンタカー大手ハーツ・グローバルは 2020 年 5 月 22 日、米連邦破産法 11 条（日本の民事再生法に相当）の適用を米破産裁判所に申し立てたと発表した。新型コロナウイルス感染防止のための外出・移動規制により顧客が急減し、経営破綻した。

同社は全世界の従業員の半分にあたる約 2 万人を一時帰休・解雇するなどして、手元資金の確保策を講じていた。ポール・ストーン最高経営責任者（CEO）は「旅行や経済がいつ元に戻るのか不透明で、回復が長引きそうな場合に備えて一段踏み込んだ措置が必要になった」と説明。破産手続きは米国とカナダの直営部門が対象で、フランチャイズ店や欧州などほかの国の営業拠点は対象外という。北米のレンタカーは空港での貸し出しが多いが、4 月の米国内の航空旅客は通常の 5% ほどにとどまり、大きな打撃を受けている。（ワシントン＝江渕崇）。

事例 3　百貨店 JC ペニーが経営破綻　米小売りで 3 例目　2020 年 5 月 16 日

米百貨店大手の JC ペニーが 15 日、米連邦破産法 11 条（日本の民事再生法に相当）の適用を申請し、経営破綻した。もともとネット通販の台頭により経営不振に陥っていたが、新型コロナウイルスに伴う営業停止が追い打ちをかけた。5 月に破綻した衣料品チェーンの J クルー、高級百貨店ニーマン・マーカスに続き、米主要小売業で 3 例目の破綻となった。

その経営破綻の直前に最高経営責任者（CEO）に 450 万ドルを支払った。経営責任を問われるはずの幹部が利益を得ていた。同社が規制当局に提出した

37　日経新聞　2021 年 2 月 26 日朝刊　レンタカーの米ハーツがコロナで経営破綻　営業は継続

書類によると、同社はジル・ソルタウ CEO に 450 万ドル（約 4 億 8000 万円）、他の役員 3 人にそれぞれ 100 万ドル（約 1 億 1000 万円）の特別手当を支払った。

ジル・ソルタウ最高経営責任者（CEO）は声明で「新型コロナ前までは、再建に向けた戦略の成果が出始めていた。しかし、営業停止を受けて債務削減のために大幅な見直しが必要になった」と述べた。

JC ペニーは 118 年の歴史を持つ老舗百貨店。2011 年にはアップルの直営店アップルストアを成功に導いたロン・ジョンソン氏を CEO に迎え、値引きを行わない戦略を打ち出したが、失敗。ジョンソン氏は 13 年に CEO を更迭された。

新型コロナの感染拡大に伴い一時営業停止に追い込まれる前から経営不振が続いていた。19 年には 18 店舗を閉鎖し、家具や家電販売からも撤退。20 年 1 月期の最終損益は 2 億 6800 万ドルの赤字と、3 期連続の赤字だった。同社は現在、全米で 850 店舗を運営し従業員 9 万人を抱えるが、新型コロナの影響で営業停止しており、従業員も一時帰休となっている。

米国では 2005 年に成立した破産法で、破産状態にある企業が役員に残留特別手当を支払うことが禁じられており、破産申請前のボーナス支払いはこの法律を迂回したものとみられる。

子ども向けにゲーム機を備えたピザ店を展開するチャッキーチーズも破産を申請した。同社のデービッド・マキリップス CEO は、新型ウイルス流行は同社史上最大の苦難だとした一方で、会社の未来には「自信」を持っていると述べた。この楽観的な姿勢は、マキリップス自身が個人的に手当を受け取っていたことを考えれば当然のことだ。同社は先行きが暗いにもかかわらず、破産発表前にマキリップスを含む経営幹部 3 人に残留特別手当として 300 万ドル（約 3 億 2000 万円）を支払っていた。

事例 4　破産申請 100 社中 19 社総額 1 億 3100 万ドル（約 140 億円）の支払い[38]

高級百貨店ニーマン・マーカスは、テキサス州の連邦破産裁判所にジェフロイ・バン・ラムドンク CEO ら幹部に総額 1000 万ドル（約 11 億円）分の昇給を与える許可を要請した。この報酬は「日々の経営に欠かせない」もので、破産手続き中の同社の成功に寄与するとされている。

ブルームバーグによると、新型コロナウイルス流行に伴うロックダウン（都市封鎖）措置が始まって以降に破産を申請した 100 社のうち、19 社が残留特別手当

38　Forbs 記事 2020/08/05

や業績賞与として総額 1 億 3100 万ドル（約 140 億円）の支払いを決めている。

　よくある言い訳は、大変な破産手続きを通して会社を導くためには経営陣を経済的に支援する必要がある、というものだ。特別手当は「回収」が可能となる場合もあるとされているが、実際に回収できることはほとんど（あるいは全く）ない。

　人々が怒りを感じているのは、企業の明らかなダブルスタンダードだ。上級役員や CEO は経済面で手厚い待遇を受ける一方、平均的な労働者には配慮が与えられない。役員には恐らく苦難を切り抜ける資金源があり、どこかで高給な仕事を得るのに十分な人脈も培ってきただろう。

　一方、破産した企業の平均的な労働者は、異なる現実に直面している。こうした従業員は、ここ最近に 5000 万人以上の米国人が失業手当を申請した過酷な求人市場に放り込まれている。新たな職を得るための競争は非常に激しく、ほぼ毎日のように採用の停止や解雇が発表されている。

　役員に対する多額の特別手当も、労働者に対して同じ配慮があるならば目をつむれるかもしれない。そうなるまでは、米国の資本主義的な社会への信頼は下がり続けるだろう。平均的な米国人は、社会の仕組みが自分に不利益を与えるようになっており、勤勉な中産・労働者階級を無視し、富と権力のある人をひいきしていると感じるだろう。

　次は、ビジネスとは若干異なるが、解りやすい事例としてスポーツを取り上げる。

事例 5　松井秀喜 5 打席敬遠（明徳義塾高校 vs 石川星陵高校）

　1992 年 8 月 16 日。第 74 回全国高等学校野球選手権大会 2 回、明徳義塾高等学校（高知）対星稜高等学校（石川）戦にて、明徳義塾のエースピッチャー河野和洋が星稜の 4 番松井秀喜を「5 打席連続」で敬遠した。

　高知の明徳義塾・馬淵史郎監督は監督生活 21 年。計 21 度の甲子園出場で通算 36 勝 20 敗。2002 年夏には優勝旗を取った。高校球界きっての名将と賞されている。

　馬淵史郎監督：「当時のナインに対する負い目はない。負い目があったら監督を続けていません。あんな作戦を取って負けていたら監督を辞めていたでしょうが、勝ったわけやからね。そもそも私は野球のルールを犯したわけやない。松井くんと勝負して抑えられるとしたら、インコースの高めしか打ち取る方法はなかったはず

です。だけど胸元だけを攻めて、デッドボールを当てて怪我でもさせてしまった方がよっぽど汚い野球だと思いますよ。野球では『盗塁』とか『刺殺』というように、盗むとか殺すといった不謹慎な言葉が使われている。その中でキレイな言葉といったら『敬遠』ぐらいのものですよ。人を敬うからこそ敬遠なわけです」　週刊ポスト2011年8月12日号 [39]

　河野和洋投手：明徳義塾高等学校から専修大学へ進学すると野手に専念。プロ入りを希望したがドラフト会議では指名されなかった。大学卒業後は社会人野球のヤマハへ進んだ。その後もプロ入りを模索したが、ノーザンリーグのセントポール・セインツ、クラブチームの千葉熱血 MAKING でもプレーを続けた。その後、大学職員として開智国際大学野球部のコーチも兼任。2016年11月5日に現役を引退 [40]。

事例6　日本大学フェニックス vs 関西学院大学ファイターズ悪質タックル問題

　2018年5月6日東京スタジアム補助グラウンド（東京都調布市）
　日本大のアメリカンフットボール選手（20）が関西学院大の選手に危険なタックルをした。関東学生アメリカンフットボール連盟（柿沢優二理事長）は29日、東京都内で臨時理事会を開き、内田正人前監督（62）、井上奨（つとむ）前コーチ（29）を、最も重い除名処分。タックルをした選手及びチームに対しては、今年度のシーズン終了まで公式試合の出場資格停止の処分。タックルは前監督、前コーチからの指示だったと認定。

　内田監督：「直接反則行為を促す発言をした事実は確認されておりません」「反則行為をやらざるを得ないと思わせてしまうような状況に追い込んでしまった」「（指導者と）選手との間の意識の差が、今回の問題の本質」

　宮川泰介（学生）：「『QBを潰しにいくので僕を使ってください』と監督に言いに行け」と指示され、試合当日、内田氏に伝えたところ、「やらなきゃ意味ないよ」

39　https://www.news-postseven.com/archives/20110803_27264.html?DETAIL
後付の便利なロジックが一人歩きする。この事例は高校球史に「名勝負」として記憶される。

40　名将といわれる馬淵史郎氏の影で、一人の高校球児は一生「松井を敬遠して勝負を逃げた男」「試合に勝って、勝負に負けた男」として記憶される。そして、プロ球界はどのチームも彼を「野球選手」としては指名していない。

と念を押された。井上コーチからは「QB が怪我をして秋の試合に出られなかっ
たらこっちの得だろう」とも言われていたため、「相手を潰すぐらいの強い気持ち
でやってこいという意味ではなく、怪我をさせるという意味」と捉えていた。

　2020 年、宮川選手は富士通に入社し、アメフト選手として復帰がかなった。
残念ながら、当時の宮川選手はあまりに未熟すぎた。多くの代償を払ってやっと
有望な若い選手が社会に復帰した。精神的に立ち直れたかは不明である [41]。

事例 7　日本 vs ポーランド（ワールドカップロシア大会グループ H）[42]

　サッカーのワールドカップ（W 杯）ロシア大会でグループ H の日本は 2018 年
6 月 28 日、ロシア、ボルゴグラードでポーランドと対戦し 0-1 で敗北。ポーラン
ド戦では負けていたが、フェアプレイポイント（受けた警告の数）でセネガルを上
回り、グループ 2 位で決勝トーナメント進出を決めた。ただし、最後の 17 分間、
ただ、ボールを回すだけの試合展開。負け試合なのに、一切攻撃することなく、
会場のブーイングを巻き起こした。
　西野朗監督：「チームとすれば本意でないが、こういう形も成長していく一つ。
他会場の流れもあって対応性が問われるゲームだった。選手の対応も難しかった。
（決勝トーナメントへ）これからまた強いチャレンジをしたい。」
　2018 年 7 月 2 日 決勝トーナメント第 1 試合 対ベルギー戦で日本は 2-3 で惜
敗した。

海外メディア：否定派
　英 BBC 放送「最後に日本がしたことは W 杯で誰も見たくない行動だった。FI
FA の規定は恥ずべきもの。おかげで日本は世界的な笑いものになった。」
　ドイツ紙ビルト「W 杯で最も恥ずべき 10 分間」
　スペイン紙スポルト「最悪な試合。日本をほぼほぼ 1 次リーグ敗退にまで追い
込んだ。」
　イタリア・メディアセット TV「最後の 10 分間、日本には失望した。」

41　宮川泰介（22）が、社会人 X リーグの富士通で現役を続行する。関係者が 3 月 31 日に明らかにした。4
月 1 日に入社し、日本一を決めるライスボウル全日本選手権で 4 連覇中のチームに加わる。処分解除された
昨季はビッグ 8 リーグ 2 試合に出場し、副将としてトップ 8 復帰に貢献した。今季は V5 を狙う富士通にとっ
て、即戦力として期待される。https://www.nikkansports.com/sports/news/202003310000568.html

42　https://www.nikkansports.com/soccer/russia2018/news/201806290000675.html

ロシア紙スポルト・エクスプレス「単なる醜悪」「日本はサッカーにつばを吐いた。」

　ブラジル紙グロボ「皮肉にも日本は0-1のスコアより多くの物を失った。」

　海外メディア：賛同派

　元スコットランド代表「私はそんなフットボールは決して見たくないが、もし彼らが攻撃的に出て敗退していたら、ナイーブで愚か者だと言われただろう」

　英サン紙「インターネット上には『警告の数も試合の一部』『ルールにのっとった行為』と評価する声」

　元イタリア代表監督「日本は、この大会でサプライズになるかもしれない」

　ボバン・FIFA副書記官「セネガルは残念だったが、日本にも賛辞を送る。彼らは勝ち上がるのに値するものを出した。この規則は完璧にスポーツ精神にのっとるものだ。」

　インテグリティ・マネジメントは、我々に、成果・成績・成功を目指すことや、比較優位・競争優位の追求、さらには去年よりも今年、今年よりも来年が豊かでありたいといった、ごく普通の感情や願望を持つことすら「試練」として問題提起している。

　筆者は、今、旧海軍兵学校の五省を素直に反芻している。

　一、至誠に悖（もと）る勿（なか）りしか

　一、言行（げんこう）に恥（はづ）る勿りしか

　一、氣力に缺（か）くる勿りしか

　一、努力に憾（うら）み勿りしか

　一、不精に亘（わた）る勿りしか

第1章　演　習

1. 貴社において、ミッションとは何か。定義と意味を明確にした上で、ミッションを経営戦略として実践する方法を定式化せよ。

2. ミッションを現場レベルまでブレークダウンさせるプロセスを検討した上で、そのステップに基づいて、自社のミッションを現場レベルにブレークダウンせよ。

3. ミッション・マネジメントの限界とマイナス面（デメリット）について列挙した上で、そのマイナス面の克服方法を検討せよ。

4. 企業のミッション、創業者のミッションを従業員として信奉する必然性はどこにあると思われるか。そもそも、会社と平等な関係性の中で、なぜ他人の作ったミッションを実践しなければならない必然的な理由は存在するのか検討せよ。ミッションの遵法は従業員としての役割の一つか。

5. 企業と従業員、経営者と従業員は本来対等な立場のはずである。その関係性の中で、企業のミッションとして従業員個人のミッションを取り上げるプロセスがないのは何故か。その理由を検討せよ。また、その理由を克服する方法を検討せよ。

6. インテグリティ・マネジメントとは何か。定義と意味を明確にした上で、経営戦略として実践する方法を定式化せよ。

第 2 章　戦略編

平和の究極的な目的は、世界から戦争を完全に無くすことにある。
そして、平和を最も早く実現する方法は戦争である。
毛沢東

百聞不如一見
百見不如一考
百考不如一行
百行不如一効
百効不如一幸
百幸不如一皇
漢書『趙充国伝』より

・・・

本章では、
　①戦略とは何か（戦略および戦略コンセプトの理解）
　②戦略策定に必要なものは何か（実効性の担保）
　③戦略を管理するための基軸は何か（実務者の職責）
　④戦略を策定するための定式化（汎用化と普遍化）
について解説する。

　本章では戦略を扱う。
　戦略の定義は論者の数だけある。戦略の定義を議論すること自体あまり意味が
無い。「どの定義が正しいか、どの理論が正確か」ではない。本章では主張す
るだけである[1]。
　本章では、戦略とは「勝ち方、もしくは、ぼろ負けしない負け方」である。
　戦略策定するためのアプローチとして下記の 3 通りがある。
　第一のアプローチは、企業の理念・ビジョンからブレークダウンして、仕掛けと
仕組みを構築する「ブレークダウン型アプローチ」である。

1　本章末に戦略定義と戦略の考え方および論者をまとめている。参照のこと。

第二のアプローチは、過去の実績からコア課題を抽出し、その根本原因を追求しつつ現実的な解決策を積み上げる方法であり、時間軸による展開をメインとする「リノベーション型アプローチ」である。

　第三のアプローチは、現状（As-Is）から将来のあるべき姿（To-Be）を目指す際の実行リスト（To-Doリスト）を策定する「アクション型アプローチ」である。

1. ビジョンからの
「ブレークダウン型アプローチ」（第一のアプローチ）

　第一の理念やビジョンからブレークダウンするアプローチでは、あらかじめ、ビジネスモデル、事業構造の分析、業界構造の観察、競争環境の判断、成長要因の模索といったアプローチを策定の中で常に意識する必要がある。

　その上で、

　　①環境分析
　　②ドメイン／方針設定
　　③戦略策定
　　④仕組み&仕掛けの構築

といったブレークダウンを行う。

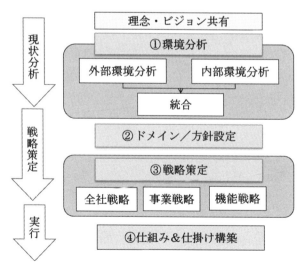

図2-1　理念・ビジョンからのブレークダウンによる戦略策定プロセス
（筆者作成）

2. 現実的な解決策と時間軸からの 「リノベーション型アプローチ」 (第二のアプローチ)

　第二のアプローチは、基本的な戦略策定アプローチであり、現実的な解決策を積み上げ、時間軸の展開を行う「リノベーション型アプローチ」となる。現在の課題意識や目的意識、あるいは過去または現在の課題分析から始まる

　現状の課題や事業の目的あるいは過去の実績調査から、マクロ分析・ミクロ分析を実施し、そこから新たな目標設定を行い、実行計画を策定する[2]。

　決して現状を否定するわけではなく、あくまでも過去から現在、そして将来に向けた継続性と、完成度の高い現状のビジネスモデルの一層の改革を目指すアプローチと言える。

　基本的な流れは下記の通り。

過去の評価と現状分析	目標設定と実施項目策定	実行スケジュール化と組織化
1．過去の実績調査	1．収益目標	1．実行組織設計
2．現行マクロ分析	2．経費目標策定	2．要員配置
3．現行ミクロ分析	3．投資目標設定	3．実行スケジュール化
4．競合分析	4．実行戦略案策定	4．評価指標設計
5．自社経営資源分析	5．リスク対策	5．指揮命令権、権限
6．策定方針、方向性確認	6．予算化	6．実行

図 2-2　過去・現在・未来の戦略策定アプローチ　（筆者作成）

3. 実行リストを策定する 「アクション型アプローチ」 (第三のアプローチ)

　第三の実行リスト（To-Do リスト）を策定する「アクション型アプローチ」では、課題意識・目的意識が最重要となる。戦略策定プロセスでは、戦略コンセプトのアクティビティとしての実行リスト（To-Doリスト）を策定することが戦略策定のゴールであり、戦略実行のスタートとなる。

　このアプローチのフレームワークは、大きく３つの構成要素からなる。

　戦略を組織戦略として実行するためには、

2　多くの学者は、この類いを「戦術」と定義したがる。無意味なので、ここでは無視し読者の判断に任せる。

① As-Is　　分析リスト
② To-Be　　設定リスト
③ To-Do　　策定リスト

　これらの 3 つの構成要素がメインのフレームワークであり、戦略設計の基本的なプラットフォームとなる。

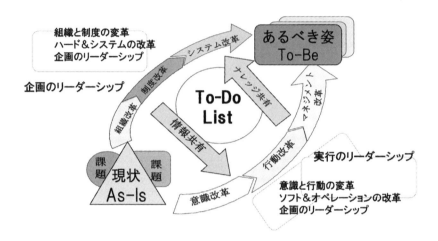

図 2-3　第三のアプローチによる戦略策定と戦略実行の
基本フレームワーク（筆者作成）

表 2-1　戦略実行のための To-Do リスト作成のフレームワーク項目
（筆者作成）

No	項　目	内　容	項目
1	As-Is	現状の組織課題と目的の棚卸し	5W の検証 分析重視
2	To-Be	あるべき姿と成果イメージの具体化と共有	5W の具体化 仮説重視
3	To-Do	課題解決策の実行 組織ミッションへのブレークダウン	How How　Much How　Many
4	組織と制度の変革 ハードの改革 企画のリーダーシップ	To-Do リストのハード面の具体化 戦略策定・企画立案・計画策定	組織改革 制度改革 システム改革
5	意識と行動の変革 ソフトの改革 実行のリーダーシップ	To-Do リストのソフト面の具体化 戦略実行・企画実践・予算と実績の一致	意識改革 行動改革 マネジメント改革
6	ナレッジ（知恵）共有	ソフト蓄積、蓄積した知恵共有	個人＆組織の経験値
7	情報（ノウハウ）共有	データ蓄積、蓄積した情報分析	顧客・競合等各種データ

4. 基本となる戦略策定と戦略実行のフレームワーク

　戦略で重要なのは、探索と策定、そして実行である。

　当たり前だが、戦略を管理するためには戦略を理解しなければならない。策定と実行は全く別物であるが、まずは戦略を理解する必要がある。

　戦略を理解するためには、どんな戦略論があるかを「体系的」に理解していることが望ましい。

　ミンツバーグの『戦略サファリ』(1999)[3]で提唱する10学派を中心に、12の戦略フレームワークは、概念的に3つに区分される。

（1）戦略開発・事業組織　（構造化対応型の戦略）

　市場、競合、組織といったハード面を前提とした定義区分で、市場構造、顧客構造、製品構造によって戦略に絶対的な正解があることを前提とする考え方である。当然、相手の行動や変化に対して、勝ち方を考える。

　　①ポジショニング戦略（競争差別化設計）

　　②プランニング戦略（将来投資設計）

　　③デザイニング戦略（部門配置設計）

　　④コンフィギュレーション戦略（機能配置設計）

（2）自己変革・生存環境　（適合化対応型の戦略）

　目標、努力、成長といった自助努力的な環境への適合を重視した、自省と時間軸を自己変革につなげる考え方である。市場や環境はコントロールできないが、「唯一統制できるのは自分自身」との前提で、戦略を構築する。

　　①カルチャー戦略（模倣困難設計）

　　②エンバイアランメント戦略（環境適合変革）

　　③ラーニング戦略（成長挑戦曲線）

　　④コグニション戦略（プラス志向洗脳）

3　ヘンリー・ミンツバーグ／ブルース・アルストランド／ジョセフ・ランペル／斎藤嘉則　東洋経済新報社
1999年10月 ISBN コード：978-4-492-53064-1 (4-492-53064-9)

（3）存続価値・存在価値　（希少化対応型の戦略）

　付加価値、差別化、ブランドといった差別化と希少性を重視した考え方である。競争を避けるため、徹底したオリジナリティや圧倒的なパワーを志向しつつ、敗退、撤退を嫌うため、プラン B、プラン C も前提とする状況対応型の戦略を構築する。
　　①アントレプルナー戦略（破壊創造挑戦）
　　②パワー戦略（圧倒的差別化）
　　③コア・コンピタンス戦略（中核的強靭性）
　　④コンティンジェンシー戦略（状況対応変革）

5. 伝統的な戦略コンセプト

　上記の戦略フレームワークの区分以外に、実務的で実効性ある伝統的な 4 区分で全 15 の学究的な戦略フレームワークがある[4]。

（1）ポーター型　競争戦略

　①差別化戦略（ブルーオーシャン戦略）[5]
　　競争のルールを変えること、差別化を図ることは競争にとって基本であり、必須である。持続可能であるためには、自らを差別化し続けることがさらに必須である。
　②ローコスト戦略（損益分岐点戦略）
　　ローコストは不断の努力と勤勉の賜物であって、一朝一夕に得られるものではない。それだけに、強力な持続可能な戦略となる。最大の敵はマンネリと油断、そして奢侈を受け入れたがる心の緩みにある。

---

[4]　近年（2003 年）マイケル・トレーシーとフレッド・ウィアセーマが『ナンバーワン企業の法則』で提起された価値基準がある。成功する企業が顧客に対する価値を創造する方法として、オペレーショナルエクセレンス戦略、製品リーダー戦略、カスタマーインティマシー戦略を提唱。『ナンバーワン企業の法則─勝者が選んだポジショニング』（日経ビジネス人文庫）2003/7　M. トレーシー, F. ウィアセーマ, 大原 進（訳）。内容的には、選択と集中の二番煎じ的であり、優れた製品戦略は開発優位であっても戦略そのものでもない。また、顧客との関係性構築は後付けのロイヤルカスタマー戦略と見なされやすい。

[5]　ブルーオーシャン戦略、INSEAD 教授の W・C・キムとレネ・モボルニュが提唱（ランダムハウス講談社 2005 年）。残念ながら内容的にも戦略的にも、フレームワークとしても、孫子の兵法のまま。筆者としては示唆が乏しく、ジレンマでもある。実際に戦略キャンバスを使用した図（たとえばシルク・ド・ソレイユやロングテールワインが有名）だが、ターゲット、指標序列、評価ラベル、評価レベルなど整理不足の感があり実践向きな提言が欲しい。筆者の経験不足もあって、実践的に戦略構築で使用されたものを見たことがない。

③集中化戦略　（資源傾斜配分型）
　　特定の地域や技術領域が一旦独占されると、その牙城を崩すのは極めて
　困難である。さらにその牙城を強固にするのは、さらなる集中戦略である。
　凝固戦略と呼んでも良いだろう。

（2）事業 PPM 型戦略（シェア型・市場成長重視型）

　シンプルで理解しやすい。そして明晰である。ただし、誰にでも手に入るデー
タで、誰にでも真似できるため、戦略として効果が乏しい上に、この戦略をあり
がたがる企業がいるとしたら、余程の脳天気な企業だろう。おそらくは、スター位
置にいて現状に甘んじながら、次の戦略を練っているモラトリアム企業である。
　　①金のなる木・刈り取り戦略／衰退・成熟市場戦略
　　②負け犬・撤退戦略／拡大・停滞市場戦略
　　③スター花形・増殖戦略／拡大・成長市場戦略
　　④問題児・変革戦略／衰退・停滞市場戦略

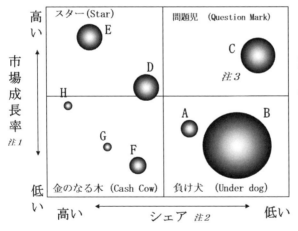

図 2-4　事業プロダクトポートフォリオマネジメント（PPM）（ボストンコンサルティング）

（3）ポジション型戦略（競争優位型・衝突回避型）

　競争優位を回避するための生き残り戦略である。無理せず、自社の強みを活
かしつつ、可能性を探る戦略となる。戦略に正攻法と正解があるため、そのため

の意思決定を行いたい企業向けの志向プロセスとなる。重要なのは戦略よりも「戦術」である。

　①チャンピオン戦略

　②チャレンジャー戦略

　③ニッチャー戦略

　④フォロアー戦略

図 2-5　ポジション戦略の区分　（嶋口　1988 他）

（4）アンゾフ型　成長型戦略（探索追求型・模索検討型）

　自らの生存領域を意識しつつ、次の成長への可能性を探る戦略構築マップとなる。現状維持、営業強化、開発強化と戦略は多面的（360 度）であり多重的（繰り返し）であり多層的（各種）である。

　①市場深耕戦略／先制攻撃型戦略（奇襲攻撃）

　②製品開発戦略／市場創造戦略　（イノベーション戦略）

　③市場拡大戦略／多店舗化戦略／グローバル化戦略（地域保険戦略）

　④多角化戦略／多極化戦略（新製品×新顧客創造戦略）（時代保険戦略）

	製品	
	既存	新
既存 市場	**市場深耕** ・マーケットシェアの拡大 ・製品使用度の増大 　-使用頻度の増大 　-使用量の増大	**新製品開発** ・新たな属性の追加 ・製品ラインの拡張 ・新技術（新世代）製品導入
新	**新市場開拓** ・地域的拡張 ・新たなセグメントへの拡張	**（狭義の）多角化** ・市場／製品ともに新たな領域への参入 ・新規事業

図 2-7　成長戦略マトリックス　（H.I. アンゾフ）

『企業戦略論（1965）』産能大学出版部

　重要な「コンセプト」は、多角化とは「時代に対する保険」であるということ。
　従って、現業で儲けた利益を将来に投資することである。逆に、現業の利益を
ステークホルダー同士で再配分するようでは、将来の成長は心許ない。
　多角化は、超長期を見据えた事業戦略と、自部門については崇高な組織的献
身（あるいは自己犠牲）の上に成り立っている。そして、これまで事業を支えてき
た先人の努力に応えることができる経営者と事業部門の責任者のみが、その成
功の美酒を味わうことができる。

　これらの戦略コンセプトは、組織の実行部隊にブレークダウンさせる必要がある。
　組織へのブレークダウンは、事業の種類と規模、さらに事業の複雑性とも呼応する。

6. 筆者の提唱する戦略策定アプローチ（第四のアプローチ）

（1）12 の戦略コンセプトの定義と意味

　筆者が実務的に推奨する戦略策定アプローチは、第三のアクション型のアプローチを発展的に精緻化し、第四のアプローチとしたものである。

　第四のアプローチは、12 の戦略コンセプト、20 の戦略ファンクション、そして 12 の戦略アクティビティからなる。

　まず、12 の戦略コンセプトの分類（および記憶方法）は、下記の通りである[6]。

ポプラ・カエデ・パア 4 個（コ・コ・コ・コ）			
ポ	Positioning （価格決定力）	パ	Power （シェア・支配・5 F）
プ	Planning （経営計画）	ア	Entrepreneur （起業・破壊と創造）
ラ	Learning （人材育成）	コ	Configuration （配置・組織）
カ	Culture （組織文化）	コ	Cognition （認識・哲学）
エ	Environment （環境適合）	コ	Core-Competence （中核的能力）
デ	Designing （機能設計）	コ	Contingency （状況適合）

6　H. ミンツバーグの『戦略サファリ』（2005 年）では丁寧なスクールによる戦略分類がなされている。この整理法（分類）は、それをベースにした戦略コンセプトの方法となる。

表2-2 　12の戦略コンセプトの概要 　（筆者作成）

No	項	区　分	内　容	主唱者
1	ポ	ポジショニング戦略	典型的なSTP戦略(セグメント、ターゲット、ポジション)。	M. ポーター コトラー
2	プ	プランニング戦略	短期、中期、長期経営計画の設計。実用化を図るもの。3年でローリングする中長期経営計画が代表的。	H.I. アンゾフ P. シュワルツ H. カーン
3	ラ	ラーニング戦略	3年後、5年後、10年後と自社の経営を支える人材とその能力開発を担う。	リンドブロム K. ワイク J. デューイ
4	カ	カルチャー戦略	事業特性と経営者の価値観に応じた組織風土の構築。戦略において文化を特定の環境と定義し影響を与えるものとする。	レンマン＆ノーマン K. カーチナー J. ジョンソン
5	エ	エンバイアランメント戦略	環境適合させるために環境を分析し、対応可能な選択肢を準備し、戦略を策定し「稼働」させるか。	ハナン ＆フリーマン
6	デ	デザイン戦略	組織のデザインと事業マップの構想を実践する戦略。	セルズニック (戦争論)
7	パ	パワー戦略	ブランド構築、差別化、コスト削減価格決定力、特許知財、技術力、資本力、市場シェア、営業力、開発力、人材力、地勢等	フェッファー ＆サランシック 河野収、曽村保信
8	ア	アントレプルナー戦略	事業創業（創成）、廃業決定、撤退、進出、スクラップ＆ビルド。	シュムペーター
9	コ	コンフィギュレーション戦略	経営機能の最適配置を設計。組織、要員、人材、資本の世界最適化。	チャンドラーJr ミンツバーグ
10	コ	コグニション戦略	ファクト認識と執行ギャップの多様化の認識とギャップ解消戦略。	サイモン＆マーチ
11	コ	コア・コンピタンス戦略	他社の真似出来ない中核的な競争優位を優先する戦略。特に組織風土、企業風土などの差別化戦略。	ゲイリー・ハメル＆プラハラード
12	コ	コンティンジェンシー戦略	状況対応の戦略。産業構造、事業構造、さらに要員管理など詳細な成果とインプットを伴う戦略。これまでの戦略が乏しい。	バーンズ ＆ストーカー ウッドワード、 ローレンス＆ ローシュ、 フィドラー

(2)戦略ファンクションの定義と意味[7]（ファンクションへの展開 20 分類）

戦略コンセプトを組織（ファンクション）にブレークダウンする区分で、特に、筆者が実務的に推奨する組織へのブレークダウン方法（および記憶方法）は、下記の 20 通りである。

> # 全時期、ジグザク、前、無事稼ぎ　そこそこ放置

表 2-3　戦略ファンクションへの展開概念　（筆者作成）

ゼン	全社戦略	ジ	情報システム戦略
ジ	事業別戦略	カ	開発（研究）戦略
キ	機能別戦略	セ	生産（製造）戦略
ジ	人事戦略	ギ	技術戦略
グ	グループ戦略	ソ	組織戦略
ザ	財務経理戦略	コ	広報・広告戦略
グ	グローバル戦略	ソ	総務戦略
マ	マーケティング戦略	コ	コンプライアンス・ガバナンス戦略
エ	営業戦略	ホウ	法務戦略
ブ	物流戦略	チ	知財戦略

戦略コンセプトを組織に展開する際、組織自体が迷路になりかねない。機能としての組織、業務の配分、予算の配賦、人員の配置、そして、品質と納期、生産性向上と人材育成、すべての組織機能が経営を支える。経営者は、全ての組織に役割と意味があることを知ることから始まる。そして、組織には陽の当たる組織と陽の当たらない組織があり、全ての組織に「人材」が居ることを知る必要がある。

さらに、何よりも、全ての組織および人材は、トップの戦略を実行するための組

7　この組織ファンクションの記憶方法は「全時期ジグザグ、前、無事稼ぎそこそこ放置」（全事機人グ財グマ営物情開生技組広総コ法知）」。これでほとんどの組織を網羅できている。残りで取り込めていないのは監査室、品質管理部、など。

織であり、スタッフであることを認識する必要がある。無駄な機能がないこと、無駄な組織が無いこと、そして、何よりも無駄な人材がいないことが求められる。

表2-4　戦略ファンクションへの展開の区分と概要　（筆者作成）

No	項目	内容	領　域	策定者
1	全	全社戦略	企業の全体と現状と将来 資本政策・基盤技術 連結、系列、バランス、収益、モノ選び、カネ使い、ヒト育て	トップ経営層 全部門責任者
2	時	事業別戦略	個別事業と製品と従業員配置 シェアードサービス・多角化 シナジー効果・基盤技術 事業別製品別市場、原材料市場、金融市場、労働市場	トップ経営者 事業部長 財務部門責任者 人事部門責任者
3	期	機能別戦略	営業・生産・管理部門および経営層 ガバナンス機能、営業機能、製造機能、配分機能	トップ経営者 管掌部門責任者
4	ジ	人事戦略[8]	人員、能力、報酬、職務、責任、権限 採用、退職、育成、異動、活用、処遇、評価、解雇、昇進、昇格	トップ経営者 人事部門責任者
5	グ	グローバル戦略	資源の地域的最適配置と市場別の最適活動、外部資源依存関係、世界適材適所、地産地消、為替、キャッシュマネジメント	トップ経営者 人事部門責任者
6	ザ	財務会計戦略	資本、経費、投資、利益、KPI、資金調達、IR、帳票整理、資金調達、資金繰り	トップ経営者 財務部門責任者
7	グ	グループ戦略	関係会社、子会社、アライアンス、シナジー、ブランド、M＆A、事業譲渡、撤退、分社化	トップ責任者 財務部門責任者
8	ま	マーケティング戦略	企業価値、顧客ニーズ、提供価値、付加価値、市場創造、自社価値創造、顧客ニーズ探索	マーケティング部門責任者
9	え	営業販売戦略	営業部隊、販売促進、製品換金、リピーター確保、顧客開拓、チャネル作り	営業部門責任者
10	無	物流調達戦略	物流配送体制、チャネル設計、倉庫保管、在庫管理、適正在庫管理、受発注データ管理、清流確保	物流部門責任者 生産部門責任者
11	事	情報システム戦略	競合データ、顧客データ、システム設計、業務高度化、知恵創造、見える化、労働代替	情報部門責任者 総務部門責任者
12	か	開発(研究)戦略	素材製品製法用途開発、イノベーション、客先対応、価値創造	研究部門責任者 生産部門責任者

8　詳細は、拙著『人事組織戦略』青山ライフ出版　（2015）参照。

13	せ	生産製造戦略	生産拠点開発、生産管理、生産計画、工場ライン設計、知識体系、創意工夫、品質工程内作り込み、協業	生産部門責任者営業部門責任者
14	ぎ	技術戦略MOT 戦略	技術探索、イノベーション開発、技術移転、共創化、社会貢献	技術部門責任者
15	そ	組織戦略	機能設計、組織設計、責任権限設計、職務設計、役割創造、業務高度化、コミュニケーション強化	トップ経営者各部門責任者
16	こ	広報広告戦略	広告設計、販売促進設計、広報設計、告知事項設計、認知対策、イメージ、洗脳、クレーム解消	トップ経営者広報部門責任者
17	そ	総務戦略	株主政策、資産管理、庶務設計、雑務解放、専門特化、庶務業務の集中	総務部門責任者管理管掌取締役
18	こ	コンプライアンス＆ガバナンス戦略	法令遵守、組織保守、社会貢献、社会秩序、名誉保持、自治経営、組織統制法令遵守、組織防衛、企業防衛	監査部門責任者経営部門責任者
19	放	法務戦略	法令遵守、知財保護、法務契約締結、契約精査、探索、プロトコール開発、紛争回避、訴訟対応、契約	法務部門責任者
20	置	知財戦略	特許戦略、知的財産保護、技術開発管理技術保全、知識収益化、ブランド防衛	法務部門責任者研究部門責任者

(3) 12 の戦略策定アクションの定義と意味

　これまで我々は、他人の作った縦軸と横軸のマス目を埋める作業に習熟してきた。そのマス目を埋めることが戦略策定だと思い込まされていた。現実は、戦略に縦軸×横軸の決まりはない。

　上記の「戦略コンセプト×戦略ファンクション」で縦軸と横軸は決定される。あとは、マス目に何を埋めるかである。

　戦略策定で最も重要なのは To-Do リストの策定である。

　To-Do リストは、「何時・何処で・誰が・何を・どう実行するか」を決定する作業であり、シンプルに 5W1H を展開するのが最も妥当である。

　ここでは、5W1H を展開する。前提としての Why と現状の 4W、さらに在るべき姿の 4W で 9W が設定できる。さらに「どのように、いくらで、どれくらい」の 3H で合計 12 のアクションプランを策定することになる。

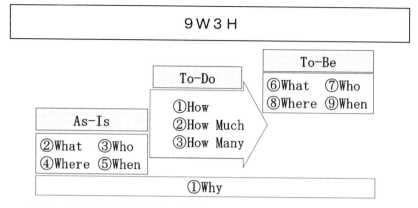

＜ Why ＋現状の 4W ＋あるべき姿の 4W　⇒　To-Do リスト（3H）＞

図 2-7　戦略策定アクション　9W3H の展開概念　（筆者作成）

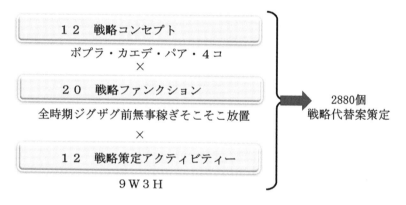

図 2-8　第四アプローチの全体項目の展開　（筆者作成）

（4）2880 個の To-Do リストの設定

　全ての戦略策定の To-Do リストが設定できあがれば、一応の策定ゴールとなる。
　全ての分析、全てのフレームワーク、全てのストラクチャーは、この To-Do を
模索し、策定し、実行のために組み立てられる。
　12 の戦略コンセプト、20 の戦略ファクション、そして 12 の戦略アクションは、
合計 2880 の To-Do リストを形成する。$12 \times 20 \times 12 = 2880$ である。
　すべてを策定する必要は無い。濃淡があって当然である。

表 2-5　戦略構築プロット（2880 個の To-Do リスト策定）（筆者作成）
注：表の濃淡は、優先順位を示す（濃色＝最優先）

コンセプト／組織機能	ポジショニング戦略	プランニング戦略	ラーニング戦略	カルチャー戦略	エンパイアランシント戦略	デザイン戦略	パワー戦略	アントレプレナー戦略	コグニション戦略	コンフィギュレーション戦略	コアコンピタンス戦略	コンティンジェンシー戦略
全社戦略	9W3H	9W3H	9W3H	9W3H	9W3H	9W3H	9W3H	9W3H	9W3H	9W3H	9W3H	9W3H
機能別戦略	9W3H	H3M6	9W3H	9W3H	9W3H	9W3H	9W3H	9W3H	9W3H	H3M6	H3M6	9W3H
事業別戦略	9W3H	9W3H	H3M6	9W3H	9W3H	H3M6	9W3H	9W3H	H3M6	H3M6	H3M6	H3M6
人事戦略	9W3H	9W3H	H3M6	H3M6	H3M6	H3M6	H3M6	H3M6	9W3H	H3M6	H3M6	H3M6
グローバル戦略	9W3H	9W3H	9W3H	H3M6	H3M6	9W3H	9W3H	H3M6	9W3H	H3M6	H3M6	9W3H
財務経理戦略	9W3H	9W3H	9W3H	H3M6	H3M6	H3M6	H3M6	H3M6	9W3H	9W3H	9W3H	9W3H
グループ戦略	9W3H	9W3H	H3M6	9W3H	H3M6	H3M6	H3M6	9W3H	H3M6	9W3H	H3M6	9W3H
マーケティング戦略	9W3H	H3M6	H3M6	H3M6	9W3H	H3M6	H3M6	9W3H	H3M6	H3M6	9W3H	9W3H
営業（セリング）戦略	9W3H	9W3H	H3M6	H3M6	9W3H	H3M6	9W3H	9W3H	9W3H	H3M6	H3M6	9W3H
物流配送調達戦略	9W3H	9W3H	9W3H	9W3H	9W3H	H3M6	H3M6	9W3H	9W3H	H3M6	H3M6	9W3H
情報戦略	9W3H	9W3H	9W3H	9W3H	9W3H	9W3H	H3M6	H3M6	H3M6	H3M6	H3M6	9W3H
開発研究戦略	9W3H	9W3H	H3M6	9W3H	9W3H	9W3H	H3M6	9W3H	9W3H	H3M6	H3M6	9W3H
製造生産戦略	9W3H	H3M6	H3M6	H3M6	9W3H	H3M6	9W3H	H3M6	9W3H	H3M6	9W3H	9W3H
技術戦略	9W3H	9W3H	H3M6	9W3H	9W3H	9W3H	9W3H	9W3H	H3M6	H3M6	H3M6	H3M6
組織戦略	9W3H	9W3H	H3M6	H3M6	9W3H	9W3H	H3M6	9W3H	H3M6	9W3H	H3M6	9W3H
広報宣伝戦略	9W3H	H3M6	9W3H	H3M6	9W3H	9W3H	9W3H	9W3H	9W3H	9W3H	9W3H	9W3H
総務戦略	9W3H	9W3H	9W3H	9W3H	9W3H	9W3H	9W3H	9W3H	H3M6	9W3H	H3M6	9W3H
コンプライアンス戦略	9W3H	9W3H	9W3H	9W3H	9W3H	9W3H	9W3H	9W3H	9W3H	H3M6	H3M6	9W3H
法務戦略	9W3H	9W3H	9W3H	H3M6	9W3H	H3M6	9W3H	9W3H	H3M6	H3M6	H3M6	9W3H
知財戦略	9W3H	H3M6	H3M6	H3M6	H3M6	H3M6	H3M6	H3M6	H3M6	H3M6	H3M6	9W3H

To-Be の設計のフレームワークには、マッキンゼーの 7S フレームワークが望ましい。実際の 7S は、内容的にメッシュ構成や概念が大き過ぎるため、実行策としての To-Do リスト設計には向かないが、戦略のアクションという大きな方向性を相互に確認する意味で、7S に一度ブレークダウンすることはお勧めである。

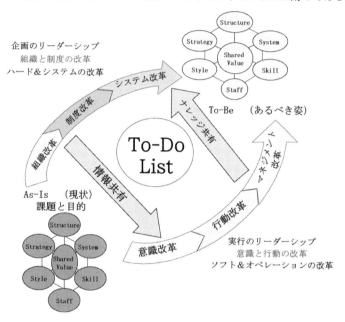

図 2-9　7S モデルによる戦略策定と戦略実行のフレームワーク
（筆者作成）

7. 組織運営の陥穽（落とし穴）：経営戦略（企画）室の存在

　組織を設計する際に、注意すべきポイントがある。本来、組織機能として存在しない機能がある。それは「経営戦略部（企画）室」である。
　理由は簡単。経営戦略策定機能はトップの仕事だからである。ところが、そんな組織機能が表に出てきて重要な役割を担っている。

　基本的には「経営戦略室」は全社戦略や事業戦略を担うのではなく、社長の「特命事項」を担う。経営戦略室のスタッフは「リサーチと分析のプロ」であることが求められる。
　注意を要するのは、全社戦略を構築するために経営戦略室を置くとなると、本末転倒となる。なぜなら、全社戦略は、各部門（人事部、財務部、製造部、研究開発、営業部など）が担うべきだからである。
　各部門の経営責任者（事業部長、管理部長、営業部長など）を、部門の利益代表者にしないことが重要である。現実には、それぞれの部門長が自部門を守る単なる利益代表となり、他部門と縄張り争いを行い、人材交流を妨げ、情報を秘匿・出し惜しみを行い、挙げ句の果ては他部門の足を引っ張ることを平気で始める。あるいは、逆に、お互いに仲間同士で褒め合って、自分たちの業務への批判を回避することに終始している。
　全社の人事戦略、全社の財務戦略、全社の営業戦略を策定する部門をわざわざ作らざるを得ない理由はここにある。

　各管掌取締役、部門責任者の最大のミッションは、自部門を守ることではなく、全社を成長発展させることである。そのためには、ミッションの第一は「全社」でなければならない。機能はそのため分権された権限である。そして、第二に重要なのは「全社に対する責任」に他ならない。人事部長が全社人事、グローバル人事、グループ人事を策定し、財務部長が全社資本政策、予実管理、資金繰り政策を設計し、製造部長が全社の商品計画、生産管理、品質管理、事業構造を組み立てる。
　すべてのスタッフは、トップの戦略を実行するためのスタッフでなければならない。

8. 事業リストラの際の戦略策定アプローチ

　事業リストラについてそのアプローチの定義と意味について説明をする。

　成長促進戦略や競争差別化戦略と異なり、事業リストラは戦略になじみにくい。企業の再生には、財務（カネ）、市場（モノ）、経営資源（特にヒト）の観点から、最も効果的で効率的な方法とプロセスにより、スピード感を持って実践する必要がある。

　リストラは、財務リストラ・事業リストラ・人事リストラのプロセスが一般的である。人事リストラ（再構築）は、事業再構築の中では最終章にあたる。注意すべきは、人事の再構築（リストラ）を実施しさえすればリストラ終了とするのではなく、新たな再生のスタートが切れるよう、まず事業そのものの方向性を決定して、人事の再構築を実施することも必要である。ここまで来れば、第二のアプローチと一致する。

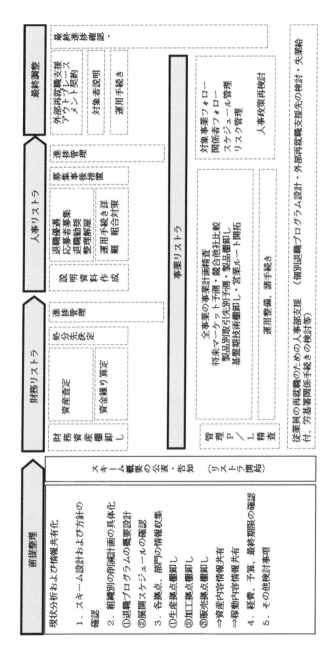

図 2-10　一般的な事業再構築（リストラ）のアプローチとタスク概要
（筆者策定）

9. 戦略の実践

　繰り返しになるが、戦略は理論だけではなく、「実践（実行）」が重要である。基本的で、一般的な経営戦略の場合、経営戦略が成功する選択肢はそれほど多くない。

　一般的・基本的な経営戦略の成功の鍵は大きく5つある。
　①戦略そのものの優位性やタイミング（優れたアイデアや製品、先行優位性）
　　　　新製品や新技術は上市のタイミングも重要になる。遅れて上市することは先行優位性がなくなるが、斬新すぎれば時代が追いつかない。遅れて上市し、先行技術の欠点をカバーすることもある。古くはベータとVHS、メモリースティックとSDカード、ハイブリッドカーとEV自動車、モバルオペレーティングシステムのアンドロイドとWindows Phone、iOSなど。
　②戦略を成功するまで継続せしめる優位性（潤沢なキャッシュや人材、資源優位性）
　　　　成功するまでは失敗ではない。挑戦を諦めた時、はじめて失敗となる。鑑真、エジソン、ライト兄弟、キュリー夫人。失敗から学び、諦めずに成功した偉人には事欠かない。
　③トップの優れた（強力な）リーダーシップと先見性（熱意、判断力、行動力、統率力）
　　　　リーダーシップだけでは図れないトップの先見性というのは、常に企業の成功物語に語られる内容である。また、先見性だけでも成功できない。多くのスタッフの支援や応援が必要不可欠となる。その意味で、リーダーシップとは人の可能性を支援することに他ならない。
　④多彩・多種・多様・多品種・多角・多目的・多動の実現（フットワーク、補完）
　　　　多くの在庫を抱えながら希少な注文に応え、忍耐ある体制を維持することで、低い稼働ながら確実に収益を得ることが可能なスタイルの実現はある意味で理想でもある。逆に、それにとって代わることは最も至難の業となる。
　⑤古典または保守（普遍・不変・不偏）的なビジネス
　　　　保守的な文化や風習、生活様式として変わることのない製品や品質は、安定的な需要を継続して産む。それは基礎的で基盤的であればあるほど撤退もなく参入もなく、ただただ淀み無く流れる川のように綿々とビジネス

　が継続される[9]。たとえば、小麦、米、水、塩。これらは通常のマーケティングを必要としない。

　これらは当たり前すぎて、戦略成功の必要条件であるが十分条件ではない。それでも十分条件だけでは戦略は成功しない。

　いい製品だけでは戦略は成功しない。それは必要条件であっても成功を意味しない。十分条件は「売れること」。売れて初めて戦略は成功したと言える。これらのすべての条件（前提）がコントロール不可能な時、いかに戦略を成功させるかを考察する。

9　ペリノ・リカール酒造メーカーは、全世界約７０カ国に事業を展開し、１００種類を超えるアルコール飲料を提供している。結果、どこかの国で営業不振になっても他の国で十分に補える収益を確保することができる。ビジネスモデルの特徴は、地域広域性＆フルラインの品揃えにある。しかもアルコール飲料のため、不振になることはない。酒も基本的なマーケティングを必要としない。

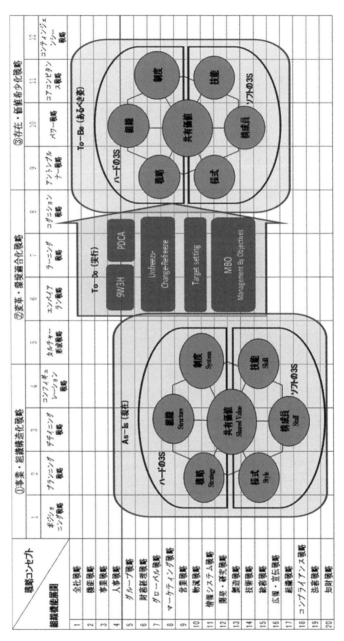

図 2-11　戦略コンセプトと To-Do リスト策定のフレームワーク
（筆者作成）

10. イノベーションをマネジメントする

イノベーションについての逸話を紹介する（ドラッカー、2007）。そのうちのいくつかは都市伝説としても語り継がれている[10]。

- ●この電話なるものは、コミュニケーションの手段とし真面目に検討するには多くの欠点がありすぎる。我々にとって、この装置は本質的に無価値である
  ─ ウェスタン・ユニオン　社内メモ（1876 年）
- ●「空気より重い」空飛ぶ機械は不可能である
  ─ 王立科学協会会長　ロード・ケルヴィン（1895 年）
- ●飛行機はおもしろいおもちゃだが軍事的には何ら価値がない
  ─ フランス陸軍大学校戦略担当教官フェルナンデス・フォッシュ元帥
  　（第 1 次世界大戦の英雄）
- ●いったい全体どこのどいつが、役者がしゃべるのを聞きたがるっていうんだ
  ─ ワーナー・ブラザース　H.M. ワーナー（1927 年）
- ●私が思うに、コンピュータの市場は世界的に見てたぶん 5 台くらいだろう
  ─ IBM 会長　トーマス・ワトソン（1943 年）
- ●コンピュータの重さは、いずれわずか 1.5 トンくらいになるかもしれない
  ─『ポピュラー・メカニックス』誌（1949 年）
- ●我々は彼らの音楽は好きになれない。ギター・ミュージックは消滅しつつある
  ─ デッカ・レコードがビートルズを拒否して（1962 年）
- ●誰かが自分の家にコンピュータを持ちたがるような理由など存在しまい
  ─ デジタル・エクイップメント会長　ケン・オルセン（1977 年）
- ●どんな人でも 640 キロバイトのメモリーがあれば十分なはずだ
  ─ マイクロソフト会長　ビル・ゲイツ（1981 年）

(1) ドラッカーのイノベーション

ドラッカーによると、イノベーションとは、

　①資源に対し、富を創造する新たな能力を付与するもの、既存の資源の価値の増大
　②事業体の経済的、社会的な能力に変化をもたらす仕事
　③イノベーションは天才のひらめきよりもイノベーションの機会に対する体系的

10　P.F. ドラッカー『イノベーションと企業家精神』ダイヤモンド社より。

な探求の結果もたらされる
④イノベーションとは、明確な目的意識のもとに合理的かつ体系的に行われる組織的活動
⑤イノベーションとは、観念よりも知覚の活動である
⑥試験と実験とを伴う厳格な分析というものは、変化や、機会や、新たな現実や、認識と現実との乖離などを正しく知覚して、初めて可能となる

（2）イノベーションのジレンマ

　イノベーションのジレンマは、ハーバード大学ビジネススクールの、クレイトン・M・クリステンセン教授により提唱された概念である。

①確立された技術で一世を風靡した成功企業が、この成功体験に依存しすぎると、確立した技術を破壊する代替技術の登場によってたちまち苦境に追いやられてしまうこと。
②成功した企業は、すでに確立された既存の顧客、コア技術に対するしがらみゆえに、新しい技術へ乗り替えるタイミングを逃してしまう
　⇒　逆にイノベーションは、既存産業におけるニッチャーや異業種の新規参入者によってもたらされることが多い。
③代表的なイノベーションの事例
　⇒　80年代までメインフレームコンピュータで市場を独占したIBMは、DECのミニコンピュータや、アップルのパーソナルコンピュータなどの小型コンピュータの登場により、90年代半ばまで業績不振に陥り、膨大なリストラを余儀なくされた。

　クリステンセンは、優良企業がイノベーションのジレンマに陥る理由として下記をあげている。
①企業は、顧客と投資家に資源を依存しており、外部における改革の不徹底によるジレンマ
（外部資源依存関係と資源のジレンマ）
②市場規模が小規模なため大企業の成長ニーズを解決できないジレンマ
（規模のジレンマ）
③存在しない市場そのものの分析が不可能なために発生するジレンマ

　　（知識とデータのジレンマ）
　④組織能力自体が無能力の決定要因となるジレンマ
　　（組織機能と組織目的のジレンマ）
　⑤技術の供給と市場の需要のギャップのために生じるジレンマ
　　（精緻化とオーバースペックのジレンマ）

　企業が有する精緻化されたプロセスや、組織に浸透した価値を変革することは、クリステンセンが指摘する通り至難の業になる。そのため、既存事業の中で改革するよりは、クリステンセンが主張するように、事業のスピンアウトが最も妥当な戦略となる。

　本体のプロセスや価値を押し付けることなく、買収やスピンアウトによって、事業の再生を狙う。最初は小さな事業であるが、将来の成長の種として育成を図ることが最も重要なイノベーションのジレンマ脱出方法と言える。

（3）イノベーションのジレンマの回避：創造のプロセスと技術開発組織[11]

　企業が有する精緻化されたプロセス、及び価値を変革することは至難の業である。
　本体のプロセスや価値を押し付けることなく、買収やスピンアウトを行うのが望ましい。

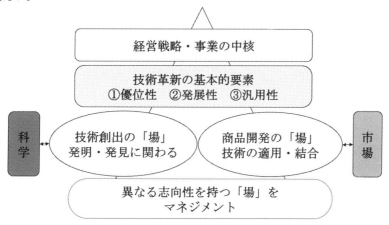

図 2-12　P.F. ドラッカー『イノベーションと企業家精神』
ダイヤモンド社から

11　P.F. ドラッカー『イノベーションと企業家精神』ダイヤモンド社（2007）より。

イノベーションはいつでも誰でもが実現できるモノではない。そのため、このイノベーションを希求しつつ、現実的で最も重要な戦略的指針はポーター型の競争戦略「差別化」と「ローコスト」であろう。

　マイケル・ポーターの主張によれば、戦略は「差別化」と「ローコスト」のいずれかの優位性を提供できれば市場占有率（シェア）も利益率も高くなる。

　第一は差別化。顧客に価値を提供する戦略について、独自性の要素があること。

　企業は性能、品質、信頼性、名声あるいは利便性などの強化により、その提供物を差別化する。

　第二はローコスト戦略。コスト優位性に基づいている。重要なのは、利益だけではなくローコスト実現の投資に目を向けること。それによって得られる利益を製品に投資するか、それを低価格実現に利用するか、あるいは高い利益を得るために使用することが目的である。

　第三は集中化。市場セグメントあるいは製品ラインの一部に集中することであるが、もとより、潤沢な経営資源を企業は持ち得ていないため、勝てる製品市場、勝てる技術に特化してあらゆる資源を投入することは、経営の基本となる。

　第四は創業者特権（市場の先制）。競争相手の反撃を防止あるいは防御するため、先行者利益を利用することは重要である。最初に価格競争を仕掛ける。最初に市場投入する。最初に進出する。いずれも創業者特権、先制特権を獲得する有効な手段である。

　第五はシナジー。戦略単位間のシナジーは、企業のユニークな特性に基づくため真に持続可能な競争優位を作り出すことができる。競争相手は、関連する資産や能力を得るためには組織自体を複製しなければならない。GE の戦略的なビジョンの中核的な要素は、多様な事業を横断するシナジーの達成、すなわち統合された多様性にある。ある事業部の優位性を獲得するため、全社あるいは他の事業部の資源を頼りにする。

　シナジーの結果は、顧客価値の増加、従って売上の増加に結びつくことが求められる。具体的には、運営費用の低減、投資の低減、提携などである。

　上記５つのほかにも、さまざまな戦略的指針が考えられる。イノベーティブであること。グローバルに考えること。起業家的スタイルをとること。情報技術を利用することなどである。

11. 市場でリーダーシップ（チャンピオン戦略）を握るための方法

　市場では、技術力・ブランド力・営業力・資本力のある企業は、トップのごく一部に限られる。大半の企業は、地域毎製品毎に棲み分けしつつ、経営を維持しているのが現状である。そんな中、市場でリーダーシップを把握するためには、次の点が考えられる。

　①業務運営上の優位性

　　⇒　基本は、収入の中で生活できる体質と習慣と基盤ができ上がっていること。スリムな組織、無理のない運営、適切な経費管理、地道な営業活動。こういった基本が継続して完成されており他社と比較して優位性があること。

　②顧客緊密性

　　⇒　基本は、リピーターの存在とそのボリュームが形成されていること。特に地域や製品領域では相対的な競争力があり、根強いファンがいること。

　③製品リーダーシップ

　　⇒　基本は、製品としての完成度が高く、改良の歴史があり、十分な生産量があること。不良品やクレームに対するコントロールもできており、ブランドとしての商標の地位も高いことが重要である。

12. コア・アセットとコア・コンピタンス

　企業における競争上の基礎となりうる資産あるいは能力は、通常「コア・アセット」または「コア・コンピタンス」と呼ばれる。

　樹に例えると、根がコア・アセットまたはコア・コンピタンス、幹と大枝が中核製品群、小枝が事業単位、葉や花が最終製品群であり、コア・コンピタンスは、首尾一貫した指針への企業全体の技術とスキルの統合を表す。

　ブランド名や流通チャネルのようなコア・アセットは、複数の事業単位にまたがる投資と経営を正当化する。通常、事例としてスリーエム（3M）は粘着テープ技術、ホンダは自動車用エンジンと動力伝達機構のように企業それぞれのコア・コンピタンスを有する。

　コア・コンピタンスは多数の事業の基礎となり、新たな事業を生み出す可能性を持っているため、企業は多種多様な異なる方法や局面で能力（コンピタンス）に投資する。また、コア・コンピタンスに関連した主要な業務はすべて社内で行

うのが基本である。

13. 能力ベースの競争

　能力ベースの競争は、経営戦略の重要な構成要素が、製品や市場、顧客ではなくビジネス・プロセス、人材要件、組織能力であることを示唆している。可能な限り、競合他社を凌駕するプロセスを構築し維持することは、持続可能な競争優位に必然的に結びつくことになる。

　第一に、戦略立案においては、組織内で最も重要なプロセスを見つけ出し、どのようにそれが測定されるべきかを特定し、目標パフォーマンスレベルを設定し、パフォーマンスを優れた顧客価値や競争優位の達成に結びつけ、そしてそれを実行するために機能横断のチームを組織化すること。

　第二に、新製品開発と市場投入プロセスでは、プロセスを市場のニーズに即応できるものにする一方、期間を従来より短縮することに注力すること。

　第三に、小売での発注および物流管理プロセスなど、鍵となるプロセスでの優れた能力の開発は、優位性獲得に向けた人とインフラの戦略的投資を常に実施していること。

　真のプロセス改善は、部分部分へのコントロールと所有なくしてはできないのが現実である。品質改善、プロセス改善は、現場で作り込む以外には実現できない実践的なアプローチとなる。

14. 持続可能な競争優位を生み出す2つのアプローチ

　成功した戦略、そして持続可能な競争優位を生み出すためには、二つのまったく異なるアプローチが考えられる。

　第一は、戦略的ビジョンを長期的な視点で構築し、戦略立案とそれを支える分析に、焦点を置くもの。戦略を適切な分析の産物と見なすアプローチである。

　第二は、経営的な直感や現実の動向を重視し、一つ一つの成果を尊重し、維持することに最大の努力を図るアプローチである。そもそも現在の（現実の）競争優位性の構築が、意図的というより不断の努力の賜であったり、意図しない顧客の支持であったり、偶然の成果や立地の結果としてもたらされており、（将来に正しい戦略や最良の方法があるか否かを問わず）、将来に向けて正しく保持することに経営努力をするというもの。

こうした戦略的ビジョンの運営に成功するために求められる企業の体質がある。

①明確な将来戦略

　　⇒　当然であるが、普段から戦略を生み出す中核的な考え方、競争する市場の特定、機能領域戦略、事業を支える競争優位性などを実践していること。今日の戦術が将来の戦略の前提となっていること。

②組織全体を通じたコミットメント

　　⇒　正しい業務の実現と日々の革新、ビジョンの達成のための努力を実践し、ビジョン実現への真のコミットメントが、トップはもちろん現場レベルまで日々実践されていなければならない。

③戦略実行のための資産、能力、および資源が存在すること。あるいは、その獲得計画が進行中であること。

　　⇒　このアプローチには、忍耐が求められる。資源をビジョンから逸脱させるような競合の脅威や魅力的な機会に直面しても、戦略を固守する意思が存在すること。

④組織の頑強さが実現できていること。

　　⇒　毎年組織変更される企業は多い。その言い訳も環境や競合、技術を理由にさまざまである。実際は過去の失敗であるか、過去の業績悪化が止まらないためである。成功は本来、新しいパラダイムのビジネスを作り出すための資源を供給することが望ましい。

新しいパラダイムは、異なった組織、特に異なった文化を必要とする。新しいパラダイムの成功は時として、古いビジョンの事業を直接に共食いする関係にある。

15. 経営戦略の成果と成功の維持および保持を重視する戦略

前提は、環境が非常に動的で不確実であること。

もとより、ある事業が現在戦略的優位性を持っていないとしたら、将来において戦略的優位性を持つ可能性は低いことを示す。

特徴は、現在、確保できている事業上の機会を逃す危険を可能な限り回避することに他ならない。

分権化された研究開発やマーケティング部門を持ち、常に新製品を生み出す事業において、特に健全な活力とエネルギーを醸成するよう働きかけること。

多くの製品ラインによってサポートされた資産や能力を活用し、可能な限りの効

率性と効果を追求する経済性に立脚することが求められる。

　一部の人材の先見の明と戦略的ビジョン構築に依存するため、戦略的不確実性が重視され、戦略をサポートする情報システムや分析、そして組織がトップマネジメントの元で集約されること、などが必要である。

16. 資源ベースの経営戦略 [12]

　資源ベースの経営戦略の主唱的な意味合いは、大きく2つの流れがある。

　第一は、コリス&モンゴメリー、J・Bバニー、E.T. ペンローズなど経営者の用益に依存するという考え方。第二に、オールドリッチ＝フェファー（1976）、フェファー＝サランシック（1978）、D.J. トンプソン、さらにウィリアムソンらに代表される考え方で、企業は外部資源依存関係にあり、ヒト・モノ・カネ、さらに情報・知識・時間、すべて外部からの供給と外部への提供に依存しているという考え方に基づく [13]。

　企業の経営戦略において

　　①持続的競争優位性は、企業の資源に依存する。

　　②稀少性と模倣困難性が、持続的競争優位をもたらす要因となる可能性が高い。

　　③資源ベースの組織が適切に編成された企業は，持続的競争優位を達成できる。

　これらのロジックが効力を発揮するのは、以下を前提とするときである。

　　①模倣困難性（inimitability）：資源が模倣されにくいものであるかどうか。

12　立命館大学　紀要題40巻　第5号。
『資源ベースの経営戦略論』デビッド・J・コリス，シンシア・A・モンゴメリー（著），根来龍之（翻訳），蛭田啓（翻訳）東洋経済新聞　2004年。『企業戦略論【上】基本編 競争優位の構築と持続』ジェイ・B・バーニー，岡田正大（訳）ダイヤモンド社　2003年。『会社成長の理論』第二版　Penrose, E. T., The Theory of the Growth of the Firm, Basil Blackwell, 1959.（末松玄六訳ダイヤモンド社1980年）。

13　Pfeffer, J., & Salancik, G. R. (1978). The external control of organizations: A resource dependence perspective. New York, NY: Harper & Row.
Thompson J. D. (1967;2003). Organizations in action: Social science bases of administrative theory. New York, NY: McGraw-Hill. New Brunswick, NJ: Transaction.
『オーガニゼーション イン アクション』同文舘出版，1967年版の訳：高宮晋監訳　鎌田伸一、新田義則二宮豊志訳。
Williamson, O. E. (1975). Markets and hierarchies: Analysis and antitrust implications. New York, NY: Free Press.（浅沼萬里、岩崎晃訳『市場と企業組織』日本評論社，1980.）
Williamson, O. E. (1985). The economic institutions of capitalism. New York, NY: Free Press.

②耐久性（durability）：資源が市場で長く価値を維持できるか。

③充当可能性（appropriability）：資源の価値を外部に展開できるかどうか。

④代用可能性（substitutability）：固定的になりがちな資源を顧客の期待通りに，かつ他社よりも卓越したアプローチによって変容させ、付加価値として提供できるかどうか。

⑤競争上の優秀性（competitive superiority）：他社のリソースと比べて，実際により優れたリソースが何であるのか、想定的に評価する軸を有しているかどうか。

　資源が力を持つと同時に固定的になるのは自明であって、戦略というには意味合いが乏しい。資源ベースは能力ベースと相まって、その能動的な意味を持つことになる。

17. 差別化戦略と差別化戦略を成功させるポイント

　差別化戦略は、1 社あるいは複数の競合相手に対して、製品、サービスを差別化することにより、市場からその特性を評価されて、高い付加価値と強固な市場シェアを獲得する戦略を指す。差別化による付加価値は最終的に顧客満足に結びつく。

　差別化戦略が成功するコンポーネント（パーツ）としては、単純に製品の差別化だけではなく、製品の組合せ、サービスの追加、製品ラインの広範さ、さらには、サービスのバックアップやチャネル、デザインなど多様にわたる。

　差別化戦略を成功させるには、差別化による顧客価値の創造以外にはない。

　顧客のために価値を付加することが、差別化戦略であり、成功のための鍵は、差別化のポイントを自社の観点ではなく、顧客の観点から開発することにある。

　市場調査は、付加価値がそれに伴う価格プレミアムを正当化するかどうかを確認する必要がある。差別化戦略はしばしば高価格を伴うので、市場で価格プレミアムが受け入れられることが重要なのである。

　第一に、知覚価値の提供。付加価値は、顧客によって知覚されることが重要となる。自社の差別化点を顧客に効果的に知らせるためには、

①模倣やコピーが困難であること

②差別化のポイントが持続可能であること

③模倣やコピーが困難な差別化戦略そのものを作成すること

差別化へのアプローチは様々であるが、最も効果的なのは、高品質商品の提供、強力なブランドの構築である。さらに、戦略情報システムの活用による利便性の向上を図り、グローバルな戦略思考を構築し、革新的なサービスを創造し、顧客本位にサービスを提供し、独特な流通システムを設計することなど、一つ一つが差別化のアプローチとなる。

何よりも求められるのは、第一に高品質の提供。

差別化の原型は、品質戦略すなわち企業が、競合相手のものより優れた製品やサービスを提供し、それを顧客に知覚させることである。「品質に関する評判」は非常に重要であるが、「知覚品質」は、動的で常に変化する。

第二に、総合的品質管理（TQM）による強力なブランド構築。

高品質ブランドであるためには、企業は顧客に品質を提供することについて自ら差別化していかなければならない。総合的で、組織全体によって支援された、品質本位のマネジメントシステムが構築されていることが望ましい。

第三に、顧客にフォーカスした戦略の徹底。

究極的に、高品質ブランドは顧客満足を常に改善するように設計されるため、顧客フォーカスは事業の成功には不可欠である。顧客フォーカスの指標としては、まず、経営トップの関与度合い、トップの経営者が顧客と 1 対 1 の定期的で有意義なコンタクトを持つこと。次に、報酬や評価システムのリンク。特に、何が顧客の選択、満足、不満をもたらすかについての知識が求められる。最低限として、顧客の購買動機を特定し、複数の動機間の相対的な重要性が評価されなければならない。

18. 品質機能の組織的な展開
（Quality Function Deployment）

企業が製品とサービスの属性をコントロールするのは、主に生産と研究開発を通じてである。品質機能展開（QFD：Quality Function Deployment）は顧客購買動機との関連に基づいて製品・サービス属性を優先付けする、広く認知された方法である。

実施すべき内容は3つある。

　第一は顧客に対して高品質だというシグナルを送り続けること。性能、耐久性、信頼性あるいは有用性といったような品質に関する要素は、買い手が評価することは不可能ではないにしても、残念ながら容易ではない。結果として、消費者は品質のシグナルを比較購買しながら、探し求める傾向がある。

　品質戦略を追求する際には、品質に関する顧客の知覚に何が影響しているかを理解し、目に見える要素に焦点を当てることが重要となる。

　第二は、知覚品質を高めること。直接的には、知覚品質は顧客維持コストを減少させることにつながる。

　間接的には、知覚品質（品質に対する鋭敏さ）が高価格をつけることを許容し、あるいは市場シェアを増加させるため、知覚品質を強化する手がかりとしても機能する。

　知覚品質はコストを増加させることはない。品質を高めることは欠陥の減少につながり、結果的に生産コストを低下させる。

　第三は、強力なブランドを構築すること。

　強力なブランドに基づく戦略は、ブランドが競争上の障壁を形成するため、持続可能であることが多い。ブランドエクイティは顧客価値を作り出し、価格プレミアムかブランドロイヤルティの向上のどちらかの形で表れる。

　ブランドが顧客価値を増加させる方法として、情報を翻訳し処理すること、購買意思決定において絶対的な確信（信念）を提供すること、そして、製品に、意味と感覚を付加して、できれば物語として提供することである。

19. ブランドおよびブランドエクイティとは何か [14]

（1）ブランドの定義と意味

　ブランドとは、イメージを中心とした価値体系（使用材）であり、情報財・資本財であり、それ自体が独立するもので，統制管理でき価値レベルをコントロールできる「財」として定義する。そのため、差別化、コスト化、資産化、販売、流通、（保管、消費）が可能な商材である。

14　全米マーケティング協会の定義では、企業が自社の製品等を競争相手の製品等と識別化または差別化するためのネーム・マーク・ロゴ・シンボル・パッケージ・デザインなどの標章をさす。要は記号。

①識別記号と製品の集合体（商標名）であり、トヨタ・クラウンなど。キャッチフレーズ化、シンボル化されたものでもあり、各種メディアでの CM によるイメージ（タレントの起用）、口コミによる情報の普及を図るものである。

②消費者、顧客の満足度を保証していくイメージの複合体。心理的安心感や選択の利便性（「〜だったら〜社の〜」）など、品質に対する信頼性を示す。

③熱狂的ファンの存在も不可欠となる。インターナショナルブランド、パワーブランドならシャネル、マック（PC）、Nike のシューズなどであろう。

　ブランドエクイティとは、企業や顧客にとって、製品やサービスが提供する本来の価値に付加されるべき価値、あるいはブランドやシンボルに結びつけられた一連の資産を意味する。当然、ブランドエクイティの基礎となる資産は、状況によって異なるが、投資が必要だという認識を顧客側に持たせることが必要である。

　すなわち、買ったモノ、持っているモノは商品ではなく、「財産・資産」であるという積極的なコントロールが必要となる。

　まずは、シンプルなブランドエクイティの理解を示す。

①ブランド認知

　ブランドは、重要な戦略的資産であり、多様な競争優位を提供する資産であり、ブランドに対する親密さを提供すること。親しみやすさでもよい。名前の認知は最も重要。まずは、記憶されること。そしてコミットメントおよび本質のシグナルを目立たせる（際立たせる）ことは、購買過程の重要な意思決定の段階でそれが思い出されるかどうかに関係するため、非常に重要となる。ブランド認知は著しい持続性があり、持続可能な資産そのものと言える。

②ブランドイメージ

　ブランドイメージは、消費者の記憶においてブランドに直接あるいは間接につながる全てのものを示す。製品属性や顧客利益など、明らかなイメージはそのまま購買理由となりブランドロイヤルティの源泉となる。ただし、製品イメージは、容易に複製され、追い越されやすく、顧客にとっても差別化にならない可能性がある。一方で、強力なブランドは、製品属性を超越、ブランドイメージだけで差別化が可能となる。

③ブランドロイヤルティ

　顧客指向は、施策によりブランドロイヤルティを生み出す。ブランド転換に
対する抵抗は、単なる習慣や好みだけでなく、転換コストを生じることに基
づく。重要な持続可能な資産は、既存顧客ベースのロイヤルティとなり、
既存顧客は新規顧客に比べ容易に保持できるため、マーケティングコスト
を大幅に削減できる。また、競合相手にとっても重大な参入障壁となり、
流通段階での強力なレバレッジを提供する。

（2）強力なブランド戦略

　ブランドロイヤルティをうまくマネージすることは重要である。

　第一に、既存顧客が適切な資源配分を受けるようにし、既存顧客から期待さ
れる将来の購買に価値を置く。

　第二に、既存顧客のロイヤルティレベルを測定する。

　測定は、顧客満足度のような鈍感な指標のみでなく、顧客とブランドとの関係
性（頻度・金額）の測定も含む必要がある。例えば、ブランドとして尊重され、
単に好かれるだけではなく、自分自身の化体と考えられ、信頼されているかどうか。
できれば、ブランドの弱点を見つけるために、そのブランドを買うのをやめた人に
インタビューを行うなどは、直接的でシンプルなメッセージとなる。

　第三に、組織全体の人員に、顧客の好感を得るための権限を与え、それによ
り動機付けられているような顧客文化を持たせること。

　お得意様プログラムや思いがけない特別な利益またはプレミアムによって、ロイ
ヤルティの高い顧客に報いることは、そのブランドスタッフにとって名誉でもある。
様々な顧客団体などを通じて、顧客がコミュニティの一員であるかと感じさせるこ
とができれば最も効果的である。

　アイドルのファンクラブのように、ダイレクトメール、Web、フリーダイヤル、顧
客バックアップサービス等を通じて顧客との継続的なコミュニケーションを保つこと
が重要な戦略となる。

（3）ブランドの重要な機能

　ブランド機能には、価値機能、麻痺機能などがある。もっとも重要なのは、価

格麻痺機能である。

　ブランドの価値機能とは、顧客に「価値」そのものを与える機能であり、
「ブランド価値　＝　ベネフィット÷予想コスト」
　と捉える考え方。当然、ベネフィットにはプラスベネフィット＆マイナスベネフィットがある。

　価値機能の観点から、商品の価格が同じならばブランドにより品質を下げられる（原価を安く出来る）。品質が同じならばブランドにより価格を上げられる（利益を拡大できる）。これができなければブランドとはいえない。単なる「区別用の記号」である。

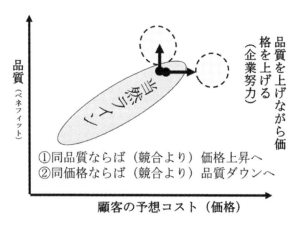

品質（ベネフィット）

品質を上げながら価格を上げる（企業努力）

他人を寄せつけない

①同品質ならば（競合より）価格上昇へ
②同価格ならば（競合より）品質ダウンへ

顧客の予想コスト（価格）

図 2-13　品質×価格マトリックスによるブランドの目的（筆者作成）

（4）ブランドの麻痺機能とは

　ブランドの麻痺機能とは、美しい、気持ちいい、陶酔させる、官能的である、癒される、自尊心をくすぐる、誇らしいなど、快楽性をダイレクトに提供し、人間の五感を麻痺させる機能を指す。単なる識別の記号や標章を超えて、その存在自体が「真善美・快」である、という認識が求められる。これは精神的、心理的な麻痺機能である。その経験値は未来志向とつながり、徐々に生き様として形成される。

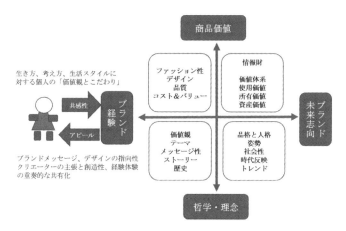

図 2-14　顧客とブランドの双方向体験と共感性（筆者作成）

（5）最も重要なブランドの価格麻痺機能とは

　ブランドの価格麻痺機能は、最も重要なブランドに求められる機能である。要はリピーター（ロイヤルカスタマー）になってもらうこと。そして価格に対して麻痺させて比較購買をさせないことである[15]。これはブランドが究極的な目的とする戦略的な機能である。

　①ブランドは下降硬直性を持つ
　　（原則）ブランドは上からしか流れない。下から流れるときは、忘却・刷新が必要。極めて単純・容易に「塗り剥がし」が起こる（しょせん…／やっぱり…）。いつも「おどろき・新鮮さ」が必要である。
　②ブランドは俗物性を持つ
　　（原則）誰も持っていない、私しかもっていない。アンチテーゼは、皆が持つと恥ずかしいと思われるようなブランドキラーの存在を排除することになる[16]。

15　顧客に冷静な判断能力を失わせ、無条件、無選別に購買・所有欲求をもたせ，行動に移させることにより、経営上コントロール可能な「開発・調達・製造・配送」に注力し、併せてコントロール不可能な「販売・営業」（販促・広告を除く）を回避する経営機能を指す。

16　インターナショナルブランド、パワーブランドのブランドキラーは、女子高生・女子中学生であると言われる。かつて、プラダは女子高生の購買を避けるため、女子高生が買えないようにするためだけに値上げを実施した。

③ブランドは転移性拡張性を持つ

（原則）ロゴ、識別情報を貼り付けることで、普段着でもブランド品に変わる。ゴルフバック・カバン・スーツ・革製品 etc。同じブランドを何でも付ければ価格を上げられる。もちろん、パワーブランドは、スリッパや犬の首輪に付けるといった拡張性は回避する必要がある。

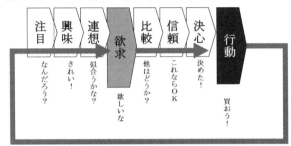

図2-15　ブランドの価格麻痺機能（マーケティング連鎖のショートカット）
（筆者作成）

（6）「ブランド・ビジネス戦略」そして 「ブランド・ビジネス・ビジネス戦略」：ブランド戦略の創造と強化

　ブランド戦略は、マーケティングの領域であり商品開発と生産現場の創造領域である。戦略コンセプトでは、ブランド戦略はそれほど主要なテーマではない。

　求められるのは「ブランド・ビジネス戦略」と「ブランド・ビジネス・ビジネス戦略」の2つである。医師の育成（ブランド戦略）と病院経営（ブランド・ビジネス戦略）は異なる。そして、病院経営と地域医療運営（ブランド・ビジネス・ビジネス戦略）は全く異なる[17]。ブランド・ビジネス戦略は、「ブランド」と手離れするところから始まる。

17　医師にとっては、診察や施術を支えるスタッフの存在が大きい。優れた医師であればあるほど、手術を支える看護師は非常に大切になる。病院経営では、医師は専門家のため、医療技術や施術の腕次第で「使い捨て」になる。病院経営で重要なのは、医局や医院長・事務長等になる。地域医療になれば医療行政が中心であり、診療科目や病院の立地、老人ホーム、デイケアセンター、さらに掛かり付け医や掛かり付け薬剤師など、地域住民の健康維持、さらに地域拡大の医療施設の増設などが経営課題となる。

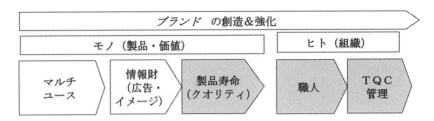

図2-16　ブランド戦略の創造&強化体系（筆者作成）

　ブランド戦略で重要なのは、「職人」そして製品寿命を維持する徹底した品質戦略である。

　視点は、「モノ」と「ヒト」。

　これを経営的視点で、TQC（トータル品質管理）によって品質維持することが最大の要件となる。まずは、顧客離れを防ぐことが重要な課題となる。

（7）ブランド・ビジネス戦略の成功（拡大）と維持

　ブランド・ビジネス戦略は組織とその管理が求められる。ヒト・モノから、カネ（投資家）とデザイナーの選択（モノ選び）と運営である。さらに重要なのが、ブランドとしての資産管理と資産防衛が求められる。

　パワーブランドの場合、クリエーター（デザイナー）は使い捨てとなる。デザイナー自体が専門学校を出て、感性を切り売りしながら最前線で戦い、生き残った人だけがクリエーターとして活躍できるからである。プロ野球の選手は、高校球児から選ばれる。大半は甲子園というステージを3、4歳の頃から目指して、生き残ってきた。だからプロになれる。デザイナーも同じ。実力で活かされ、成果で淘汰される。

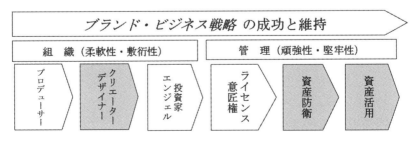

図2-17　ブランド・ビジネス戦略の成功&維持体系（筆者作成）

（8）ブランド・ビジネス・ビジネス戦略のダイナミクス

　ブランド・ビジネス・ビジネス戦略は、ビジネスモデルの確立と戦略の実践展開である。そのためには明確なプラットフォームを作ることと、投資の判断材料とリターン（収益）が求められる。
　デザイナーの選択ではなく、チャネルとプラットフォームの選択ができるブランドクリエーターが求められる。ブランドの目利きである。そして、ブランド事業ポートフォリオ（ブランドPPM）である。

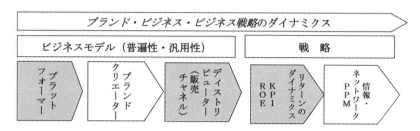

図 2-18　ブランド・ビジネス・ビジネス戦略のダイナミクス展開（筆者作成）

20. ローコスト戦略

　古典的ではあるが、ポーター型の競争戦略、コストのリーダーシップは重要な戦略の一つである。
　多くの企業は、コスト低減を図るより、付加価値増大による収益率拡大、収益額増大を選択しやすい。理由は簡単。経営者が怠け者だからである[18]。
　コスト低減はストイックで勤勉、主義主張の強いこだわりを共有する。ほとんどの現場はこれに耐えられない。結果、付加価値という顧客ニーズとは無関係な「飾り（フリル）や多機能（過剰機能）そして高素材（高額品）」による「高価格品」を売り込むことに終始することになる。コスト低減の努力より、営業強化のほうが自己満足度が高いからである。
　その矛盾と愚行に気がついた企業は、収益の極大化を図るため、コストの削減

18　筆者は、ダイソーの仕入れ先の一つを中国・義烏（うい）に訪ねた。そこの経営者は、2間程度の間取りの狭い店舗で、クーラーも扇風機も、店舗の照明さえなく店を切り盛りしていた。理由を尋ねると「店舗運営はコストがかかる。安く売るために一切費用をかけない。仕入れもリュックサックでモンゴルの方から電車とバスで運んだ。高価格だと競合が多いが、この価格で利益を出せる企業は少ない。従って参入も少なく生き残っていける。目的は『勝つことではない。生き残ることだ』」。

を行う。ただし、ローコスト戦略は、コスト削減とは異なる。規模の経済、ローコストオペレーション、シェアードサービス、リーン生産工場など、多くは単独のアプローチとして考えられがちであるが、その優位性を実現するためには様々な方法を選択することになる。

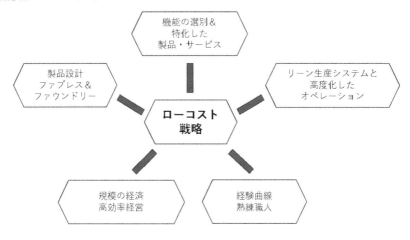

図2-19　ローコスト戦略の戦略オプション

21. 機能特化と機能選別（実質本位）による製品とサービス

ローコストへの1つの直接的なアプローチは、本来の機能とは直接関係しない特別なものや機能をすべて、製品やサービスから取り除くことにある。

第一は、製品設計段階の作り込み
製品設計や製品構成はコスト優位を生み出すことができるし、実際にローコスト戦略の重要な柱となる。少ない部品点数と標準部品の使用により、信頼性が高くシンプルな製品設計を行って、成熟産業に参入する。あるいは、高品質の附属品や追加的特徴によって製品を補強グレードアップし、顧客にとっての高い知覚価値を提供する。一方、製品の小型化は、価格圧力が他の選択肢を取ることを許さない程度に徹底された場合には効果的である。

第二は、ローコストオペレーション
オペレーションにおける資産と能力を通じて、持続的なコスト優位を獲得する戦

略である。原材料、ローコストの流通、労務費、政府補助金、立地コスト、イノベーション、オートメーション、安価な資本財の購入、そして間接費の削減、償却済み資産による継続的運用などに基づく。バリューチェーンを精査し、本質的に高コストであり、取り除くか事業のオペレーションの仕方を変更することによって、コスト削減できる構成要素を見つけ出すことが有益と言える。

第三は、規模の経済

規模の経済は、生産規模の大きさに伴う本来的な効率性を意味する。大規模な組織の場合、広告、販売員、研究開発、本社業務及び設備維持費などの固定費は、より多くの事業単位に配賦可能なコストであり、規模の経済が効力を発する。重要なことは、業務の最適サイズを見極めることにある。市場の規模、工場の規模、生産能力の規模など、である。企業サイズが最適点より小さい場合、その企業は競争上の重大な不利を被る。

この考え方は、MC＝MR による生産コントロールに通ずる。

MC（Marginal Cost ／限界コスト）とは、これ以上生産すると逆にコスト増大を招く限界点を意味する。そして、MR（Marginal Revenue ／限界利益）とは、利益の極大化を図る最大の生産量、販売価格を示す。これは、価格を高めに維持したり、生産調整を行う企業が多く採用する。近年の半導体などがこれに当たる。量産してもいいが、そのためには数百億円の工場の建設が必要となる。それよりは、品薄状態を維持した方が、単価を高値に維持できるのである。

22. 経験曲線と熟練職人（あるいはIT技術高度化）

企業が製品製造の経験（生産量）を蓄積するに伴って、実質価値におけるコストが予測可能な率で削減することを表す。示唆するものは、最初に大きな市場シェアを築いたものはその後もコスト優位を持ち続けることが出来るというもので、創業者特権、創業者利益ともいう。

部分的には、規模の経済によるが、一義的には次に基づく。

①学習：単純な反復によって、作業をより早くより効率的に行うことを学ぶというのが基本的な考え方である。さらに、長期間にわたり大量の仕事を遂行することから、作業プロセスの改善が合理的になる。

②生産／作業における技術改善：生産や作業を改善する新しい機器、コンピュータなどの情報システム、その他の資本的設備の設置（労働装備率

の上昇拡大）は、特に資本集約的な産業に関しては劇的にコストに影響する。

③製品設計の変更：製品設計による製品や部品の単純化（簡素化、削減）はコスト削減効果を確実に拡大することが可能となる。

コスト改善効果はその源泉や理由が何かに関わらず、低価格と高市場シェアに直接結びつき、それがさらに経験曲線を進展させることになる。戦略立案の鍵は、経験曲線モデルがどのような場合に当てはまるのかを見極めることに他ならない。逆に、産業が成熟している場合、付加価値が小さい場合には、経験曲線はほとんどインパクトを持たない。

TI（テキサスインスツルメンツ）は、日本市場に参入する際、この経験曲線を一挙に駆け下りてコスト低減を実現した。当初 10 万個程度の売上げを想定していたが、100 万個作ったときのコストと販売価格を前提に、最初の 1 個目から100 万個を製造した場合の原価（および売価）で日本市場に参入した。これにより日本市場を席巻し、創業者利益を確保した。

23. 集中化戦略

集中化戦略は、差別化戦略か、ローコスト戦略かに関わらず、市場あるいは製品ラインの一部分にターゲットを絞り、投資と資源、意欲と創意を投入することを示す。

散漫あるいは場当たり的な戦略になることを防止し、持続可能な競争優位に結びつけやすい。広範な製品市場に参加するだけの資源を持たない企業は、有効な競争に必要なインパクトを生み出すために集中化しなければならない。集中化戦略は競合相手の資産や能力を回避する可能性を提供する。ポジショニングのためのツールを提供する。

小さなニッチからの収益は大きな成長市場からの収益に比較して小さいかもしれないが、競争もまた激しくないことが多い。持続可能な競争優位を強化する可能性を持つ反面、それが同時に潜在的な事業機会の制限として機能することがある。

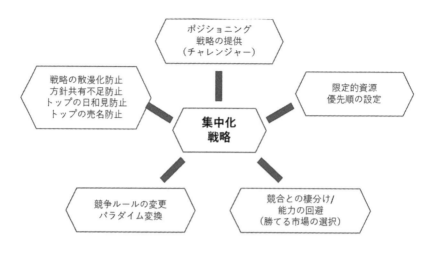

図 2-20　集中化戦略の概要

24. 製品ラインの集中・セグメントの絞込み、
および地理的エリア限定

　集中化戦略の基本は製品ラインの集中に他ならない。製品を限定すれば、顧客が限定され、顧客が限定されれば市場が限定される。そして、市場と製品、顧客の限定は「技術」の限定を示し、技術的優位性の確保と強化につながる可能性がある。それは、逆に他の市場での弱体化を示し、競合の優位性を示し、最悪の場合、復帰不可能となる可能性もある[19]。

　当然であるが、大半の企業はセグメントを絞り込んで経営している。居酒屋は飲食業しかしない。製薬業は薬だけ、自動車メーカーは自動車だけ。アパレルメーカーは衣料品である。

　多くの企業は特定のセグメントに集中している。そのこと自体が、実態として集中化戦略の困難さと不徹底さの一端を示す。自動車業界は、自動車に特化しながらグローバル競争で鎬（しのぎ）を削っている。半導体産業は半導体しか作っていないにもかかわらず、多くが苦戦している。トップ企業は市場を独占しているが、それでも常にチャンピオンでいることは難しい。集中化は、事業のスタート段階では必然的だが、生き残り策としては不完全である。

19　液晶に特化したシャープなど。最終的には台湾企業の台頭と液晶の暴落により技術的優位性を失い、鴻海に買収されることとなった。

　もう一つの集中化戦略として、製品提供の内容やマーケティング施策を地理的エリアに応じて個別に仕立てることができた場合、有効な施策となりうる。

　ここでも多くの事業のスタートは、特定地域、特定領域である。すでにグローバル化が完了した企業でも、スタートはローカルの小さな市町村から始まる。特定の地理的エリアでのみ操業することによって、知名度、ブランド力、地域コミュニティ、そしてリピーターとなる顧客は、コスト優位を得る十分な戦略となる。

　地理的エリアを拡大することは、多くの事業にとって、多角化と同じく重要な戦略となる。なぜなら、多角化が「時代に対する保険」なのに対し、多店舗化、広域化は「地域に対する保険」となるからである。それを敢えて捨てて、地域エリア限定戦略をとることができるのは、そのリスクに取って代わるだけの地域市場独占と高収益性が約束されている場合だけである。

25. 多角化戦略とその分類

　多角化とは、時代に対する保険である。

　そして、多角化の最大の原因は、「経営者が暇」になったときが一番多い。

　多角化の動きは、成長と再生の機会（チャンス）となると同時に、新たな環境で未知の事業を運営するという相当なリスク（危機）もある[20]。

　企業が現在従事している製品市場とは異なる製品市場へ参入する戦略であり、H.I. アンゾフの成長戦略と重なる。

　多角化の分類には、水平型・垂直型・集積型・集成型など、5F 分析のフレームを援用した分類方法。さらに基盤技術に連動した多角化、コア事業（既存事業）と新事業（寝顧客・新製品）との意味のある共通性による関連型・非関連型など。

　意味のある共通性は、顧客と顧客の用途（可能であればシステムとしてのソリューションの創造）、販売員あるいは流通チャネル、ブランドとブランドイメージ、生産設備、オフィス、倉庫など。研究開発活動では、間接要員と事業インフラ、そして、マーケティングと市場調査などが考えられる。

　なぜ多角化戦略をとるのか。多くの理由は下記の 5 つである。最も大きな理由は、事業者用益、すなわち経営者の経営能力の余剰である。

　端的には、経営者は事業が好調で、かつ、暇になると多角化を考えるようになる。

20　リスクとは危機であり、機（チャンス）を内包する。そしてリスクは損害量と発生確率によって算出される。損害も確率も明確ならチャレンジあるのみ。どちらかが不明ならトライ＆エラーで検証する。

①企業の成長（マーケットの限界・競争の回避・市場開拓）
②投資効率（収益逓減の法則・生産性フロンティア・PLC・PPM）
③リスクヘッジ（時間と地域と戦略空間の保険）
④事業者用益（サービス）・管理者用益の効率化
⑤組織の多階層化・細分化圧力

26. 多角化の成功要因および阻害要因

　多角化を成功させる条件も、基本的には下記の４つ。多角化を成功させるには、事業に対する深い理解と戦略に対する知識、さらに実行に対する勇気が求められる。
　①シナジー効果
　　　⇒最も多角化で要求される項目である。
　　　⇒コスト低減を実現する最も効果的な方法である。
　②意思決定の迅速化・独立化・自立化（市場の近くで決定）
　　　⇒分権化の単位／利益責任単位／製品・市場単位
　③外販／市場調達（市場価格）の許容
　　　⇒市場メカニズムの導入・意思決定の自由度の拡大
　④高い調整機能・評価指標
　　　⇒複数の事業を単一の意思決定のもとでコントロールする能力
　　　⇒事業毎に評価し、将来の成長と拡大の可能性を評価する能力

　事業が失敗する要因は多々ある。その中で、多角化が失敗する阻害要因としては下記の６つが考えられる。
　①トップマネジメントの不徹底
　　　⇒管理的意思決定から戦略的意思決定への転換が求められる
　　　⇒多くの事業を統率する能力不足
　②多角化責任者（事業部長）の経営意識の衝突と縄張り意識
　　　⇒環境の変化への対応力不足と起業家能力の不足
　　　⇒各部門の調整不足とリーダーシップ能力の不足
　③管理コストの高騰・増加（組織・スタッフの重複と分散）
　　　⇒組織の重複によるコスト高と収益の伸び悩み
　④利益管理スタッフの配分調整能力、経営者専属のスタッフの不足

⑤利益管理システムの混乱と成果配分の不徹底
　　⇒振替価格の決定（独立採算）の誤差
　　⇒ダイレクトコスティングの配分誤差
　　⇒共通費の配賦誤差
　　⇒資本収益率の管理不徹底
　　⇒事業部業績評価と利益配分の不徹底
⑥本社調整機能の弱体化
　　⇒大企業の中小企業化ではない。両方のメリットを共鳴させること
　　⇒社内調整が優先される。人的交流の閉塞化
　　⇒目先の利益追求による損失（資本効率と経営努力の阻害）

27. 多角化戦略の成立要件と考慮すべきシナジー

　アンゾフの成長ベクトルにおける多角化戦略のタイプとして、いくつかの成立要件がある。
　①水平型多角化　現在の顧客と大体同じタイプの顧客を対象にして、新しい製品分野に進出する多角化である。
　②垂直型多角化　既存製品の生産段階や流通段階に対する多角化で、前方的多角化と後方的多角化とに分けられる。
　③集積型多角化　既存製品と新製品との間でマーケティングと技術の双方、またはいずれか一方に関連を持たせ、新たな市場に進出する多角化である。
　④集成型多角化　（コングロマリット型多角化）　既存の製品と市場の双方にほとんど関連のない、新しい分野への多角化である。

　事業ポートフォリオ理論に欠如しているのは、事業間のシナジー効果などの統合的、定性的な評価である。
　事業の選択や拡大に関する意思決定は機械的な手続きのみで答えの出るものではない。事業間の全体的な関係性について熟慮することが必要である。それがシナジーである。シナジーは、新規事業を立ち上げる際に既存事業との関連を見る上でも有用である。

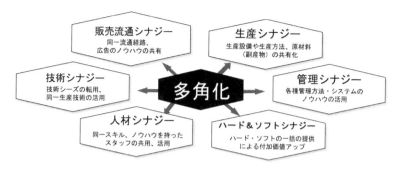

図 2-21　考慮すべきシナジーの種類

28. 多角化の意思決定と種類

　多角化の意思決定における重要な問題は、投資収益率に影響を及ぼすような現実に意味ある共通領域が究極的に存在することである。

　集成多角化のように、非関連多角化も正当化されるためには異なる理由が必要である。

　それは多角化の動機である。通常、多角化の動機の大半はシンプルである。

　前述のように、大抵は、経営者が暇になると、多角化を考える。真剣に経営を成長させようと考える経営者や、顧客のためにさらなる企業努力をしようとする経営者は、残念ながら比較的少ない。

　基幹事業の収益が安定し、将来性もある程度保証されたところで、経営者の日常がマンネリ化すると経営者は多角化を考え始める。これが事業者用益（サービス）の効率化である。

　関連多角化は、コア事業に関連する領域への資産と能力の移転あるいは交換を意味する。多角化は、事業横断的な資産や能力を複数の事業で共有することにより、シナジーを達成する可能性を提供する。

　内部組織の拡張によって遂行される場合には、資産や能力を、多角化事業に移転することが目標となる。

　他の企業との合併や買収による場合は、多角化と異なり、資産と能力の「別個の組合せ」について各当事者が「お互いに持っていないものを提供し合うこと」が目標となる。

　関連する多角化の展開ステップは、3つのステップがある。

　別の事業領域に移転可能な事業としての強みを見つけ出すため、資産と能力の目録を作成することが必要となる。優位性構築のためにその資産と能力の適用が可能な事業領域を見つけ出す。

29. 多角化を実行する上での問題の解決

(1) ブランドによる多角化

　多くの場合、移転できる資産の1つに、確立したブランド、すなわち認知、イメージ、知覚品質、そして顧客グループからのロイヤルティを伴った名称がある。

　多くの企業は、強力なブランドの下に、大規模で多様な複数の事業を所有している。ブランドの拡張判断のための3つの質問がある。

　　①そのブランドは新製品にも適合できるか?

　　②そのブランドは、新たな製品クラスにおける提供物にも価値を付加できるか?

　　③そのブランド拡張は、ブランドとそのイメージを強化できるか?

(2) マーケティングスキルによる多角化

　企業は特定の市場に対して強いマーケティングスキルを持っていたり、反対に欠いていたりする。こうした企業が多角化することにより、マーケティングスキルを企業間で移出あるいは移入できる。ただし、マーケティングスキルを転用することは、簡単なことではない。異なる製品、異なる市場、異なるチャネルでのマーケティングスキルは、個々の事業では有効でも、複数の事業でシナジーを発揮させるには、急激に効果を発揮し得ないからである。

(3) 販売または流通における能力の多角化

　流通上の強力な生産能力、販売能力、調達能力を有する企業は、その能力を活かせる製品やサービスをその流通網に乗せることが可能である。

　　①製造スキル:製造あるいは処理の能力は新しい事業領域への基礎となる可能性がある。

②研究開発スキル：ある事業領域におけるブレイクスルーは他の産業の技術からもたらされることが多い。基礎技術とそれを支える研究開発能力を機会に転じるためには、創造性が必要である。
③規模の経済の達成：最も効果的な多角化は、規模の経済であろう。市場、顧客、資本、利益、それらが多角化によって一挙に拡大する。その効率的な運用は多角化の醍醐味でもある。

（4）注意すべきシナジーの幻想の見極め

そもそもシナジーは、商品でもなければ資本でもない。顧客でもなければ市場でもない。シナジーとは「学問と理論」の中だけでうごめいている怪物である。
あると思えばある。無いと思えば無い。そしてあったとしても活用できるかは誰も保証できない。
①潜在的シナジーが存在しない場合
⇒シナジーが存在しない場合、単に多角化は資本と資産、人材の分割に他ならない。最も危険な分割統治となる。
②シナジーは存在するが、実行上の障壁があるため実現できない場合
⇒シナジーの効果的な実践のためには、経営の意思が必要である。ただし、それが市場や競合に受け入れられるかは不透明である。市場の評価を待たなければならない。それは実績として、利益として表れるが時間がかかる。
③シナジーそのものが過大評価されている場合
⇒思ったほどにはシナジーが発揮されない場合もある。1＋1が2になれば良い方であるが、1＋1＝1の場合、シナジーは減耗される。

30. 多角化におけるキャッシュフローの管理と配分

多角化では、戦略事業単位ごとのキャッシュフローをバランスさせることが重要である。当然、高い投資収益性を持つ事業領域への参入が基本である。
多角化の大きな動機は、高い成長性と投資収益性を持った事業領域に参入することに他ならない。その収益性は次の戦略で実現できる。

第一は、破格値で事業を取得すること。
投資収益率を改善する方法は、事業を破格値で取得することである。

第二は、企業焦点の再調整の可能性が高いこと。

ある産業の組合せから別の産業の組合せへと、時代の変化、環境の変化に合わせて企業の力点を収益事業に移すことが可能であること。成功の鍵は、焦点の再調整後の可能性という観点で過小評価されている企業を見つけ出すことにある。

第三は、リスクの削減または回避が可能であること。

既存の収入の周期的パターンと逆の、あるいはこれを和らげるような事業に参入することにより、リスクを減少させる。リスクの時に収益を約束し、収益を確保できている間に投資先を確保する。時代と地域に対する保険、それが多角化である。

31. 非関連多角化のリスク
（集積型多角化・集成型多角化のリスク）

非関連多角化のリスクは、経営者の注意がコア事業から逸れてしまう点にある。

特に、非関連多角化の場合は、新しい事業の経営が困難になるリスクを否定できない。同様に、新しい事業が過大評価されている場合も同じリスクを抱える。

最大のリスクは、新規事業への参入による多角化である。

表 2-6　参入戦略による多角化の利点と欠点

参入戦略	主たる利点	主たる欠点
内製による開発	・既存資源を有効使用できる。 ・不明な市場、技術についてのコスト回避。	・開発に時間がかかる。 ・見通しが不確実で明確な目標をたてにくい
自社ベンチャーのスピンアウト	・既存資源を利用できる。 ・有能な起業家を引き止めておける可能性がある。	・必ずしも成功するとは限らない。 ・社内的な緊張を作り出す可能性がある。
M&A	・時間を節約できる。 ・参入障壁に打ち勝つ。	・高くつく。通常、不要な資産まで買収しなければならない。 ・2組織結合上の問題
提携	・技術/マーケティングの組合せで、小企業/大企業のシナジーを利用できる。 ・リスク分散できる。	・企業間のオペレーションに摩擦を生じる可能性がある。 ・一方の会社の価値が時間が経つにつれて減少する可能性がある。
ライセンス & バーター取引	・技術に即座にアクセスできる。 ・財務的リスクが少ない。	・特許技術や技術的スキルが育たない。 ・ライセンス元に依存する。
初期参入のための買収	・新事業への窓口となり、初期スタッフを確保できる。	・買収先が起業家精神を無くしてしまうリスクがある。
ベンチャー・キャピタル	・新技術、新市場への窓口となりうる。	・資金供給だけでは、会社の成長につながらないことが多い。
ライセンス供与&業務提携	・市場へ即座にアクセスできる。 ・コスト、リスクともに低い。	・市場の知識、コントロールを失ってしまう。 ・ライセンス元に依存する。

参入戦略による多角化を正しく成功させるには、2つの側面において、事業に精通することが求められる。

基本は「合併」を目指すか、「ベンチャーキャピタル」による買収である。

表 2-7　製品・技術および市場の観点からの参入戦略による多角化

製品に用いられる技術やサービス

		ベース	新規/精通	新規/未知
市場に関することがら	新規/未知	合併	ベンチャーキャピタルまたは教育的買収	ベンチャーキャピタルまたは教育的買収
	新規/精通	社内での市場開拓または買収（あるいは合併）	社内ベンチャーまたは買収あるいはライセンシング	ベンチャーキャピタルまたは教育的買収
	ベース	内部でのベースの開発（あるいは買収）	内部での製品開発または買収あるいはライセンシング	合併

32. タイムベースマネジメント戦略（あるいはスピード戦略）[21]

ある事業領域にとっての戦略の実行スピードを意味する。ここでは「事業化の速度」と「事業化の加速度」の2つのアプローチを意味する。

半導体産業の製品化のスピードとエンターテーメント事業のスピード、森林組合の製品化のスピードなど、事業や製品によってスピードも加速度も異なる。ファストファッションは半年もせず、季節毎にトレンドが変わる。森林産業は、30年単位～100年単位で森を作る。タイムベースは、開発速度、製品化速度、市場拡販速度、寡占化速度、独占化速度、統合速度、人材獲得速度、人材育成速度、地域の顧客囲い込み速度など、あらゆる事業化の速度が競争優位の源泉となる。

最もインパクトが大きいのは「技術」。特にICTや通信、特許、製品開発にかかる技術は、製品化、上市化、拡販化のスピードが重要となる。

21　タイムベースマネジメントは、ジョージ・ストーク（George Stalk Jr.,1951、BCGのコンサルタント）が主唱している。28歳のときヤンマー、トヨタなど日本企業を研究。日本企業から、新しい戦略の軸「時間」を見出す。1988年、HBR論文『時間～競争優位の次の源泉』。1990年、『タイムベース競争戦略』1990年出版

　これらは当たり前過ぎて、戦略と言うには内容もコントロールもシンプルである。しかし、誰でもが準備出来ないことを考えると、シンプルであるがゆえに、タイムベースマネジメント戦略は、効果的なのかもしれない。

　タイムベースマネジメントは、「時間をベースにした戦略」という概念と「あらゆるものの（コストではなく）時間を測る」というオペレーション手法を編み出した。付加価値を上げるには、顧客の要望から対応までの時間を短縮することが、重要な戦略となる。コストを下げるには、あらゆるプロセスにかかる時間を短くすること。これを徹底すること。顧客により新しく多様で安いものを素早く提供するための戦略として認識されるようになった。タイムベースマネジメントの要請は、関係する部門（企画、開発、製造、原料調達先、部品メーカーなど）がなるべく早い段階から情報共有を行って仕事の無駄を無くし、同時並行でできる仕事は必ず同時並行で実施する「企業の時間の使い方」にあった。

　クライスラーは、タイムベースマネジメント戦略を受け入れ、開発時間を 25% 短縮し、開発投資を 30% 下げることに成功したという（それでもクライスラーの業績は芳しくない）。

　付加価値の向上（差別化）とコストの低下（コストリーダシップ）が、時間短縮によって、同時に実現できる。大量生産のマスマーケティングの場合に効果的でも、One to One マーケティング戦略や囲い込みと関係性マネジメント（CRM）戦略の場合、効果は限定的となる。

33. 衰退産業における戦略コンセプトの展開と再活性化

　本章の最後は衰退産業の戦略展開について。
　衰退産業は研究の対象になりにくい。結末がわかっている小説を読むようなものだからである。しかし、現在は大半の事業が停滞と衰退の最中にある。

　衰退市場の戦略代替案は、産業を再活性化して成長局面を作り出すか、成長産業を再起させるか、あるいは成長が期待できる下位市場に集中することぐらいが関の山である。
　衰退市場であっても、支配的地位を獲得し、他社に撤退を余儀なくさせ、たとえ些少でも全体の収益を握って生き残る。衰退市場でも顧客は逃げられない。その顧客から、搾取あるいは収穫するのが宿命となる。

それが不可能なら、ほかに投資する。資産を引き揚げ、撤退あるいは清算する。そして、残存資産を再利用ないし売却する。

　停滞市場を再活性化するには、市場に新たな定義を与えるか、新製品や新用途を提供するしかない。あるいは、狡猾なマーケティングで冷え切った市場をタピオカブームのように再活性化することも可能だろう。あるいは政府の援助金をもらって政府刺激策による再活性化も考えられる。

　目的は最後の勝者としての勝ち残りであり、現実的な収益性の確保である。
　衰退局面の事業は、十分な利幅で、独占により搾取するか、共倒れを避けるために撤退するかというのが常套手段である。選択肢としては、衰退市場でリーダーとしての地位を得るか、強化するため再投資を行うという積極的な選択肢も存在する。
　圧倒的な市場占有率なら競争相手に撤退を促すという戦略もある。競合の工場や製品の買収である。業界で生存者となり、最後のリーダーとなることについてのコミットメントを、圧倒的な形で目に見えるように示す。
　値下げや販促活動の強化、競合相手の相対コスト（たとえば買い占め等で）を増加させる。多数乱戦の多数の競合が存在する衰退産業では支配的なブランドで独占するか、競合相手の市場シェアや生産設備を買収して、競合を撤退させる。
　いわゆる「買いたい時が売りたい時」「売りたい時が買いたい時」を実践する。衰退産業は、競合相手も撤退したがっている。そのときは安値で買収できる。逆に、儲かっているときは、高値でも買収できない。そんなときは逆に高値で設備やブランドを競合に売却して、成長市場でも撤退するという選択肢をとる。

34. 高利益率確保による刈り取り戦略

　刈り取り戦略は、投資と管理コスト、オペレーションコストを減少させ、キャッシュフローを生み出す方法である。工場、設備、研究開発への長期的投資は急激に減少させるが、マーケティングやサービスといった営業支出は徐々にコスト減少させることになる。
　刈り取り戦略に適した条件がある。シュリンクしつつある市場では、販売が市場で減少しており、そのトレンドは変わらないだろうが、急激に減少するわけではな

く、一定期間需要を持ちこたえる余地があり、急激な減少に転ずることもない場合、刈り取り戦略が効果的である。

　価格一定のレベルで安定している場合なら、事業のポジションが弱くても、限定市場の顧客ロイヤルティは十分確保できるはずであり、高付加価値と高利益率のモードに入ってからも一定の（最低限の）利益を生み出すことが十分可能である。

　これこそが刈り取り戦略の神髄である。

　決して従業員を増やさないこと。投資を行わないこと。営業に経費をかけないこと。なによりも値引きやディスカウントを行わないこと。

　基本は、ドブ板営業と御用聞き営業で有ることを徹底すること。一方、当然であるが、そんな中でも、新製品（新市場）の模索は怠らないことが重要である。

………………………………………………………………………

35. 研究者の戦略理論&戦略定義

① A.D.Chandler Jr.（チャンドラー）
「企業の基本的長期目標・目的の決定、とるべき行動方向の採択、これらの目的遂行に必要な資源の配分」 Chandler, A.D.,"Strategy and Structure ," The M.I.T. Press.
『経営戦略と組織』実業の日本社（1967）。

② Miles & Snow（マイルズ 、スノー）
「将来の構想とそれに基づく企業と環境の相互作用の基本的なパターンであり、企業内の意思決定の指針となるもの」ここでは戦略を４つの類型とし、a）防衛型（徹底した効率追求し、競争優位を確立）、b）先取り型（市場開拓、製品開発、環境創造）、c）分析型（利益極大とリスク分散、バランス）、d）受け身型（競合追随、二番手戦略、改善改良型）とした。
  Miles, R.E. & C.C. Snow ,"Organizational Strategy, Structure, and Process,"McGraw-Hill（1978） 土屋守章 『戦略型経営』ダイヤモンド社（1987）。戦略型経営 - 戦略選択の実践シナリオ　レイモンド・E・マイルズ/チャールズ・カーティス・スノー、ダイヤモンド社（1983）。

③ Ansoff, H.I.（アンゾフ）
「部分的無知の状態のもとでの意思決定のためのルール」
  企業が秩序をもって収益を挙げることができるよう成長するための目的を補完する決定ルール。そのような意思決定のルールあるいはガイドラインのこと。戦略とは、能力や潜在力の制約の下で、企業を現在の状態から、目的によって示された状態へと変革するオペレーター（操作子）。
『経営戦略論』産能大学出版部（1979）、『企業戦略論』産能大学出版部（1965）。

④ Hofer, C.W. & D.Schendel（ホッファー&シェンデル）
  戦略とは、組織がその目標を達成する方法を示すような、現在ならびに予定した（Planned）資源展開と環境との相互作用の基本的パターン。『戦略策定

（1978）』。

　いくつかの戦略策定モデルをレビューし、策定段階の 7 ステップ設定している。

　　1)　戦略の識別　＝ 組織の現在の戦略と戦略構成要素の評価
　　2)　環境分析　　＝ 機会と脅威の発見のための環境評価
　　3)　資源分析　　＝ 利用可能なスキルと資源の評価
　　4)　ギャップ分析＝ 環境機会・脅威に対する組織の目標・戦略・資源
　　　　との比較
　　5)　戦略代替案　＝ 戦略オプションの識別
　　6)　戦略評価　　＝ 戦略オプションの評価
　　7)　戦略選択　　＝ 戦略オプションの選択

⑤ Humbric,D.C.（ドナルド C. ハンブリック）

　組織の現行の環境との整合性を導き、内部の政策と手続きを作り出す、過去及び意図された一連の意思決定の流れ。「状況適応変数は，通常は環境と考えられている。企業はそれらに対してほとんど、あるいは全くコントロールを及ぼすことができず、従って、それらは企業の戦略展開における状況を形成している。しかし、企業の戦略的地位を表す（従って短期的には）比較的固定的な変数群もまた、状況適応変数と考えることができる」。

　　⇒　内部・外部を一律に区別せず、固定的なものは「環境」と定義。
" Some Test of Effectiveness and Functional Attributes of Miles and Snow's Strategic Types" ペンシルバニア州立大学（1983）。

⑥波頭 亮（ハトウ リョウ）

　競争優位により、継続的に企業目的を達成するための、整合的（合目的的）な諸施策もしくは（または）意思決定の集合。

　A Set of Integrated Actions and/or Decisions to Attain the Corporate Objective Sustainably Though Competitive Advantages.
『成熟日本への進路「成長論」から「分配論」へ』（ちくま新書）。
『経営戦略概論　戦略理論の潮流と体系』（産能大学出版部）。

⑦戦略策定の必要条件と十分条件
　　1)　必要条件
　　　a)　企業目的、事業目的が明確であること。b)　施策定の意思決定が

パターン化、ガイドライン化されていること。c）優位性があり、
勝てる戦略であること。

 2）　十分条件

  a）整合性があり、目的と手段が合致し、ズレがない。b）前提として
  競争的な環境の中にある。c）持続的効果があり継続的な実践が為
  されている。

⑧全社、事業、機能レベルの戦略

  a）チャンドラー、アンゾフの定義：全社レベルの戦略（多角化、垂直
  統合といった事業ミックス）

  b）ホッファー＆シェンデル：事業レベルの戦略（資源展開と環境との
  相互作用）

  c）ハンブリック：機能別レベルの戦略（政策や手続き）

⑨戦略策定の基本パターンとガイドライン

 経営戦略を構築するということは、「目的、目標、ターゲット、政策、計画、
事業定義、組織定義、貢献成果の定義」をつくるということ。これらを作る
ための意思決定と行動のパターンを基本パターン、意思決定のパターンある
いはガイドラインという。

 計画またはそれと同等のもの・方向、ガイドライン、アクションの道筋。パター
ンとは経時的に一貫した 行動の型を指す。「意図された戦略」と「実現さ
れた戦略」を区別する必要がある。

⑩行動パターン　（ミンツバーグ／1978 年）

  a）企業化型（直観・ひらめき・発想・ハイリスク）

  b）適応型（環境適合・状況対応・朝令暮改）

  c）計画型（官僚的・大規模・予測・緻密・分析）

⑪戦略の分析型とプロセス型

 分析型とは

  a）ギャップ分析（to-be & as-is）

  b）環境分析（Market、3C）

  c）事業 PPM（プロダクト ポートフォリオ ）

　　　d）経験曲線

　　　e）PIMS（シェアと ROI）　Profit Impact Market Strategy）

　　　f）経営計画、中長期計画、など。

　プロセス型とは

　　　a）創造性重視

　　　b）ドメイン定義

　　　c）創発戦略（R&D）

　　　d）M & A, アライアンス

　　　e）イノベーション

　　　f）コンティンジェンシー、など。

⑫チャンピオン戦略とチャレンジャー戦略

　チャンピオン戦略（強者の戦略／リーダー戦略）

　　1）　基本戦略（同質化戦略）

　　2）　応用戦略

　　　a）周辺需要拡大

　　　b）非価格戦略

　　　c）総合力戦略

　　　d）最適シェア維持戦略

　チャレンジャー戦略（リーダー以外は、弱者の戦略ともいう）

　　1）　基本戦略（差別化戦略）

　　2）　応用戦略

　　　a）ニッチャー（擬似的独占）

　　　b）フォロアー（模倣）

　　3）価格戦略+ローコスト　など。

⑬コーペティション戦略

　良い競合（競争事業者）の存在によるメリット

　　　a）マーケットの創造：（例）複合店舗集積効果

　　　b）業界構造：OEM（自社製品を他社ブランドで提供）

　　　c）リスク分散：低収益セグメントの委託、投資リスク

　　　d）コスト分散・分業：ゲームソフトの買い手リスク分散

　　　e）内製化リスクの回避：規格品、部品供給、大量少量品

f）競争優位条：変動需要の吸収、低収益地域

　　g）知識集積：NEC＋鐘紡共同技術開発

　　h）参入障壁：流通の複雑化（日本の市場に多い）

⑭孫子の兵法

　　a）10倍の兵力なら、敵を包囲する（持久戦）

　　b）5倍なら、敵を攻撃する（短期決戦）

　　c）2倍なら、敵を分断する（陽動作戦）

　　d）互角なら、がんばって戦う（天命）

　　e）敵より兵力が少ない時は逃げる（三十六計）

　　f）勝算がなければ戦わない（時宜待機）

　　g）味方の兵力を無視して戦えば、強大な敵の餌食になるだけ

　　　（戦わずして勝つ）

・・

36. 経営戦略理論の整理（誕生年順）

①アンリ・フェイヨル（Henri Fayol, 1841 ～ 1925）

　フランス人実業家、鉱山経営。『産業ならびに一般の管理』（1917）企業の経営管理プロセス（POCCC）を提起、企業経営・管理の普遍的かつ不変的プロセスを提起。

「アドミニストレーション（administration）」として提唱。

②フレデリック・テイラー（Frederick Taylor, 1856 ～ 1915）

　ハーバード大学法学部・退学　ポンプ工場勤務から経営コンサルタントとして経営指導、『科学的管理法の原理』（1911）　ベスレヘム・スチールの作業工程を測定分析し、「科学的管理法」確立させ普及。

③エルトン・メイヨー（George Elton Mayo, 1880 ～ 1949）

　オーストラリア出身、HBS 教員　「ミュール実験」「ホーソン実験」参加。「人間関係論」を確立。生産性は勤務環境ではなく、人間関係に影響することを重視。経済的対価より、社会的欲求の充足を提言。

④チェスター・バーナード（Chester Barnard, 1886 ～ 1961）

　1927 年から 20 年間、ベルの子会社の社長『経営者の役割』（1936）

　企業システムの成立要件として「コミュニケーション・共通の目的・協働の意思（経営戦略）」を提唱。さらに「経営者の役割」を定義。

⑤アドルフ・バーリ（Berle, Adolf Augustus, 1895 ～ 1971）

　HBS　法学博士、弁護士　コロンビア大学法科大学院教授、復興金融公社の特別顧問、国務次官補、駐ブラジル大使『The Modern Corporation and Private Property』（1932）。

　企業の「所有と経営の分離」、「出資と経営の分離」を提言。近代経営の礎。

⑥ガーディナー・ミーンズ（Means,Gardiner Coit, 1896 - 1988）

　現代の会社をめぐる諸議論の系譜『The Modern Corporation and Private Property』1932。バーリとともに、「所有と支配の分離」を提唱。『現代株式会社と私有財産』（北海道大学出版）。

⑦エドワーズ・デミング（W.Edwards Deming, 1900 ～ 1993）

　1947 年、国勢調査支援で来日、数学と物理学の博士号、品質管理手法提唱。

　品質でコストも下がり、顧客満足も上がる。統計を駆使して、モノだけでなくプロセスの品質向上提唱。『統計的プロセス制御や品質管理技法』QC 活動や TQC 活動に発展。

⑧ピーター・ドラッカー（Peter F. Drucker, 1909 ～ 2005）

　ウイーン生まれ、公法・国際法博士号、新聞社勤務、渡米ニューヨーク大学経営大学院（現スターン・スクール）教鞭　マネジメントを発見。

『会社という概念』(1946)『現代の経営』(1954)。リーダーシップ、マネジメント、マネジャーの役割を定義。マーケティング、イノベーション、CSR を提言。

⑨エディス・E・ティルトン・ペンローズ（Edith Elura Tilton Penrose, 1914 ～ 1996）ロサンゼルス生まれ。ジョンズ・ホプキンス大学修士号　INSEAD 教授。『The Theory Of The Growth Of The Firm』末松訳『会社成長の理論（第二版）』ダイヤモンド社（1980 年）。企業を管理組織体、生産的リソースの集合体として捉え、成長する企業のモデルを模索。

⑩ブルース・ヘンダーソン（Bruce Henderson, 1915 ～ 1992）

　GE、WH をへて BCG 創立。企業や市場を分析し、それを動かすシステムを見つけ出したいという知的欲求が BCG 設立の原動力。1980 年まで CEO、1985 年まで会長。

⑪ハーバート・アレクサンダー・サイモン（Herbert Alexander Simon, 1916 ～ 2001）

　組織論における人間の限定合理性と意思決定過程の研究。人工知能のパイオニア、アレン・ニューウェルと幾つもの意思決定支援システムを構築。『Organizations』組織論 3 部作の一つ。

⑫ケネス・アンドルーズ（Kenneth Andrews, 1916 ～ 2005）

　SWOT 分析および企業戦略レベルでの戦略プランニング手法を開発提唱。HBS 教員。企業戦略はある種のアート、企業個別の環境や事情、定型化できない芸術作品。

『Business Policy: Text and Cases (1965)』TOWS 分析（Heinz Weihrich の論文（1982））。

⑬イゴール・アンゾフ（Igor Ansoff, 1918 ～ 2002）

　ロシア生まれ、数学、物理修士号、応用数学博士号、米陸軍のランド研究所ロッキードに移り多角化を研究。カーネギー工科大学　教授に就任。

「アンゾフ・マトリクス」（1957）『企業戦略論（1965）』『戦略経営論（1979）』「戦略」を使って「市場における競争」という概念を説明。事業のポートフォリオ管理。

　ハメルやプラハラードによるコア・コンピタンス論（1994）、バーニーが広めた RBV（Resource-Based View, 1991）の端緒。

⑭アルフレッド・チャンドラー　（Alfred Chandler, 1918 ～ 2007 ）

　ハーバード大学で歴史学博士、MIT、　ジョンズ・ホプキンス大学、HBS で教鞭。『組織は戦略に従う 1962）』アメリカのトップ企業 4 社の詳細な戦略・組織研究『The Visible Hand』歴史書のピューリッチァー賞（歴史部門）。

⑮ジェームズ・D・トンプソン（James D. Thompson 1920 ～ 1973）

『Organization in Action』1987 コンティンジェンシー理論の先駆け、テクニカル・コア（technical core）や支配的連合（dominant coalition）など提唱。組織論 3 部作の 1 つ。

⑯ポール・R・ローレンス、ジェイ・W・ローシュ（Paul Roger Lawrence 1922 ～ 2011）

『組織の条件適応理論』技術革新の速い環境では有機的組織が採用、比較的緩やかな安定した環境では官僚制組織のような組織構造が採用される傾向にあることを発見。

　「Organization and Environment: Managing Differentiation and Integration」（Paul R. Lawrence, Jay William Lorsch）1986　組織論 3 部作の 1 つ。

⑰ジェイムズ・アベグレン（James Abegglen, 1926 ～ 2007）

　海兵隊員として日本語学習。シカゴ大学で人類学と臨床心理学の博士号。

　研究員として来日、調査結果を『日本の経営』（1958）にまとめる。BCG 1966 年、BCG 東京オフィス開設。

⑱ジェームズ・ガードナー・マーチ（James Gardner March、1928 ～ 2018）社会学者、政治学者。スタンフォード大学名誉教授、専門は組織論。

『Organization』（Wiley, 1958, 2nd ed., 1993）。

⑲フィリップ・コトラー（Philip Kotler, 1931 ～）

　ノースウェスタン大学ケロッグ・スクール教授　『マーケティング・マネジメント』（1967）　STP、MM（マーケティングミックス）、マーケティング 2.0 ～ 4.0。PLC、マーケットポジション（リーダー、チャレンジャー、フォロワー。ニッチャー）の基本戦略提唱。近年ではデジタルマーケティングの効果を分析提言。

⑳アラン・ゼーコン（Alan Zakon, 1935 ～）

　財務論の准教授。「持続可能な成長の方程式」を生み出す。

　SGR=Sustainable Growth Rate　　D/E=Debt/Equity Ratio

　ROA =Interest Rate（1-taxation rate, 純利益率　『事業に自信があるなら借金を増やせる』。

㉑リチャード・パスカル（Richard Pascale, 1938 ～）

『戦略の視点～ホンダの成功の背後にある本当の物語』（1984）。

　BCG の分析は、現実を過度に単純化・直線的として批判。ホンダ効果（Honda Effect）：成功の結果に引きずられて、原因やプロセスまで素晴らしいものだと感じてしまう一種のハロー効果（Halo Effect）と断定。

㉒トム・ピーターズ（Tom Peters, 1942 ～）

　海軍、国防総省、ホワイトハウス勤務後、マッキンゼー勤務。

『エクセレント・カンパニー』（1982）出版。行動重視と迅速な意思決定、顧客に接着し、顧客から学ぶ姿勢、企業家精神、生産性と品質の向上、小さな本社を提唱。

㉓ジョン・クラークソン（John S. Clarkson, 1943 ～）

　HBS から BCG。「学習曲線」から「経験曲線」を開発。1968 ～ 1997CEO、1998 ～ 2007 会長。

　経験曲線（Experience Curve）：HBR の『学習曲線から得られる利益』（1964）の論文。

　累積の経験量が倍になると、コストが一定割合ずつ減少。

㉔マイケル・ポーター（Michael Porter, 1947 ～）

　HBS の MBA 取得後、経済学部 PhD 修得　優秀賞博士論文（5F）。大ヒット科目を開発「ICA（産業と競争分析）」『競争の戦略』（1980）HBS 史上最年少で終身在職権正教授。

　ビジネス経済学の手法を活用、業界構造を明確化。戦略 3 類型（差別化など）『競争優位の戦略』（1985）、ではリューチェーン（Value Chain）提唱。

㉕マイケル・ハマー（Michael Hammer,1948 ～ 2008）

　MIT　Ph・D・MIT で教鞭　『リエンジニアリング革命』(1993)ジェイムス・チャンピー（James Champy）中央集権の分業型組織への反省、伝統的なビジネス仕組みを否定。QC 的改善ではなく、抜本的改革を目指し、顧客志向徹底。

㉖ジョージ・ストーク（George Stalk Jr.,1951 ～）

　BCG、ヤンマー、トヨタなど日本企業を研究。日本企業から、新しい戦略の軸「時間」を見出す。HBR 論文『時間～競争優位の次の源泉』『タイムベース戦略』（1990）。

　「時間をベースにした戦略」という概念と「あらゆるものの（コストではなく）時間を測る」手法。付加価値の創出は、顧客の要望から対応までの時間短縮により可能とする。

㉗ゲイリー・ハメル（Gary Hamel, 1954 ～）

　ミシガン大学 P・h・D、C.K. プラハラード（C.K.prahalad, 1942 ～ 2010）
に師事。

　LBS 教鞭　HBR でコア・コンピタンス論文『コア・コンピタンス経営』（1994）
　既存の基盤事業にこだわりながらも、そこからの成長戦略を提唱。

第2章　演　習

1. 戦略とは何か。定義と策定する意味を解答せよ。

2. 戦略策定する際に、使用するフレームワークを体系化せよ。

3. 戦略において、策定フェーズと実行フェーズは全く別物となる。
   それぞれのフェーズ管理ポイントと展開の要諦を整理せよ。

4. 自社の競争優位を持続的に継続させるためには、何が必要か検討せよ。

5. 競争優位はその宿命から疲弊する。競争戦略から脱皮し、自社の成長戦
   略（品質と価格を自社で決定できる製品作り）を構築するには、何が必
   要か検討せよ。

第3章 分析編

人生を豊かに生きるための 40 のリスト　　パート 1
1. 人への関心（人と仕事との縁を最も重視している）
　①情報、知識は、発信する人に集まってくることを知っている。
　②信頼できる人、大切な人と会う時間を優先し、大切にしている。
　③待ち合せは決して遅れず、常に余裕をもって準備する。
　④地位や名声ではなく、信頼と恩から人脈を選ぶ。
　⑤生涯現役を心がけ、地道な努力と仕事に倦むことなく継続する。
（筆者作成）

・・

本章では、
　①経営分析とは何か
　②経営分析の手段と目的、手順は何か
　③経営分析結果の活用方法は何か
　④分析による新たな基軸とは何か
について解説する。

1. 経営分析の目的と意義

経営分析の目的は、健全な経営判断（意思決定）のための根拠（エビデンス）を得ることにある。「自己と自社の相対化」である。

そこには新鮮な生データと適切な手法、そして、創造性豊かな仮説構築と健全な判断力が求められる。当然、分析結果が正しい経営の方向を示してくれるとは限らない。また、実行となれば、全く別物となる[1]。

経営戦略はいつでも何処でも策定が求められるものではない。そのため、常日

1　よくあるたとえ話。裸足の島民を見て「この島の島民はみんな裸足です。靴はいくらでも売れますよ。すぐ持ってきてください。」と打電。もう一人は、「全然ダメです。みんな裸足です。靴なんか持ってきても売れませんよ」。判断は2通りだが行動は1つ。この程度の経営判断なら売る方を選ぶのが経営者である。

頃から準備と覚悟の必要な作業である。インスピレーションも当然必要だが、その
ためにも準備と覚悟が求められる。普段から常に考えて分析しているからこそ勝て
る戦略が構築できる。

　要求レベルは、普段から使い慣れている「切れる刀」としての「戦略策定と
分析方法」である。使い慣れていない道具では戦えない。最初は、分析方法に
習熟する必要がある。
　習熟すべきは「分析方法」だけではない。「数字」と「価値観」の理解である。
　特に、「数字」の理解と判断にはセンスが求められる。そして、「価値観」に
は哲学が求められる。
　自社のビジネスモデルの完成度を上げ、さらなるブラッシュアップをするには、
丁寧で冷静な分析が欠かせない。
　分析とは、
　　①分解して差異・事実を把握すること
　　②前提や基準を統一し、要素比較すること
　　③要素ごとの構造、特徴を明らかにすること
　　④上記を意思決定の材料とすること
　が目的となる。

2. 分析体系

（1）ビジネスモデルの理解

　分析で重要なのは意味のある分析であること。分析のための情報やデータが
効率的・効果的に入手可能なこと。分析の方法と目的が合致していることである。
　経営分析を実施するに当たって、はじめにビジネスモデルの整理と理解をしてお
く必要がある。筆者の定義するビジネスモデルは次の 4P 分析である。

　　①プロダクトモデル（Product）／ VC・4P^2・5M・QCD・PPM・PLC

2　マッカーシーの4P。エドモンド・ジェローム・マッカーシー（Edmund Jerome McCarthy、1928 年 - 2015 年）
は、アメリカのマーケティング学者。マーケティング・ミックスの4P を提唱した。4P（Product・Price・
Place・Promotion）。5M（Man・Material・Machine・Method・Measurement）。QCD（Quality・Cost・Delivery）。

②プロフィットモデル（Profit）／ ROA・ROE・ROI・EVA・EBITDA[3]
③プロセスモデル（Process）／ PDCA・VC・BSC[4]
④ピープルモデル（People）／ SWOT・7S・HR-PPM[5]

　プロダクトモデルは、資源や原材料、製品の技術・開発・企画から調達・製造・販売まで、現金化されるまでの一切の制度と設備、器具備品をいう。

　プロフィットモデルは、利益構造を決定する予算と実績、コストの計画と実行、さらにブランドや特許・ノウハウなど、価値（ヒト・モノ・カネ・情報・時間・知識）を有する一切合切をいう。

　プロセスモデルは、金額と日時・期間といった数値、部署・能力、責任・権限、役割といった組織、事業構造・競合・顧客・市場といった環境をいう。

　ピープルモデルは、要員管理・報酬・役割・専門性・キャリアといったミクロ分析、国籍・言語・宗教・社会といったマクロ分析、さらに過去（創業）・現在（現業）・未来（将来）といった時代分析をいう。

　これらのストラクチャー（戦略のブレークダウン展開）とフレームワーク（実践の役割プロセス）で、ビジネスを「強固で頑強な経営システム」として再構築する。

　それは、ある種、退屈で骨の折れる作業であるが、ひらめきと気づき、安堵と自信を与えてくれる[6]。

（2）基本的な分析方法と分析フレームワーク

　基本的な分析方法として下記のフレームワークがある。
　①組織構造分析／ビジネスモデル分析
　②事業構造／内部環境分析：財務分析・要員分析・VC 分析・組織風土分析
　③業界構造／外部環境分析：競合分析・顧客分析・3C 分析・5F 分析

3　EBITDA とは Earnings Before Interest Taxes Depreciation and Amortization、税引前利益に支払利息、減価償却費を加えて算出される利益を指す。国によって金利水準、税率、減価償却方法などが違うため、国際的企業の収益力は一概に比較することはできない。

4　VC（Value Chain）、BSC（Blanced Score Card）。

5　HR-PPM（Human Resource portfolio ／人材ポートフォリオ）。

6　筆者は以前、学会で「味の素」と「ヤクルト」の2社を比較する経営分析のケース発表を聴講させていただいた。そこで同じ食品メーカーの同業社として比較しているのが滑稽で、なかなか理解できなかった。小職の区分では、ヤクルトはバイオケミカル企業、味の素は素材調材企業であり、製鉄所と機械製造を比較するような違和感があった。無意味ではないが、判断を誤る可能性が高い。

④産業構造分析／事業 PPM・プロダクト ライフ サイクル・競争戦略・成長戦略

⑤価値構造分析／ SWOT 分析・7S 分析・VRIO 分析

⑥イベント分析／ベストプラクティス分析・失敗分析・KSF 分析

⑦行動分析／リーダーシップ分析・組織行動分析・マネジメント分析

⑧価値（観）分析／ミッション分析・EVA 分析・NPV 分析[7]・IRP 分析

上記の主要な分析手法のフレームワークとストラクチャーは下記の通り。

①事業構造分析（内部環境分析＋外部環境分析）

自社の「ヒト・モノ・カネ・情報・ナレッジ・時間」の分析である。全てのデータが社内にあるため、徹底した分析が可能となる。

⇒自社のコスト構造、収益構造、組織構造、人員構造の過去・現在の相対化

②業界構造分析

業界内（同業者）との相対的な現時点の競争力の分析である。このデータは自社のデータと比較しつつ、仮説を構築することになる。自社データ分析と仮説構築を繰り返すことで戦略策定の企画構築力が磨かれる。

⇒自社の競合、顧客の分析とコスト競争力、価格決定力の相対化

③産業構造分析（市場分析＋競合分析＋製品寿命分析＋投資環境分析）

過去の蓄積した歴史や評判、市場の成長や動態を事業毎、企業毎に実施する分析である。ここでは事業 PPM（ポートフォリオマネジメント）、PLC（プロダクトライフサイクル）、5F（ファイブフォース）の交渉力・脅威などを経験知として認識することで、事業の成長を実感することになる。

⇒自社の事業ドメイン（生存領域における自社事業）の相対化

④戦略構造分析（競争環境から成長環境、過去・現在から未来の環境分析）

上記の産業構造までを分析した上で、最後は、自社の経営戦略の決定と覚悟（価値観）の分析となる。これまでのデータ分析や仮説の検証と異なり、戦略構造分析は自社の価値観や経営意思と向き合うことになる。「正しいか間違いか」ではない。

「成功する（可能性が高い）か失敗する（可能性が高い）か」である。

⇒分析から単純に未来は見えない。そして未来のデータは存在しない。

7　EVA（経済的付加価値／ Economical Value Added）　NPV（純現在価値／ Net Present Value）IRR（内部収益率／ Internal Rate of Return）。

⇒存在しないデータは分析できない。分析できなければ戦略を判定できない。

未来分析に必要なのは、過去の延長からの仮説と過去の延長を断ち切るイマジネーションである。

　内部環境から分析に入る理由は、入手可能なデータが豊富にあること。全てのデータが内部にあるため、根気よく収集すればすべてのデータを手に入れることが可能である点である。それでも実際にはデータ化できていないことが多い。外部データなら、尚更入手が困難となる。

　入手可能な自社の足跡をすべてデータ化することを試みる。

　内部環境分析のデータがあれば外部と比較したくなる。内部環境分析を実施することで視点が振れなくなる。

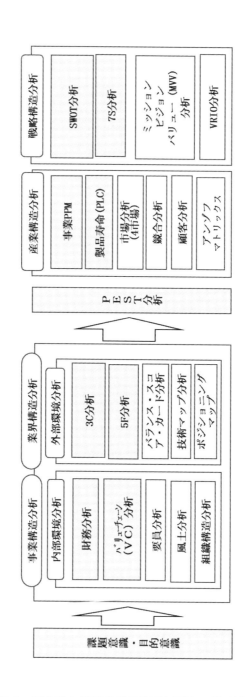

図 3-1　基本的な経営分析の体系と手法　（筆者作成）

3. グラフから読み取る戦略分析（イオン vs ダイエーの例）

（1）イオン＆ダイエーのグラフの概要

はじめに事例を分析してみたい。

経営戦略の失敗は、単純な売上げと利益のグラフからも読み取ることができる。

イオン（旧ジャスコ）とダイエーの売上げと営業利益・経常利益のグラフの比較から、ダイエーの経営戦略上の課題、イオンの経営戦略の成功要因を読み取る。

グラフでは、イオンは、1.5 兆円の売上げが 20 年で 6 兆円弱に成長している。ダイエーは 3 兆円の売上げが 20 年で 1 兆円に減少している。それぞれの要因がグラフの結果から読み取れる。

イオンの20年

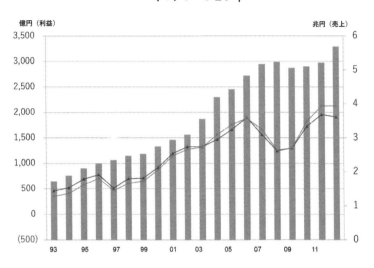

ダイエーの20年

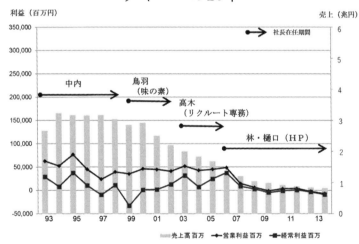

図 3-2 イオン、ダイエーの 20 年の売上げ・営業利益・経常利益グラフ

　併せて、上記のグラフに関連して、イオンとダイエーの 20 年間の年表を見て
みたい。

表 3-1　年表（各社 HP より）

年	ダイエー	年	イオン
1957	創業	1969	岡田屋・フタギ・シロでジャスコ株式会社（初代）を設立。
1988	「流通科学大学」開校、「新神戸オリエンタルシティ」、「福岡ダイエーホークス」が発足。「株式会社忠実屋」と業務提携。		
	球場「福岡ドーム」開業。「ブランタン甲子園」開業。「株式会社ダイエー・ロジスティクス・システムズ」（現：ロジワン）設立。	1992	「ホームセンター事業、ドラッグストア」（現ウエルシア）合併。
1993	「忠実屋」・「ユニードダイエー」・「ダイナハ」を吸収合併。		
1994	阪神・淡路大震災発生。三宮の「ダイエー村」震災で事実上消滅		
	経常赤字への転落　鳥羽董（元味の素）新社長	1998	T-ZONE と提携し、パソコンショップの J-ZONE を設立。
1999	ハワイのアラモアナ・ショッピングセンターを米投資企業に売却。ハイパーマート 26 店舗を直営から株式会社ダイエー・ハイパーマートに譲渡。残る 7 店舗は閉鎖。	1999	「信州ジャスコ・扇屋ジャスコ」合併。
	ジョイント事業をロベルトに営業譲渡。「カテプリなんば」閉店。		
	高木邦夫新社長の下で新体制が発足。ローソン株式を売却	2000	「北陸ジャスコ」合併。「ヤオハン」子会社化「イオン株式会社」へ商号変更。
2000	近畿 3 社（サカエ・丸栄商事・ミドリ）を合併。		
2001	産業活力再生特別措置法認定。	2001	2002 年（H14）株式会社秀和の保有する「いなげや」提携
	ブランタン銀座株式を売却。ハイパーマートから撤退。		
2002	総合家電事業撤退を発表。		
	新神戸オリエンタルシティ営業譲渡。「株式会社福岡ドーム」、事業を譲渡。		
	ダイエー厚生年金基金解散。「株式会社フォルクス」株式売却。	2003	「株式会社マイカル（旧ニチイ）」を完全子会社化。
2003			
2004	林文子会長・樋口泰行社長体制発足。創業者の中内功が死去。	2004	「いなげや」併合。
	沖縄県から完全撤退。北陸地方、四国地方から撤退。	2005	「カルフールジャパン」譲渡受。
2005	ハワイ現地法人売却手続終了。海外事業から撤退。ダイエー USA 売却。		
	イオンの持分法適用関連会社となる。ダイエーグループ新期経営計画策定。		
	四国地方から完全撤退。		「オリジン東秀」　TOB 実施。
2006	東日本大震災発生。	2006	
	イオンの連結子会社となる。		「イオン銀行」設立。
2007		2007	
			鮮度館「KOHYO」子会社化。
2010		2008	
2011			
2013			薬局最大手「アインファーマシーズ」経営統合
		2013	イオンモール幕張新都心（旗艦店）開業

（2）グラフから読み取るダイエーの不振要因

　ダイエーの不振の原因は経常利益と営業利益の乖離から明確に読みとれる。年表からも過剰投資と多角化の不振、そしてバブル崩壊後の不動産価格の下落から戦略の失敗が読みとれる。

① （過剰投資）93 年〜07 年まで、営業利益と経常利益の差が大きい点ことから、営業外費用が大きく営業外収益が少ない。具体的には、球団の買収、ホテル進出、福岡ドーム建設など、多くの投資を実施した。これら投資が負債（借り入れ）を増大させ、その利払いで利益が減少している。

② （多角化の不振）多角化（球団、ホテル、ドーム、大学など）が収益に貢献していない。経常利益だけが、大きく乖離し、利益を引き下げている。

③ （既存店の不振・スクラップ＆ビルドの失敗）多角化投資のため、本業の店舗の改装、リニューアルが不十分になり、リアル店舗の収益が悪化している。多角化が本業の足を引っ張っている状態。

④ （固定資産の安値売却）2000 年以降、固定資産を処分。不振店の閉鎖、多角化事業の売却・撤退を促進させている。有休固定資産売却・不振店舗処分も、実際には安値売却で債務の返済、収益に十分には貢献できていないと思われる。2007 年の海外完全撤退まで、固定資産処分、負債の返済を優先させ、経常利益の改善を図っている。営業利益と経常利益の乖離がなくなったのは、2007 年イオンの持分法適用関連会社になってからである。

⑤ （不動産値下がりによる負債増大）ダイエーの多店舗化の柱であった「不動産の値上がり益」による多店舗化政策がバブル崩壊後、逆に「値下がりによる隠れ負債」となった。小売り業の 4 大収益は、物販収益、リベート、テナント料、回転差資金。最も重要な収益源は、回転差資金（毎日の日銭収入と支払いは 30 日後の手形の日にち差）である。ダイエーの不動産の値上がり益は、バブル期の短期間では効果があったが、バブル崩壊後は、逆に、大きな初期投資と大きな負債を抱える原因となった。

（3）グラフから読み取るイオンの成長要因

　イオンの成長要因は、シンプルで明確である。本業に特化し、連邦経営を標榜して、地域の多店舗化を共同で推進したことである。連邦経営とは、地域の独

立性を担保し、仕入れや商品開発、流通網は共同で実施しつつ、地域法人の独立性を保証し、店舗ブランドを強化していった。

　①地方スーパーの合併、業務提携、多店舗化の推進（イオンの連邦経営）
　　　⇒信州、北陸、いなげや、ヤオハン、カルフール、マイカルなど
　②本業に関連する多角化の推進
　　　⇒ホームセンター、ドラッグストア、オリジン弁当、アインファーマなど
　③金融業への進出（小売りは金融機能を持った業態となっている）
　　　⇒イオン銀行、イオンクレジット等情報システム化への対応
　④常に本業に関連するか、本業を支援する事業への「多角化」と「多店舗化」
　　　特に 2000 年以降はショッピングモール経営による不動産賃貸事業を展開
　　　しており、本業の収益、テナントの成長と貢献、モールの集客強化に貢献。
　⑤「多角化」と「多店舗化」の関連事業が収益に貢献しており、2003
　　　年以降は、経常利益が営業利益を上回っている。これは、多角化した関
　　　連会社が収益に貢献していることを示している。

4. 事業構造分析としての内部環境分析

内部環境分析の主要な方法は下記の 4 つである。
　①財務分析：収益性・成長性・安全性・活動性・損益分岐点
　②バリューチェーン分析：コスト&リードタイムの棚卸表・ロストチェーン
　③要員分析：直間比率・管理職比率・職種別構成比・能力分布
　④組織構造分析：機能構成比

（1）財務分析の定義と意味

財務分析はシンプルな4構造分析が一般的であろう。
　①成長性（昨年比、他社比、予算比）
　②収益性（再生産利益、還元利益、蓄積利益）
　③活動性（資本活動性、投資活動性、労働活動性、回転日数、回収日数）
　④安全性（与信、キャッシュフロー、リピーター）

表 3-2　財務諸表の４視点と代表的分析指標　（筆者作成）

１．収益性	２．成長性
①総資本経常利益率 ②売上総利益率 ③売上高営業利益率 ④売上高経常利益率 ⑤資本金当期利益率	①売上高伸び率 ②営業利益伸び率 ③経常利益伸び率 ④総資本増加率 ⑤投下資本伸び率

３．安全性	４．活動性
①流動比率 ②当座比率 ③自己資本比率 ④固定比率 ⑤長期適合率	①総資本回転率 ②売上債権回転率 ③固定資産回転率 ④棚卸資産回転率 ⑤仕入債務回転率

　上記の４視点とあわせて、固定費＆変動費の分析による限界性の分析がある。

　これらの財務分析指標は、それぞれ改善の方向性を設定し、分析結果の数字の示す意味を丁寧に検証する必要がある。具体的なアクションにより、ダイレクトに経営数字が改善できる訳ではないので、アクションを十分に認識しながら結果としての数値を把握する必要がある。

　⑤限界性（固定費＆変動費、損益分岐点、初期投資、取引先開拓）

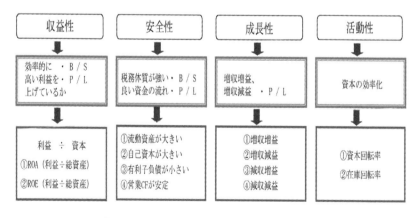

図 3-3　財務諸表の改善視点（筆者作成）

　具体的な分析ツールとしては、単年度ではなく、複数年度（最低 3 年～ 5 年程度）の時系列分析結果と、信頼できるデータ（通常は上場企業の平均数値）を比較する。競合企業 1 社のデータだと、実際の費目の分類が不透明な場合が多く、ミスリードされる可能性が高い。

　これらの数値を、下記のポイントで比較する必要がある。

　　①改善努力としての昨年対比（同日対比、同曜日対比）

　　②相対的な競争力の把握のための同業者（平均）比較

　　③実力を判断するための同規模比較

　　④目標との予実対比のための予算対比

　　⑤複数年を時系列で比較することを前提とした競合他社比較

表 3-3　財務分析による分析と傾向の追跡（筆者作成）

項目	指標名（※1）	指標の推移						上場同業平均	問題点と課題	改善のための対策
		5期前	4期前	3期前	2期前	1期前	直近期			
安全性	流動比率(%)									
	当座比率(%)									
	固定比率(%)									
	固定長期適合率(%)									
	自己資本比率(%)									
	負債比率(%)									
収益性	売上高営業利益率(%)									
	売上高経常利益率(%)									
	売上高当期利益率(%)									
	株主資本利益率(%)									
	使用総資本利益率(%)									
	売上高原価率(%)									
	売上高販売費比率(%)									
成長性	増収率(%)									
	経常増益率(%)									
生産性	付加価値額(100万円)(※2)									
	人件費(100万円)									
	一人当り売上高(万円)									
	一人当り利益(万円)									
	一人当り人件費(万円)									
	労働生産性(万円)									
	労働装備率(万円)									
	売上高付加価値率(%)									
	労働分配率(%)									
その他	使用総資本回転率(回)									
	棚卸資産回転日数(日)									
	売上債権回転日数(日)									
	買入債務回転日数(日)									
	1株当り純資産(円)									
	1株当り利益(円)									

時系列傾向
昨対比較
競合他社比較
業界平均比較
同規模比較
同日同週比較
予算対比

　数値の把握ができたら、その数値を変化させる項目（通常は計算式の分子・分母）の数値を時系列で、アクションとして経営改革に結びつけて評価することになる。

　具体的な損益分岐点の引き下げのためのアクション、および検討項目の参照イメージは次の通りである。

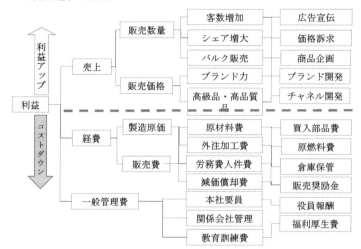

図 3-4　損益分岐点の引き下げポイント（筆者作成）

（2）P/L および B/S の構造と意味

　売上と利益はコントロールできない。コントロールできるのは経費（コスト）だけである。コスト項目は、費目別分析・製品別分析・部門別分析・アクティビティ分析を実施することになる。

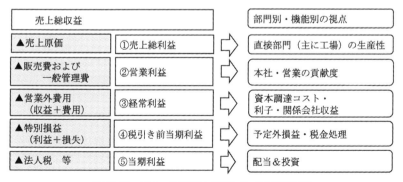

図 3-5　P/L の構造と着眼点（筆者作成）

コスト分析は冷酷である。欠点をさらけ出す。しかも相対的な価値観を前提にするために更に辛辣である。

　「原価が高い。本社が仕事をしていない。営業が怠惰。販促に意味が無い。金利が高い。従業員数が過剰だ。役員が仕事をしていない。引当が多い。ロスが多い。在庫が多い」等。

　挙げ句の果ては、さらなる比較優位を強調し要求する。

　リーン生産方式、スピード経営、小さい本社、タレントマネジメント（タレントウォー）、ベストプラクティス、リソースベースドマネジメント、タイムベースドマネジメント・・・・。

　全てが「比較優位」を強調する。そして、経営分析の本質がわかる。すなわち、比較優位は、際限が無く、終わりがなく、ゴールが見えないこと。競争に勝つこと、ビジネスで勝つこと（金儲け）が「いかに単純なゲームのルール」であるかがわかる。常に改善率、成長率を問われるために疲弊する。

　疲弊するだけの経営が目標だとすると、ビジネスはあまりに悲惨で安直で無価値で、人間らしく生きることに貢献しない。

　重要なのは、「ゲームのルールは単純だが、このルールから抜け出すことが困難なこと」であり、「ゲームのルール」を遵守するために、覚悟がいる。

　現場の当事者にとっては「なにかを犠牲にしているという、不可解な罪の意識」を払拭することができるか、ということになる。

　本章は、「自己と自社の相対化」がテーマである。それは「豊かな人生」という「新たな比較優位」を根底に意識しつつ、克服するプロセスでもある。

損益分岐点売上（BEP）の改善

販売数量アップ	売上増大	販売単価アップ
・多店舗化、チャネル拡大 ・営業担当増員　営業担当の能力開発 ・強力な販売促進　認知度向上 ・新市場への展開、製品の抱き合わせ販売 ・通販、自販機による拡大 ・バルク販売　大型パック化		・製品単価の引き上げ（値上げ） ・内容量の増加　　・富裕層への販売 ・新製品の投入　　・値引きの削減 ・プライスラインの見直し（上昇） ・バルク販売による単価アップ ・高額品の投入
変動費ダウン	コスト削減	固定費ダウン
・物流費の削減　　　・在庫の圧縮 ・原材料費の削減　　・倉庫保管費の見直し ・原材料費の単価の削減 ・外注費、購入品の見直し ・水耕熱費の見直し ・販売奨励金等の見直し		・設備償却の圧縮　　　・新規設備投資の削減 ・人件費の削減　　　　・不採算設備の売却 ・人員の削減（リストラ）・給与カット ・初期投資の削減　　　・賞与カット ・設備、資産のリースバック ・不採算事業、店舗、背品の統廃合

利益構造の改善

図 3-6　利益の改善のポイント例　（筆者作成）

　本章における B/S 分析の重要ポイントは、安全性と活動性にある。
　特に自己資本比率・固定比率といった資本の視点と、当座比率・流動比率といった支払い能力と黒字倒産回避の視点である。

　運営面では、最初に「在庫拡大」が流動比率を不透明にさせ、次に「買掛の増大」を招き、気が付いたら「過小資本」になり、利益を喰いつぶすことになりかねない。

　また、在庫や資産の帳簿価格と時価との差額調整、さらに粉飾の材料として使われやすい「在庫」の売上計上のタイミングなども要注意ポイントとなる[8]。

8　契約は民法的には「意思主義」のため、ものが動いていなくても在庫が売れている場合がある。しかし経理的には会計基準により「出荷基準」で売上計上することになる。この場合、本人が知らないうちに粉飾になりかねない。

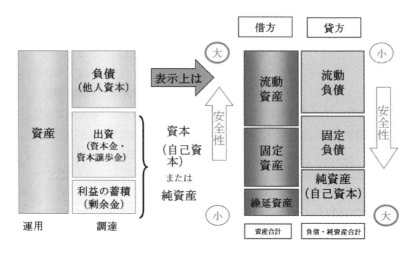

図 3-7　貸借対照表の構造　（筆者作成）

（3）バリューチェーン分析の定義と意味

　バリューチェーン（以下 VC）は、ポーター型の分析フレームワークの最もベーシックなもので、経営資源と業務プロセスの統合を図るコンセプト図である。

　財務分析は「カネ」の分析であるのに対し、VC は「モノ」の流れを分析するフレームワークとなる。

　付加価値を高める仕組み構築と付加価値を減ずる原因（ロストチェーン化）を探る。

図 3-8　VC のフレームワーク（ポーター『競争優位の戦略』）

　それぞれのタスクにヒト・カネ・情報を提供してモノの生産進捗とコスト、品質、納期（時間）を管理する。タスクは部門別・組織別に細分化され、さらにコスト、時間、品質は製品別にブレークダウンされる。

一つ一つの部署別のアクティビティ・コストとモノの現住所（原材料、中間在庫、製品在庫、倉庫在庫、客先在庫）を明確にしつつ、コントロールが可能な時間を押さえる。

これがバリューチェーン分析であり、コストチェーン分析であり、ロストチェーン分析である。

バリューチェーンとは、「コストとリードタイムの棚卸表」であることがわかる。

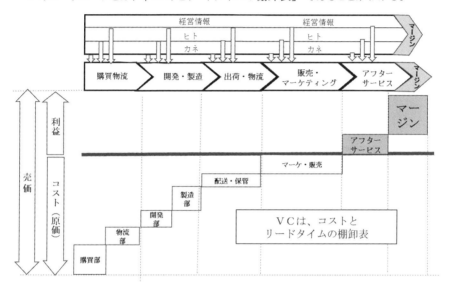

図 3-9　バリューチェーンはロストチェーン　（筆者作成）

（4）組織風土分析の定義と意味

組織風土分析では、階層や職位、部門によって求められる価値観が組織によって大きく異なる場合がある。特に、組織風土のコアとなる価値観は、職種や階層よりも、「組織年齢」に大きく依存していることが多い。

拠点別、地域別、職種別、階層別、役職別、年齢別、性別等の分析と比較に意味がある。時には、国籍別、宗教別といった分析も意味がある。価値観・労働意欲に直接関わるからである。

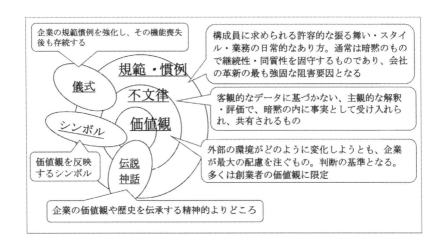

図 3-10　組織風土診断の視点　（筆者作成）

(5) 生産性分析と賃金率の定義と意味 [9]

　生産性は分析要素の一要素に過ぎない。賃金の決定は生産性と利潤に依存する。
その関係性は下記の通り。

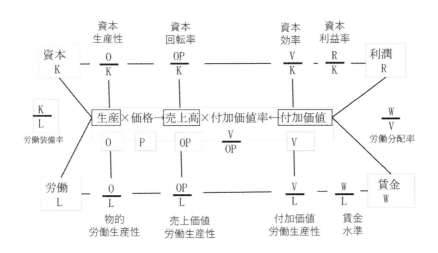

図 3-11　生産性と賃金・利潤の関係

9　参照　『賃金体系設計マニュアル』経営書院（楠田丘）。

上記の式から賃金の決定要素が抽出可能となる。すなわち、

賃金＝労働装備率×資本生産性×価格×付加価値率×労働分配率となる。

$$\frac{W}{L} = \frac{K}{L} \times \frac{O}{K} \times P \times \frac{V}{OP} \times \frac{W}{V}$$

$$\frac{W}{V} = \frac{K}{V} \times \frac{O}{K} \times P \times \frac{L}{OP} \times \frac{W}{L}$$

図3-12　賃金と生産性の基本的関係式

参考　『賃金体系設計マニュアル』経営書院（楠田丘）

　この計算式は、コストコントロールの観点から、付加価値生産性を上げるためのコスト管理、および、分配率を下げるためのコスト管理が中心となることがわかる。

　利益を上げるには生産性向上以外に「賃金カット」をすること。効果があるなら労働装備率を高めることも意味がある。賃金を上げるためには「利益率を高める」か「分配率を高めるか」になる。最終的に、賃上げには、パイの大きさを大きくするか、ナイフの入れ方で大きく（労働側に）切り分けるかのいずれかである。

　結果として、多くの企業は、利益をあげるために賃金をカットすること（または人員削減）が最も即効性が有ることを直感的かつ本能的に理解する。

（6）要員分析と組織構造分析の定義と意味

　要員分析は、職種間比率、直間比率、管理職比率を中心に、職群別・機能別・部署別・等級別・役職位別の人数と人件費を算出することになる。

　直間比率は労務費（製造原価）と人件費率（販売費および一般管理費）から算出する。

　管理職比率は、シンプルに等級別および役職別人件費から算出する[10]。

10　通常、本社の人員は7～10％、人件費では8～12％程度になるだろう。直間比率は50:50に限りなく近くなる。管理職比率は、部長クラスで3～5％（20-30人に1人）。課長（または課長代理）クラスまでい

さらに労働生産性、人時生産性なども重要な分析指標となる。特に、労働時間単位（1時間当たり）の利益額と利益率、人件費1万円当たりの利益額と利益率などの算出と分析である。

　組織構造分析では、機能を明確にすることで意思決定の混乱を正す。組織機能の重複は組織の官僚化を促し、真空化は責任回避を生じる。C.I. バーナードは最も重要な組織機能の一つとして「コミュニケーション」「協働の意思」を挙げている。協働の意思があれば共通の目的にむかって前進できる。

れると13〜20%（6〜7人に1人）。管理職の多い職場なら25%くらいが管理職（4人に1人）になる。

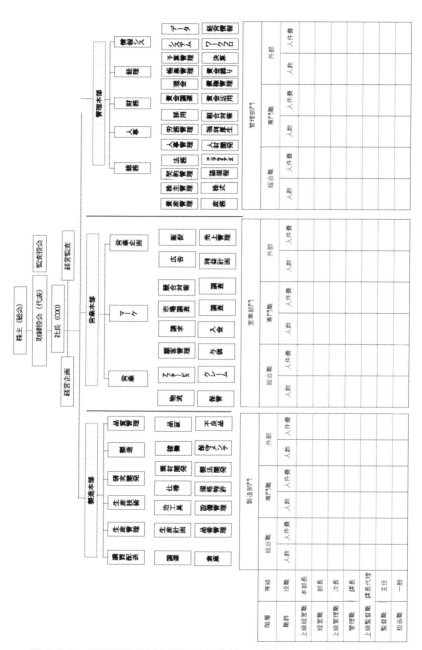

図 3-13　組織構造分析と要員管理分析用の登録シート（筆者作成）

5. 業界構造分析としての外部環境分析

（1）3C 分析の定義と意味

　3C 分析は「自己認識」の再確認ツールである。データではなく記述が中心となるため、なおさら客観的な数字が重要となる。

　一般的な 3C 分析は、通常、下記の形式で記述される。

表 3-4　3C 分析の一般的なフォーム（筆者作成）

項目		概要
自　社	Company	自社の強み・弱み・得意分野
競　合	Competitor	競合の強み・弱み・機会・脅威
顧　客	Customer	顧客の行動特性・ニーズ

　これでは単純な感想文程度であり、戦略分析にはほど遠い。少なくとも、望ましい 3C 分析としては、5M や 4P、SWOT とのクロスによる作成が必要である。

表3-5　3C分析と5M、4P、SWOTのクロス分析（筆者作成）

分類	項目	5M					4P				SWOT			
		マン	マシン	マテリアル	メソッド	メジャメント	プロダクト	プライス	プレイス	プロモーション	ストロング	ウィークポイント	機会	脅威
自社	Company	要員	設備	資源	方法	KPI	自社製品	価格帯	展開場所	販促方法	自社強み	自社弱み	機会	脅威
競合	Competitor	競合の要員	競合の設備	競合資源	競合の方法	KPI	競合製品	価格帯	展開場所	販促方法	競合強み	競合弱み	機会	脅威
顧客	Customer	顧客の特性	—	—	アプローチ	評価指標	顧客購買	価格帯	展開場所	販促方法	顧客優位	顧客ボトルネック	機会	脅威

上記でも、戦略分析上は問題は無いが、まだデータに依存した分析となっている。3C 分析の意味は「思考と意見の記述」にある。自社の誰が誰に対して、どういった基準で記述しているかを明確にする必要がある。

　望ましい3C 分析の追加方法として次の分析を推奨する。
　この分析は、仮説の構築を、顧客の視点、競合の視点から再構築し、実務の中で検証する方法である。もともと3C 分析は、自社の視点からのみの仮説である。しかし、それだけでは独善的な牽強付会に過ぎない。自社のビジネスを相対化するためにも、顧客の視点、競合の視点を可能な限り取り入れることで、自社のポジションをより明確する可能性が高まる。

表 3-6　3C 分析による自社・競合・顧客の「相対化」の視点

観察の客体 ＼ 観察の主体		自社の視点	競合の視点	顧客の視点
自社	Company	自社は自社をどう捉えているか。	競合は当社をどう捉えているか。	顧客は当社をどうとらえているか。
競合	Competitor	競合は自社をどう捉えているか。	競合は自分たちをどうとらえているか。	顧客は競合をどう捉えているか。
顧客	Customer	顧客は自社をどう捉えているか。	競合は自分たちの顧客をどう捉えているか。	顧客は自分たちをどう認識しているか。

（2）5 F 分析の定義と意味

　5 F（ファイブフォース）分析は、やや古典的となった M. ポーターの交渉力と脅威の関係を示す。
　主要な目的は 2 つ。
　第一は「自分の製品の価格を自分で決められる」ようにすること。すなわち、「価格決定権」の獲得である。購入の場合、3 社見積もり 1 社購買、または BCP の観点からは、5 社見積もり 2 社購買が標準となる。買い手の交渉力で、最も強力なのは、自社販売チャネルの構築である。他社に委ねる以上、マージンも減少し、価格交渉力も失われる。投資をして販売チャネルを自ら構築するか、他社チャネルでレバレッジを効かせるかが重要となる。
　第二は「多角化」への挑戦である。新規参入の脅威、代替品の脅威ということは、自社の商品も競合に対して代替品の脅威となると同時に、新規参入の脅

威と成り得ることを意味する。

　ここでの戦略的な目標は大きく 5 つ。

　　①業界内再編⇒多数乱戦状態から少数寡占。最終的な目標は「独占」で
　　　ある。

　　　5F の目的は市場支配による「価格決定権」の獲得にある。

　　②買い手の交渉力⇒買い手の競争力は圧倒的な購買価格の支配権を奪うこ
　　　と。目標は「言い値」で売れること。強力な戦略展開手段は、ブランド力、
　　　希少性、独占、品質、技術力などがある。買い手側の交渉力を確保する
　　　には、現金買取り、複数社見積もり、時間引き延ばし、安値買取り、売り
　　　手買収などがある。

　　③売り手の交渉力⇒売り手の交渉力は、品質、生産調整、独占、場合によっ
　　　てカルテル等によって決まる。

　　④新規参入&代替品⇒新規参入と代替品の脅威の目的は、「逆利用」であ
　　　る。すなわち、新規の参入を許すということは、彼らの市場に参入できる
　　　ということ。代替品のサービスが脅威であるということは、こちらの製品も
　　　相手にとって脅威であることを示す。従って、重要な戦略は多角化による
　　　「新市場・新製品・新顧客・新技術」への新規参入である。5Fは、進
　　　出可能な多角化市場を我々に教えてくれる。

　　⑤ 5F は、もう一つの五番目の戦略を示す。すなわち業界内再編（寡占化・
　　　独占化）⇒川下統合⇒川上統合である。業界内再編から「産業界再編」
　　　を目指す。

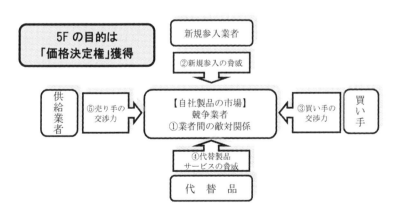

図 3-14　ポーター型 5 Fの交渉関係（『競争の戦略』より）

（3）バランススコアカードによる戦略分析の定義と意味

バランススコアカード（Balanced Scorecard）とは、Robert Kaplan と David Norton により開発された新しい業績評価基準モデルである。

標準的には４つの視点から業績評価基準を設定する（バランスさせる）ことによる。

　①財務的視点と非財務的視点

　②外部顧客および競合の視点と内部組織と学習の視点

　③ハード（システム）とソフト（学習）の視点

　④短期収益の視点と長期人材育成の視点

これら4視点について、バランスのとれた業績評価基準が設定できる仕組みになっている。

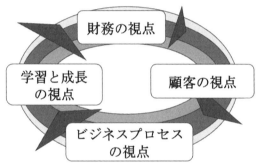

図3-15　バランス（ト）スコアカードの体系図　（筆者作成）

バランススコアカードの考え方は、第一に財務の改善を目指すことにある。財務の改善を目指すには、第二の視点の顧客の満足と支持が求められる。第三に顧客満足と顧客支援を獲得するには、競合よりも優れた経営システムが求められる。第四に競合よりも優れたシステムを運用するためには、従業員の成長と学習が必要不可欠となる。それが回って最終的に再度、財務指標の改善につながる。

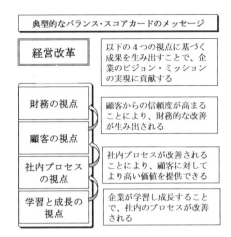

図 3-16　バランススコアカードの典型的なメッセージ（筆者作成）

　例えば花王におけるミッションと市場差別化要因、戦略目標との関わりを検証した場合、ミッションをもとに自社の優位性を保つべき要因を明確にし、それらの要因を踏まえた戦略目標（企業活動のよりどころ）として定義されていることがわかる。

　花王のミッション

私たちは、顧客の立場②にたって、心をこめた"よきモノづくり"③を行い、喜びと満足のある、豊かな生活文化の実現②に貢献することを使命とします。　私たちは、清潔で美しく健やかな暮らしに役立つ商品②と、産業界の発展①に寄与する工業用品の分野①で、顧客から最も支持③され、信頼される企業グループ④となることを目指します。

①財務の視点　②顧客の視点　③社内プロセスの視点　④学習と成長の視点で仮置き

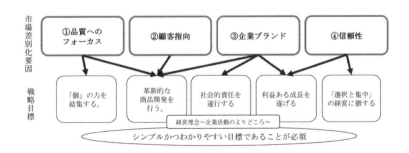

図 3-17　（参考）花王の理念をバランススコアカードで展開した例（筆者作成）

6. 産業構造分析としての事業構造と事業寿命

（1）事業 PPM の定義と意味 [11]

　事業 PPM（Product Portfolio Management）とは，製品事業部群を、投資顧問会社が資産運用のために選定する金融商品群のようにみなし、個別事業部の実績を「市場成長率」と「相対的マーケットシェア」の2軸によって構成されるマトリックスをもとに分析するところからきている。

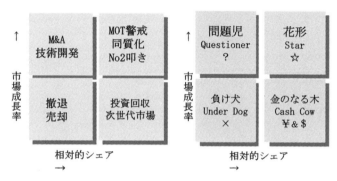

図 3-18　事業 PPM と投資判断（筆者作成）

　スター、金のなる木は R&D、M&A と再投資が必然の戦略となる。
　スターは、自ら生み出した多大なキャッシュをそのまま市場成長に見合う以上に投資して市場シェアを拡大させる。必要により問題児へ投資を回す。

　経営課題は「負け犬」「問題児」にある。
　負け犬の基本戦略は撤退。スクラップ&ビルド。可能な限り、長・中・短期の製品群を持つことによって、キャッシュを稼ぐ製品群から、将来の軸となる製品へ投資するサイクルをまわし続けることが企業には求められる。
　「売りたい時が買い時。買いたい時が売り時」という言葉がある。事業の撤退と拡大の判断材料は、競合他社との駆け引き、さらに買収資金との相談になる。
　自分たちが売りたいと考える事業は、競合他社も売りたいと考えている。そん

11　市場の成長率もシェアも簡単には入手できない。簡便法であるが、競合他社5社なり10社なりの合計数値（売上げや出荷数）を時系列で追いかけることである。最大の売上げの企業と最小の売上げの企業を、マトリックスの上限と下限で設定することになる。

な事業を売却しても「安値で買い叩かれる」ことになる。逆に競合他社の事業を安値で買い叩ける訳だから、多少でも利益が出ているなら積極的に買収すべきであるというもの。

　自分たちが、儲かっている事業だから更に拡大したいと考えるときは、競合他社も拡大を考えている。そんな事業は「高値つかみ」させられて、なかなか収益に貢献しないことがある。逆に競合他社に高値で売却し、別途、新たな事業や本業に投資した方が望ましい。

　事業の統廃合には、タイミングと競争力と資金力、そして、将来展望が欠かせない。

(2) PLC（プロダクトライフサイクル）の定義と意味

　製品の一生を一般化して表した概念で、大きく分けて4つのフェーズがある。「導入期・成長期・成熟期・衰退期」の各段階において訴求ポイントに違いが生じる。

表 3-7　PLC ステージ毎の訴求ポイントの例（筆者作成）

フェーズ	主要な戦略内容	訴求ポイント
導入期	特殊な顧客（ヘビーユーザー）の要求に応えるスペックを追求する。	【高品質または高機能】 【製品の必要性を訴える】
成長期	特殊な顧客の要求に答えつつ、かつ信頼性や利便性を備えた低機能機種も展開できる製品を準備で一般客に拡大する。	【高価で高機能＆低価で低機能※】 （※ただし、信頼性や利便性は担保） 【従来市場からの代替可能性を提案】
成熟期	徹底的なコストダウンを図り，高機能で低価格を実現させる。それまでの投下資金の回収に全力を注ぐ。	【コストダウンによる利益向上化】 【コストリーダーシップ戦略】
衰退期	高利益を望むことが可能な売れ筋の製品に絞り，撤退の準備を行いつつ，投資を控える。	【利益の回収と撤退の準備】 【新たな市場の開拓を模索】

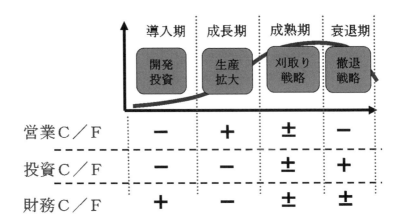

図 3-19　PLC のフェーズ別の基本戦略と
C/F による分岐点判断（筆者作成）

　PLC の実務的な活用は、製品の各ライフサイクルの「各分岐を、何時、認識するか」ということと、「各分岐点毎に戦略を実務的に、いかに切り替えるか」にかかっている。

- ①導入期⇒営業 C/F はマイナス、積極的な投資のため投資 C/F もマイナス。2 つのマイナスをカバーするのが財務 C/F の借入金によるプラスである。
- ②成長期⇒どうにか営業 C/F がプラスに転換。この C/F を元手に投資の継続と借入金の返済に入る。最も健全な経営の形である。
- ③成熟期⇒営業 C/F が止まる。新たな投資はせず様子見。当然、借入金は返済済みのため、新たな借入もしない。
- ④衰退期⇒営業 C/F がマイナスに入る。作れば作るほど赤字。財務 C/F は、余程の見込みが無い限り新たな借り入れはしない。生産縮小に伴い、設備を売却するため、投資 C/F はプラスに転じる。

(3) 市場分析の定義と意味

　分析すべき市場は 4 つある。「ヒト・モノ・カネ」のすべてに市場がある。製品市場、原材料市場、金融市場そして労働市場である。この 4 つの市場で 5F を設定し分析する。

　製品市場は通常のマーケティング戦略を構築する。原材料市場は、占有権と M&A あるいは川上統合を目指す。金融市場は与信の獲得と担保の充実、場合によって債券および新株発行である。労働市場は「採用か育成か」を前提に人数調整に入る。平均賃金と平均年齢によって統制する。

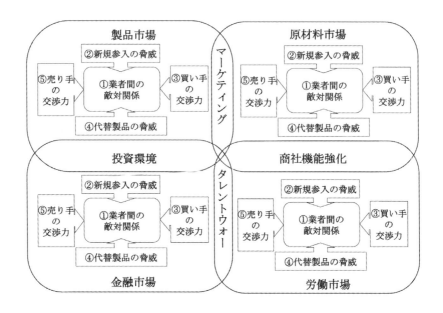

図 3-20　4 市場と市場分析

7. 戦略構造分析：
SWOT 分析・7S 分析・MVV 分析・VRIO 分析

　戦略構造分析は、SWOT 分析と 7S 分析、さらにミッション・ビジョン・バリュー分析（MVV 分析）と VRIO 分析が主流となる。

　この戦略構造分析が、事業分析、業界分析、産業分析と異なるのは、分析に分析者の「価値観」が入るためである。

　これまでの分析は可能な限り「データ」あるいは「情報」によって客観性を維持担保してきた。しかし、SWOT と 7S、さらに MVV 分析は、何よりも「我々はどうありたいか」「我々は何者か」が問われる。

　われわれは、ここで初めて「自分自身」と、そして「自分たちの戦略のあるべき方向」と向き合うのである。

（1）SWOT 分析：クロス SWOT ＆マルチ SWOT の定義と意味

　SWOT 分析は、産業構造分析の一つではあるが、仮説や価値観が入り込む。様々な「着眼点」を提供してくれる分析ツールであり、その効用は高い。可能な限り、データ分析を行い客観性を確保することが重要であるが、一方、情緒的になりやすい欠点がある。

　ただし、情緒的であることを畏れず、むしろ積極的な自己意識と意思決定の補強材料として用いることのほうが SWOT の意味合いが高い。

　客観的すぎる SWOT は逆に効果が薄いともいえる。

表 3-8　クロス SWOT の指標（筆者作成）

		外　部	
		Opportunity	Threat
内部	S	我々の強みをどう活かしているか。	強みが弱体化する可能生はないか。
	W	我々の弱みは何か。何故機会に活かせていないのか。	最も存在意義のない領域はどこか。

　SWOT は応用例が多い。

　できれば、SWOT 分析× 3C 分析× 4P 分析× 5M 分析× 7S 分析など、他のフレームワークを活用することで、マルチな SWOT 分析が可能であり、分析の視点が大きく拡大する。

表 3-9　マルチ SWOT：

SWOT 分析×3C 分析×4P 分析×5M分析×7S分析など

（表は 3C-SWOT の例）（筆者作成）

	過去－現在		短期－中長期	
1．Company	Strong　Point	Week　Point	Opportunity	Threat
①Product				
②Price				
③Place				
④Promotion				
2．Competitor	Strong　Point	Week　Point	Opportunity	Threat
①A社				
②B社				
－－－				
3．Customer	Strong　Point	Week　Point	Opportunity	Threat
①市場規模				
②seg 1 （年齢シェア）				
③seg 2 （性別シェア）				
④seg 3 （－－）				

（2）7S 分析の定義と意味：意思決定のための方向性の確認 [12]

7S は、「言っていること」と「やっていること」を、「制度と組織」にブレークダウンするためのフレームワークであり、システムやストラクチャーが「運用面で齟齬が無いか」を確認するフレームワークである。

内容的には、非常に雑なフレームワークであり、これで戦略が自動的に策定できる訳ではない。一つ一つの項目がビッグワード過ぎて、本当にこのフレームで戦略の棚卸しをするとしたら、運用する側もかなり牧歌的であろう。

ただし、方向性の確認を大きく確認するフレームワークとして、これほど有効なモノはない。全員がシェアできるからである。そのためには、全員で共有すること。特定の一人が策定した 7S は自己都合により牽強付会されているため、十分に警戒する必要がある。

12　第 2 章より一部再掲

表 3-10 7S の基本構造と一般的な定義（筆者作成）

区　分	項　目	概　要
7S のコア	共通価値観	共通認識をどう定義しているか。
ハードの 3S	戦略	競争優位の源泉と持続性の維持 付加価値と成長領域の確認 投資と配分の優先順位の決定
	ストラクチャー	基本的な組織形態と価値観との整合 組織の機能、権限、KPI の一致
	システム	競争優位を実現する効率的なシステム 熟知し習熟し、熟練したシステム運用 合理的・効率的・効果的なシステム
ソフトの 3S	スタイル / スタンス	価値観を共鳴する意思決定のスタイル・スタンス コミュニケーション、リーダーシップ、組織行動スタイルとの整合性
	スキル	競争優位性を保ち、次世代に生かせる技術基盤 優れたサービス提供力、技術力、営業力、開発力 企画力、提案力
	スタッフ	価値観を実践し、組織を守り、名誉と信頼を獲得する優れたスタッフ 質量ともに充足する要員 先見の明のあるトップ 実行力・行動力・管理能力・指導力のあるスタッフ

（3）7S の望ましい運用と実務的な対応

7S の望ましい運用は、To-Be を描く際の拠り所となる点である。

To-Be のイメージほど曖昧なモノはない。そのために、具体的な項目となる拠り所が必要になる。

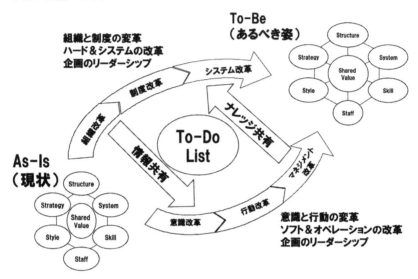

図 3-21　7S の戦略実行のフレームワーク（再掲／筆者作成）

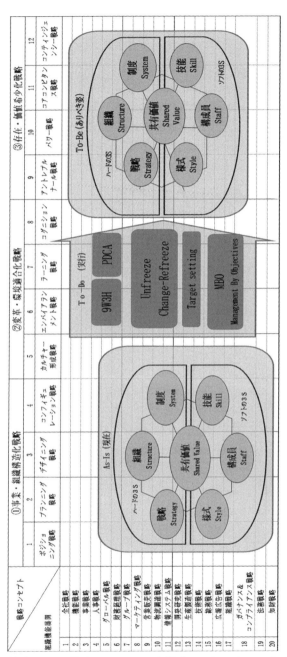

図 3-22　戦略コンセプトと To-Do リスト策定のフレームワーク（筆者作成）

第3章　　演　　習

1. 自社の財務分析を実施し、課題を特定せよ。

2. 自社の産業構造、業界構造、事業構造を市場（顧客）、製品、競合の視点から、何を変革すべきかを定式化せよ。その際に用いるフレームワークは何か。

3. 自社の組織構造を、ビジネスモデルの視点およびヒト・モノ・カネの視点から定式化せよ。その際に用いるフレームワークは何か。

4. 自社の有るべき姿を7Sの視点で定式化し、競争優位と成長戦略をSWOTの観点から定式化せよ。

5. 経営分析とは過去の棚卸しであり、戦略策定は未来への設計図となる。過去の延長線上からの脱却を図る場合、さらに、新たなイノベーションを設定する場合、どんなフレームワークが効果的か、新たな分析用のフレームワークを設計せよ。

第 4 章　コスト編

人生を豊かに生きるための 40 のリスト　　パート 2

2. 素直さ（人から学び、本から学び、苦言を受け入れる素直さがある。）

　①どんな本や情報でも、軽視せず常に学ぶ姿勢を持っている。

　②自分が目標とする人の薦める本、情報は必ずチェックする。

　③どんな相手でも、相手の話には耳を傾ける。

　④どんな相手でも、言動について指摘されたら、変えられる。

　⑤仕事、趣味など種々の分野で師匠がおり、足跡を追っている。

（筆者作成）

・・・

本章では、

　①コスト管理とは何か

　②コスト管理に必要なものは何か

　③事前原価管理（管理会計）の理解と運用

　④事後原価管理（財務会計）の理解と運用

　⑤コスト管理により、儲ける経営のあり方の実践方法

について解説する。

1. コスト管理の目的と意義 [1]

　経営的にも戦略的にも、我々はコスト（経費）しかコントロールできない。売上げと利益はコントロールの結果でしかない。そのために、コスト管理こそが「戦略」のスタート＆ゴールとなる。

　コスト管理の目標設定と目標達成のため、事前・事後の計算、目標値・標準

1　『図解&設例　原価計算の本質と実務がわかる本』関浩一郎（著）、菅野貴弘（著）　中央経済社　（2013）
『生産マネジメント入門（2）生産資源・技術管理編』藤本隆宏（著）日本経済新聞社　（2001）
『ロスの「見える化」で原価を削減する本　6ステップで進める「革新的原価低減」』JIPMソリューション
中里孝一（著）（2013）
『これだけは知っておきたい「原価」のしくみと上手な下げ方 改訂版』久保豊子（監修）フォレスト出版　（2019）

値、実際の操業に要した費用との差異の分析、さらに、問題点・改善点の明確化、そしてコスト低減のための方法を徹底して学習し、模索し、探索し、研究し、実践し、評価することである。

　コスト管理の主な目的は、次の点である。
　　①経営計画の作成：コスト分析を通じて、経営計画作成のためのコスト情報の把握、組織設計と要員管理へ反映を行う。
　　②価格計画：製品原価を正しく把握することで、製品価格の決定基準を模索する。
　　③予算編成・予算管理：組織運営と事業計画の推進に欠かせないのが予算である。利益目標を設定することで、見積原価（事前原価計算）のあるべき額を試算する。
　　④原価管理計算：生産コストとしての「原価」を把握する方法を確立することで、製品の原価基準の算定と実際原価との比較が可能となる。さらに、マネジメント改革、生産性改革、組織改革など、ムダ・ムリ・ムラの排除を行い、改善を継続することが可能となる。
　　⑤財務諸表の作成：最終的に、財務状態の把握のためのコスト把握、製品原価の把握を行う。
　　⑥営業コスト：金額の絶対額管理と相対化を行い、行動（イベント）と実績（結果）を把握（理解）し、次への行動（イベント）に活用する。

2. コスト構造の分類と分析アプローチ：
製品の価格基準を示す指標

　コストの中で、特に生産部門（製品、財サービス）におけるコストは、「製品原価」として把握され、営業部門の営業費（販売費）や、本社部門、管理部門の一般管理費と区分される。
　まず、生産部門の「原価管理」について検討を加え、戦略的な意味と管理上の構造を確認する。

　製品の売価は、製品需要や売上状態によって左右されるが、売価は、製造と販売に分け、製造原価と営業費（販売費・一般管理費）として把握しておかなければならない。

　売価の決定のための原価計算は、2 通りのアプローチをとる。

　第一のアプローチは、実際にかかった製品原価に必要な利益を上乗せして売価を計算する「価値創造」のアプローチである。

　第二のアプローチは、競合の売価や顧客の望む売価から、実際に売れる価格は自ずと決まっており、その価格から適正な利益を確保するために、いかに原価を抑え、ムダを省き、生産性を上げるかを計算する「原価低減」のアプローチである。

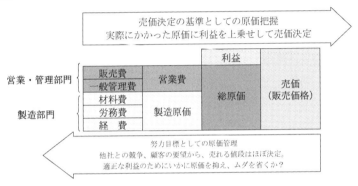

図 4-1　原価計算のための 2 つのアプローチ（筆者作成）

3. コスト構造の分類

　経営活動は、生産活動、営業活動、配分活動の大きく 3 つの機能行動として捕捉できる。それぞれのコストは、製造原価、販売費そして一般管理費の 3 種類である。

　それぞれの主要なコスト構造は、

　　①製造活動では、原材料、原燃料、労務費、そして設備の減価償却費が主要なコストとなる。

　　②営業活動では、販売費がコスト構造の中心となる。内容は、宣伝広告費、配送費、保管費、販売奨励金、リベート、そして営業社員の人件費が主要なコストとなる。

　　③配分活動では、営業費として計上される部分でもある。主なコストは、役員給与、本社本部の人件費、福利厚生費、教育訓練費、寮社宅費、採用費など。そして最も重要なのが未来に向けた設備投資と株主への配当である。

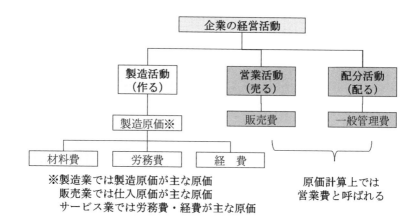

図 4-2　コスト構造の分類（筆者作成）

4. 原価管理：「製造原価」要素の形態別分類

「製造原価」は、企業活動の領域に応じて、製造原価、販売費（営業費）と一般管理費（本社管理部費用）に分類される。分類方法は、経営資源別に「モノ」にかかる経費、「ヒト」にかかる経費、その他の経費に分類される。

①材料費：素材費（原材料費）、買入部品費、燃料費、工場消耗品費、消耗工具器具備品費
②労務費：賃金、給料、雑給、従業員賞与手当、退職給与引当金繰入額、福利費
③経　費：減価償却費、棚卸減耗費、福利施設額、賃借料、修繕料、電力料、旅費交通費

さらに支払い方法による分類として、下記がある。
④測定経費：電気・ガス、水道などはメーターで測定
⑤支払経費：修繕費、旅費交通費、外注加工費
⑥月割経費：保険料や固定資産税など数ヶ月分まとめて支払うが、計算上1ヶ月分で計算する経費
⑦発生経費：棚卸減耗費のように劣化、破損で発生するが支払を伴わない経費

その他、管理対象範囲で区分する方法として

 ⑧直接費：原価の発生が一定単位の製品の生産に関して特定できるもの
  基本的には、P/Lの売上原価に算入されるコスト（直接材料費、直接労
  務費、直接経費に分類し、さらに細分されることもある）

 ⑨間接費：配賦部門を特定できない種々の異なる製品に共通して発生する
  原価

　基本的にはP/Lの販売費および一般管理費、営業外費用、営業外収益とし
てカウントされる経費（間接材料費、間接労務費、間接経費に分類し、さらに細
分）など。一定の配分基準をもとに賦課される経費である。

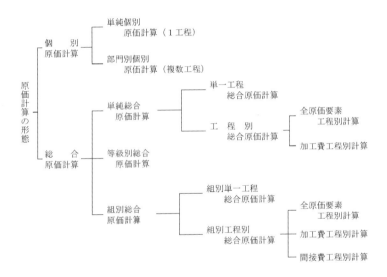

図4-3　原価計算の形態と構造（生産費目別／工程別）
古典「原価計算の本質と実務がわかる本」関他　中央経済社

5. 原価計算の二つの領域からの補足：「事前原価＆事後原価」

　事前原価計算が「管理会計」からの計算なのに対し、事後原価（実現原価
／実際原価）は「財務会計」から、実際の数値データによる計算となる。

　原価計算では、可能な限り目標値（事前原価）と実績値（事後原価）を一致

させることが望ましい。

　目標値（事前原価）は、あらかじめ見積もりした「見積目標原価」と、技術的に達成を目指す「開発目標原価」、さらにカタログ上の（あるいは過去の実績値から見積もりした）「標準目標原価」の３種類がある。

　開発段階と設計段階では原価は増大しやすい。一方、量産効果によって、単位あたりの原価を大幅に引き下げることができるようになる。

　開発段階は、素材開発、製法開発、用途開発、製品開発など、試作品の段階では量産されないため、一品あたりの単価が高騰する。試作機による試作量産、さらに実機でテスト販売用の試験量産あたりから、一品の原価が下がり始める。

　ここからが戦略的な価格決定となる。いわゆる「経験曲線」による量産効果を先取りして、製品投入当初から、戦略価格で販売を行い、市場シェアを確保する[2]。

　トヨタのハイブリッドカー「プリウス」は、エコカー補助金等の活用と、当初から「量産効果」を狙って、購買価格を 215 万円台でスタートさせた[3]。

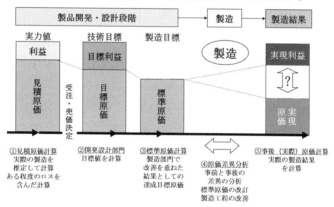

図 4-4　製品開発から製造までにおける原価計算の段階（出典、同上）

2　1930 年代、第 2 次世界大戦前、米ライト・パターソン空軍基地にある工場では、さかんに航空機生産が行われていた。ここで航空機の生産機数が倍になると労働コストが 20％ほど減少するということが発見され、これがエクスペリエンス・カーブ理論が生まれる契機だったと言われている。戦後になると、生産量と労働コストの関係性についての研究が民間部門でもさかんに行われるようになり、1960 年代に入り、ボストンコンサルティンググループ（BCG）の創業者の一人、ブルース・ヘンダーソン（Bruce Henderson）が、エクスペリンスカーブを理論にまで進化させた。https://www.sbbit.jp/article/cont1/33144（2021.5、検索）。

3　販売価格は 215 万円と車格が近い 8 代目・E110 型カローラ（セダン）の「1.5SE サルーン」が 152.7 万円（2WDの 4 速 AT 車での場合）で販売されていた時代（1997 年 -1999 年当時）としては決して安くはなかった。しかし、ハイブリッドシステムのコストからすると原価を大きく割り込んでいると見られ、「215 万円はバッテリーだけの価格」や「21 世紀へ go（5）の語呂合わせ」等と噂された。https://ja.wikipedia.org/wiki/%E3%83%88%E3%83%A8%E3%82%BF%E3%83%BB%E3%83%97%E3%83%AA%E3%82%A6%E3%82%B9（2021.5、検索）。

6. 事後原価計算と事前原価計算

　原価計算で重要なのは二つの区分による視点、すなわち事後原価の視点と事前原価の視点である。事前原価計算は「管理会計」からの計算なのに対し、事後原価（実現原価／実際原価）は「財務会計」からの実際のデータによる計算となる。

　第一の「事後原価計算」の重要な視点は、「費目別・部門別・製品別」の視点である。
　費目別原価、部門別原価、さらに製品別原価は、「総額」では同じ金額になる。全ての費目を丁寧に正しく補足し、計算していけば、理論的には正確に原価の意味を理解することが可能となる。これは事後原価だけが可能な分析アプローチであり、このコスト管理が徹底できないような管理レベルならばマネジメントレベルは「ザル状態」に等しい。

　求められる事後原価管理は、それぞれ下記の 3 つのアプローチとなる。
　　①費目別計算（材料費、労務費、経費に分類）＝財務会計の費用計算
　　②部門別計算⇒費目別を原価部門（製造部門、営業部門など）に分類したもの
　　　原価の機能別・責任別分類となる。必要により、拠点別、国別といった
　　　区分も効果的である
　　③製品別計算⇒部門別原価を、製品の一定単位（個数、時間数、度量衡
　　　単位など）の製品に集計し、単位製品別の原価を算定する
　　　最終的には、製品一つあたりの原価、サービス 1 回あたりの単価、施術
　　　1 回、顧客 1 人あたり、社員 1 時間あたりなど、様々な区分でサービス
　　　の価格競争力を比較する

　第二の事前原価において重要な視点は、標準原価計算と見積原価計算の視点である。
　事前原価計算は、いわゆる「管理会計」による原価見積もりとなる。一般的には、「標準原価」、「計画原価」ともいう。

　事前原価計算を設定する目的は、次の通りである。
　　①標準原価の算定⇒直接材料費・直接労務費、製造間接費について、さ

らに製品原価について算定を実施

②標準原価の改訂⇒常にその適否を検討し、機械設備、生産方式、材料
単価、賃率などに変化があった場合は、都度、改訂を実施

③標準原価の指示⇒原価の発生に関わる各部門・部署に文書に示して指示
を実施

④原価差異の算定・分析⇒標準原価と実際原価の差異を算定し、材料受
入額、直接材料費、直接労務費・製造間接費のそれぞれで分析を実施

⑤原価差異の会計処理・報告⇒原価差異を財務諸表上適切に処理、製品
原価および損益を確定、分析結果を原価管理、予算統制に役立てる

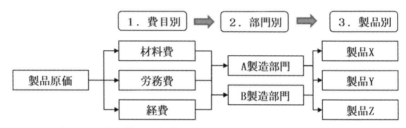

※1　部門別原価計算は、経営規模が小さく単一部門ならば省略可
※2　製品別原価をより正確に計算するためのステップ
※3　製品別原価/実際生産数＝製品単位原価

図4-5　事後原価計算の流れ（筆者作成）

7. 事後原価計算における全部原価計算と直接原価計算

事後原価計算における製品の原価計算は、グロス（総額）の多寡だけでなく、
費目や工程、部門などの分類ごとの性格による比較も重要な判断材料となる。

分類毎の増減や相対的な強弱は、企業の競争力そのものを左右する。

①全部原価計算制度⇒固定費と変動費を区別せず、全部の製品原価を一
定単位の製品に集計する原価計算を指す。

②直接原価計算⇒原価要素を操業度（生産量や販売量）の増加に関連させ
てみるとき、固定費と変動費に分類することができる。この分類に基づき一
定単位の製品の変動費のみを集計する方法を直接原価制度という。

※１固定費（操業度の増減に関わらず変化しない原価）

※２変動費（原材料や燃料費のように操業に応じて比例的に増減する原価）

　直接原価計算は、損益分岐点分析の考え方を組み入れた原価計算である。
　販売量、販売価格、変動費、固定費などの変化が、営業利益に及ぼす影響を計算でき、予算編成や戦略策定に役立つ情報が得られる。

8. 費目別原価計算①：材料費

　費目別原価計算では、変動費としての「材料費（原材料および原燃料）」、および固定費の代表としての「労務費」「減価償却費」の把握が重要となる。
　はじめは「材料費」の確認。
　材料の「単価」がわかれば、生産に使用された「消費量」をかけて「総額」材料費がわかる。現実には、この材料費の算定自体に様々なアプローチがある。

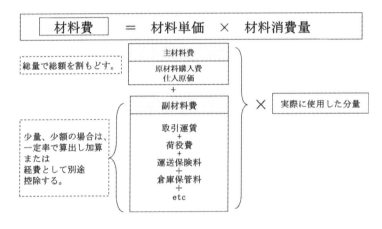

図 4-6　費目別原価計算：材料費（筆者作成）

　材料費の算出方法には、次の８つのアプローチがある。入荷日や入荷時単価の異なる在庫がいくつもある場合、伝票日付によって出庫をコントロールする方法である。

　①先入れ先出し法：先に入庫したものから、順番に出庫し、最も古い伝票単価から、順番に出庫する方法。製品全体の日付や賞味期間、品質や鮮度を、平均的に維持する場合に用いる方法
　②後入先出法：最後に入荷したものから、順番に出庫し、最も新しい伝票単

価から、順番に出庫する方法。最初に購入した人に、優先的に選択権を購買者に与えて、鮮度のいいものから選択させる方法。早い者勝ちのビジネスを主導する場合など

③総平均法：入庫時の数×単価を足し上げて、総額を総数で割って平均額を用いる

④移動平均法：材料の受け入れの都度、購入単価を直前の単価に承継し、その時の合計数量で平均単価を求める方法

⑤予定価格法：仕入れ単価実績と今後の市場価格を参考にして、材料単価をきめ、以降半年から一年間はその価格で算出する方法

⑥継続記録法：材料の受け入れ、出荷の都度、その単価を記録し算出する方法。正確であるが手間暇がかかる

⑦棚卸し計算法：期初在庫＋期間受け入れ在庫−期末在庫により算出。継続記録法よりラフになるが、計算は楽になる

⑧逆計算法：完成品一つ一つの材料数が最初から決まっている場合は、完成品の数量から、材料費（数）を逆算する方法。正確を期すため、他の方法と併用することが多い

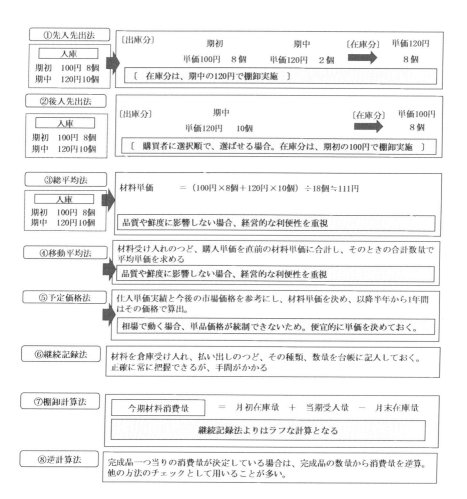

図 4-7　原材料費の棚卸単価の計算法式（筆者作成）

9. 費目別原価計算② : 労務費

コストの最大のモノは2つ。特に固定費として最大なものは設備の「減価償却費」と「労務費（人件費）」である。

 1 労務費：製造原価に含まれる人件費 （直接人件費ともいう）
 2 人件費：販売費および一般管理費に含まれる人件費 （間接人件費ともいう」

労務費の補足は、給与実額、福利厚生費、寮社宅費、被服費、教育訓練費など合計金額で補足するのが一番正確である。煩雑な場合は、平均賃金×平均人数で算出する。

外注費や派遣社員、請負やパートタイマーが多い場合は、投入総労働時間に時間単価をかけて算出（平均賃金として）する。

外注、派遣は人月単位、パート・アルバイトは通常8時間換算の人数で算出するのが一般的である。繁忙期や閑散期によって投入労働時間（人数）が異なるため、煩雑な計算とならないよう「平均賃金（賃率）」によって算出するのが一般的である。

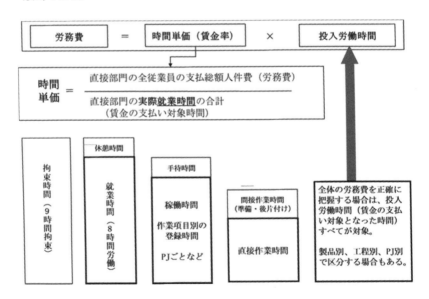

図4-8 労務費の補足と考え方 （筆者作成）

10. 補助部門の費用の配賦：配賦プロセス

費目別にまとめた原価額の配賦について、部門毎に特定できるものは直接賦課に、明確に特定できないものは共通費に分ける。補助部門として分類される部門には、品質保証部門、修繕部門、工場管理部門などがある。

補助費用の配賦は、一定の配賦基準（数量、時間、人員、設備台数など）により、原価を割り振るのが通常である。その際、ポイントとなるのは3点。

　　①配賦すべき各部門に共通した基準を設定する

　　②配賦費目と配賦基準が相関関係にある場合は、その割合で配分する

　　③配賦基準が明確で簡単にわかるもの

補助部門費は、各製造部門が補助部門より受けたサービスの程度に応じて（配賦基準に基づいて）負担する。その費用は、製品別原価計算へ反映させることになる。

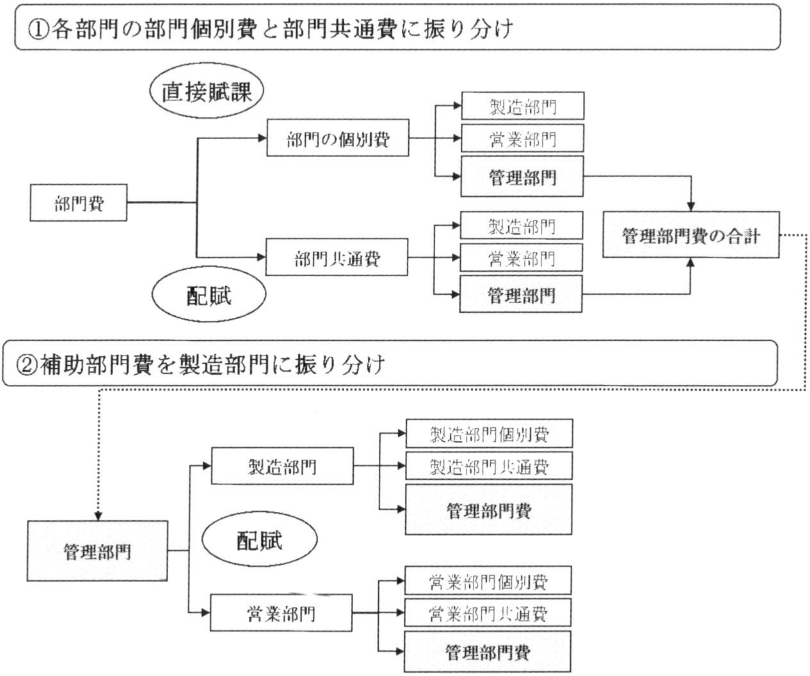

図4-9　管理部門（補助部門）費を製造部門、営業部門に振り分けするプロセス
出典「原価計算と本質と実務がわかる本」関他　中央経済社

11. 補助部門の費用の配賦：
ABC 管理（Activity Based Costing）

　伝統的な原価計算では、直接作業時間が配賦基準となる。

　工程管理費用（時間あたり）×直接作業時間を製品数量で割って配賦金額を算出する。

　ただし、製品原価に占める補助部門費は、補助部門のサービスの実態と必ずしも一致しないことが多い。作業時間や生産量と配賦基準に基づいて、一律に計算されるため、多品種少量生産等の場合、誤差によって大きな利益を生むという錯覚に陥る可能性がある。

表 4-1　補助部門の活動内容別&配賦基準別の配賦計算マトリックス
（サンプル）（出典　前出）

管理部門（補助部門）の活動内容別に捉え、活動単位にもとづいて、配賦計算

補助部門	活動内容	配賦基準
品質管理部門	窓口クレーム	苦情件数
	品質管理	分析サンプル数
	検査	生産回数、不良品件数
	品質情報	不良品、廃棄数
工場管理部門	原材料調整	外部調査委託費
	生産調整	設備保守メンテ
設計部門	製品企画	設計、デザイン費用　など

12. 事前原価計算（標準原価計算）の目的と意義

標準原価・標準時間の設定、つまりは目標・標準を定めることにより、実際の到達度との差異を測定し改善していく。

①標準時間や生産能力をあらかじめ決めておくことで、操業度の測定、ワークロードの測定ができる

②製造部門は、作業改善、工程改善、材料消費量の改善。生産管理部門は外注費の低減、資材購買部門は仕入価格低減をそれぞれ行うことで、原価を低く抑える（原価削減のための努力目標を提示できる）

③前もって、製品・半製品の標準原価を決めておくことで、倉入（営業渡し）も標準原価で行い、営業側は安心して売価を決定できる

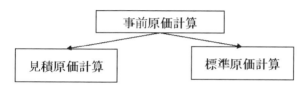

図4-10　事前原価計算の流れ①

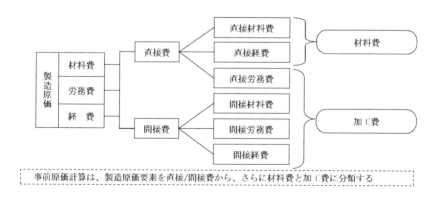

図4-11　事前原価計算の流れ②（出典　前出）

13. 事前原価計算：材料費と加工費への分類

　事前原価計算では、純粋に材料費とその加工のための費用（加工費）を区分することが必要となる。

　材料費：購入した材料代、製造数で 1 製品当りの原価が分かる

　加工費：「造る費用」であり、大半が設備費と労務費から算出されるモノで、先行投資的であり固定的である。造る費用は、単価が一定であるために、通常は時間で見積もられる。

　時間単価の決定では、

　加工費レート＝製造関係の全費用÷標準時間での「生産能力／時間」

を把握（計算）する。

　その上で、

　1 台（1 製品）あたり加工費＝時間単価×1 台当りの造る時間を集計

　これを標準原価として価格付けの基準（参考）とする。ここでは、製造時間を見積りした上で、標準時間（ST：Standard Time）を決めることが重要となる。

14. 減損費と仕損費：ロスの計算と把握

　事前原価で事後原価との差が大きく拡大しないようにするために、あらかじめ計算上のロスを設定する。事後原価ではロス（仕損、紛失、廃棄、条件だし生産など）はすべて原価に含まれるのに対し、事前原価では、計算上、予定ができない。しかし、実際には不良品も仕損品も発生するため、経験値から一定のロスを計上する。

①減損：製品の加工中に原材料が煙化、ガス化、蒸発などにより、消失した部分。また、製品化しない無価値の原材料の発生部分を指す。これらは廃棄処理のためのコストとして計上する。

②仕損：なんらかの原因で加工に失敗し、検査基準に合格しない不良品の発生。仕損品と仕損費。仕損の程度が大きく、屑として売却か廃棄処分以外に用途がない材料。

③正常減損、正常仕損：仕損の程度が小さく、補修によって合格品となるか、2 級品として販売できるものを含む。通常、不可避的に発生する減損、仕損は正常減損、正常仕損とされる。これらは、製造歩留を計算し、

正常値内にあるかどうかを確認することが必要。合格品を製造するために必要となる原価であり、合格品の原価に算入する。減損・仕損が多い場合、販売製品の原価を高めることとなるため、留意が必要。

④異常発生の場合：管理不可能な地震・台風等の天災の場合、損益勘定に振り替え特別損失として計上する。管理可能であった場合（工具の不慣れ、怠慢、材料・設備の不良等）は営業外費用として計上するか、異常減損費、異常仕損費として営業利益から明示して控除する。

15. 正常減損費の処理方法

減損費の処理方法は、工程別の発生時によって判断が異なる。

①正常減損度外視の方法：正常減損を全く無視し、結果として、合格品に負担させる方法

A）正常減損が工程の始点・途中で発生した場合、完成品と月末仕掛品の両方が負担。減損分は、工程に投入されなかったとみなす

B）正常減損が工程の終点で発生した場合、完成品だけが負担する。減損分を負担しない月末仕掛品を計算し、これを期初仕掛品と当期製造費用との合計額から控除する

②正常減損非度外視の方法：正常減損の原価を計算し、そののちに完成品と期末仕掛品に追加配賦する

③製造工程の始点で発生した場合、ほとんど加工していない状態であれば原材料のみであり、加工費には負担させない

④製造工程の途中で発生した場合：

A）期末仕掛品の進捗度＜正常減損進捗度⇒完成品負担

B）期末仕掛品の進捗度≧正常減損進捗度⇒完成品と期末仕掛品の両方で負担

C）製造工程の終点で発生　　　　　⇒完成品のみ負担

D）製造工程を通じて平均的に発生した場合⇒完成品と期末仕掛品の両方および加工進捗度に応じて負担

16. 標準時間の構成と算出

標準作業時間、加工時間は、基本時間と余裕時間、主作業と段取り作業、さらに主体作業と付帯作業によって構成される。

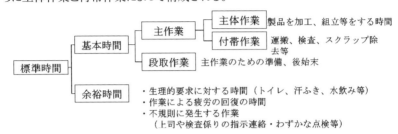

図4-12　準時間の構成（出典　前出）

標準時間の算出は、次のアプローチが考えられる。

①動作研究と時間研究：最善の作業動作（標準動作）を見出し、時間をストップウォッチで時間測定。作業を複数の基本動作に細分して、それぞれの必要時間を測定し合計する

②統計的調査法：実際の作業時間を測定し、この平均値を標準時間とするもの

③経験による見積表：現場監督者や熟練工の経験から、標準時間を設定するもの

17. 損益分岐点の目的と意義

損益分析点は、操業度（売上高・生産量・稼働時間等）に応じて、「費用がどのように変化するか?」を分析する分析指標。売上高と原価（コスト総額）が等しくなる点（生産量、総原価）をもとめることになる。変動費と固定費の区別によって、売上高・原価・利益の関係分析を行う。

売上高が増えると、通常は原価も増える。さらに、より原価が増えると利益が減り、最終的には損失となってしまう。この単純な原理を費用分析によって解明するのが損益分岐点である。売上高の変化によって、費用はどのように変化するのか。変化する費目と変化しない費目は何か。どの程度の売上高で、利益（損失）となるか。この問いに関する答えが重要となる。

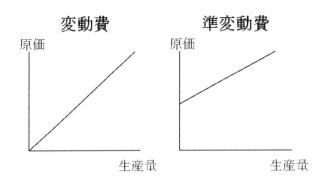

図 4-13　操業度が増加すると比例して増加する費用（筆者作成）

例）変動費：材料、部品、消耗品、燃料、直接労務費
　　準変動費：水道料（使用量に関わらず基本料金）

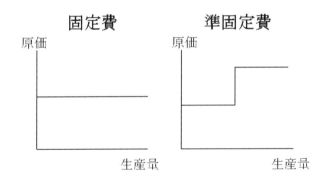

図 4-14　操業度に関わらず一定の費用がかかる費用（筆者作成）

例）固定費：固定給、福利厚生費、保険料、固定資産税
　　準固定費：現場の作業監督、検査係の賃金
　　一定の操業度を超えると追加的に増やす場合

　費用分解（固変分解）：損益分岐点分析は、まず、製造原価と販売・一般管理費を変動費と固定費に分解する。妥当な操業範囲、設備等の作業環境が一定であるという条件が前提

18. 原価の費用分解法

① IE法（Industrial Engineering）（目標値・規範値としての予測法）

　この方法により、投入量と産出量との因果関係が把握できる。

　動作研究や時間研究の結果として技術的な関係が明確にできる。投入量と産出量の最適な関係から、原価の発生目標を予定できる。手数と費用がかかるのが問題である。

②費目別精査法（過去の実績データを基にした予測法）

　過去の経験に基づいて精査し分類する。主観的判断のため信頼性に乏しい。明らかに変動費・固定費と分かるものを選び、残りは他の方法で費用分解する。費用分解における第一段階としての振り分けをする方法とするのが妥当である。

③回帰分析法　（最小自乗法）（過去の実績データを基にした予測法）

　原価の推移を他の独立変数（生産量や作業時間等）の変化に関連するものとして、サンプル・データの回帰線を求める。

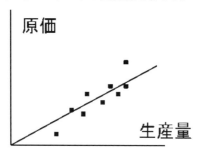

図4-15　回帰分析法の概念（筆者作成）

表 4-2　費用分解の例（中小企業庁方式　および　日銀方式など）

費　目			固定費	変動費
直接費	直接材料費	素材費・原料費・買入部品費		○
	直接労務費	直接工賃金・直接工時間外手当		○
	直接経費	外注加工費	○	○
		特許権料	○	
間接費	間接材料費	燃料費・工場消耗品費		○
		消耗工具器具備品費	○	
	間接労務費	間接工賃金・雑給・従業員賞与手当	○	
		福利厚生費・退職給与引当金繰入額	○	
	間接経費	減価償却費・火災保険料・修繕費・棚卸消耗費・雑費	○	
		水道光熱費		○
販売費・一般管理費	販売費	運賃・販売手数料		○
		宣伝広告費・貸倒損失・雑費	○	
		販売員給料（※給与制度による）	○	○
	一般管理費	役員報酬・事務員給料・福利厚生費退職給与引当金繰入額	○	
		事務用品費・修繕費・旅費交通費・通信費・減価償却費・租税公課・火災保険料・雑費	○	

表 4-3　変動費・固定費の分類と貢献利益（筆者作成）

	変動費	固定費
原価の発生理由	業務活動（生産活動、販売活動）によって発生。業務を行わなければ発生しない。 業務活動原価（activity cost）	業務活動に関係なく、一定の生産・販売能力を維持しようとする限り、発生する原価 能力原価　（capacity Cost）
原価の回収	即座、近い将来支払う必要性 反復・継続して業務活動を行うには、早めに回収しなくてはならない。 短期支出原価	設備などの減価償却・設定した耐用年数内に回収すればよいので、後回しでもよい。 長期支出原価

　売上高から、先に回収すべき変動費を差し引き、その残りによって、固定費を回収し、利益を上げる。

貢献利益＝売上高－変動費 ＝営業利益＋固定費

19. 安全余裕率を高めるには

操業の安全余裕率を高めるには、次の3つの方法が原則である。
　①固定費の削減で損益分岐点が大幅に下がる

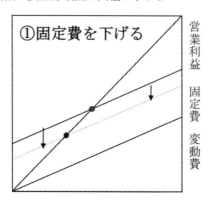

図4-16　固定費の引き下げ

②変動費の傾きが緩やかになる（変動比率が下がる）と損益分岐点が低くなる

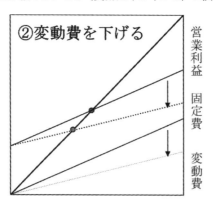

図4-17　変動費の引き下げ（筆者作成）

③売価を引き上げる
　製品当りの利幅を上げる。同じ売上高が増加。売価引上げで、買控えが
　発生し、売上高が落ちる可能性がある。市場価格や買い手の希望により
　現実的には難しい場合が多い

20. 部門別の課題とコストダウンの方法

　部門別のコストダウンは、材料費と加工費の両方から対応する必要がある。
　技術部門の最大のミッションは生産性向上による原価低減とイノベーション等による売上げ拡大。製造部門は品質維持とロスの削減である。

表 4-4　部門別の課題とコストダウンの方法

			技術部門 （開発、設計、生産技術） コストリダクション（原価低減）	製造部門 （製造、生産管理、購買） コストコントロール（原価維持）
材料費	値段材質の最適化	単価	過剰品質の改善 材料選択の見直し	材料の低価格での購買
		消費量	標準化・最小消費量改善 設計歩留向上	品質のバラツキ、製造歩留の向上 不良品の低減
加工費	生産工程作業方法の改善	単価 レート	設備・機械・冶具の改善	作業時間、残業の見直し 適材適所の人材配置
		時間	作業設計、工程設計の改善	操業度、工数・設計稼働率の向上 作業能率、設備効率の向上 経費削減

21. コストリダクション（原価低減）
およびコストコントロール（原価維持）の方法と評価

第一のコストリダクションのアプローチは様々であるが、下記の4つが一般的であろう。

①製品機能の細分化：機能系統図を作成し、機能別に目標原価を細分化

②製品構造の細分化：製品、ユニット、部品と細分化し、目標原価を細分化

③原価要素（費目）別の細分化：各ユニット・部品を材料費と加工費に分類
　材料費低減は、開発・設計担当、加工費低減は、生産技術担当

④設計者別の細分化：各ユニット、部品の設計が複数の担当者で行われている場合、開発設計者ごとに目標原価の達成度を管理

第二のコストコントロールのアプローチでは、生産が順調に行われているかを確認した上で、原価差異分析を行う。

①材料費の原価差異（標準と実際）

②高い材料費の場合⇒材料の適正化　（購買部門）

③材料を多く使用し、歩留ロスが多い場合⇒管理努力の強化（現場監督など）

④原価差異があるならば、原価差異の額、原価差異の原因を明確化

22. 製造原価明細書における項目別の内容

製造原価明細書の項目別の費目は、それぞれ「材料費」の集約が「製造原価」に集計され、製品製造原価として構成する。さらに、「製品製造原価」に期中購買品や期末棚卸在庫、製品棚卸在庫を控除したものが、「売上原価」として変動費の主要な部分を構成する。

```
1. 材料費
   期初材料棚卸高    （期初にあった原材料）
  ＋ 材料仕入高       （購入した材料）
  － 期末材料棚卸高   （期末に残った材料）
  ─────────────────────────────
  ＝ 材料費      （今期製造投入した材料）
```

```
2. 製品製造原価
   期初半製品棚卸高 （期初半製品）
  ＋ 期初仕掛品棚卸高   （期初　仕掛品）
  ＋ 材料費          （期中の投入材料費）
  ＋ 外注費          （外注加工費）
  ＋ 直接労務費       （直接者の労務費）
  ＋ 製造間接費       （間接人件費と間接部門の全費用）
  － 期末半製品棚卸高   （期末に残った半製品）
  － 期末仕掛品棚卸高   （残った仕掛品）
  ─────────────────────────────
  ＝ 製品製造原価    （製品原価）
```

```
3. 売上原価
      期初製品棚卸高    （初めにあった製品）
  ＋ 期初商品棚卸高    （初めにあった仕掛品）
  ＋ 当期製品製造原価   （造った製品）
  ＋ 商品仕入高       （買った商品）
  － 期末製品棚卸高    （残った製品）
  － 期末商品棚卸高    （残った商品）
  ─────────────────────────────
  ＝ 売上原価      （売上原価）
```

図 4-18　製造原価明細書における項目別の内容（筆者作成）

23.「標準原価計算法」による製造原価構造と損益勘定

　標準原価計算による製造原価勘定の算出と損益勘定の関係は、下記の通り。「標準単価」を用いるために、必ず期末に棚卸を行い、「実査（現物査定）」による差額の「修正」が必要となる。それが原価差異であり、受け入れ価格差異、部門費差異、倉入差異として調整する。

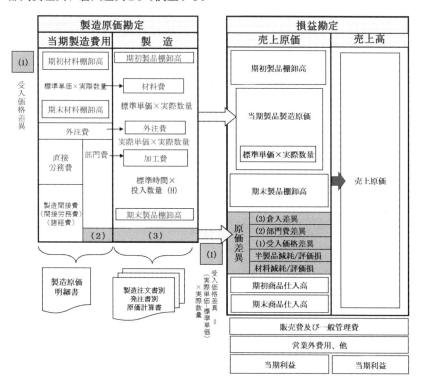

図4-19　「標準原価計算法」による製造原価構造と損益勘定（筆者作成）

180

24. コスト管理による儲ける経営の実践

　組織を預かる人、部下を預かる人が、「儲ける方法」について「未熟＆無知」なのは犯罪である。企業も管理者も儲けるために「新しいシナリオ」を作ることを心がけることである。できない議論ではなく、「できる方法」の論議を繰り返すことである。

　儲ける経営の最大の課題解決は「自分が最大のネックであるという認識」と「儲ける技術の未熟」にあることを認識することからスタートする。

　儲ける経営　（利益は、我々が「正しいこと」をしていることを証明してくれる）
　　①顧客を満足させることを考え、その上で社員全員、企業がよくなる経営を
　　　実践する。
　　②社員が成長する経営を重視する。
　　③企業が成長するとは、利益をあげることである。
　　④人間の行動は掛け算であり、掛け算の答えが利益である。
　　⑤企業は儲けなくてはならない。
　　⑥儲けるためには経営職および管理職から姿勢を改めることが鉄則である。

25. 儲からない経営および管理者、儲からない企業の特徴

　儲からない企業経営とは、そもそも、次のような企業が多い。
　　①マンネリを許す企業
　　②燃えない企業、革新のない企業
　　③日々の利益管理を怠る企業
　　④真似は必要だが、真似だけで知恵がない企業
　　⑤マネジメント、利益確保の総合的な管理手段の下手な企業

　さらに儲けようとしない経営者の存在がある。その経営者の行動や意識にも原因がある。
　　①問題意識、原価意識に欠けている
　　②漫然としている
　　③問題なくうまくいっていると思っている
　　④問題が多くて、どこから手をつけて良いのか、良く分からないでいる

⑤誰よりも一生懸命やっていると思っている
⑥問題解決の方法が良く分からないで入る
⑦計画が立てられないでいる
⑧なんとしても儲けなくてはという根性がない

　企業が儲からない原因はいろいろある。
　最大の原因は経営者、管理・監督者層の頭の固さと、従業員の仕事のまずさ、自信過剰、放漫、怠惰によるものが多い。誰もが儲けなくてはと知りながら、一人一人が考え方と行動を変えていないところに大きな問題がある。まず、儲けるためには、いままでのやり方、姿勢を改める必要がある。これが、儲からない事業から儲ける事業に変えるための第一歩である。

①自分が最大のネックになっていることがわかっていない
②やる気不足と能力不足が目立つ
③原価意識や問題意識が欠如している
④魅力ない製品の製造や販売に多くの労力をかけている
⑤儲ける技術（ロスの追求、造り方、売り方の工夫）を徹底的に追求していない

26. 利益を増やすメカニズム

　企業が儲かるための基本的なメカニズムがある。
　そのメカニズムを理解していればいくらかは利益を挙げられる体質を構築できる。
①企業は儲けを追求するための営利法人であることを認識すること
②儲からないのは儲けないからである。儲けることは難しいことではないとの認識に立つこと
③儲からないのは、結果的に儲からないものを製造・販売しているからである、と知ること
④赤字は罪悪であるという認識に立つこと
⑤必ず儲けてやるという決意をすること

　企業を存続させ、発展、成長していくために大切なことは、売上中心主義から

利益重点主義経営に転換することである。利益を増やす基本的なメカニズムとして、4つの方法がある。

    ①原価を引き下げる（内部努力による）

    ②受注・販売価格の値上げをする（相手のあることなので困難性を伴う）

    ③受注量・販売数量を増やす（内部努力による）

    ④有利製品の組合わせ策、新製品開発をする（内部努力による）

27.「儲ける」ための原点：経営者のやる気と本気 (コミットメント)

「儲ける」ための原点は経営者のやる気と本気に大きく依存する。やる気と本気がなければ儲けるチャンスは遠ざかっていく。

  やる気のない人の意識の方向を変えさせ、みんなが"やる気"になるためには、次の点を考えるべきである。

    ①仕事の流れを明確にして、よく説明する

    ②意識改革や行動に変化を出す

    ③規律を重視するようにする

    ④経営政策を明確にする

    ⑤経営（儲け）の計画をそれぞれ参画して作成する

    ⑥年功序列よりも、業績評価を重視する

    ⑦目標数値を明確にし、時間で働くのではなく、結果で働くことをはっきりさせるなどの諸点が挙げられる

  多くの場合経営者だけに「やる気」があって、従業員は「給料分」の貢献を是とする。給与以上の貢献を「やる気」という言葉でストレスを与えると、かえって本質を見失う。

  やる気を主に求められるのは経営者であり、管理者である。経営者のコミットメントが全員のエンゲージメントを惹起させる。

28. 儲けを創造する"やる気人間"の共通点

「やる気」という内面的な衝動は、きわめて個人的な属性による。すなわち、

    ①負けん気が極めて強い

    ②やる気が旺盛である

③だらだらしたことが嫌い

④研究心が旺盛である

⑤野心家であり、行動力がある

⑥行動が機敏で、粘り強い

⑦仕事もするが、意見も積極的に出す

このような性格があれば、やる気という意識を起こさせるハードルは小さい。

このハードルをさらに小さくするには、働くという意味をさらに明確に意識する必要がある。それは、仕事や成果に対する明確な目的意識である。

"働く"とは、どういう仕事が成果であるのかという判断のもとに、最も成果のある仕事にエネルギーを費やす成果主義である。日本の多くの企業でまだまだ仕事主義が残っているが、儲けを大きくするには成果主義に徹する必要がある。というのは、成果主義は各人に仕事の職務を割り当てるのではなく、達成すべき成果を割り当てるのである。

これは管理者に総合的な判断力がないとできないことである。

29. 甘えの構造と甘えの発生

競争社会の中で最大の敵は"現状維持"かもしれない。経営者はこれを「甘えと怠惰」と翻訳する。

競争環境の中では、企業が毎日文字通り喰うか喰われるかのギリギリの戦いを繰り返していると考えられやすい。こんな中で経営者は、安直に目標による管理を設定し、成果や貢献度、結果による評価や管理を重視する。

規律や秩序を強調しすぎる企業は、それにそぐわない場合に、その従業員の行動を「甘えや怠惰」ととらえて、勤勉ややる気を従業員の必要条件と捉えやすい。

また、自分以外の人が悪いという性悪説を信奉しやすい経営者の場合、甘ったれの人間は仕事も十分にできないと考え、問題だけいろいろ起こすと考えやすい。

必要なのは、儲けるために従業員の甘えと怠惰を駆逐することが必要であると安直に考えやすい。

30. 徹底したロス、ムダの排除

経営者や従業員の「やる気」という精神的な側面ではなく、制度と規律、仕

組みと仕掛けで利益を確保することが必要である。

　無数のムダに対する「無神経・無関心・気づきの欠如」「管理能力の欠如・勘違い・責任転嫁」が利益率低下の最大の原因となりやすい。利益を獲得する最短の距離は、あらゆる箇所に存在する不合理ムダを発見し、徹底してこれを排除することである。

　逆に、売上をのばすことが利益を増やす唯一の方法であるという「錯覚」が、高度成長を遂げた企業の病根としてまだ残っていることを忘れてはならない。

　儲からない企業ほど、ロスと呼ばれる要素が多い。具体例を挙げてみると、

　　①管理の稚拙によるロス　（正真正銘のロス）
　　②人数の数のロス（あるいは、時期待機人材と適材適所の過程プロセス）
　　③人間の低能力のロス（あるいは、目利き能力のない管理職の不適切な配置）
　　④経費過剰によるロス（あるいは、管理者の予算執行能力の欠如）
　　⑤物のムダ使いによるロス（あるいは、間違った物品管理）
　　⑥時間のムダ遣いによるロス（あるいはスケジュール管理能力の欠如）
　　⑦製品の廃棄処分によるロス（あるいは、初期条件出しのための空ランニング）
　　⑧顧客や社員の不正によるロス（あるいは、チェック者のノーコントロール）
など。

　数え切れないほどロス、ムダは多いものである。ロス退治、ムダ退治を徹底的にやることが基本である。

31. 過剰人員と間接部門

　人件費のムダの中でとりわけ重視しなければならないのが間接人員である。企業は、経費節減に躍起になっているが、諸経費のうち設備償却費とあわせて最大のモノが人件費であり、その中でも不透明になりがちなのが、間接部門の人件費、福利厚生費、電話代、交通費など。

　これら人の費用は労働分配率として表れるが、間接人員は埋没しがちである。ここに最大の注意を図る必要がある。人員が増大する理由は４つある。

　省力化の失敗、そして組織の細分化、多階層化、補佐職の増大である。

　第一は、生産現場の機械化をして省力化を推進しても、現実には現場作業員の解雇は難しい。この人達は主に間接部門に再配属され、間接側では余剰と判

断されやすい。

第二は、組織の多階層化がある。具体的には、上位の組織階層を作る形で組織の多階層化が進む。実際には、上位ではなく部下の数が増えるだけとなる。部下を増やすことは、仕事を増やし、しかも不必要な仕事を増やす。その結果は企業の儲け（利益）の足を引っ張っていること以外の何ものでもない。

第三は、組織の細分化。管理部が財務部と人事部に分離される。人事部が労務部に分離される。人事部は採用部と教育訓練部に細分化される。そしてそれぞれに責任者が生まれスタッフが生まれる。結果、売上も利益も増えない中、コストだけが増大し、余剰人員が看過される。

第四は、補佐職の増大である。部長に昇進できない課長は、新任課長の上司として「部付き部長」となる。事業本部長は、業務の責任を分担するため「副本部長」を部長の中から登用する。本部長は1人職であるが、副本部長は複数名任命できる。結果、頭でっかちな組織ができあがる。

企業は余剰人員の解雇を回避するため新しい部課をつくることがある。新しい部課は仕事をつくる。つくり出された結果、（以前よりは）非効率となる。ムリにつくられた上司と部下の関係はオーバーマネジメントになる。これでは創意は生まれにくいが、雇用は守られる。

悪意な経営者は、こうした人材が「考えることをしない。無気力人間をつくり出す」と考える。

善意の経営者は、短期間の猶予措置として雇用を維持し、従業員を信頼し創造的な行動を期待し、組織への貢献を期待する。逆に、さらに仕事を整理統合して、人材の有効活用を促し、あらたな事業や製品開発、営業拡大に「貢献する」こともできる。

人材をコストとしてしか見られない経営者は、人材の創造性や貢献を信用しない傾向がある。余剰を作るのは、人材側ではなく経営者側であることを認識する必要がある。

経営者の創造性がないために人材は意図的に排除され生産性を下げることになる。

問題の本質は、余剰人材側ではなく知恵の足りない経営者と、経営者の無作為・不作為に在ることが多い。

32. コストダウンの進め方とその基本となる考え方

　コスト管理は重要な経営管理の1つである。

　企業は利益を再生産する組織であるところに基本的な特徴がある。この目的を達成するためには、事業の継続と収益の維持、そのためのコストダウンが要請される。企業間競争が激化すればするほど、コストダウンが重要視される。コストダウンの成功が利益確保の最も基本的な施策となる。永続的な基本施策として推進される必要がある。

（1）基本となる考え方

　　①コストダウンは永久かつ無限である。

　　②コストダウンは絶対比較ではなく、過去との相対比較の繰り返しが大切である。

　　③コストダウンは随時最適化の考えで進めること（機会損失の最小化がポイント）。

（2）コストダウンを効率的に進める上での10原則

　　①目的の明確化

　　②全社での規律づくり

　　③目標の設定（限りなく、できるだけ、の排除）

　　④手段の決定（無理がない、やれそう、と言う認識）

　　⑤組織的に（このポイントは注意。過剰な管理はイノベーションも潰す）

　　⑥推進の確認を

　　⑦実行を着実に

　　⑧統制に工夫を

　　⑨評価を忘れずに

　　⑩習慣化へ

　単純な"費用の節約"だけがコストダウンではない。コストダウンで大切なこと

　　①節約・少量化　（リデュース）

　　②効率化・再利用（リユース）

　　③削減・廃止　　（リダクション）

に区分して考えることである。

　節約は各部門に考えさせる意義は大きい。より広範囲なムダを発見するためには、トップの指導で実施することもある。効率化と削減は、各部門の対策が必要

である。

　ここで大切なことは機能的関係を定量的に分析し、焦点を絞った"収益と費用の関係"を考えた収益力の改善や"費用と費用"の置き換えを狙った対策に役立つようにまとめ直すことが大切である。

33. コストダウンのための計画と統制

　コストダウンを実施するにあたって大切なことは、コストダウンの計画の設定と統制の実施である。

第一：コストダウン目標の設定

　この目標は原価要素毎に、また分担する各部門にそれぞれ設定すると、目標達成のための諸対策が比較的容易に立てられるものである。

　　①競争力のある目標であること。

　　②条件が明確になっていること。

　　③納得性のある目標であること。

第二：コストダウン運動実践上のポイント

　全社的な運動とすること、企業が存続するためには、所要利益の確保が基本条件であることはいうまでもない。価格競争が激しく、顧客から利益をいただくことが困難であるからには、自らコストの発生を可能なかぎり押さえ、利益の創造に努めなくてはならない。

　　①参画を求めること。

　　②懲罰よりも報奨を重視すること。

34. 製造期間の短縮とコストダウン：
工程トラブルとコストダウン

　工程管理は生産管理業務の中心的な存在である。上手に運営するか否かは、企業経営の盛衰をも占うほど大切な業務といえる。工程管理上の欠陥によって生ずる工程トラブルの種類は極めて多い。一般的なものをあげる。

（1）生産費・・・有形的なもの

　　①廃却によってこうむった損失（材料費＋加工費＋経費）

　　②手直しをするためにこうむった損失（材料費＋加工費＋経費）

　　③損失検査費用（直接検査費＋経費）

④再発防止の費用（会議費＋対策処理費）

（2）販売費・・・有形的なもの

①ペナルティーのための損失（値引き）

②クレームのための損失（無償交換製品価格）

③サービスを行なうためにこうむった損失（無償補填費、保証費補償費）

（3）総合的なもの・・・無形的なもの

①トラブルによって生ずる遅延や停止・中止

②信用の失墜

③部門間の摩擦による精神的損失

　トラブルを最小にするためには、トラブルの発生する各種の要因や傾向を速やかに探り出し、対策をとる。そして、それが一時的なものではなく、恒久的な対策であることが望まれる。二度と同じような現象が起こらないための処置をとることが、工程トラブル解消のキーポイントになる。

①工程管理トラブル解消のポイント

　1）計画の段階で未然に防ぐ工夫

　2）作業の初期の段階で未然に防ぐ工夫をすること。

　3）金額的損失を軽視しない。

　4）長期的な対策を検討すること。

　　トラブルは能力を無視したときに発生する。能力の適正評価は大切である。

②トラブルが発生する理由

　1）能力の把握が不十分な場合。

　2）上司が能力についての理解度が薄く、計画部門が押し切られる。

　3）人手依存度の高い生産形態で作業者の努力によって生産量が左右するとき。

　4）能力算出法が適切ではない。

③トラブル防止の基本姿勢

　1）早期に、しかもなるべく上流に近い工程で発見すること。

　2）根本的な原因を理論的に追求し、その責任の所在を明らかにすること。

　3）一時的な思いつき的発想によるトラブル対策ではなく、確実なトラブル対策を立てること（恒久的な対策であることが望まれる）。

　4）実施結果についても責任を持たせること。

5）トラブル防止対策から改善案への第一歩はトラブル情報を有効に活用すること。

35. 段取り替えと工程管理におけるコスト削減

（1）最短時間への挑戦

　並行処理で時間を2倍に生かす、並行処理で死んだ時間を生きた時間に変えることができる。周囲を見回すと、並行処理に適した時間が意外に多い。仕事は極力並行処理を心がけ"ロス・タイム"をつくらないように心がけることが必要である。また、並行処理を心掛けると、意外な"楽しみ"も生まれてくることがある。
　　①バラツキの大きい作業を選ぶこと。
　　②一日の出来高を分析すること。
　　③原因を調査すること。
　　④改善項目を設定し、実施をすること。
　　⑤目標を設定し記録をすること。
　　⑥達成率の推移表を作ること。
　　⑦達成率の向上目標を決めること。

（2）段取り替え時間の短縮法

　段取りは必要な機能であると同時に、改善の余地は大きい。特に多種少量生産と段取り替えなどである。主な留意点は下記の通り。
　第一に、小ロット生産での留意点では、切替え時に"調子が出ない"ために不良品の発生、能率の低下が起こる。初期不良品は作業条件などの標準化が必要となる。さらに"段取替え"が多くなり、そのために稼働率が低下する、などである。
　第二に"段取り替え"の準備を怠らないこと。主な短縮ポイントは下記の通り。
　　①切替え時ではなく、事前にやれるものは事前にやる。
　　②切替え時に二人以上で同時にやれるものはやる。
　　③作業改善で時間短縮をする。
　　④熟練者でなければできないものを誰でもやれるようにする。
　　⑤治具・金型・付属具の汎用化をする。

⑥治具・金型・付属具を"カセット方式"にする。

⑦専用ポルト・ブロックを金型につける。

⑧器械の傍らに、金型置台、材料をもってくる。

⑨品切れ防止用の"カンバン"をつけて利用する。

⑩置台にはコロをつけ、引出しやすくする。

⑪金型にはナンバーをつけ、製品の「タネ」とつけておく。

⑫段取り専用台車をつくる。

⑬段取りチェックリストを作り盲点（落ち）がないようにする。

⑭段取り替えの組織編成をし、手順表をつくる。

など、である。

36. 不良品の防止

なぜ、不良品ができるのかを正しく理解することがスタートとなる。

不良品を減らすためには、不良品が発生した工程に対して、不良品情報を速やかに逆送してただちに加工のやり方を改善することが必要である。

「品質は加工工程の中で作りあげるもの」であり、検査はそれを発見するにすぎない。そして、不良品も「工程内」で作られる。検査の段階で改善しようとしても全く無意味である。

不良品が生まれる多くの理由は、単純に要求する品質が高すぎる場合もあるが、大半は手段が不十分な場合、そして不良品が検査以前に作られている事実を知らないことにある。

製品の品質というのは、社外に対しては企業の目的そのものに結びついて企業の名声を保持するものであり、社内に対しては管理をすることによって莫大な無駄を排除することが可能なものであり、管理できるものであり、管理すべきものという認識が前提となる。

製造の過程においては指示された図面の公差に入らない製品を造ると、仕損作業として正規のものと区分して仕損品（不適合品）として処理される。そこで大切なことは工程内で発生している仕損を確実に摘出することができなければならない。

仕損品の防止は、従業員の仕損に対する認識を深め、品質意識の向上による

仕損発生の未然防止であり、方法としては目標を一定期間区切って努力するとか、チーム毎で競争をさせることなども効果が見られる。この種の活動は長期にわたり地道な努力が必要である。長い間の積み重ねが大きな効果を実現する。

第4章　演　習

1. 利益および売上をコントロールするためのフレームワークを定式化せよ。

2. P/L、B/S、C/F　これらの中から自社のコスト（経費・原材料）となる
   項目をすべて列挙せよ。

3. 経営管理では、予実の一致を図ることがマネジメントレベルの向上のため
   に求められる。
   予実を一致させるためには、どのようなマネジメントが必要か。

4. 予実管理で最も重要なのは、予算に対する信頼性の確保である。信頼で
   きる予算、実行可能な予算を設定するためには、どのような仕組みと仕掛
   け、プロセスが求められるか。

5. コストダウンは、普段の努力によってもたらされる。2で挙げた項目ごとにコ
   ストダウンの方法論、固定費を変動費化する方法を実態に即して提言せよ。

第 5 章　利益および価値編

人生を豊かに生きるための 40 のリスト　　パート 3
3. 成長意欲（Now & Here. Next is Best.）
　①知識、経験、情報は全てを出し切り、空っぽになることを恐れない。
　②優秀な部下、高い能力をもつ部下を恐れず、部下からも学ぶ。
　③静かに一人になり、誰にも邪魔されない時間と空間、場所がある。
　④意味のない会合、マンネリの交流は自分で参加をやめ切り替える。
　⑤著名人、経営者、高位高官を意味もなく有難がらず、見極めている。

筆者作成

・・・

本章では、
　①利益および価値とは何か
　②利益および価値の管理に必要なものは何か
　③利益および価値の理解と運用
　④企業価値の理解と運用
　⑤人材価値の理解と運用
について解説する。

　本章では、利益ならびに価値の再構造化を通じて、利益と価値の再定義、特に企業価値と人材価値の新たな定義について、実務家の視点から提言を試みる。

1. 利益＆価値の正当性と正統性

　利益にこだわるのは、我々が正しいことをしていることを利益が証明してくれるからである。利益が出ないのは、我々のやり方が間違っているか、そもそもやっている内容が正しくないからである。
　その意味で利益とは「過去からのメッセージ」である。

　価値にこだわるのは、投資する目的と意味、覚悟と準備があるかを、価値が我々

に問いかけるからである。価値について認識がないのは、我々の側に投資の意味や目的がないか、そもそも覚悟と準備を怠っているからである。

その意味で価値とは「未来に向けた予言」である[1]。

第一の問いは、利益と価値の「正当性」の質問。

つまり、利益もしくは価値とは何か。そして、誰のための利益と価値か。正しく利益を定義し、時代と対象を超えて付加価値をもたらすことが求められる。

第二の問いは、利益と価値の「正統性」の質問。

つまり、利益もしくは価値が何処からもたらされるか。そして、何処へ向かおうとしているのか、を明確にすることである。実現価値が常に同じ基準で綿々と子々孫々まで受け継がれており、時代や経営者によって変わることなく同じ性質の価値として尊重されていることである。言っていることやっていることが経営者によって異なることなく受け継がれていることが重要となる。

特に、企業の貢献意識の成熟化と利害関係者の社会的共存関係の変化の中、企業利益や企業価値に積極的な意味を与え、企業行動の実証的な検証と知見から新たな企業価値構造・人材価値構造について、戦略的に追求することに意味がある。

利益と価値は、我々が過剰に追求し、貪欲に浸るには、あまりに未来に対する犠牲が大きく、過去に対しては侮蔑と後悔を与えるような（目を覆いたくなるような）遺産と遺跡しか存在していないことに気づかされる。

理由は、ここでも明確である。利益と価値の追求が、企業経営にとってあまりに自明すぎて、当然視されているため、何処まで追求していいのか、どれだけ積み上げたらいいのか、何処までが許されるのか、皆が指針を失っているからである[2]。

1　種子は、親樹木から「ぽとん」と落ちた瞬間から、生きるためのありとあらゆるものを既に内在している。持っていないのは育つための環境だけである。その意味で、種子の側に問題は無い。種子は一切合切を持っているのである。問題があるのは環境の側であり、その責任（＝環境）は我々の責任である。育たない、成長しない、増大しないのではない。育てていないのである。

2　　CNNによると世界全体の富の分布をみると、下から50％の層が保有する額は世界の総資産の１％未満。上位10％の人が総資産の８２％、上位１％が半分近くを保有している。これが資本主義の犯罪と呼ばれるものであり、企業経営が「悪」とみなされる理由である。今では資本家や投資家、さらに経営者は強盗や窃盗と同じレベルで語られ、軽蔑される。だから、成功者の被害や没落は、「密の味」がすると言われる。ゲーテ曰く「人間も本当に低劣になってくると、他人の不幸を喜ぶ以外にはもはや何らの興味も持たなくなる」
https://areablue.jp/2019/02/06/post-3443/　https://www.cnn.co.jp/business/35144278.html
クレディ・スイスの調査によると、世界の成人人口の半数の貧しい人は、世界中のお金の１％も持っておらず、逆に最も裕福な10％は、世界のお金の87.7％を保有しているそうである。「裕福な半数」に入るために

　ここで追求するポイントは四つ。

　第一ポイント：企業価値の増大と事業の継続といった従来型の価値概念の確認

　第二ポイント：企業価値重視といいながら、多くの企業が自社の利益&価値の
　　　　　　　　自傷行為、毀損行為が後を絶たない問題回避のための考察

　第三ポイント：企業の社会的責任論に基づく利益概念&価値概念についての考察

　第四ポイント：企業価値と人材価値の複層構造についての整理（企業価値と
　　　　　　　　人材価値の再定義）

2. 第一のポイント：企業価値の増大および事業の継続という呪縛

　第一のポイントは、「企業価値の増大」と「事業の継続」の概念の正当性についての再定義である。

　これまで、多くの企業が「企業価値の増大」と「事業の継続（ゴーイング・コンサーン）」を当然のように信奉してきた。何の疑いも無く、企業価値の増大と事業の継続維持こそ最大の使命ととらえてきたのである[3]。

　「利益」は必須であり、それを追求する多くの手段が当然のように正当化され、利益を拡大する方法論が戦略上も最重要視された。経営管理手法、戦略、企業文化はもちろん、モチベーションや個人の人生観ですら、企業価値増大と事業の存続に資するべく構築（洗脳）されている。特に企業価値論争の初期の段階では、売上げと利益は企業の目的そのものかのごとく議論されており、利益は企業価値そのものとして位置付けられてきたといってよい。

　間違いなく「利益」はとても重要である。しかし、企業の存在意義、企業価値そのものを利益から解放したのはドラッカー（1992）であった[4]。

　ドラッカーの「顧客の創造」は、企業価値から売上げと利益を完全に破棄したわけではない。顧客の創造とは、「未来に向けたニーズの束であり、金を支払う

は 1 人あたり 3,210 ドル（約 38 万円）が必要で、「裕福な 10%」に入るためには 1 人あたり 68,800 ドル（約 825 万円）必要とのこと。さらに、「最も裕福な 1%」になるためには 759,900 ドル（約 9,118 万円）必要となる。http://suzie-news.jp/archives/13272
それでも多くの成功者は、使い切れない資産を積み上げ、僅かな施しで名誉や名声すら貪ろうとする。
https://www.cnn.co.jp/business/35144278.html （2021 年）

3　「ゴーイング・コンサーン」：この概念は古くからあり、会計原則の観点からの援用と思われる。しかし、会計原則の継続の原則は、一企業会計制度における手続き上の課題であり事業の存続とは異なる。会計原則の手続きの継続が事業の継続となり、事業の存続概念に変遷していったといえる。

4　P. ドラッカー　『イノベーションと企業家精神』ダイヤモンド社。

準備をしている顧客群」そのものの創造に他ならない[5]。

　顧客の創造は、利害関係者の存在を明確に浮かび上がらせ、価値の対象を顧客、株主、従業員、経営者、さらに取引先までも含めて、それらを資産性から関係性へと、重層的に転写したのである。

3. 利害関係者（ステークホルダー）と
　　　価値関係者（バリューホルダー）の重奏化

　顧客の創造は「事業主価値の再確認」であり、顧客が事業主にとって重要な存在であることを追認したに過ぎない。事業主にとって「顧客創造」はもともと運命付けられており、CS（顧客満足）＝CV（顧客価値）であるが、価値を提供するだけではなく、成長に参画させることこそ重奏化のために重要なのである。

　「顧客の創造＝企業収益や事業の継続」といった、「はじめに企業ありき」を前提とした議論の視点を正して、「顧客価値の創造＝企業価値の継承」といった「企業価値の永続」概念の中で再定義を行うことをねらいとしている。

　CS（顧客満足）⇒CC（顧客創造）⇒CV（顧客価値）が独立し成り立っていても、これまで顧客満足や顧客価値自体が、企業価値のその他の多くの価値形成要素の一つでしか成り得なかったために、企業側で顧客創造を追求しすぎて、顧客満足と顧客価値をおろそかにする局面が生じてきた。その真犯人が「利益」であり、「企業価値の増大」と「事業の存続」という呪縛である。

　企業価値の増大と事業の存続は、これまで「正当性」を主張できていたが、今日では「正統性」を主張し得ないでいる。特に、存続する価値のない企業が、矮小な顧客満足を前面に出して来たとき、さらにそれが「コンプライアンス」を前面に出したとき、腐臭すらすることがある。

4. 第二のポイント：価値の自傷行為と毀損行為に対する誘惑

　第二のポイントは、企業における価値の自傷行為と毀損行為の絞殺であり、その原因と理由の検討にある。

　企業価値増大を唱えながら、逆に自ら企業価値をおとしめる自傷的行為が後を

5　Sandhusen、Richard L.、"Marketing" Second edition、Barron's Educational Series、Inc.1993. pp3.

198

絶たない。さらに、多くの企業は「言っていること」と「やっていること」にギャップがあることが多い。粉飾決算や不正請求や産地偽装、リコール隠しのような明らかな不正行為を引き合いに出さなくても、企業価値の増大という理由でとられた企業行動が、利害関係者の対立を生じさせ、結果として企業価値の喪失につながる事象が散見されている[6]。

　近年では、過剰な「売上ノルマの追い込み」によるコンプライアンス違反、あるいは「実績」優先が現場の思考停止と暴走を招き、企業経営の秩序と信頼を崩壊させた。特に、ゆうちょ銀行や、スルガ銀行の不正融資などは「企業ぐるみ」の典型であった。

　留意を要するのは、これらの不正が一人二人の「出来心」ではないという点である。スルガ銀行では百数十人の行員が、かんぽ保険では 93,000 件の不正契約が発覚。米国ウェルズ・ファーゴでは 5 年以上にわたって 5,000 人以上の職員が不正に関与していた。そして、そのすべての原因が「ノルマ」のせいにされた。本当にノルマという制度のせいだとしたら、あまりに「牧歌的」である。本質は、きわめて自己都合的な金儲け主義にすぎない。他人に迷惑をかけても自分の懐を肥やしたい下卑たご都合主義が、高邁な企業精神を堕落させた。

　今、確かに金融ビジネスという完成度の高いビジネスモデルが終焉を迎えつつある。金融ビジネス最大の危機、そしてノルマ営業の最大の危機は、それにとって代わるものがないことである。ノルマをやめると収益力は必ず低下する。古いものが死に、新しいものが生まれ出ないところに最大の危機がある[7]。各行が指向している改革は、「脱数字」であって、「脱ノルマ」ではない[8]。現在のノルマにあるのは、疲弊と閉塞感と未達の恐怖であり、残念ながら顧客満足や職員の成長とは程遠い。

　重要なポイントは、これらは「企業価値」の毀損行為や自傷行為ではなく、「人材価値」の毀損行為、自傷行為であるという点である。

6　2003 年から 2004 年にかけて日本ハムや雪印食品、食肉卸のハンナン等の組織がらみの犯罪が多発した。三菱自動車のリコール隠しは、長期の隠蔽が行われていただけではなく、その後の対応のまずさもあってトップの刑事訴追まで進んでいる。

7　日経新聞　2017 年 5 月 21 日、大和証券は 2017 年 4 月にノルマを廃止した。野村證券営業担当者の成果を顧客の預かり資産の増減や、新規資金の獲得額などの指標で評価していた。野村では販売手数料収入が見込める商品で「ノルマ営業」をしていたが、廃止により、個人向けの営業部門の収益力が落ちたとの報道がある。

8　日経新聞　2019 年 7 月 5 日、リセット金融営業、脱「猛烈」。

そして、最も重要なポイントは、従業員よりも、多くは経営者自身の自傷行為、毀損行為である点である。現場の従業員の暴走ならば話は簡単である。実際の問題はトップの腐敗行為・堕落行為にその原因があることである。

　なぜ、多くの経営者は、自らの腐敗行為に気づかず、高邁な企業理念の中に、自らの虚偽行為を位置付けて平気でいられるのか。

　その輻輳構造の理解が、戦略管理においては重要となる。

5. 人材価値の定義ポイント

　人材価値の定義ポイントは以下の三点である。
　　①個別企業において、人材価値がどのように認識されているか確認を行うこと
　　　⇒業種業界あるいは環境の相違が、企業価値や人材価値の形成にどう影響しているのかを確認する。
　　②企業価値の増大のための人事諸制度、とりわけ評価制度の取り組み内容の検討を行うこと
　　　⇒理由は、企業価値の増大の過程で、人材価値そのものの看過と軽視が始まり、結果として「捕捉できない価値は価値ではない」かのような看過症状の一層の悪化が後を絶たないと思われるからである。
　　③戦略を管理する際、人材価値に新たな意味を与えること
　　　⇒企業行動にもあるべき方向性をあたえ、結果的に企業の成長と価値の存続に大きく貢献していることを確認することが重要である。

6. 第三のポイント：企業の社会的責任論と価値の再定義

　近年の「企業の社会的責任論」の概念が企業価値および人材価値形成に大きな影響を与えている。

　1999 年のダボス会議で、アナン国連事務総長により提唱された「グローバルコンパクト」の概念は、環境保護と人権擁護と経済的諸活動の調和を強く求めるものであり、結果として企業に節度ある行動を要求するだけではなく、積極的な責任を果たすことを強く要求している。

　近年では SDG s（持続的成長目標）や ESG（環境・社会・ガバナンス）といった概念であろう。「本来企業は、富の創出を目指すのがその役割であり、持続的

な経済の発展のためには、それと環境・社会的問題の調和は欠かせない」とするものである[9]。

しかし、現実には、多くの企業も政府も、社会的責任の実現には消極的であり限定的であり、いまなお模索的である。

認識として「環境や人権、特に労働の問題をクリアしなければ経済的発展は望めない」という道義的観点から、「環境・労働への影響を最低限に抑えながら、経済的発展を追及する」態度を誘引し、最終的には「社会的責任の完遂こそ、地域と企業と産業、そして国家を優先的尊厳的に発展せしめる推進力であり、決定的な企業価値増大行動である」という認識を惹起させることこそ、当面の CSR（企業の社会的責任）の目指すべき方向であると思われる。

7. 価値定義のリスク

価値議論を進めていけば、その内容の大半が用語の定義に終始する危険があることがわかる。

何を価値と考えるかということ、そして、その価値をどのように表現するかということ、さらには認識したことを関係者間で互いにどう共有化するかということが重要でありながら、その作業はとてつもなく困難であることがわかる。

それは、色の色相や彩度、明度を言葉で説明するようなものである。匂いを言葉で伝えるようなものである[10]。

8. 価値定義のもどかしさ

そうした「価値定義のもどかしさ」を、少しでも軽減するために整理しなければならない点は、以下の三点である。

①企業価値と人材価値は基本的に別物であり、その構造化と関係性についてのみ価値議論が成り立つのであって、相互に代替、補完はできないこと。企業価値で人材価値を代位することも、人材価値で企業価値を補填することもできない。企業価値なしで人材価値を測定することも、人材価値な

9　「ILO 海外労働事情調査団報告書」、イギリス貿易産業省マイクル・マシュー氏。　2003 年 12 月 25 日、日本 ILO 協会、33 〜 40 頁

10　言葉だけではない。現実の「色」を見ながら、「本当に自分の見ているものが、『青』なのか『赤』なのか」を証明する方法を持ち得ない。また、相手が『青』だというものを見て、同じように『青』を見ているとは限らない。

しで企業価値を生成することもできない。相互構造化と関係性議論に関し
てのみ、企業価値と人材価値を論じることができる。

②企業価値も人材価値も現実であり、実態であり、現物であるということ。
価値論争は形而上学的な議論に対して無防備である。誰もが、その真実
の姿を見たことが無くその大きさを測るためには困難を伴う。しかし、確実
にその存在を認識し、感じることができる。誰が優秀かを認識することも
できる。そしてその上下、大小、多少、良し悪しを比較計量し選別するこ
とができる。

③現実の価値の表現には、金銭・知識・行動・情報・組織風土・時間・
言葉など多くの表現方法と実現方法を有し、それぞれがユニークであり、
他をもって完全には代替できないが、重複を許す一方で、それによって重
厚さを増すこと。

たとえば，企業の利益は金銭で表現される。しかし実際の利益は「貨幣」
「債権」「特許」「株式」「土地」「建物」などさまざまな形で保有される。
さまざまな形で保有されることで、企業価値はリスクを軽減し、チャンスに
乗ずることができる。価値表現も、金銭的表現だけでなく知識表現、行
動表現、感動表現、映像表現、時間表現、品質表現、商品表現、官
能表現等々、さまざまな表現方法やツールの開発を行うことで価値に一層
近づくことが可能になる。

価値概念の議論を哲学的な空中戦で終始させるのではなく、現実の判断
基準として価値を認識し、対象化することが重要である。価値を目的物
として具象化できた時、価値概念は、現実的な戦略として追求し獲得し、
共有するということが可能なものとなる[11]。

11　ポランニー、マイケル　『暗黙知の次元―言語から非言語へ』　邦訳佐藤敬三。ポランニーの指摘のとおり
『われわれは語り得る以上のことを知っている』が、語るべき方法や言語をマスターしない限り、価値そのも
のには到達できない。

9. 第四のポイント：
財務会計としての企業価値と管理会計としての人材価値

　企業価値と人材価値の関係は、相互に入れ子構造になっているために、明快な理解が困難である。企業価値が減耗したからといって、必ずしも人材価値が減耗するわけはない。企業の赤字は従業員の専門性の低下とは直接には関係ない。しかし、競争力の低下には影響してくる。

　逆に人材価値が減耗するときは、企業価値は大幅な減少をきたす可能性が高い。一方で、人材価値の増加に関係なく、企業価値は市場の影響を受けて大幅な成長をすることがある。それぞれの関係は、相互に影響し一連托生であることは間違いなく、相互に補完しあっていることも間違いないが、主従関係にあるわけでもなく、独立してそれぞれの機能と目的を明確に持っている。

10. 企業価値と人材価値の関係性メタファー

　企業価値と人材価値の関係をメタファー（比喩）的に比べたならば以下のような関係に例えることができよう。

　第一に、企業価値は財務会計であり、人材価値は管理会計である。

　企業価値は捕捉するにも測定するにも、好むと好まざるとにかかわらず、全て「金銭」で把握される。人材価値は、善悪、快不快、行動・信念といった要素で把握されることがある。しかも、管理会計としての人材価値は、ABC（アクティビティ・ベースド・コスティング）や ABM（アクティビティ・ベースド・マネジメント）に似て、方法論の問題だけでなく、「何のために」という目的を必要とする。その上で、行動特性と単位行動と行動目標を定義する必要がある。

　第二に、企業価値はハードウェアであり、人材価値はソフトウェアである。

　企業価値はストラクチャーを構成するが、人材価値はロジックを優先する。時には、フレームワークさえあれば、ストラクチャーそのものを必要としない。

　第三に、企業価値は OS（オペレーションシステム）であり、人材価値はアプリケーションである。OS は他社でも比較的容易に展開できる。移植と横展開が可能なシステムそのものである。しかも、完成度が高い。人材価値としてのアプリケーションは、企業風土や価値観に大きく依存し、単純な移植は難しい。しかも OS に比べ、バグは多く、完成度は低いと思われる。

　さらに重要なのは、その完成度の低さ自体も価値となる点である。歴史や企業

文化はこれに似る。

11. 企業価値体系の生成と変遷：
（企業価値の体系化とフレーム）

　トム・コープランド、ティム・コラー、ジャック・ミリョン（1990）の企業価値分析のフレーム定義によると、企業はその成長プロセスにおいて、
　　①企業規模を積極的に拡大する時期
　　②さらに企業の業績低迷に陥ったときの業界再編と多角化を模索する時期
　　③そして安定成長を手に入れたとき、企業価値の認識や定義に変化が生じる時期
　　④最終的に価値パラダイムそのものの転換に繋がり、完成する時期
以上の４つのプロセスを経る。

　そこでは、六つの成長パラダイムによるフレームが想定されている。
第一期（拡大期）規模優先価値のフレーム（収益至上主義経営）
第二期（維持期）現状維持価値のフレーム
　　　　　　　　（資本減損を防ぎ、環境機会を探る価値）
第三期（変革期）内部潜在価値フレーム
　　　　　　　　（当事者としての株主価値の増大追求）
第四期（外向期）外部潜在価値フレーム（「顧客」価値の追求）
第五期（充実期）最適リストラクション価値フレーム
　　　　　　　　（事業 PPM 最適化価値）
第六期（創造期）これからの価値体系フレームに向けた再定義

　それぞれの価値フレームの中では組織が価値の極大化を実現することを志向し、事業ポートフォリオ上の利益の最大化が進められた。企業価値は、収益構造、投資効率の拡大を最優先課題として展開することになったのである。
　以下、各成長期の特徴とフレームの概要を確認する。

（1）第一期（拡大期）：規模優先価値フレーム
　　（投資効率と収益至上主義経営の指向）

　第一期の企業価値概念は、企業の投資行動の財務的な検証の過程で生まれた分析、すなわち P/L（損益計算書）から B/S（貸借対照表）重視への認識転換の進化により、企業の価値を単年度の収益構造から長期の資本構造に読み替えることから派生的に生まれ発展してきた。

　フロー価値からストック価値重視への流れの中で、投資の回収というだけでなく、既存の投資に与える影響とシナジーについても「投資回収の価値」として捕捉することで、投資効率を見かけ上も引き上げることを試みたといってよい。端的な例が、総額回収理論から内部収益率（IRR）への概念の拡大である。

（2）DCF 法 [12] & EVA 法 [13] による企業価値の算定

　さらにそれは資本コストもしくは EVA（経済的付加価値）という概念に成長をした。

　資本コストは、資本調達コストと期待収益率を上回るリターンを保証しなければ株価の維持が困難になるという前提のもとに、スチュアート社が考案した企業の投資効率算出式であるが、通常、資本調達コストは、長期プライムレート+αを前提に設定される。

　長期金利以上に稼がなければ、そもそも企業の存在意義を問われることになる。

　企業価値は長期金利以上に配当できないならば、わざわざ企業に投資するよりも銀行に預金したほうがましというわけである。

　特に 80 年代 90 年代の日米の ROE（自己資本利益率）の較差は拡大する一方であり、こうした環境が一層、企業価値概念の認識の違いと米国における価値概念の圧倒的な正しさを見せつけているようでもある。このことが「株主経営」を正当化させる要因となったといえる。

12　ディスカウント・キャッシュ・フローとは、将来獲得できるキャッシュフローを現在価値に割り戻す方法で、通常資本コストで割り戻す方法。インカムアプローチの一つ。

13　EVA（Economic Value Added ／経済的付加価値）。企業の付加価値を、投資資本で測定したもの。通常、「税引後利益−（資本コスト×投資資本）」で算出する。基本は、DCF で算出した資本コストを超えた付加価値を測定する指標。別の算式では、「（純資産利益率−資本コスト）×投資資本」となる。利益から資本コストを差し引く古典的な概念で、1890 年代、経済学者のアルフレッド・マーシャルらによって提唱された。

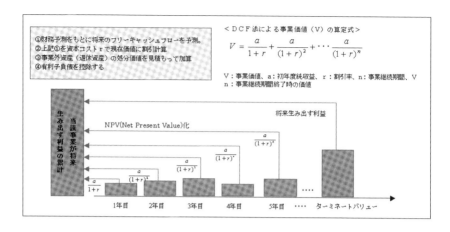

図 5-1　DCF 法による企業価値の算定式
（鈴木一功『企業価値評価』（2004））

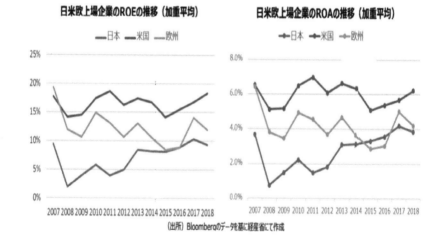

図 5-2　日米欧の企業 ROE および ROA の比較　（経済産業省）[14]

14　経済産業省　事務局資料　2019 年 11 月　https://www.meti.go.jp/shingikai/economy/sustainable_kigyo/pdf/001_05_00.pdf

　投資効率と収益構造による収益市場主義は、企業価値を売上でとらえようが、利益でとらえようが、資産でとらえようが、企業価値の概念論では大きな差はない。要するに「企業が獲得し蓄積した成果物」を企業価値と認識し、結果としての売上げ、企業活動を経たうえでのROEの大きさを捉えようというものである。

　EVA（経済的付加価値）モデルは、企業が収益を上げるために存在しているということ、民間企業の目的は収益を挙げることであるという「当然の結論」から、価値概念論が進化しているとは言い難い。

　利益を前提としている以上、「利益の品質」を向上させることはできても、「価値の品質」を向上させているわけではないからである。ただ、利益の幅を拡大させることに、企業努力を集中させたという点では効果的であったといえる。

企業価値＝事業価値の合計
　　　　＝使用資本＋市場付加価値（将来の余剰利益の現在価値）
　　　　＝使用資本＋将来のEVAの現在価値

EVA＝（期待収益率－資本コスト）×使用資本＝NOPAT－（使用資本×資本コスト）

EVA＝純利益－株主資本コスト
　　＝（利益＋支払い利息）－
　　　　（借入資本コスト＋株主資本コスト）
　　＝税引後営業利益－資本コスト
　　＝NOPAT－WACC×総使用資本

（注1）NOPAT（Net Operating Profit After Taxes）とは、税引後営業利益のこと。

　株主と債権者に帰属する企業が生み出した付加価値を簡便的に計算したもので、企業の利益を純粋かつ端的に示した数値。通常、営業利益と呼ばれるものは税引前営業利益を指しているため、特に税引後の値を使う際にNOPATと言う。

　NOPAT＝営業利益×（1－実効税率）、もしくはEBIT×（1－実効税率）で算出する。

（注2）WACC（加重平均資本コスト／Weighted Average Cost of Capital）：借入にかかるコスト（負債コスト）と株式での調達にかかるコスト（株主資本コスト）を加重平均したもの。企業が最低限あげなければならない期待（要求）収益率となる。

図5-3　経済的付加価値（EVA）モデル
（スチュアート社のEVA概念）

（3）第二期（維持期）：現状維持価値フレーム

（資本減損と環境機会を探る存在価値）

　第二期は企業価値の自己資本から他人資本への転換の時期であり、株主＝利害関係者概念の生成の時期となる。

　企業経営と企業所有の概念の未分化（もしくは外部資本のウェイトが低い場合）な時代の企業価値概念はシンプルである。ここでは企業は企業経営に関与する利害関係者の存在を前提に考える必要はなかった。企業の収益力、企業の保有資産、発行株式の時価総額、これらが企業価値そのものであった。

　ガバナンス概念の進展と企業の業績低迷、さらに株式市場の発展により徐々に経営責任問題が顕在化し、あわせて所有と経営の分離、他人資本の流動化と増大により利害関係者の存在が徐々に無視できなくなった。それでも利害関係者の中心は株主であり出資者にほかならない。

　利害関係者の概念としての従業員や顧客も以前から存在はしていた。

　しかし、顧客や従業員は単に企業利益の「分配の関与者」でしかなかった。控えめにみても「利益そのものの増減の関与者」ではなかった。まして価値そのものではなく、「価値の創造者」でもありえなかった。

　一方で、経営者はM&A案件やテイクオーバーなどさまざまなリスクにさらされる中で、「株主に対する最高のオファーのみが正義である」という事例や判例を重ねるうちに、企業価値とは株主にとっての価値以外のなにものでもないという社会的な通念が形成されることになる[15]。

（4）第三期（変革期）：潜在価値増大フレーム

（当事者としての株主価値の増大追求）

　第三期の企業価値は、他人資本の増大を徹底して追及する時代である。

　株主価値の過度な追求は、他方で従業員を中心とした価値破壊モデルともなる。この時期、従業員＝価値破壊者概念の生成となったとしても、それは不思議でもなんでもない。パイの分捕り合戦である以上、株主価値の増大は従業員価

15　トム・コープランド、ティム・コラー、ジャック・ミリョン　邦訳　伊藤邦雄『企業価値と戦略経営』、日本経済新聞社、P18、P253（1993）

値の削減（搾取）と同義だからである。

　不幸なことに従業員の利害関係性が議論されたのは、従業員による価値創造からではなく、従業員の関与による価値破壊からである。

　従業員は現実には価値を創造していたが、それは価値として認識されていたのではなく、「労働分配率の結果的な減少」「管理強化による労働生産性（人時生産性）の向上」、あるいは好意的にみた場合「従業員価値の移転」として認識されていたに過ぎない。

　不況からくるストライキの増大、頭脳の海外流出、ヘッドハンティングや雇用の流動化など、こうした労務管理上のリスクが、本質的な労働生産性問題としてではなく、従業員価値の喪失問題として認識され、良き風習と良き企業文化そして善良な雇用関係こそ「財産」であるという認識が経営者側にも生成されていった。

　1970 年代の雇用環境が従業員の価値破壊概念を一転して、従業員の価値創造概念に転換させた。ただし、この転換は価値の表裏であり当然の概念的な転換といえる。

　配当額と人件費の売上および経常利益に対する比率を 2000 年＝ 100 と指数化した場合のグラフによると、以前は株価が値上がりするなどとは考えられず、さらに企業は倒産することが多かったために、多くの投資家は「配当」を要求していたことがわかる。1960 年代後半に入り、金融緩和や内需拡大、企業の高度成長により市況が活発化すると株価が徐々に上昇し、投資家は株価上昇のために、配当より事業への再投資を要求するようになった。企業側もそれに応じるかのように再投資を繰り返した。

　そしてバブル崩壊。2000 年から再度、投資家は配当を要求し企業も株価を支えるため、配当性向を高め始める。グラフ上では、人件費への配当も忘れていないのは良識的といえるが、実際には従業員人件費ではなく、経営者への配当という「同じ穴の狢（むじな）」状態であることがわかる。この頃から経営者の給与だけが上昇するのである。

　このことから理解できることは、そもそも株主経営という普遍的汎用的な経営は存在せず、それぞれが単に利益の追求者でしかないということ。だれも価値を追求していないということ。そして、株主経営をありがたがる必要はないということである。

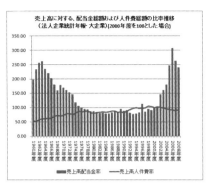
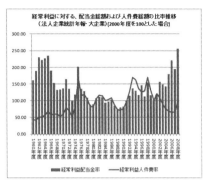

図5-4　配当および人件費の比率推移　（2000年＝100とした場合）
（出典　財務省）

（5）第四期（外向期）：外部潜在価値フレーム：（「顧客」価値の追求）

　この時期の企業価値は、株主と従業員の価値の分捕り合戦から、本来の利害関係者すなわち顧客の発見により、利害関係者間の関係性を一層強化する必然性を持つようになった。顧客の利害関係性を発見したことにより、企業は自立的な成長を手に入れた。

　これまでの価値の破壊者としての従業員の概念は、従業員満足度を高めることにより、逆に企業価値増大に貢献する働きをするという関係に発展し、利害関係性モデルは一変した。

　価値破壊対応モデルは外部潜在化を顕在化する関係性モデルに発展、利害関係者の相互共鳴により、一層の企業価値の増大に資するようになる。従業員満足と顧客満足、そして株主満足により最終的に企業価値の増大に通じるものとなる。

　この関係性モデル（外部潜在価値フレーム）は、以下の特徴をもつ。
・定性的視点による、EVAやDCF-ROE等の定量項目のみの視点偏重の克服
・付加価値の配分多様化の視点の提供
・短期的志向だけでなく、長期戦略を加味した視点の提供

　ただし、この時点では、依然として中心的な考え方は、企業価値（財務会計価値の極大化と株式時価の極大化）に置かれていることを忘れてはならない。

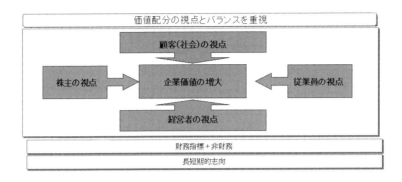

図 5-5　企業価値における利害関係者の関係性モデル（筆者作成）

（6）第五期（充実期）：最適リストラクション価値フレーム
（事業 PPM 最適化価値）

　第五期に移行した企業の価値概念は、従業員＝価値創造者概念へ大きく転換し充実する時期となる。容易に従業員の価値破壊概念が形成されたのに対し、価値創造概念に転換するには若干の時間と環境整備が必要であった。環境整備とは IT 技術の進展とナレッジ共有化概念の普及である。

　ナレッジ共有化の推進力となったのは、ベンチマーク手法の普及・汎用化、ベストプラクティス取り組み企業の収益力の飛躍的向上、さらには事業ポートフォリオによる市場最適化のフレームによる。半導体やコンピュータを中心とした開発競争、さらにバイオや金融デリバティブなど新たなサイエンティフィック・ナレッジの登場とその活用がビジネスモデルという概念で企業のプラットフォームを大幅に塗り替えるようになった。

　企業はビジネスプラットフォームを創造する人材の存在と、コアコンピタンス保有人材、さらにベンチャービジネス創造人材（アントレプレナール）の存在に気がついた。こうした人材を手に入れることで企業は設備投資だけでは不可能な事業の創造が可能となることを知るようになった。従業員によって事業シナジーが生まれ、株主も環境リスク、時代のリスクを担保することができるようになったのである。多角化もしくは事業の多様化、それが企業価値の継承を可能にする解答であり、最適化が成長の解答である。

　従業員の価値創造概念の形成にあいまって、他の利害関係者もふくめて、企

業価値の形成に貢献していることが認識されるようになった。それは、あたかも企業そのものの経済的な価値とは切り離されたブランド価値のようなとらわれ方をしている。

　典型的な理論概念が、バランススコアカード（以下、BSC という）[16]、EVA、さらにコーポレートブランドモデル（以下、CBM）などである[17]。

　BSC は、企業という商品価値そのものを増大させるために、ブランド構築における「商標やロゴ、ネーミングやコマーシャル媒体まで含めた総合的なプロデュース」を必要不可欠な対象とするように、企業の業績（そして結果としての株価）に影響を与えるあらゆる可能性について、有機的・統合的に関連付けることを要求するものである。

　CBM では、CB valuator という概念で顧客、従業員、株主ごとに CB を測定する指標をつくることでマネジメント（PDCA のサイクルを回すこと）が可能になるとしている。あくまでもブランド概念の企業価値への仮態であって、企業価値をマーケティング用語としてのプレミアム（質）、認知（量）、ロイヤリティ（継続性）という概念で説明するものである。ブランドは価値であるが、価値はブランドではない。最終的には、価値はエクイティ価値として P/L と B/S から説明される。

　CBM に限らず、BSC さらにミッション・マネジメント経営手法など、戦略を展開する際のプロセスに関与する利害関係者を、企業の付加価値増大に貢献する主要なプレーヤーとみなして、それ自身も対象とみなしてマネジメントしようというものである。

（7）第六期（創造期）：これからの価値体系フレームに向けた再定義

16　バランススコアカード（BSC）：R．カプランの提案した四つの経営視点により戦略のバランスを図ろうという考え方。①財務的視点　②顧客の視点　③ビジネス・プロセス・リエンジニアリング（BPR）の視点④学習と成長の視点である。詳しくは、R S.カプラン、D.P. ノートン、『バランス・スコアカード』　生産性出版　1997 年

17　コーポレートブランドモデル（CBM）は、金額でブランド価値を測定するモデルで経済的価値と非経済的価値の統合を目指すモデルとして構築された。顧客、株主、従業員の価値認識の集合体がコーポレートブランドを創出するとしている。(伊藤邦雄／ 2001)

　トム・コープランドのフレームモデルは、第五期までである。筆者はこれに第六期を追加した。

　この最適リストラクション価値フレーム　（事業ポートフォリオ最適化価値）に、新たなグローバル化とCSRの概念が加わることによって、第五期までの「企業価値の増大＋事業の継続」といった既存モデルの転生を促すことになる。

　グローバル化された経営環境では、世界に受け入れられる価値観と価値行動が必須なのである。ここでは、「企業の成長＋企業価値の継承」の新たな普遍モデルが創生されなければならない。

　これまでの企業の利益を当然とみなした時期は、企業にとって利益は存在証明そのものであるという意味で、「企業価値前史」と呼ぶ。コープランドの五つの設定時期は、企業価値の増大を当然とした時期から企業価値の主体の変遷の時期であり、これを創世記と呼ぶことができる。

　この事業ポートフォリオ最適化価値フレームは、まだ戦略先行の時代であり、価値概念が戦略を構築するという転換に至っていない。価値概念の転換が、いつどのような形で生成されるかは実証されていないが、現段階でひとつの契機となり、要素となっているのが、CSR、SDGs、ESGといった概念、すなわち、企業の社会的責任概念である。

　この概念転換の時期を、創世記を転換する時期ということで、「企業価値の新世紀」と呼ぶ。

　長い間の第四期が続いたあと、企業価値概念は第五期として質的な転換を経ることになった。グローバル化が新たな利害関係の複雑なあり方を浮き彫りにした。

　具体的には、発展途上国の環境保護、児童労働の禁止、強制労働や搾取の禁止、さらに原材料のトレーサビリティ確保や虚偽表示の排除など、企業価値は株価や収益力、特許やブランドなどでは測れない新たな価値概念によって評価されることを示した。

　ここで求められている企業価値の概念や定義は、かならずしも財務的な企業価値として数値化されるものを示すものではない。また、名誉や名声として積極的に加点評価される類のものでもない。むしろ当然に企業に要求され、企業の実行行動を前提とするものであるといえる。

　企業の不作為にたいして顧客からの攻撃や社会的な制裁をうける可能性があることを考慮すると、実態はCSRの「遂行」が求められているのではなく、CSO（Corporate Social Obligation）、すなわち企業の社会的「義務の履行」

が求められていることがわかる。

　CSR の概念を企業価値構造の中で再構造化する過程で、企業が積極的に「義務の履行」を推進するイメージを前面に打ち出すことにより、CSR の実行が企業価値の向上に寄与することになることを企業は本能的に理解したのである。

（8）CSR の逆利用

　現実には、CSR は多くが「逆利用」されている。

　コンプライアンス違反や企業倫理の軽視がいたるところで生じている現在の社会的現象を逆手に取り、企業にとっては、本来、当たり前に実行されていなければならない「企業の社会的義務」を「社会的責任」という概念に転換させ、順法的企業、正義を実現する企業という好印象を広く植え付けることに成功している。

　いわく、「私たちは樹を植えています（イオン）」「私たちは、品質に対して真摯でありたい（再春館製薬）」「私たちは紳士淑女に奉仕する紳士淑女です（リッツ・カールトン・ホテル）」。こうした企業メッセージは、企業の CI 活動とあいまって、効果的なイメージを提供することに役立っている。

　多くの企業がこうしたハイタッチ＆ハイキャッチなイメージの提供をし続けていると、経営側の意図にもかかわらず、企業の価値概念の「転換」が生じることになる。

　すなわち、これまでに観られたように「リスクヘッジ」「リスク回避」のために「社会的責任を仕方なく実行する」のではなく、むしろ「積極的に社会的責任を遂行すること」が、たとえ、それがポーズや一時の演技の要素を多分に含んでいたとしても、企業の社会的評価や名誉名声を高め、市場の支持や社会的好感を得ることになり、強いては企業価値の増大に寄与するという概念転換となるのである。

　極端な場合、「言っていることとやっていることに温度差を感じていた企業」は、「言ってしまったことは、実行せざるをえない」という意味で、自己義務化してきた。

　競争優位性や差別化が平準化し、どこもが CSR を標榜しはじめると、本来、競争優位のための CSR が、少しでも手を抜くと、競争劣位に変換する危険性をはらみ始めたのである。特に、グローバル企業においては、尚更である。

　このレベルまでに、この概念が広く認知されるには、まだまだ意識の転換が求められる。その理由は、「CSR 論」は、「自社と自社の株主と自社の顧客にとって」利益となるような項目に限定されて実施するという「枕詞（まくらことば）」が常

について回っているからである。

　自社の利益になるという限定的な概念を前提に実施するために、価値としての汎用性が自己否定されてしまっているからである。そのことを多くの消費者、株主、従業員はすでに気がついている。あるいは演技であることを本能的に見抜いている。

　その意味でも、この企業価値の転換となる第六期の真の時代の到来は、まだまだ先とならざるを得ない。演技が、企業遺伝子にまで刷り込みされるのに時間がかかるからである。むしろ、最初は演技でもよい。

　必ず、企業はそこから学ぶことができる（学ばざるをえない）からである。

　以下の表は、価値フレームの「変遷と内容」についてまとめたものである。変遷はコープランド・モデルの時期区分を基本に設定した。いま、価値フレームの時代は新世紀へと移っている。

表 5-1　価値の変遷モデルと価値フレーム（筆者作成）

時代	時期	中心となる概念	価値フレーム	内容
創世記前史（前期）	第一期 規模優先型モデル	投資効率による収益至上主義経営	企業規模と収益力重視の価値フレーム（規模&収益至上主義経営）	現在の価値の大きさがなによりも重視される。大きいことが善であり正義であり、力であるという考え。
（後期）	第二期 価値維持型モデル	企業価値の減耗阻止による維持	拡大よりも現状維持が最も居心地のよい時期であるという認識フレーム	環境の変化がすくなく、これまで蓄えてきた資源の効果的な活用を最優先する時期。再生産と償却済み資産による効率化が企業を太らせる時期。
創世記（前期）	第三期 価値転換型モデル	株主=利害関係者概念の生成	株主の投資行動が企業を変質させ成長と拡大に向かわせる価値フレーム	企業の収益力はすべて市場取引を通じてすべて株式に転換されるとみなす考え方で、資本効率が重視される（資本の減損を防ぎ、環境への機会を探る存在としての価値）。
創世記（中期）	第四期 価値破壊対応型モデル	従業員=価値破壊者概念の生成	内部潜在価値（当事者としての株主価値の増大追求）	企業価値が容易に損なわれる可能性があることを認識し、価値の保護のために従業員満足を高める必要性を認識。（ペット・ミルク論：ミルクを与えられたペットは機嫌よく働く）
創世記（後期）	第五期 価値創造型モデル	従業員=価値創造者概念への転換および利害関係者関与と企業ブランド仮説	外部潜在価値（潜在価値創造の対象としての「顧客」の価値創造の追求）	稼ぎ高そのものよりも、稼ぎ方を知っている人間に価値があるという考え方。そしてそれを社内の人材に求める。価値創造を外部価値との融合により増大させるというもので、外部環境との適合を求めるが、内部の再構造化も求める。
新世紀	第六期 価値共鳴型モデル（双方向モデル）	グローバル化とCSR	内外価値観の一致による価値増強化フレーム	内部外部の対立概念ではなく、内部の外部化、外部の内部化を通じて、内外一致を志向する価値増大策。外部と同じ価値観を内部に持つことが価値増強化を実現する。

12. コストコントロールによる利益コントロール

　実際のビジネスでは、利益をコントロールすることは不可能に近い。それができるのは、自分で売価を決定できる企業（電力会社やJRや私鉄などの独占企業）のみであろう。その独占企業でも、売価は許認可制になっており、勝手に値上げが出来ない構造になっている。独占に近いが競合の多い市場（航空業界の全日空や日本航空など）、自社しか持っていない製品（製薬、映画、画家など）を提供する会社などでも、過度な値上げは顧客離れを招く。一品モノは競売や市場取引に委ねられる[18]。

　その意味で、企業の究極的で理想的な利益のコントロール方法は、生産ではなく、売価の決定にある。自社で作った製品サービスの売価を自分で決めることができたら、最高の利益をあげることができる。

　現実には、多くの製品売価は品質に連動し、品質が売価を抑制する。そして、この品質と売価を決定するのは、最終的には、「顧客と競合」である。

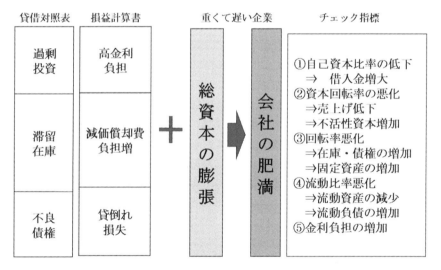

図 5-6　財務諸表上の課題・症状とチェック指標（筆者作成）

18　超高額薬をめぐっては、米国ではオプジーボ（当初3500万円）、キムリア（3349万円）以外にも、リンパ腫治療薬「イエスカルタ」（1回約4200万円）、網膜疾患の治療薬「ラクスターナ」（両目1回ずつで約9500万円）が製造販売を承認されている。難病の脊髄性筋萎縮症の遺伝子治療薬「ゾルゲンスマ」は、早ければ年内にも日米で承認される見込みで、海外メディアの観測では、約1億7000万円（2020年3月19日承認済み）以上の価格が付くといわれる。https://www.sankei.com/life/news/190521/lif1905210039-n3.html

13. 利益を浸食する茹でガエル型コスト増殖

　多くの企業のトップは、毎月の収益（利益ではない）を数字として追いかけている。

　しかし、現場の担当者（購買、生産、開発、営業、配送、本社本部等）では、日々の数字の変化を追いかけることが困難なため、現場の判断と対応に時差（誤差）が生まれる。

　この誤差の積み重ねが、現場の茹でガエル現象と、トップの優柔不断な意思決定につながる。営業在庫の増加は、営業の不振から生じるが、いきなり生産の削減に入れるわけではない。原材料や購買品の購入は、ルーチン業務で買掛け売掛けが毎日繰り返されるため、流通在庫や仕掛かり在庫という形で、徐々にキャッシュフローを圧迫する。

（1）ステップ１：
売上げ不振⇒在庫増加（製品在庫・仕掛かり在庫・原材料在庫）

　最初の現象は、在庫の増大である。売上不振は、営業在庫、流通在庫（倉庫、問屋、小売店在庫）の増大を招き、不振在庫として小売店から営業情報がフィードバックされる。その時点で、営業が次の戦略に入る。

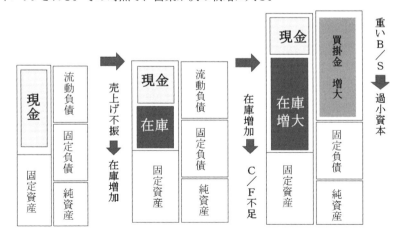

図 5-7　ステップ１　売上不振から在庫増加へ（筆者作成）

（2）ステップ２：在庫増加⇒流動負債増加⇒過小資本

　在庫の増加は、継続的な生産活動の中で買掛金の増大を招く、製造担当者は流通在庫の増加を知らず（知らされず）生産を継続する。営業も販売不振を共有したがらない。営業能力の不足、努力不足を指摘されかねないからである。悪い情報は共有が遅れる。

　その結果、継続的に買掛けが増加し、利益準備金の減少、有利子負債の増加を知らず知らずに許してしまう経営状況となる。

　在庫の増加は、在庫の処分を行うことになる。通常は「値引き＋広告宣伝＋販売奨励金」を合わせ技で実施する。いずれも値入率[19]の低下とコスト増加の戦術である。この戦術は、一瞬、増収を演出するが実際は減益となることが多い。増収減益による課題の先送りである。

　増収減益を図る企業は次の対策を打つことになる。通常は、営業強化対策と新製品対策である。

　営業強化対策は、さらなるコスト増加となるキャンペーンや代理店優遇策となる。これは既存商品の定価販売を阻害し、さらなる営業不振を招く。そして販促キャンペーンがこれに追い打ちをかける。

　営業不振対策の次は、新製品あるいは新規事業への進出、または新エリアへの展開である。これは短期借入金だけでなく、長期借入金または固定負債の増加を招く。

　過少資本（負債増大）の始まりである。負債は利子が上乗せされるため、経常利益をさらに圧縮（低下）させる[20]。

19　値入とは商品の販売価格を決定することをいい、値入率とは商品原価と売価の差額の原価に対する比率をいう。値入率（％）＝（販売価格－仕入原価）／販売価格×100 の式で算出する。値入率が商品を販売する前の見込みを示すのに対し、粗利益率は商品販売後の実績値を示している点に留意が必要。値入率は計画利益、粗利率は実現利益のこと。

20　海外子会社向けの過少資本税制は要注意。過少資本税制とは、海外の関連企業との間において、出資に代えて貸付けを多くすることによる租税回避を防止するため、外国親会社等の資本持分の一定倍率（原則として3倍）を超える負債の平均残高に対応する支払利子の損金算入を認めないこととする制度。財務省HP。

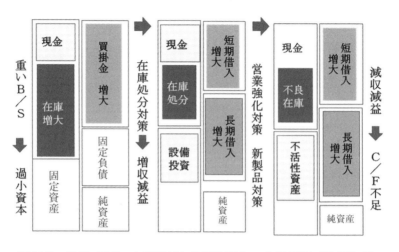

図5-8　ステップ2　在庫増加から過少資本⇒C/F不足（筆者作成）

14. 貸借対照表の悪化の経緯

　茹でガエル現象の最終形は、過小資本。最悪の場合は債務超過[21]。通常は借金返済による利益圧迫が何時までも続く。借金は急激に膨らむが、返済には何年もかかるからである。

　目標は借入金の削減と現金（当座資金）の確保による「重くて遅いB/Sを軽くて速いB/S」に変えることである。そのために、最初は不要不急の固定資産の売却、スクラップ&ビルドによる赤字事業の縮小か撤退となる。事業リストラは人事リストラとセットになるため、キャッシュアウトは一挙に削減される。

21　債務超過とは、資産より負債の方が多い状態のこと。全資産を現金化しても負債を返せないとみなせる状態で、倒産の危機である。債務超過かどうかは、単年度赤字や損益計算書を確認するだけでは判らず、貸借対照表（B/S）で確認される。

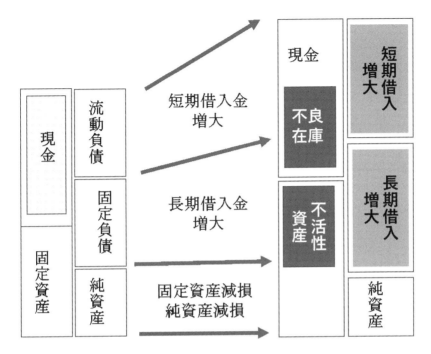

図 5-9　重くて遅い、儲からない企業の出現（筆者作成）

15.P/L（損益計算書）のコスト構造と利益の関係

　財務的に重要な利益は 5 種類。そして、その利益を確定するコストも 5 種類ある。

　その詳細は、次章の「財務・経理」で論ずるが、5 つのコストについては、その意味合いを確認しておきたい。

　第一のコストは売上原価として計上されるもので、主なものは原材料・原燃料であるが、これらは変動費なので多くは売価に転化できる。

　重要なのは、投資部分の減価償却費と労務費である。これらは固定費のため、これらの額が大きいと高コスト構造が長引くことと、すでに設備の大半はキャッシュアウト（支払い）済みであって、原材料費を含めて十分な利益額が出ないと、投資額分のキャッシュの回収が出来ていない点である。したがって、原価率[22] は製

22　原価率とは、売上に対する原価の比率。原価率＝売上原価÷売上高× 100。

造部門の重要な KPI（主要業績評価指標）であり、調達力・生産力・自己改革力の指標となる。

　第二のコストは、販売費および一般管理費で、営業力と本社管理力を示す。ここで重要なのは、本社と事業部との要員比率、売上高に対する販売促進費の販促費率、R&D 比率、人件費率、役員人数など。

　小さな本社が目標ではない。ちゃんと機能する本社、効率的に仕事をする本社である。

　第三のコストは、資本調達コストそのものが課題。重要な KPI は、インタレストカバレッジコストや流動比率や当座比率、そして利益準備金と有利子負債の額、もちろん基本的には、自己資本利益率が最も影響する[23]。

　第四のコストは、特別損失と特別利益であり、当該年度のリストラ費用が第一。リストラ費用の重要なポイントは、コストの半分を税金として負担してもらえる点にある。

　第五のコストは税金等。こちらは節税、減税は当然であるが、意図的に削減できるものではないので、所与として勘案するものとなる。

　これら５つのコストを常に定点観測することが経営改善につながる「予算比、他社比、前年比」の３つを常に追いかけることで、自社をより強く変えることができる。

　自社の「相対化」に挑戦すること。これが自己変革である。

23　借入金等の利息の支払能力を測るための指標。インタレストカバレッジレシオ ＝（営業利益＋受取利息＋受取配当金）÷（支払利息＋割引料）で表される。倍率が高いほど財務的に余裕がある。　流動比率（％）＝流動資産÷流動負債×100。１年以内に現金化できる資産の割合で、短期的な支払能力（短期安全性）が分かる。当座比率（％）＝当座資産÷流動負債×100。流動資産の「現金及び預金」「受取手形」「売掛金」などに限定し、１年以内に現金化できる資産が、負債をどれだけ上回っているかを表す指標。会社の短期的な支払能力（短期安全性）が分かる。利益準備金とは利益剰余金のうち、会社法によって積み立てることが義務付けられているお金を指す。企業は利益を中心とする剰余金の一部を配当金として株主に還元する、その際、財務基盤強化に充てるため、配当金額の10分の１を積み立てなければならない。その限度額は資本準備金と合わせた法定準備金が資本金の４分の１に達するまでとなる。　自己資本利益率（ROE）（％）＝当期純利益÷（純資産−新株予約権−少数株主持分）× 100。自己資本の効率性を図る。

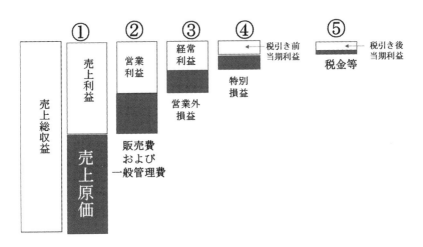

図 5-10　P/L（損益計算書）のコスト構造と利益の関係（筆者作成）

<参考>

1. 企業価値算出の検証 （先行研究の整理）[24]

　企業価値といえば、株主価値の観点からみた企業価値、すなわち企業の有形資産無形資産の算出による方法が大半であった。

　本章では、これまで用いられてきた企業価値の捕捉方法には、どのようなものがあるのか、使用目的や定義、計算式等、これまでの企業価値の捕捉方法について検証し、企業価値の捕捉の性質と人材価値への展開の有用性について検討する。

　企業価値を測定する方法は、コープランド・モデルの第二期（資本減耗と環境適合）の時期から、徐々に発展をしていった。その発展過程は、価値へのアプローチの方法として分類できる。

　通常、企業価値の捕捉と測定方法は、大きく三つのアプローチに分類できる。それは、

　　①インカムアプローチ：主に、企業の過去・現在・将来の収益をもとにリスク等を反映した割引率で現在価値に置き直して算出する方法
　　②マーケットアプローチ：主に、市場での実際の企業の売買（M&A）等の価額を参考に類似企業との比較分析によって算出する方法
　　③コストアプローチ：資産・負債の額を直接評価することによって算出する方法

の三つの方法である。

　ここでは、それぞれの企業価値の捕捉方法とその算定根拠を解明することにより、企業価値のもつ意味を検証する。

24　本章のアプローチ区分は、桝谷克悦　（2003 年）によった。またその他、鈴木一功編著(2004 年)、トム・コープランド、ティム・コラー、ジャック・ミュリン（2004）から、その企業価値の評価計算式を準拠として使用した。

2. インカムアプローチとは

　インカムアプローチの基本的な考え方は、「将来期待される一連の経済的利潤や利益（ベネフィット）を、その利益が実現するのに見込まれるリスクを反映した割引率という概念を援用することにより、現在価値に割引いて企業価値を決定するアプローチ方法」である。
　このアプローチは、その根拠とする方法により、さらに五つの方法に細分化される。
　DCF 法　（ディスカウンテッド・キャッシュフロー法）
　収益還元法
　配当還元法
　EVA 法
　リアルオプション法

3. マーケットアプローチ（＝倍率法）とは

　マーケットアプローチの基本的な考え方は、「評価対象会社または、評価対象取引を類似公開会社や類似取引と比較分析することによって企業価値を算定するアプローチ方法」である。
　したがって、直接に対象企業の企業価値を評価する方法ではない。あくまでも相対的な比較のなかでの妥当性を探る仕組みであり、「価値」という絶対基準を重視する方法の中にあって、極めて緩慢で鈍い指標となることは否めない。
　このアプローチは、その根拠とする方法により、通常、次の三つの方法に細分化されている[25]。
　市場株価法
　類似公開会社方式
　類似取引方式

25　桝谷克悦　『企業価値評価』　清文社、P57 ~ 61（2003）。

4. コストアプローチ（純資産算出法）とは

コストアプローチの基本的な考え方は、「資産、負債の価値を直接評価することによって企業価値を捕捉するアプローチ方法」である。

コストアプローチの分類には、主に以下の四つの方法がある。

時価純資産額法（現在価額ベース法）

簿価純資産額法（取得価額ベース法）

再取得原価法

精算価値法

これらの中で過去の取得価額をベースにした会計上の簿価から導き出された簿価純資産額法は、事業の経済的価値や経済行動を表す企業評価額とは関連性がない。

強いていえば、取得時の取得行動や判断基準をどのように考えるかによって、企業価値概念に差があり、増加率（変化率）重視か、現在価値（または絶対価額）を重視するか、によって企業価値は異なってくる。したがって、簿価純資産額法により企業価値を補足するのは、その本来の目的からいっても、企業評価の方法として採用するのは適当ではないと思われる。

以下、インカムアプローチ、マーケットアプローチ、コストアプローチにおける主要な算出指標を検討することにより、企業価値の捕捉方法の中から、有用な人材価値の捕捉項目の考察をすすめていきたい。

5. インカムアプローチにおける企業価値の捕捉方法

ここでは、インカムアプローチにおける各種企業価値の測定方法について、その計算式と留意点、算出される価値のもつ意味について比較し、考察する。

（1）DCF法で定義する企業価値

インカムアプローチの代表は、DCFによる企業収益の捕捉と測定の方法である。その主要な使用目的は、下記の四点にあるといわれている。

リスクを明確にするとともに、リスクを評価に反映することができる。

　買収等を実施した後に、評価対象会社がもたらすであろうベネフィットを明確化することで、長期的観点からの意思決定が可能となる。そのため、買収の妥当性を慎重に検討することができる。

　会計処理による影響や、市場の状況による影響を受けることなく評価することができる。

　会社の遊休資産、余剰資産の状況を把握することができる。

　こうした DCF 法により企業価値を捕捉し測定するという主旨から、DCF 法は企業買収や投資家にやや複雑ではあるが手っ取り早いリスク把握と投資回収期間を、経営情報として事前予測的に提供できるところに最大のメリットがあるといえる。

　DCF 法の方法論的な定義としては、「将来期待できる一連の経済的利益を各年予測し、これを投資家が投資するにあたって必要とする投資利益率を割引率として、現在価値に割り引いた額をもって評価額とするもの」であり、「将来の利益の予想を割り引いて評価額を算定する方法（＝利益割引法）の代表的評価方法」といえるものである。このアプローチで注意しなければならないのは、以下の点にあるといわれる。

　　①当然、まだ実現していない将来の利益計画であるために、そこに恣意性が入る可能性があること
　　②他の評価方法よりも、前提の置き方から、実際の計算方法まで、複雑で計画作成に長時間を要すること
　　③公開情報以外も用いるため、情報によっては、入手が困難な場合があること
　　④随時変化するであろう将来の利益計画の具体化の過程においても、都度発生する意思決定の影響を反映できないこと
　　⑤そもそもリスクは発生確率とその損害の大きさの相乗積によるが、一定率で割り引くという発想自体、リスクを平準化しており、個々のリスクに対して麻痺を起こしていること

　特に注意を要すると思われるのは、将来的な利益計画は、企業のおかれた環境や戦略代替案の遂行過程においても随時変化するものであり、こうした戦略の具体化過程における意思決定を反映することが望ましい。その場合の意思決定を都度反映する方法としては、いわゆる「リアルオプション法」を用いるのが望ましいといえる。方法論的な代替案を提示することで、企業価値はアプローチの幅を

拡大できることになる。しかし、後述するようにリアルオプションは恣意性が大きいため、汎用化と標準化が困難となる。

　汎用化と標準化を実現できない場合、企業価値の捕捉方法としては、たちまち中途半端になる。戦略の意思決定の手法としてのリアルオプションは効果的であるが、企業価値の捕捉方法としてのリアルオプションは、財務的には局地的でしかない。

（2）DCF 法における収益構造の確認と企業価値の捕捉

　DCF 法の基本的な計算式から、その収益構造を確認することによって、企業価値の捕捉方法として、何が考慮され、なにが考慮されていないかを検討する。

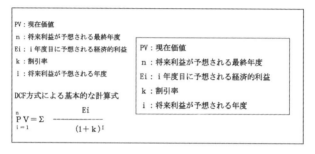

図 5-11　DCF 法における収益構造

　この構造からわかることは、DCF 法は「将来の利益予測を現在価値に割戻したもの」であり、企業の創造的な経営活動そのものを測定したものではない。意思決定や創造活動や営業活動の結果としての集大成ではあるが、企業の競争優位性を測定したものではない。

　さらに、過去からの延長線上に設定した予測値を表現したものであるために、今現在の企業の実像が見えにくい計算式であることがわかる。この計算式は、現在の企業の技術力やマンパワーやブランド力は測れない構造になっているのである。現在「価値」という呼称の中に、それらすべてを内包させようというものであり、結果としての積み重ねは見えるが、プロセスが見えない。そうした観点から、次のキャッシュフローを見えるようにする方式や、キャッシュフローの意味をどうとらえるかといった視点が重要となる。

　DCF 法におけるキャッシュフロー概念と算定方法は、その構成要素として、資

産から生まれるキャッシュフロー、債権者に対するキャッシュフロー、株主に対する
キャッシュフローからなる。

（3）収益還元法による企業価値の捕捉の検討

インカムアプローチの中で、DCF 方式についで重要な概念が「収益還元法」
といえる。

これは、その定義から、「将来予想される利益を資本還元率で除して求めた現
在価値」を企業価値とする方法であり、将来利益を単年度で代表する通常利益
を想定し、それを資本還元して評価額を算定する方法（＝利益還元法）の代表
的な評価方法といえる。その意味で、特殊なケースに使用される単純化された
DCF 法の一形態といえる。

収益還元法の主な計算式は下記の通り。

PV：企業価値
E：将来予想される利益
r：割引率（資本コスト）
g：成長率

PV：企業価値
E：将来予想される利益
r：割引率（資本コスト）
g：成長率

収益還元法の主な計算式 ①基本的な計算式

$$PV = E / r$$

②利益が一定の率で成長する場合

$$PV = E / (r - g)$$

③利益が期中に均等に発生すると仮定できる場合（ミッドイヤーコンベンション）

$$PV = E(1 + r)^{0.5} / (r - g)$$

図 5-12　収益還元法の主な計算式

この計算式のアプローチの特徴には、DCF 方式と同様、以下の点があること
が分かる。

①投資リスクを反映させた還元率によって、リスクを反映させた評価が可能
　である

②収益という明確な利益に基づくため、評価計算が比較的簡単である

③現在価値としての収益状況に依存するため、将来の成長率を反映する
　ものではない。近い将来に成長率に大幅な変動が予想される場合には、
　DCF 法の採用を検討することが望ましいといえる。

④注意を要する点は、将来予測される利益の算定に、恣意性が入る可能性

が高い点にある。

あくまでも利益を資本コストで割り戻す方式であるため、リスクの算定も利益の算定も人材価値の観点からは、捕捉の内容が乏しいことがわかる。

（4）配当還元法

このアプローチの目的は、株主の立場で、企業の配当額から企業価値を逆算的に算出する点にある。

現実には、多くの日本企業では、企業の配当政策が企業業績を反映しないことが多いので、配当還元法は企業価値の測定の方法としてはあまり採用されていない。

背景にある考え方として、配当金成長率は長期的には会社の利益の成長率に収束し、会社の利益も長期的にはその会社が属している産業の成長率に収束する。この計算方法は単純であって、配当性向と予測利益に依存した方式となる。

前提は、配当金成長率は一定であり、さらに資本コストよりも低いという点であり、適用されるのは成長率が比較的低く、安定している会社の評価に適したものとなる。

＜単純型の配当還元法モデル＞

定義：評価対象株式からの将来の受ける配当金の見込額に基づいて、当該の
株主価値を算定する評価方法

配当還元法による基本的な計算式

$$PV= \Sigma \ (I=1) \ ^{\wedge}n \, D \, i \, / \, (1+r)^{\wedge}i$$

① $Di=D$（一定）、$n \rightarrow \infty$ の場合

$$PV=D/r$$

② DI が $D1$ から一定の率 g で成長、$n \rightarrow \infty$ の場合

$$PV=D1 \, / \, (k-g)$$

すなわち、株式価値＝将来期待配当金／（資本コスト－配当金成長率）

　　　　　＝税引後予測利益×配当性向／（資本コスト－配当金成長率）

＜内部留保を考慮した配当還元モデル（ゴードンモデル）＞
「内部留保の再投資の将来利益を、配当増加要因として、内部留保率を考慮した株価算定法。株価＝1株当たり配当金÷（資本還元率－投資利益率×内部留保率）。」

- PV：株式価値
- n ：将来配当が期待される最終年度
- D_i：i年度目に期待される配当金
- r ：割引率（資本コスト：一定）
- i ：将来収益が予想される年度

図5-13 　配当還元法の主な計算式
（出典　木桝谷「企業価値評価」清文社（2003））

（5）EVA 法

　EVA 法が企業価値の捕捉法として使用される目的は、主に企業経営者の業績部分の捕捉に効果的であるためといえる。

　現在の事業活動が企業価値を創造しているか、破壊しているかを単年度で評価できるため、企業経営者の業績評価の指標として使用できるというものである。

　その特徴から、キャッシュフローでは多額の設備投資を行った年度はマイナスになり、事業がうまくっているかどうかを判断することができない。ただし、現実的な運用を考慮したとき、EVA は資本コストの概念を反映させた経済価値を単年度ベースで測定できるので、収益性を測る指標として実用性が高いといえる。

　ここではあくまでも資本コストと期待収益率を上回る利益率を確保するということが主眼であって、収益性の高さが基本となる。その意味で、これまでの DCF 法や収益還元法、さらに配当還元法と比べるとはるかに事業活動を反映する仕組みであるために、企業の価値増大貢献行動として使用する意味は大きいといえる。

　定義的には、企業価値に対して増加させた価値を算定するものであり、一般的には、企業が獲得した利益（税引後営業利益）から資本コストを控除した額であるが、株主価値を算定する場合には株主に対する利益（支払利息控除後税引後利益）をベースにした EVA を使用することもある。企業価値は、投資累積額、およびその投資から生まれる EVA と、さらに将来の投資額 EVA の総計となる。

　EVA の計算式は下記の通りである。

　注1）　期首総使用資本…時価によって計算するのが原則だが、時価の算定が
　　　　　困難な場合は代替として簿価を採用することがよくある
　注2）　期首総使用資本＝期首株主資本（時価）＋期首有利子負債（時価）
　注3）　企業価値＝期首総使用資本＋Σ EVA
　　　　　　　　　＝期首総使用資本＋Σ（税引後営業利益−投資家の期待利益）
　　　　　　　　　＝期首総使用資本＋Σ ｛各期首総使用資本×（投資利益率
　　　　　　　　　　　　　　　　　　　−資本コスト）｝

　企業価値の捕捉方法としては、企業経営者の収益行動が比較的誘導可能な指標であり、経営の効率化をストレートに表現できる指標といえる。

しかしながら、利害関係者となる従業員や株主、さらには顧客に対する企業活動を示すものではありえない。人材価値を構造的に反映できない構成要素となっている。

> EVAの計算式
> EVA＝税引後営業利益－投資家の期待利益
> ＝期首総使用資本×（税引後営業利益／期首総使用資本）－期首総使用資本×（投資家の期待利益／期首総使用資本）
> ＝期首総使用資本×（税引後営業利益／期首総使用資本－投資家の期待利益／期首総使用資本）
> ＝期首総使用資本×（投資利益率－資本コスト）

図 5-14　EVA 法の主な計算式（出典　前出）

（6）リアルオプション法

リアルオプションとは、あらかじめ決められた期間（行使期間）内に、あらかじめ決められたコスト（行使価格）で、何らかのアクション（延期、拡大、縮小、中止など）を行う権利である（Copeland and Antikarov（2001））。

リアルオプションによるアプローチは、前出の DCF 法による企業価値の捕捉方法の方法論的な課題として認識されている「将来の追加投資の必要性についての判定ができない」という点を克服するために用いられる。

DCF 法では、企業価値を、その企業が将来生成する将来キャッシュフローの現在価値に基づいて評価するため、将来の不確実な成功に追加投資するかどうかのオプションを評価に正確に反映していない。つまり、一旦、初期投資を決定してしまうと、その後に生産活動などが実行され、その事業は撤退しないことを前提にしてる仕組みであるといえる。

この方式では、将来、莫大なマーケットを控えている業界で開業したばかりの比較的わかりやすい企業の評価や多くのパテントやライセンスを有する企業を、不確実性が高いがゆえに過小評価する恐れがある。

経営環境の不確実性が高まる中では、限界が顕在化するのが遅くなることは避けなければならない。

リアルオプションが適合する使用条件は、事業の成功が現時点で極めて不確実で、事業評価そのものが難しいにもかかわらず、大規模投資を必要とし、将来莫大な利益を生み出す可能性がある事業に投資する際の、意思決定のためのツー

ルとなるものである。

　その定義からも、人材価値の捕捉方法とは全く異なった観点から設計されている。

　具体的には、金融商品で用いられるオプション理論を、対象企業が保有する実物資産や投資案件に対して適用する。

　ここでいうオプションとは、原（現）資産（通常は有価証券か資産）の保有者が原（現）資産の一定数量を一定の価格（行使価格、またはストライク価格）で購入または売却することを選択する権利（オプション）のことで、この「権利」について「金融派生商品（デリバティブ）」として売買する「オプション取引市場」が株式売買取引市場同様に存在する。例としては、通貨オプション、金・小麦などの商品先物オプションが上げられる。

　　①コールオプション[26]：購入する権利
　　②プットオプション[27]：販売する権利
　に大きく分類される。

　リアルオプションは、その定義や用いられる状況により、延期オプションと拡大オプション等に分類される[28]。

オプションの計算式：企業価値＝ DCF 法による評価額＋オプションの価値

　新規事業の意思決定 GOB メディア（gob-ip.net）によると「リアルオプション」によって投資意思決定を利用している割合は、米国で約 27％、日本での利用率はほぼ 0％ である。日本では認知されていないか、ほとんど導入検討すらされていない。その意味からも企業価値の捕捉項目としては、なじみがないだけでなく、あまり相応しくない方法かもしれない。実際、このアプローチから、具体的な人材

26　コールオプションとは、原（現）資産を特定の満期日以前に決められた行使価格で購入できる権利のこと。満期日までの原（現）資産価格が行使価格より大きければオプションは行使されず無価値となる。

27　プットオプションとは、（コールオプションの逆で）原（現）資産を特定の満期日以前に決められた行使価格で売却できる権利のこと。満期日までの原（現）資産価格より行使価格が大きければオプションは行使されず無価値となる。

28　延期オプションは、将来の経済環境によってキャッシュフローや割引率が変化し、マイナスの NPV が将来プラスに好転する情況を勘案して事業評価をする方法。拡大オプションは進行中の投資案件で経済環境が悪化し、当初の予想を大幅に上回る潜在需要が発生している場合、大幅な売上増が見込まれる製品に対する追加投資によって、価値の増加が見込まれるような場合に用いられる。

価値の捕捉指標や着眼点は設けられない。その計算式の性格から、意思決定の際の状況証拠を提供するものであり、意思決定そのものに関与する項目としては、現時点では、複雑であり恣意的であるといえる。

　ただし、今後、M&A 時での企業価値評価においてリアルオプションが重要性を増す可能性はある[29]。

（7）インカムアプローチにみる企業価値測定要素と人材価値との関連

　インカムアプローチの観点から、企業価値の測定と捕捉方法について、その計算式と運用の留意点から確認を行った。

　それぞれの計算式の重要な要素としては、利益・資本・配当・割引率といった項目が中心であることがわかる。これらを中心に、企業の「生産活動」を通じて、それらの生産要素が「付加的に」再生産されたものを「企業価値」としてとらえ、その「効率性と成長性」を捕捉しようとしている。

　一方で、「リスクを把握し付加的利益から減額」しながら最終利益を確定させていく、MECE 感を重視した手法であることが分かる[30]。

　このアプローチからは、資産に関与する株主や従業員、顧客はもちろん、経営者についても経営行動の内容が見えてこない。なぜリスクを回避できるのか、なぜ収益を担保できるのか、競争力が向上されるのか、そういった企業活動の担い手としての人材、そして行動そのものが見えてこない。かろうじてオプションやEVA に「期待」や「予測」といった極めて人間らしい行動の一端と、「意思決定」といった人間臭い行動そのものが散見されるに過ぎない。

6. マーケットアプローチ法にみる企業価値の捕捉と測定

　マーケットアプローチによる企業価値の測定方法としては、大きく類似公開会社方式、市場取引方式の二通りがある。

　マーケットアプローチとは、企業価値そのものの特定を実際の取引価格や市場取引の価格を参考に推定するものであり、あくまでも資産の市場性に依存する。

29　日本リアルオプション学会誌『創刊号リアルオプションと戦略1』p7 2007（realopn.jp）

30　MECE感。いわゆる「漏れなくダブり無く」（Mutually Exclusive、Collectively Exhaustive）による場合分けで、想定されるリスクを全て抽出する。

　この方法では、実証的なデータの積み重ねとも言うべきものであって、調節的な企業価値の捕捉、測定が可能なわけではない。

　結論的にいうならば、人材価値のような市場性を労働コスト（世間相場）的に推定することは可能であっても、それはあくまで賃金の推定であって、人材価値の推定ではない。まして、ひとつの企業全体の人材価値はその企業の「総額人件費」から産出できるほど単純なものではない。総額人件費で算出するのであれば、従業員数の多い企業ほど人材価値は高いことになる。

7. 類似公開会社方式

　この方式は類似株価方式ともいい、同業種同業界の類似した企業同士の公開情報や株価にもとづいて、企業価値を測定（推定）しようとする方式である。

　方法は、公開している類似会社の株価に基づく倍率を算定し、評価対象会社の財務数値に当該倍率を乗じて評価額を算定する方法である。

　類似会社の選定が一番重要な手続きであり、ここに一番の時間を費やす必要がある。

　このアプローチ方法の特徴として、①比較算定するため内容を理解しやすいこと、②公開情報であるため必要な情報の入手が容易なこと、③実際の株価に基づくため実証的な裏づけが可能であること、といったメリットがある一方で、④類似公開企業が2～3社しかない場合、評価方法そのものの信頼性を補完する評価方式と組み合わせる必要があること、などといったデメリットもある。

　留意しなければならない点は、一社しか類似企業がない場合は、そもそもマーケットを構成しているとは考えられないので、類似公開会社方式は採用すべきでない。

　その意味でも汎用的普遍的なアプローチ方法とはいいがたい。汎用的でないということは、そもそも企業価値がマーケットで形成されるという概念自体が成り立たないこと、マーケットは取引価格や利益を決定するが、価値を決定する場合は、カテゴリーが限定されることを意味する。限定されたカテゴリーでは、価値の普遍性の問い自体が成り立たない。

　類似会社を選定するときの判定要素には次のものがある。

　①類似業界、類似商品（ブランド、原料仕入状況）等の違い。

　②業界の事業の成熟度の違い。

③地域性の違い。

④事業規模（あるいは業界における地位）の違い。

⑤事業戦略の概要（必要により経営者の関与形態）の違い

⑥財務上の特徴（特に収益性、成長率等に顕著な差異が見られるような場合）。

このアプローチで留意する点は、株価などのプレミアムや株式の非流動性が評価額の算定に大きな影響を及ぼす可能性があり、主観的要素を排除できない（というより主観的判断に依存している）こと、さらに、評価対象会社、類似会社の双方で、非営業資産、過剰資産、過少資産を有している場合には、これらの資産評価を別途行い、修正が必要なことなどがあげられている。

また、上記の 6 要素は必須なのか選択なのかも、特に決まりはないので、選択する側、される側が目的に応じて採用することになる。この観点からも疑義の残る手法であることがわかる。

マーケットアプローチによる類似株価方式の計算式

(a) 株主価値ベースの利益倍率法 (PER)　　　　※注 1

　基準日の類似会社の株式時価総額を、類似会社の利益指標（税引後利益が最も多く用いられる）で割って倍率を求める。

(b) 事業価値ベースの利益倍率法　　　　※注 2

基準日の類似会社の総投資時価を、類似会社の利益指標（売上高、EBIT（支払利息控除前税引前利益）、EBITDA（減価償却費及び支払利息控除前税引前利益）、フリーキャッシュフロー等）で割って倍率を求める

(c) 純資産倍率法 (PBR)　　　　※注 3

基準日の類似会社の株価時価総額を類似会社の純資産（簿価純資産、時価純資産、有形純資産簿価、有形純資産時価）で割って倍率を求める

(d) 売上高倍率法

売上高と売上利益率との間に高い相関関係がある場合によく用いられ、売上の利益率が常に一定の会社では、簡便な売上高倍率法が用いられる 。

(e) 業界特有の倍率法

単位数量や容量（来店客数、会員の加入者数、サービス拠点数、ベッド数、契約数など）、業界特有の指標を持つ。比較対照企業の財務情報が入手できない場合や新規事業のように他の倍率が利用できない場合にも利用可能である。

注 1) PER ＝株式時価総額／税引後当期純利益＝ 1 株当り株価／1 株当り当期純利益

PER ＝（1 株当り当期純利益／割引率）／ 1 株当り当期純利益

＝1／割引率＝1／（資本コスト－成長率）

当期純利益の成長が一定と仮定すると、PER は割引率の逆数である。

注2) EBITDA 倍率＝（株式時価総額＋有利子負債－現預金）／ EBITDA

当期純利益の成長が一定と仮定すると、EBITDA 倍率の決定要因は、税率、減価償却費、設備投資・運転資本、資本コスト、成長率であることが分かる。

EBITDA 倍率＝事業価値／ EBITDA

＝ ｛(営業キャッシュフロー／（WACC －成長率））／ EBITDA

＝ [｛(EBITDA×(1－税率)－減価償却費×(1－税率)－設備資本・運転資本)｝／（WACC －成長率）] ／ EBITDA ＝｛(1－税率) － (1－税率)×減価償却費／ EBITDA －設備投資・運転資本／ EBITDA｝ ／（WACC －成長率）

注3) PBR ＝株式時価総額／簿価純資産＝ 1 株当り株価／1 株当り簿価純資産

WACC とは加重平均資本コスト率のこと

図 5-15　マーケットアプローチによる類似株価方式の計算式

8. 類似取引方式

　実際の取引に基づいて算出する方法。実証的な裏づけという意味で確実であるが、どれが類似の取引であるかを判定するのが困難である。M&A取引に関するデータを整備する場合、中心的な組織として銀行や監査法人はその立場になるが、そもそも銀行も監査法人もデータ収集力が欠如しているため、データの入手が困難であり、このアプローチが採用されることは少ないといわれている。
　主要な評価方法は、以下の方法に分かれる。
　　　①対象会社の評価額を、類似の買収取引価格と買収企業の財務情報に基づいて比較決定する手法
　　　②類似会社のM&Aに際して支払われた価格に基づいて、売上げや収益の規模に応じて倍率を算定し、関連した評価対象会社の財務数値に倍率を乗じて価格算定する方法[31]

　類似取引方式では、評価基準日と実行日が離れるため、その間の業界の株価指数の変化率や平均倍率（たとえば株価純利益倍率）の変化率を用いて取引価格の調整をする必要がある。
　また、評価対象企業が過年度に行った株式の一部譲渡や、他の会社の買収などの取引も類似取引として選定の対象にする必要がある。最も重要なものは、類似取引の情報源であるが、この部分は契約内容が単純にオープンになることが少ないため、オープンデータ等を利用することが多いが、あくまでも参考値にとどまる。

9. 時価純資産額方式

　この時価純資産額方式は、個別集計法、超過収益法ともいう。
　全ての資産項目と負債項目の公正時価を個々に評価して、その差額を純資産額とする方式である。時価ベースの純資産を株主価値とする評価方法で、株式譲渡の際の評価実務において採用されている方法である。金融会社、不動産保有会社、赤字会社などには有利な評価方法であるといわれており、この方法により、買い手は買収価格の下限をあらかじめ知ることができる。

31　類似会社方式と同様に、売上高、EBIT、EBITDA、グロスキャッシュフロー（税引後利益＋非現金支出費用）、ネットキャッシュフロー（グロスキャッシュフロー－設備投資－運転資本増加額）、税引後利益、税引前キャッシュフロー（原価償却費控除前税引前利益）、有形簿価純資産など。

　その意味で、事業の継続を前提とした評価方法といえる。

　注意を要する点は、将来の事業利益が評価に反映されない方式であること、個々の資産、負債の評価を集計するため、グループ全体やシナジーとしての価値が反映されないこと、実務上、無形資産（営業権等）を認識することが困難であること、主に有形資産の時価のみを評価額に反映させる方法が採られることが多いため、他のインカムアプローチやマーケットアプローチと併用されることが多い、等である。

　資産と負債の項目を、個々に時価評価した結果を積み上げて時価純資産額を求める個別収集法と、無形資産を含む営業権を算出して、それと有形資産を合算して企業価値や株主価値としての時価純資産額を求める方法（超過収益還元法）がある。算定要素に様々な主観的判断や簡便法が採用されるため、恣意的な要素があり、必ずしも客観的ではない。

　内容的にはインカムアプローチ的手法を採用しているが、もともと営業権を算定するために開発された目的別の評価手法であり、実質的にはコストアプローチの一つといえる。

10. 各モデルの総括と人材価値への展開：
企業価値算定式の集約

　各算定方式の総括を行い、企業価値捕捉のための目的との整合性を確認し、人材価値構造への展開と援用の有用性について考察する。各方式の概要は次の通りである。

表 5-2　企業価値のアプローチ別算出方法の特徴と人材価値への展開
（筆者作成）

	方式	算式	特徴	人材価値への展開
インカムアプローチ	DCF法	将来の利益予測を現在価値の割り戻したもの	収益に着目	経営者的行動の反映は可能、ただし収益構造に限定的
	収益還元法	将来予想される利益を資本還元率で除して求めた現在価値	収益と資本効率	経営者行動を中心として反映する方法であり、限定的
	配当還元法	評価対象株式からの将来の受ける配当金の見込額に基づいて、当該株主価値を算定する評価方法	企業の配当政策に依存	配当施策中心であり、収益行動が見えない
	ＥＶＡ法	企業が獲得した利益（税引後営業利益）から資本コストを控除した額	資本効率と期待収益率	資本調達行動で経営者行動に限定的な一面
	リアルオプション法	不確実な成功に追加投資するかどうかのオプションを評価に正確に反映	投資後の生産に判断	不確実な投資環境に経営意思を反映できるが、価値評価指標として不備
マーケットアプローチ	類似公開会社方式	類似した企業の公開情報や株価にもとづいて、企業価値を測定しようとする方式	類似の買収取引価格と買収企業の財務情報に基づいて比較決定	取引価格であり事業性や事業主体の意思決定は不透明、しかも近似値どまり
	類似取引方式	実際の取引に基づいて算出する方法	類似の買収取引価格と買収企業の財務情報	取引価格であり事業性や事業主体の意思決定は不透明、しかも近似値どまり
コストアプローチ	時価純資産額法（現在価額ベース法）	全ての資産項目の公正時価とすべての負債項目の時価を個々に評価して、その差額である時価ベースの純資産を株主価値とする評価方法	時価ベースの純資産	単純な資産の積上げで、人材価値行動の対極的な静態資産評価
	簿価純資産額法（取得価額ベース法）	時価ベースの純資産を株主価値とする評価方法	取得ベース（簿価）の純資産	過去の取得時の単純な資産の積上げで、人材価値行動と対極的な静態資産評価

11. 受け手の意図と価値の媒介変数

　上記の企業価値の捕捉算出方法は、それぞれ使用目的を前提として、着目点を変えていることが分かる。目的と利害関係者の関心によって、同じものが異なった評価額や数値を示すのであるならば、企業価値の捕捉方法は計算式で解決するのではなく、利害関係者の側の考え方と利用方法で解決するものとなる。すなわち、企業価値は、資産額や収益率、さらには資本コストといった「価値の提供者」によって決定されるのではなく、「価値の需要者」となる株主、経営者、取引先、従業員、機関投資家等の意図によって決定される要素であることが分かる。「受け手」の意図に依存するのであるならば、整理分類しなければならないのは、受け手の意図や目的であり、この規定化が重要である。

　企業買収のようなきわめて限られた局面であっても、市場取引、M&A のような売買ですら、事前に単一の市場価格が形成されるわけではない。常に売り手と買い手の交渉力に依存し、交渉情報は売買を前提にかけひきされるのであれば、一層、企業価値実態からかけ離れてしまうものとなる。

　企業価値が駆け引きで決まるという構造自体、理念の自己否定となる。

　つまりは、「企業価値の増大」という理念は、企業に「かけひき」で行動することを「推奨」する構造であり、場合によっては「ぼろ儲け」や「棚ぼた」も企業哲学や企業理念に見合うことを意味する。

　企業価値とは、「儲けさえすればよい」という単純な曲解と虚構がここに出現し、容認されてしまう。

　企業価値が受け手の意図による従属変数であるならば、受け手の意図に左右されない独立変数は人材価値そのものになる。

　独立変数は受け手の数と、それらの間の媒介数だけ存在し、そこに方向性が無ければ無限大の独立変数を検証しなければならない。

　最終的には、独立変数の選択基準を策定することになるが、その方向性は、企業価値の再構造化の時の決定基準によることが望ましいといえる。

　すなわち、企業の成長と企業価値の継承という「方向と行動」が必要なのである。

　成長と継続は、財務的な価値でいえば運用であり、「アクティビティ（活動もしくは行動）」であり、価値の静態ではなく動態を意味する。

　動態であるならば、従業員 vs. 株主、株主 vs. 顧客、顧客 vs. 従業員といっ

た利害関係者の「対立行動」と、従業員 for 株主、株主 for 顧客、顧客 for 従業員（また、それぞれの逆目）の「支援行動」、さらに意図的な「無関心行動」（相手の行動に中立的な立場をとる）によって価値行動が決定されることになり、その従属変数として「企業価値」が二次的に決定されることを意味する。

第５章　演　習

1. 自社の価値とは何か、自社の利益とは何か、定義せよ。

2. 企業および社会、および自身にとって、自身の価値とは何か。自身の利益とは何か、定義せよ。

3. これまでの成長や充実、さらには内向から外向にむけた価値の変遷を踏まえて、今後、新たな価値創造を目指すとすればどのような価値（価値観）を構築すべきか、検討せよ。

4. インカムアプローチおよびマーケットアプローチにより、自社の企業価値を算出せよ。

5. 人材価値について定義し、自身の人材価値を算出せよ。

第6章　財務および経理編

人生を豊かに生きるための40のリスト　　パート4

4. 貢献意欲（自分なりの評価基準を持ち、他者の基準も理解している）

①常に家族、地域、会社のためできること、役に立つことを考える。

②まず何よりも、金銭や損得だけでは、絶対に考えない。

③人から期待されたときは、自分でできることの最善を尽くす。

④相手が優秀な場合は、出しゃばらず、任せる。

⑤お金、名誉、権力を意味もなく求めない。野心と距離を置く。

（筆者作成）

....

本章では、

①会計および財務とは何か

②財務に必要なものは何か

③財務諸表の理解と運用

④各種経営用語の理解

について解説する。

1. 企業おける経理（Accounting）、財務（Finance）とは何か

　一般的に経理とは、日々の会計取引を記帳し、帳簿にまとめることで損益計算書や貸借対照表などを作成する一連の金銭関係の帳簿業務を指す。

　具体的には、伝票の起票、会計ソフトへの入力、帳簿の作成、得意先への請求、取引先への支払い、決算書作成、税金の申告などである。

　財務とは、経理のまとめた帳簿や決算書をもとに、会社の資金繰りや予算管理、資金調達（銀行融資）、余裕資金の運用や投資の計画を行うことにある。

　戦略的には、経理とは、accounting＝「説明、経営管理」であり、accountability＝「ステークホルダーに対する説明責任」を企業が負っていることを意味する。企業の経営者として、出資者である株主に対して、企業の財

務情報および経営情報を開示（ディスクロージャー）する必要がある。

　財務は今後の事業活動に必要な資金の計画を立て、資金調達をし、余裕資金の投資先を検討する。

　その意味で、経理は過去の活動を元にした「過去会計」、財務は未来を予測する「未来会計」といえる。過去会計なくして未来会計なし、未来会計なくしていい企業経営もありえない。

　会計は血流を意味し、財務は血液量を意味する。経営的な目的は、会計では血栓を防ぐこと。そして、財務では不必要な輸血を避けることになる。

　企業会計は次の２つのデータ収集と分析、そして精査が求められる。

　第一は「制度的情報」となるもので、財務諸表、有価証券報告書、決算短信などがある。

　第二は「自発的情報」となるもので株主、株式市場に企業情報をアピールするための戦略の一環（IR）として実施するもので、決算報告、会社説明会、アニュアルレポートの作成、会社HPの作成などがこれにあたる。

2.「財務会計・税務会計・管理会計」のデータ収集と分析、精査

　会計制度を整理する視点は大きく２つある。

　第一の視点は、会計の目的別に分類する方法で、財務会計、税務会計、管理会計である。

　財務会計は、財務に関して客観的で公正な情報を外部のステークホルダーに開示するもので、財務諸表（企業活動における企業の財産の状態やその変化を示したもの）で示す。具体的には、損益計算書（P/L）、貸借対照表（B/S）、C/F計算書（C/S）。

　税務会計は、法人税額算出のため税務当局に開示するものである。税法の課税所得を算出するために、企業会計上の利益計算と税法上の調整計算を対象とする会計領域をいう。

　企業会計上の利益は「収益から費用を差し引いて算定」され、税法では、概念的には「益金から損金を差し引いて求められるのが課税所得」となる。収益と益金、費用と損金の相違から、企業会計上の利益と課税所得とは一致せず「差異」が生ずる。この差異が税務会計で主として取り扱われる部分である。

　管理会計は、企業内部の経営管理手法として、経営者の意思決定や業績管理などに活用するものである。具体的には損益分岐点分析、標準原価の把握、差異分析など。管理会計の基本は「予実管理（予算と実績の一致）」。コスト・売上げ・利益のコントロール可能な形での「分解」、そして、コストと売上の経営的な視点からの「評価」である。

3.ABM（アクティビティベースドマネジメント）によるデータ収集と分析、精査

　第二の視点は、企業の経営活動や VC（バリューチェーン）[1] のサイクルの視点から企業会計を分類する方法で、ABM（アクティビティベースドマネジメント）および ABC（アクティビティベースドコスト）の観点からの分類である。

①営業活動　：　仕入れ，生産，販売を行い、代金を回収する企業の本業
②財務活動　：　資金繰りに関わる活動、資金調達活動／資金運用活動
③投資活動　：　企業規模の拡大・縮小のための設備投資や資産売却
④遵法活動　：　環境を維持し改善し、地球規模の公益に貢献する活動

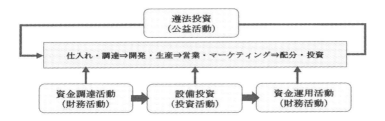

図 6-1　財務経理の視点からみた 4 つの企業活動とサイクル（筆者作成）

4. 財務諸表の構造と意味

　経営管理の出口は「ヒト」であるが、入り口は常に「カネ」である。回り道であるが「カネ」の動きを押さえることは戦略管理の基本となる。
　財務諸表は企業の財務状態，業績，その変化を、時系列と一時期の瞬間で切

1　バリュー・チェーン（Value Chain）とは、マイケル・ポーター『競争優位の戦略』（1985）の価値連鎖。主活動と支援活動に分類。主活動は購買物流（inbound logistics）、オペレーション（製造）、出荷物流（outbound logistics）、マーケティング・販売、サービスからなり、支援活動は企業インフラ、人材資源管理、技術開発、調達から構成される。

り取り、その断片と関係性を示すものになっている。基本は下記の3つのステートメントである。

①損益計算書（Profit and Loss Statement）
　　ある一定期間（通常1年）における企業の経営成績となるもの。企業活動を内容別に分けて費用と収益を対応させている。会計期間における利益を、企業活動ごとにブレークダウンしたものとなる。
②貸借対照表（Balance Sheet）
　　ある時点(決算期末時点)での企業の資産内容を明らかにしたもの。「資産」（＝資金の具体的な運用形態を示す）と、「負債＋資本」（＝その資金の調達源泉を示す）から成る。
③ C/F 計算書（Cash Flow Statement）
　　企業の各期の現金および現金同等物の増減を整理したもの。「発生主義」の企業会計を補完するため、実際の現金の動きを把握する必要がある。いわば、家庭における家計簿のようなものとなる。

5. 損益計算書：財務会計にみる5つの利益

　我々が管理できるのはコスト（経費・費用）のみである。従ってまずはコストを理解する必要がある。理解の目的は「利益」、そのための手段が「コスト（経費）」と「プロセス（構造・運用）」である。
　利益は非常に重要な指標となる。なぜなら利益は、我々が正しいことをしていることの証明になるからである。企業の利益には5種類ある。
①売上総利益（＝売上高−売上原価）：粗利益とも言う。
②営業利益（＝売上総利益−販売費および一般管理費）：企業本来の営業活動における利益。
③経常利益（＝営業利益＋営業外収益−営業外費用）：企業の営業活動以外も含めた通常の活動から生じる利益。
④税引前当期利益（＝経常利益＋特別利益−特別損失）：経常利益に、日常の営業活動以外の部分（不動産や持ち合い株の売却など）から生じる利益を加えたもの。
⑤当期利益（＝税引前当期利益−法人税・住民税および事業税）：企業の最終利益であり、株主への配当や投資の原資となる。

　上記の利益（および経費）の分配（帰属先）は、①仕入先（取引先）、②従業員・営業先、③銀行（間接金融の借入がある場合）、④国（租税として）、⑤株主・投資先に配分（還元）となる。

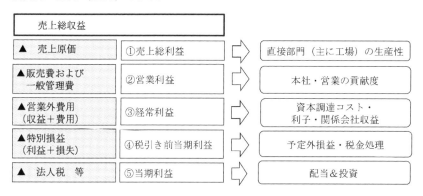

図 6-2　5 段階の利益とコスト構造（再掲／分析編で前出）
（筆者作成）

　最も重要なのは「コスト（経費）」である。われわれは利益をダイレクトにコントロールできない。繰り返しになるが、コントロールできるのはコストだけである。

　　①売上原価は、製造部門のコスト構造を示す。内容は、原材料、原燃料、製造設備の減価償却費、直接部門となる製造部門の従業員の労務費。同一製品においてこのコストが競合より高い場合は製造部門の「不作為か怠慢」を意味する。

　　②販売費および一般管理費は、営業部門＆管理部門のコスト構造を示す。販売費は営業部門のコスト。一般管理費は本社部門のコスト。役員、本社の人件費、福利厚生、福利費、寮社宅費、被服制服費、教育訓練費など、様々なモノが計上される。このコストが高い場合は、営業が仕事をしていないか、本社の管理部門が仕事をしていないか、各種制度が硬直なためである。

　　③営業外損益は企業の営業活動以外から出している純利益と言う利益を示す。資本の調達コストは営業外費用となる。営業外収益は関係会社（子会社）などの収益貢献を意味する。多角化が成功している場合、経常利益を営業利益が上回る。

　　④特別損益はその年度だけの特別の費用と利益を示す。従業員のリストラ、

資産処分など、様々な利益に直接影響を与える損失処理など

⑤税引き後の当期利益は、営業 C/F に計上される。

6. 貸借対照表：2つの資産および2つの負債

(1) 資産（assets）の部

資産の部は企業の戦略の結果ではあるが、資産は帳簿と実体が乖離しやすい。現物資産は粉飾され、陳腐化し、紛失されやすい。そして、帳簿は改ざんされる。求められるのは、構造の理解ではなく、数字を読むセンスである。

①流動資産：短期間（1年以内）に現金化できる資産であり、企業の支払い能力の基準となっている

②当座資産：営業の回収段階で生じる現金および現金に近い形の資産
具体的には、売掛金、受取手形など。

③棚卸資産：仕入・生産段階で生じ、販売されることで現金化される資産
具体的には、完成品・半製品など。重要な点は、ここに「在庫」が入ることである。不良在庫が判断を誤らせる。

④その他流動資産：1年以内に費用化される前払費用など。

⑤固定資産：長期にわたり費用となるもの。規定にしたがって徐々に費用化する方法（＝減価償却）がとられる。

⑥有形固定資産：償却資産（建物・機械装置など）と非償却資産（土地・建設仮勘定など）

⑦無形固定資産：法律や契約による権利に基づく資産。
具体的には、特許権、実用新案権、商標権、鉱業権、営業権など。

⑧投資その他資産：事業活動と関係ない投資や、支配目的で長期保有する資産

⑨繰延資産：次期以降の収益に貢献すると考えられるものを、一度に費用化するのではなく、一時的に資産に計上し、徐々に費用化するもの。具体的には、社債発行差金、研究開発費など。

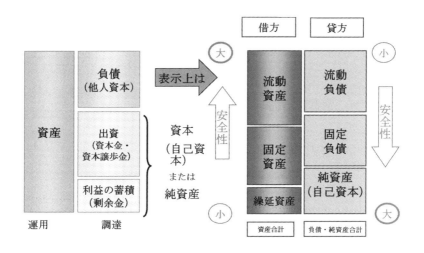

図 6-3　貸借対照表の構造　（筆者作成）

（2）負債（Liabilities）および資本（Stockholder's Equity）の部

　負債の部では、いわゆるレバレッジ効果が求められる。それはチャレンジのためではなく、安全性の確保のためである。経営の大原則は、収入の範囲内で生活すること。不必要な借り入れはしないこと。借り入れ理由の大半は、他社と不要な比較競争をすることにある。数字を追いかけること。数字と戦うこと。これらが不似合いな借り入れや投資に走らせることになる。

　①負債：営業サイクル上で生じた債務（例、長期借入金、社債など）
　②流動負債：短期（１年以内）に返済が必要な負債←営業活動の負債
　　（仕入れ・生産段階）支払手形、買掛金、未払費用、未払金、（販売段
　　階）前受収益（回収段階）未払法人税、（資金調達活動）短期借入金
　③固定負債：支払猶予期間が長期的（通常は１年超）の負債←資金調達
　　活動の負債
　④長期借入金、社債、各種引当金（退職引当金、賞与引当金など）
　　例）完成品・半製品など
　⑤資本の部：投資家から集めた出資金と過去からの利益を蓄積したもの
　⑥資本金：株主が企業に拠出した資金
　⑦資本準備金：商法の規定で、一時的な赤字に対応するために準備しておく資金

株主から預かっている貴重な原資である資本金を守るための措置。株式会社において、資本金の1/2を超えない額を準備金として積み立てておくことができる。資本金に組み入れられなかった部分の金額が積み立てられるほか、株式交換や株式移転、会社分割、合併による差益も積み立てられる。新株発行によって調達した資金の一部も、資本金ではなく資本準備金に組み入れる。

⑧利益準備金：会社法により、会社が稼得した利益の内、社内で留保すべきとして規定されているものをいう

⇒資本準備金と合わせて、資本金の4分の1に達するまで、また剰余金の配当により減少する剰余金の額（配当金として支払う額）の10分の1を積み立てる必要がある。剰余金の配当が、その他資本剰余金からの配当である場合には、資本準備金を積み立てる。

⇒商法の規定により、配当や役員賞与を支払うたびに、その10分の1を資本金の4分の1まで徐々に積み立てる。

⑨その他余剰金：過去の利益蓄積分から利益準備金を引いた残り＝内部留保

⑩任意積立金：将来使用する目的が明確なもの

⑪未処分利益：使用目的が決まっていないもの

(3) 資本の部の意味と概要

資本は事業を開始する際のスタートとなる。資本がなければ何も始まらない。資本はその意味で「経営の意思」でもある。

経営でも投資でもギャンブルでも、何かを始めるために「資金」が必要になる。ギャンブルでも掛け金がなくなったら「ゲームオーバー」となる。

企業経営を始める際の意思であり、覚悟であり、よりどころとなるもの、それが「資本」である。

資本には、大きく2つある。自己資本と他人資本である。

①自己資本：返済不要な資本。企業内部に蓄えられた株主の持分（＝純資産）。

②他人資本：負債のこと。返済・支払いをしなければならない資産（＝負債）。

この自己資本と他人資本の安全性と効率性を測定する指標が自己資本比率とレバレッジ効果である。

　自己資本比率（＝自己資本／（負債＋自己資本））：経営の安全性を示す指標である。

　総資本に対する自己資本の割合が大きい、すなわち自己資本比率が高いほど企業経営の安全度は高いということになる。通常、日本企業の製造業では40％以上あれば健全と言われている。銀行では、BIS（Bank of International）基準の規制を受ける。国際業務を行う銀行は8％、国内銀行は4％の自己資本比率が最低基準として求められる。

　レバレッジ効果：他人資本を導入することで、自己資本に対する利益率を高めることができるというもの。出資にするか負債にするかは、収益率次第。利益が出なければ配当できず、出資者が逃げる。負債の場合は、利益が圧迫される。レバレッジ効果がでるためには、利子より多く稼げること。返済額以上の収益があることが前提となる。負債が増加すれば、当然、利益を圧迫することになる。

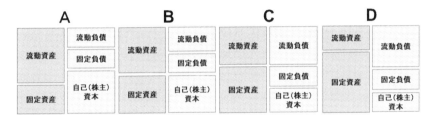

図6-4　健全なB/Sと危険なB/S　（筆者作成）
（上記のABCDのB/Sで健全な順番はどの順番か？）

7.C/F計算書（Cash Flow Statement）：経営の最重要指標

　企業経営で何が一番重要かと問われたならば、間違いなくC/Fと答える。C/Fさえ続くのであれば、戦略は不要とすらいえる。そのために、C/Fを常にプラスにするためだけの戦略が構築できれば、それは最善最強最長の戦略となる。

　C/Fは下記の3つがあるが、それぞれの構造と増減方法を理解することが必要である。

　　①営業活動によるC/F
　　　直接法：営業活動から生じる現金の入出を直接算出
　　　間接法：当期利益＋減価償却費＋貸借対照表上の増減により、機械的に

現金の増減を算出

②投資活動による C/F

設備投資の実施、廃棄、固定資産の取得・売却などに伴う現金増減を把握

③財務活動による C/F

銀行借入、社債発行・株式発行による資金調達、配当支払い・減資などによる現金の増減を計算

１．営業活動キャッシュフロー

・減価償却費　　・税引き前当期利益
・棚卸資産（在庫）削減・投資証券売却

２．投資活動キャッシュフロー

・遊休資産売却　　・投資有価証券活用
・設備投資（固定費）圧縮

３．財務活動キャッシュフロー

・配当効率化（削減）
・短期借入金の借り換え

図 6-5　C/F の主要要素　（筆者作成）

C/F は、それぞれプラスとマイナスによって経営状態が把握できる。

次のA～Fで最も健全な経営をしているものはA、最も不健康なのはFとなる。

A【　　】

営業C/F	プラス
投資C/F	マイナス
財務C/F	マイナス

B【　　】

営業C/F	プラス
投資C/F	マイナス
財務C/F	プラス

C【　　】

営業C/F	プラス
投資C/F	プラス
財務C/F	マイナス

D【　　】

営業C/F	マイナス
投資C/F	マイナス
財務C/F	プラス

E【　　】

営業C/F	マイナス
投資C/F	プラス
財務C/F	マイナス

F【　　】

営業C/F	マイナス
投資C/F	プラス
財務C/F	プラス

図 6-6　健全な C/F ステートメントの順位はどの順番か？

出典　矢島雅己「決算書はここだけ読もう」弘文堂より

A： 健全経営の時は、営業 C/F がプラスで、その営業 C/F から負債を返済し設備投資を行う

B： 財務 C/F がプラスの時は、営業 C/F とあわせて、積極的な設備投資を行う

C： 投資 C/F がプラスの時は、営業 C/F とあわせて、借入金の返済を優先する

D： 営業 C/F がマイナスなので、事業の整理か新たな投資かに分かれる。財務 C/F がプラスならば、起死回生の一発逆転をねらう新規投資を意味する

E： 投資 C/F がプラスなら、資産の売却による延命措置が中心になる

F： 営業 C/F がマイナスで、借金返済も資産の投資もせず、キャッシュを回収するのはほとんど「夜逃げ状態」である

8. 貸借対照表との関係

　資産の増加は、多くの場合 C/F の減少を意味する。負債・資本の増加は逆に C/F の増加を意味する。現金が多すぎると資産を遊ばせているわけで、現金が適正水準かが重要となる。

　①成長期の C/F：
　　⇒見込み生産（営業 C/F マイナス）、設備投資（投資 C/F マイナス）、資金調達（財務 C/F プラス）
　②成熟期の C/F：
　　⇒（営業 C/F：プラマイ 0）、抑え気味の投資（投資 C/F プラス or プラマイ 0）、返済（財務 C/F マイナス or プラマイ 0）
　③衰退期の C/F：
　　⇒（営業 C/F マイナス）、設備の売却（投資 C/F プラス）、与信枠一杯の借り入れ（財務 C/F マイナス）

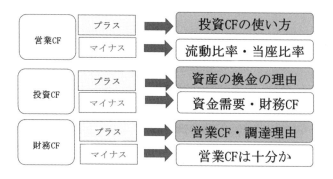

図 6-7　C/F とその留意点
出典　矢島雅己「決算書はここだけ読もう」弘文堂より

9.C/F の改善対策

　C/F のコントロール方法には一定の王道がある。その王道をまず理解し、実践することは、健全経営の第一歩である。
　①営業 C/F の改善。営業 C/F の改善において、基本的な施策は
　　　・期末在庫の削減
　　　・法定償却期間以上の設備の活用
　がある。
　　期末在庫を削減する理由は、在庫は「資産」ではあるが「資金」ではないということ。現金として回収すること（換金すること）に意味がある。設備や備品を大切にするのは、新たな投資を抑えること（＝コスト削減）に直結する。ただし、生産性の向上が図られるなら積極的な設備投資は効果的である。事実、資本レバレッジということで、自己資本が高すぎる会社は投資家から投資の注文を受けることが多い。

　②財務 C/F の改善
　　財務 C/F の改善で基本的な方法は、
　　　・有休資産の売却による借入金の返済
　　　・支払い手形、買掛金の支払いサイトのジャンプ（延期）、または
　　　　低金利への借り換え
　　資金が足りないときは、銀行からの借入れを増やしたり、社債発行も重要

な方法である。常に変化に挑戦する企業は、借金も潤沢な利益から返済しているのが普通である、

③投資 C/F の改善

投資 C/F の改善の基本は、期初の固定費の削減が第一。特に重要なのは、

　　・不要不急の資産の売却
　　・初期投資（固定費）の圧縮

これは一般的な対応であるが、プラスになるのは、資産売却や株式・債券の現金化などがある。積極的な投資活動をしている企業は、常に投資 C/F はマイナスになっており、その状態が健全である。

10. 基本的な分析視点

　企業会計の極めて基本的な財務分析指標として 4 領域 20 項目がある。
　4 領域は、収益性と成長性、そして安全性と活動性である。収益性と成長性はP／Lだけでも一部の分析は可能である。安全性と活動性にはB／Sが必要となる。

（1）重要な財務分析指標 20 項目

　最低限押さえたい 4 領域 20 項目で経営効率、資本効率の大半は分析することができる[2]。

2　これだけでは労働生産性や、生産効率化を分析することは若干難しいが、在庫や債券、人件費等、項目の細分化が可能であれば、同じ構造なので、分析をさらに進めることは可能である。

1．収益性	2．成長性
①総資本経常利益率 ②売上総利益率 ③売上高営業利益率 ④売上高経常利益率 ⑤資本金当期利益率	①売上高伸び率 ②営業利益伸び率 ③経常利益伸び率 ④総資本増加率 ⑤投下資本伸び率

3．安全性	4．活動性
①流動比率 ②当座比率 ③自己資本比率 ④固定比率 ⑤長期適合率	①総資本回転率 ②売上債権回転率 ③固定資産回転率 ④棚卸資産回転率 ⑤仕入債務回転率

図6-8　重要な財務分析指標20項目（再掲／分析編で前出）

（2）収益性の定義と意味

　会社を支えるのは「ヒト」であるが、その「コメの飯（活力）」となるのが「利益」である。利益を上げることができれば、経営を継続できる。利益がでれば「投資・配当」ができる。「投資・配当」ができれば、株主も顧客も引きつけることができる。イノベーションもクオリティも向上させることができる。

　見るべき視点は大きく3点。
　第一は製品の付加価値（値入率と利益率）、第二は資本の収益性、そして第三は組織の生産性である。
　①総資本経常利益率（ROA）
　　（経常利益／総資本）：少ない資本で大きな利益をあげることが重要。一定の期間の資本の収益力を見る。経営者が押さえるべき視点といえる。
　②売上高総利益率
　　（売上総利益／売上高）：同業種内では大きな相違はない。取引先の見直し、商品構成の見直し、仕入れ・生産コストの削減などにより向上。

③売上高営業利益率

（営業利益／売上高）：本業の利益率が高いかを示す。同業他社と比較することで、販売活動や管理活動の効率性がわかり、合理化の余地を把握できる。

④売上高経常利益率

（経常利益／売上高）：通常の企業活動の利益率を示す。金融収支の良し悪しや資金調達力の相違も反映される。

⑤自己資本金（株主資本）当期利益率（ROE）

（当期利益／自己資本金）：自己資本に対して、税引き前当期利益から法人税、住民税等を差し引いた「税引き後当期利益」がいくらあるかを示す。これは株主持ち分に対して、どれだけの利益があるかを見るものである。株主利益が増加するのは、（株価以外では）配当が主なものなので、配当の原資となる税引き後当期利益が重要となる。株主が押さえるべき視点

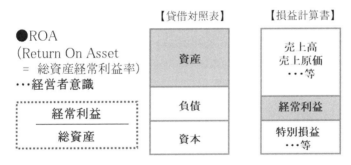

図 6-9　経営者視点で押さえるべき ROA（筆者作成）

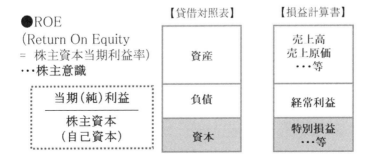

図 6-10　株主視点で押さえるべき ROE（筆者作成）

259

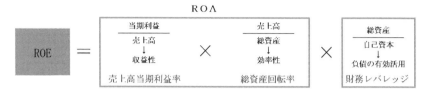

図 6-11　ROA および ROE の関係（筆者作成）

（3）安全性の定義と意味

　利益とあわせて必要なのが「資金繰り」である。資金繰りは、収益と返済の
バランス、すなわち借金返済にかかっている。それは正しく企業の体力ともいうべ
きもので、「安全性」は体力を診断する指標である。

　安全性で、重要な視点は次の 6 つである。ただし、重要なのは、借金が返せ
るだけの「現金がある」という視点ではなく、「借金を返すためにいくら稼ぐか、
借金を返すためのお金をどう稼ぐか」という視点である。企業は、金利以上の利
益率が必要となる。

　①自己資本比率
　　（自己資本／総資本）：総資本に占める自己資本の割合をみるもの。資金
　　はできる限り借金ではなく、自分のお金で経営することが必要。ただし、
　　成長するためには他人資本も活用できる収益力が求められる。
　②流動比率
　　（流動資産／流動負債）：短期間（1 年以内）でみたときに、返済すべき
　　負債に対する現金化される資産の割合。棚卸資産を除いた「当座資産」
　　と流動負債の比率（＝当座比率）は、流動比率よりさらに正確に安全性
　　を示す。
　　注意が必要なのは次の 2 点。
　　第一は、流動資産の中には、現預金以外に「棚卸資産、有価証券、受
　　取手形、売掛金、短期貸付金」が含まれる点である。これらの現金化が
　　遅れれば黒字倒産も起こりうる。
　　第二は、流動資産の中には「含み損と含み益」があること。資産の帳
　　簿価格（簿価）と現在価格（棚卸価格）との差額である。含み損は帳

簿上も対応させることがきるが、含み益は帳簿に現れない。

③当座比率

（当座資産／流動負債）：現金による正味の支払い能力を見る指標。流動資産を当座（即現金化可能）資産と棚卸資産（即現金化が困難）にわけて判定する指標。当座比率が100%以上有れば、無借金経営であり、まず問題ない。流動比率とあわせて当座比率が重要となる。

④固定比率

（固定資産／自己資本）：固定資産の調達がどれだけ自己資本によって賄われているかを示す。妥当な範囲内で設備投資されているかを判断する。

⑤固定長期適合比率

（固定資産／（固定負債＋自己資本））：固定資産の調達がどれだけ長期に安定した調達手段によって賄われているかを示す。100%未満なら問題ない。100%以上なら、固定資産の一部を短期借入金に依存していることを示す。

⑥インタレスト・カバレッジ・レシオ

（（営業利益＋金融収益）／支払利息）：金利支払い能力を示す指標。ただし、成長途上の企業は一時的に悪化する。資本調達コストとして借入金と貸付金の金利差が支払い能力に影響する。

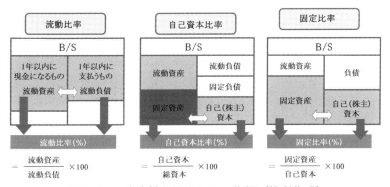

図6-12　安全性を示す3つの指標（筆者作成）

（4）活動性の定義と意味

活動性は、企業の成長と健康に関わる。体力（売上）と体重（総資産）の相関である。

体重にあわせて身長が伸びれば「成長」したといえるが、単に、体重が増えただけなら「肥満」。身長だけなら未熟。体重でも贅肉や脂肪はいらない。筋肉質で有ることが求められる。

　①総資本回転率

　　（売上高／総資本）：少ない資本でも回転させることで大きな利益をあげることできる。資本金の何倍の売上げがあったかを見る。

　②売上高債権回転率

　　（売上高／売上債権高）：現金売りをしない限り、必ず債権が残る。債権は回収されて初めて取引は完了する。通常は受取手形と売掛金が分母になり、流動資産に含まれる。

　③たな卸し資産回転率

　　（売上高／棚卸資産）：棚卸資産は売り上げてはじめて利益になる仕掛品や原材料が多いと回転が下がる。仕掛り在庫、原材料在庫を圧縮し、回転率を高めることが必須。

　④固定資産回転率

　　（売上高／固定資産）：棚卸資産が、在庫に影響するのに対して、固定資産は、設備に関するものが中心。償却資産（もしくは有形固定資産）とその他の資産にわけることが基本。

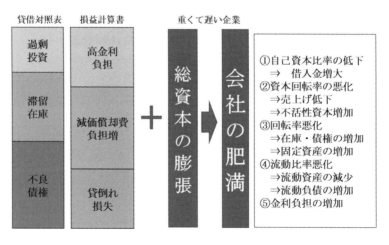

図6-13　重くて遅い肥満型企業の原因（筆者作成　利益編／再掲）

11. 損益計算書、貸借対照表、C/F 計算書の関係図と構造

　企業の内部では、売上や経費などで毎日お金が動く。損益計算書のデータはお金の動きにあわせて変動する。貸借対照表も売上が上がれば資産が増え、借入金が増えれば負債が増える。そして損益計算書の項目の「当期純利益」と関係する。

　損益計算書は「ある一定期間」の財務状況を示しているのに対し、貸借対照表では企業の資産と負債、純資産の「ある一定時点」の状況を示す。貸借対照表は、「負債＋純資産＝資産」で構成されている。貸借対照表では、会社がどのくらい資産を保有しているか、資産をどのように調達したのか、などを読み取ることができる。

　貸借対照表の「利益剰余金」という項目が、損益計算書の「当期純利益」という項目につながっている。貸借対照表の純資産の「利益余剰金」は、損益計算書における「当期純利益」を構成しているということになる。

　貸借対照表の利益余剰金は、「利益余剰金」と「その他利益余剰金」の２つで構成されていが、貸借対照表では「当期純利益」の蓄積が「その他利益余剰金」として計上されている。、損益計算書の観点からみると、損益計算書で計算される１年間の利益である当期純利益は、株主に一定の割合で分配され、残りの利益が「当期未処分利益」として計上され、それが貸借対照表の「その他利益余剰金」となる。

　損益計算書、貸借対照表、C/F 計算書のそれぞれの位置関係と、構成要素毎と関係性、構造は下記のようになる。

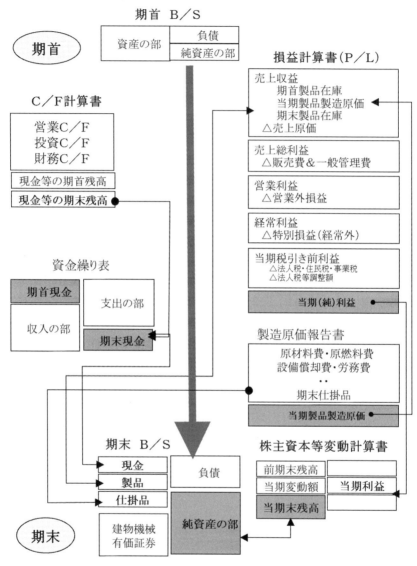

図 6-14　P/L、B/S、C/F の関係図
出典　矢島雅己「決算書はここだけ読もう」弘文堂より

12. 左側の借方と右側の貸方の合計が一致しない場合

合計の数字が合わないときは、どうすればよいか。
間違いの原因を発見しやすいポイントは下記の通り。

ポイント1：勘定科目の位置を一つずつ確認すること
　貸借対照表は、資産に分類されている勘定科目は左側、負債と純資産に分類されている勘定科目は右側と決まっている。左右の数字が合わない場合は、まず勘定科目の項目を一つ一つ確認する方法がシンプルでベストである。

ポイント2：各勘定科目の金額を確認すること
　単純な入力ミスや転記ミスで、金額が異常なほど大きくなる。貸借対照表の左右の合計の差が異常なほど大きい場合は、各勘定科目の金額を、ここでも一つ一つ確認する。前期末と当期末の貸借対照表を比較して、間違いの原因を探すこともできる。

ポイント3：仕訳帳や総勘定元帳と比較してみること。
　上記の2つで間違い箇所を見つけることができたら、総勘定元帳の勘定口座で正しい金額を確認する。勘定口座には、金額の増減が日付順に記載されている。その金額は、仕訳帳をもとに転記されているはずである。総勘定元帳、そして仕訳帳とひとつずつ確認していくなら、どこで間違いが発生したか原因を突き止めることが可能である。その際、借方と貸方が正しい位置にあるか、金額は正しいかどうかもあわせて確認が必要である。

13. 損益分岐点売上（BEP）：
利益を出すには、いくら削減すればいいのか。

財務分析（収益性・成長生・安全性・活動性）の他、「損益分岐点売上」による分析手法がある。
　損益分岐点（break-even point/ 以下、BEP）は、管理会計上の概念の一つ。
　経営分析では、伝統的にCVP（Cost Volume & Profit）ともいう。
　売上高と費用の額がちょうど等しくなる売上高を指す。採算点とも呼ばれる。
益分岐点上の売上を求めるには次の公式を使う。

損益分岐点売上高（BEP）＝ 固定費 ÷（1 －（変動費÷売上高））

　BEP の実際の売上高に対する割合を「損益分岐点比率」という。この指標を用いて企業の収益性を評価することがある。

損益分岐点比率 ＝ 損益分岐点売上高 ÷ 純売上高

　損益分岐点分析は、古くからの経営分手法であるが、直感的で理解しやすい。損益分岐点比率は低ければ低いほど収益性が高く、かつ売上減少に耐える力が強いことを意味し経営が安定していると判断される。8 割程度が理想であるとされるが、業種により異なり、一般には 9 割を若干上回る程度の業種が多い。

（1）固定費・変動費をそれぞれ同額削減した場合の変化

　図表 15 は、それぞれ固定費もしくは変動費を同額だけ削減した場合の損益分岐点売上げのグラフである。
　　①　A ⇒ B：　固定費を削減した場合
　　②　A ⇒ C：　変動費を削減した場合　※削減額は B、C とも同額
　それぞれ B、C のグラフには、どのような変化が見られるだろうか。

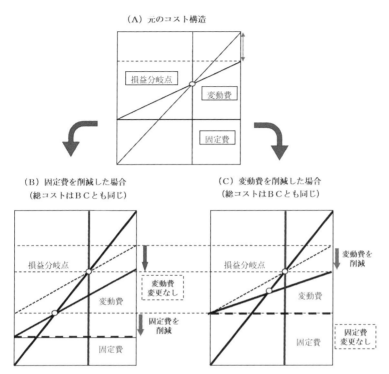

図 6-15　固定費・変動費をそれぞれ同額削減した場合の変化（筆者作成）

　上記の図表から、読み取れるファクトは下記の 2 点である。
　　①固定費を削減した（B）の BEP の低下が大きい（引き下げ効果が高い）。
　　②変動費を下げた（C）の BEP を超えてからの利益率（角度）が大きい（利
　　　益率が大きい）。

　このことから選択できる戦略は、「損益分岐点（BEP）までは、可能な限り固
定費を削減し、BEP を超えてからは、積極的に変動費削減に取り組むこと」が
重要となる。
　実際には、固定費の大半は期初の設備投資であり、大半がすでにキャッシュア
ウトしてしまっているので、回収は難しい。そのため、必要なマネジメントは設備
の保守と償却期間以上の長期利用となる。要は、設備は大切に長く使い、不必
要な設備投資は控えることに他ならない。

（2）固変分解の方法

　損益分岐点売上分析で必ず問題になる項目がある。それが固変分解である。

　すべての経費を固定費と変動費に分解する方法であるが、ほとんどの財務会計本、経営分析本では、簡単ではないことを強調している。実務的には不可能としている書籍もある。

　主要な実務方法は、下記の3方式がある。

　　①中小企業庁方式　（費用分解基準）　※中小企業BCP策定運用指針

　　②勘定科目比率方式（勘定科目按分法）

　　③日銀方式　（主要企業経営分析方式）

いずれが正しいかではなく、決めた方法で継続することが重要。実務家にとって固変分析の議論は意味が無い。

　損益分岐点分析の目的は売上ではない。「いくら売ったら利益がでるか」ではない。目的は経費削減である。「いくら経費を削減したら利益が出るか」である。

　利益が出ているときにBEP（CVP）は問題ない。利益が出ていないときだからこそBEPが問題なのである。

　固定費部分をいくらまで下げれば収益が出る構造になるか、変動費をどこまで圧縮すれば損益分岐点売上を引き下げられるか、にある。

　したがって、現時点の売上と経費の合計が集計され、営業利益、経常利益が算出されたならば、利益がでる構造が逆算できる。逆算さえできればよい。計画だからである。

　特に、対応可能な固定費の削減が最重要アプローチである。

　　①直接労務費、間接労務費（賞与、時間外勤務手当、福利厚生費、教育訓練費）

　　②役員給与

　　③減価償却費、賃借料、保険料、外注加工費

　　④研究開発費

　　⑤広告宣伝費

　　⑥交際費・接待費

　これらを削減できれば、一挙にBEPを引き下げることができる [3]。

3　2008年リーマン・ショックの時、多くの企業は、従業員賞与をカットし、残業代をカットし、役員手当をカットした。最悪の場合は、非管理職の給与までカットした企業が在る。最大の理由はコスト削減ではない。雇用

14. 投資の評価方法

これまで経理（Accounting）について確認をしてきた。もう一つ重要なのが、財務（Finance）である。企業会計は管理手法となるのに対し、ファイナンスは、戦略そのものといっていい。会計では「利益」であるが、財務で求められるのが「価値」である。

(1) NPV（Net Present Value: 正味現在価値）法とは

投資により生み出される C/F の現在価値（PV）と、初期投資額を比較することで投資を評価する方法が NPV である。ファイナンス理論に基づく。
　　①投資により生み出される C/F を予測
　　② C/F の現在価値を計算

NPV を計算するためには、まず、ディスカウント・キャッシュフロー（Discounted Cash Flow ／以下、DCF）およびフリー・キャッシュフロー（Free　Cash Flow ／以下、FCF）の 2 つの概念を理解する必要がある。

(2) FCF の算出

DCF 法では、まず、FCF の計算が必要である。FCF は企業が最終的に自由に使えるキャッシュのことであり、企業は FCF から借入金の返済、株主への配当、事業拡大のための設備投資を行う。FCF がマイナスの企業の場合、企業を維持するために銀行借り入れ・第三者割当増資・資産売却など、いずれ資金調達が迫られる。

ただし FCF は企業が多額の設備投資などを行うと、優良企業であっても一時的にマイナスの年が発生する。よって DCF 法により企業評価を行う場合は、単年度の FCF を利用するのではなく、数年分の FCF が利用される。

の維持にある。いくらまで売上が必要かではない。いくらまでコストを下げれば「耐えられるか」である。

上場企業など C/F 計算書が既に作成されている場合、FCF は次の計算式となる

FCF ＝営業活動による C/F ＋投資活動による C/F

※投資活動による C/F は通常マイナスとなるため、上記計算式では営業活動による C/F から投資活動による C/F が引かれることになる。

一方で C/F 計算書の作成がなされていない場合は、下記の計算式で算出が可能である。

FCF ＝営業利益×（1 −税率）＋減価償却費−投資額−運転資金増加額

※運転資金＝売上債権と棚卸資産の合計額から仕入債務を引いた金額

（3）DCF の算出

DCF 法の考え方は、C/F を現在価値に割り引く、というものである。資本は時間の経過とともに、その価値が増殖する性質を持つ、という考え方が背景にある（ex. 銀行預金等の無リスク資産の保有によっても資本の増加が可能）。

よって事業計画書の将来計画数字から算出された FCF を割り引いて、現在価値に修正する必要がある。

（4）現在価値（Present　Value ／　以下、PV）の算出

ある資産が 1 年後、2 年後、3 年後・・・n 年後に C1、C2、C3・・・Cn の C/F を生み出すと想定し、この時のリスク（割引率）を r とすると、次の計算式となる。

PV（現在価値）＝ C1/（1+r）＋C2/（1 + r）2 + C3/（1 + r）3・・・Cn/（1 + r）n

① NPV（Net Present Value: 正味現在価値）を計算し、そこから期初の投資額を控除することで、正味の現在価値が算出できる。
⇒　NPV　＝（PV）−（初期投資額）
② NPV が正（NPV ＞＝ 0）ならば投資を行い、負（NPV ＜ 0）ならば投資しない、という判断になる。

(5) IRR (Internal Rate of Return: 内部収益率) 法

IRR (Internal Rate of Return) とは、投資の「利回り」を考慮した評価方法である。

同程度のリスクを持つ投資案件の利回り（＝比較利回り＝ハードルレート）[4] と当該案件の利回り（＝期待利回り＝ IRR）を比較することにより投資を評価もの。

①ハードルレートを設定　（期待値であり、恣意的な利率となる）

②投資により生み出される C/F を予測　（あくまでも予測であって仮説の一つ）

③ IRR を計算　⇒　IRR は、NPV ＝ 0 となる割引率を算出。計算式は次の通り。

$$CF0 + CF1/ (1+IRR) + CF2/ (2+IRR) 2 + \cdots + CFn/ (1+IRR) n = 0$$

④ IRR がハードルレートよりも大きければ投資を行い、小さければ投資しない。

NPV と数式的な違いは無いが、概念的には、割引率⇒ハードルレート、期待利回り（IRR）と予測値が多いため、きわめて恣意的な、仮説値の塊である。予算設計的には意味があるが、意思決定的には、チャレンジ目標でしかない。

人事的には目標管理として意味があるが、財務的に積極的な投資を覚悟するには、なんとも心許ない数値の羅列となる。

(6) ROA（純資産利益率）ROE（株主資本利益率）／ ROI（投下資本利益率）

ROA (Return on Assets: 純資産利益率) ＝利益／総資産

総資産をどの程度効率的に活用し、利益に結び付けているかを計る指標である。前提として売上高利益率あるいは総資産回転率の向上が必要となる。

4　ハードルレートとは：ハードルレートとは、投資評価の基準の1つで、最低限必要とされる利回り。何らかの投資案件があった場合に、その案件に投資するか棄却するかの判断となる利回り。当該投資案件の IRR（内部収益率）がハードルレートより低ければその案件は棄却される。企業におけるハードルレートは資本コストとすることが多い。そのため、資本コストとハードルレートは同義語としても用いられる。実務では、事業部ごとの経営指標として投下資本収益率のハードルレートを設定する際に、WACC（加重平均資本コスト）に市場の期待する利率などの努力目標を上乗せしてハードルレートとすることもある。https://mba.globis.ac.jp/about_mba/glossary/detail-11910.html

$$ROA = 利益／総資産 = \frac{利益}{売上} \times \frac{売上}{総資産} = 売上高利益率×総資産回転率$$

①売上高利益率（当期利益／売上高）：売上に必要なコストの低減で向上

②総資産回転率（売上高／総資産）：売上高利益率とトレードオフの場合も

③ROE（Return on Equity: 自己資本利益）税引後利益／自己資本

④株主資本がどの程度利益を生み出しているか→投資家の判断基準

⑤「財務レバレッジ」「総資産回転率」「売上高当期利益率」の向上が必要

⑥財務レバレッジ（総資産／自己資本）：銀行借入や社債発行などを梃子（レバレッジ）として使い、自己資本に対して、何倍の資産を作ったか（企業規模を拡大したか）を示す指標

図6-16　ROA（Return On Asset= 総資産経常利益率）
による経営者意識の視点（再掲）

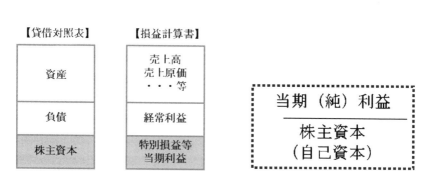

図6-17　ROE（Return On Equity= 株主資本当期利益率）
による株主意識の視点（再掲）

（7）株価収益率（PER）

PER：Price Earnings Ratio
　PER は、現在の株価が前期実績または今期予想の1株あたり利益の何倍になっているかを示したものである。わかりやすい理解は、1 株あたりの利益で株価分を回収するのに、何年かかるかを示した数字といえる。

　PER（株価収益率：今期ベース）　　＝S　/　（EAT/N）　＝（S×N）　/ EAT

　※EAT　＝今期予想税引後利益

　※N　　＝発行済み株式数

　※S　　＝株価

　成長産業においては PER を高めに、成熟・安定産業においては PER を低めに見積もる必要がある。当該企業の PER と業種の平均をベースに、その企業固有の要素を加味して企業価値を決定する。

　①株式利益の回収期間と運用利回り
　「企業価値」は、「株式時価総額」と一致するという立場をとる。
　企業の利益（特に株主にとっては税引き後利益）の何倍がその企業の価値であると考えるとき、その倍率として利用されるのが株価収益率である。
　株主の側から見れば、「利益が全て配当に回された場合に何年で元本を回収できるか」という指標として見ることができる。
　企業の側から見れば、「株主からの出資をどれくらいの利回りで運用しているか」という指標の逆数と見ることができる。

　②株価の割高認識と新株発行
　利益が減ると、株価収益率は増加することとなる。一般に株価収益率が業界平均値と比較して高いときは、当該企業の株価は割高とされる。
　新株予約権や特殊条項付き転換社債型新株予約権付社債（MSCB）などが発行されている場合は、その執行の前後や転換価格の変更により PER（あるいは期待値）は変動する。
　市場間、あるいは投資対象（企業・債券・不動産・商品先物等）間での投資収益率の大幅な違いは価格変動の大きな波乱要素であり投資対象、たとえば企業収益などへの期待が正・負いずれかの方向に大きく変動する（裏切られる）

ことなどをきっかけに急激な相場変動や市場の混乱をもたらす要因となる。

(8) 株価純資産倍率（PBR）

PBR:　Price Book-value Ratio

PBR は、時価総額が、会計上の解散価値である純資産（株主資本）の何倍であるかを表す指標、株価を一株当たり純資産（BPS）で割ることで算出できる。

株価純資産倍率　＝　株価　÷　一株あたり純資産額

PBR は、分母が純資産であるため、企業の短期的な株価変動に対する投資尺度になりにくく、また、将来の利益成長力も反映しにくいため、単独の投資尺度とするには問題が多い。

以前は「自社株を含めた発行済株式数」で計算していたが、近年は「自社株を除く発行済株式数」で計算する方法が主流になりつつある。

企業の株主還元策として自社株を買い消却する動きが拡大しており、より実態に近い投資指標にするための措置である。株価純資産倍率は（以下 PBR）、一株あたり純資産額に対する株価の倍率（状況）を測る指標である。

一般に PBR が 1 倍であるとき、株価が「解散価値」と等しいとされ、それ以下だと割安株として扱われる。1 倍以下の水準では純資産の額より株式時価総額のほうが安いことを意味しており、継続的に事業を行うより解散した方が株主の利益になるという概念である。

実際に解散することはないので「解散価値」自体が概念的であり、企業努力を促す意味はあっても、株主には何ら意味の無い数字である。株主は解散させるよりは、株の売却を行うからである。

むしろ、株主側の目利き能力が求められ、魅力的な事業か、十分な資産を持っているか、判断力が有れば、低 PBR で推移している企業は絶好の投資対象ということができる。

一方、PBR が高いからといって、資産取得を目的とした買収の対象と考えることはほとんど無い。むしろ、株主は「保有するキャッシュ」の配当を要求するレベルでしかない。その意味で、1 倍あったとしても魅力的と考える株主はいないだろ。

財務面で社債や長期借入金などの他人資本を中心に経営を行っている企業で

は、自己資本比率が極端に小さくPBRが高くなるため、株主にとってはその積極性こそが魅力的となる。

　自己資本が少なく財務面でPBRに問題があっても、事業収益性が高く株価収益率（PER）が低い水準にある企業に対する投資は有効であるかもしれない。実際には、高いPBR, 低いPERというのはあまり存在しない。

　連結会計を行う企業の場合、純資産には連結純資産と個別純資産があり、いずれの数値を元に算定するかによってPBRに差異が生じる。

　持分法適用会社など、比較的容易に企業グループから離脱する可能性がある場合は、持分法適用比率を外れた段階で数値が大幅に変化することがある。

15. 決算書から読み取る倒産リスク

（1）企業倒産原因と対策

　企業にとって最大のリスクは倒産である。あらかじめ倒産リスクを算出できればこれに越したことはない。しかし、多くの企業は、その予兆を意識することなく突然倒産に見舞われる。これまで、倒産といえば、中小零細企業の経営不振と資金不足が大半であったが、2008年のリーマン・ショック以降、中堅企業や大手企業までも大型倒産が相次いだ。倒産しないまでも、東芝は2015年「特設注意市場銘柄」の指定を受け、シャープは2016年鴻海の子会社となった。

　東京商工リサーチの調査によると、倒産のリスクは大きく5つに分類される。

　　①販売不振
　　②連鎖倒産
　　③放漫経営
　　④過少資本
　　⑤信用性低下

　その他、過剰投資や売掛金の回収難などが続く。信用性低下は販売不振や過少資本などが多く輻輳的に影響しているといえる。

（2）企業倒産の状況と一般的な対応策

　それぞれの一般的な状況は下記の通り。
　①販売不振

販売不振は、徐々に進行する場合と、急速に進行する場合がある。徐々に減少していく場合には、経営分析や在庫状況、出荷状況など、経営指標の観察によって確実に認識できる。

問題は、急激な減少である。これは競合やユーザーの反応など、数値だけでは読みにくいので、現場の情報が重要となる。

②連鎖倒産

特定の取引先、特定の商品に依存した経営の場合、販売委託先の不振や取引先の倒産により、商品の調達、売掛けの回収不足が発生する。建設業や製造業に多い。

中には、前経営者の放漫経営など、長期的に業績が悪化しているのにも関わらず、それを把握していないために倒産してしまうことがある。これは適切な経営指標を利用して業績を追うことができておらず、キャッシュフローの動態を把握できていない場合が多い。対策としては、自社の販売先・仕入先を多様化させることで、経営リスクを分散させることである。

③過少資本

以前は、株式会社は資本金1000万円以上、有限会社は資本金300万円以上という最低資本金制度があったが、制度撤廃以降、過少資本で倒産する事例が増加している。日常の取引から在庫の動きを注意しておくことが必要。さらに、元々自己資本が少ない企業は注意が必要である。過少資本倒産を回避するには、新たな投資を避け、内部留保の充実（利益準備金の充実と有利子負債の返済）を優先することが重要。特に固定資産の少ない企業は銀行の与信枠も小さくなるため、急激に経営が悪化するため要注意である。

④放漫経営

放漫経営とは、経営者の経営能力の欠如や私物化、あるいはずさんな管理体制などが原因となる。こうした企業は粉飾にも手を染める。経営者の周囲の人間が高い経営意識を持ち、経営の意思決定を監視していくことが重要である。

⑤設備投資過大

規模拡大は重要であるが、過大に投資すると資金繰りに苦しむ。設備投資資金は、その設備の収益から回収するのが正攻法。設備投資は利益が出ることが前提。注意を要するのは店舗のリニューアル、本社新社屋建築や移転など。対策としては、設備投資費の範囲内運用。具体的には「固定長期適合率」は必須の判断材料である。当然、短期借入金による設備投資は厳禁である。

⑥信用性の低下

　顧客や取引先、銀行など多くのステークホルダーと関わっている経営者の場合には、信用は必須条件である。特に、銀行の与信や追加融資は確実に確保する必要がある。自社利益を追求するだけではなく、ステークホルダーとの関わり方だけで信用性は大きく変わる。

　⑦売掛金回収難

　売掛金は運転資金として必須のもの。特に中小企業では（仲間内の付合いから）売掛金回収意識が低い場合が多く、倒産に巻き込まれやすい。売上目標や売掛金回収のルールを定め、回収率を高める意識を常に持つことが必要である。

　⑧在庫過剰

　在庫は資産であるが資金ではない。在庫を過剰に抱え込むことは倒産と直結する。設備投資と同様、在庫はキャッシュフローに影響する。さらに流動負債の増加と過少資本にも影響する。防止策は在庫の適正管理が必要。在庫は必要なときに必要なだけあり、必要のないときはゼロになるのが理想的である。

(3) 企業倒産ランキングの定義

企業の倒産信用度の物差しとしては、Moody's や R&I、S&P などがある。

Moody's の格付けは下記の 21 ランク[5]。

表 6-1 Moody's Corporation の格付け
（出典 https://www.moodys.com/pages/default_ja.aspx）

Aaa	最高評価で最も信用リスクが低い格付け	第-1 短期債務を返済する最も優れた能力
Aa1	高い評価でとても信用リスクが低い格付け	
Aa2		
Aa3		
A1	中上位格で信用リスクの低い格付け	第-1/第-2 最も良質で、短期負債を返済できる高い能力がある
A2		
A3		
Baa1	中位の格付けで，不確定要素と中位の信用リスクがある．	第-2 短期負債を返済できる高い能力がある
Baa2		第-2/第-3 短期負債を返済できる受容力、もしくは高い能力がある
Baa3		第-3 短期負債を返済できる受容力
Ba1	著しい信用リスクと投機的要素があると判断される	
Ba2		
Ba3		
B1	高い信用リスクと投機として判断される	
B2		
B3		
Caa1	貧しい品質で高い信用リスクとして格付け.	適格無し 主要なカテゴリにはいずれも属さない
Caa2		
Caa3		
Ca	非常に高い投機要素があり、デフォルトに近い可能性があるが、元本と利息を回収できると判断する	
C	最低な品質と常にデフォルトのリスクがあり、低い確率で元本と利息を回収できると格付けられる	

---

5 https://ja.wikipedia.org/wiki/%E3%83%A0%E3%83%BC%E3%83%87%E3%82%A3%E3%83%BC%E3%82%BA Moody's
2021年8月4日アクセス Wikipedia

278

(4) SAF 値による倒産リスクの算出 [6]

　実務的に承認されている倒産指数は SAF2002 であろう [7]。

　SAF 値の計算式は下記の通り。

表 6-2-　SAF 値の算出計算式

（出典　白田佳子 AI 技術による倒産予知モデル X 企業格付け 税務経理協会 2019）

$$SAF値＝（0.01036×A）＋（0.02682×B）－（0.06610×C）－（0.02368×D）＋0.70773$$

A	総資本留保利益率（%）	（期首・期末平均留保利益　÷　期首・期末平均総資本）×100
B	総資本税引前当期利益率（%）	（税引き前当期利益÷期首・期末平均負債・純資産合計）×100
C	棚卸し資産回転期間（月）	期首・期末平均棚卸資産×１２÷売上高
D	売上高金利負担率（%）	支払利息÷売上高×100

　上記の式の判別式は下記の区分になる。

表 6-3　SAF 値の閾値　2002 年モデル　（初期の数値）

（出典　宝島別冊「倒産した会社倒産しない会社の決算書」2009 年））

SAF 値＜0.70	倒産可能性　大
0.70＜SAF 値＜0.90	要注意ゾーン
0.90＜SAF 値＜1.44	安全ゾーン
1.44＜SAF 値	優良ゾーン

　SAF2002 モデルが当初開発された 2000 年から直近の 2016 年までの間の SAF 値の閾値の全格付けについては、当然環境に依存するため、閾値自体は変動している

6　別冊宝島 『倒産した会社　倒産しない会社の決算書』 2009 年 4 月

7　SAF2002 とは、白田佳子（筑波大学大学院教授 / 当時）の提唱する倒産判別分析モデルであり、'Simple Analysis of Failure 2002' の略。SAF2002 は、わずか 4 つのパラメータを持つ重回帰式であるが、判別力の高さが検証され実務の世界では、一般化しているといえる。四季報などにも採用された。https://ja.wikipedia.org/wiki/SAF2002

S&Pとの関連と2016年モデルは下記の通り。

表6-4　SAF値の閾値の変遷
（2002年モデルからの変遷値とS&Pとの関連）

S&P格付け	SAF格付け	SAF2002
AAA	AA	1.53900 以上
AA+	A	1.53900 未満～1.18717 以上
AA		
AA−		
A+	BB	1.18717 未満～0.75261 以上
A		
A−		
BBB+	B	0.752611 未満～0.41490 以上
BBB		
BBB−		
	C	0.41490 未満

（出典　白田佳子 AI技術による倒産予知モデル X 企業格付け 税務経理協会 2019）

（5）SAF値の数値の定義と意味

　式の意味は下記の内容となる。
　①　A：総資本留保利益率
　　・総資本留保利益率（%）＝
　　　（期首・期末平均留保利益　÷　期首・期末平均総資本）×100
　　・留保利益はB/Sから純資産の部─（資本金＋資本剰余金＋新株予約権
　　　＋少数株主持分）で算出(連結)。総資本はB/S上の「負債・純資産合計」。
　②　B：総資本税引き前当期利益率
　　・総資本税引前当期利益率（%）＝
　　　（税引き前当期利益÷期首・期末平均負債・純資産合計）×100
　　・税引前当期利益はP/Lの特別損失の次に「税引等調整前当期純利益」で記載。
　　　負債・純資産合計はB/Sより抽出。

③　C: 棚卸し資産回転期間

　・棚卸し資産回転期間（か月）＝　期首・期末平均棚卸資産×12÷売上高

　・棚卸資産は、B/S の流動資産の項目。

　・売上高は P/L 上の売上高

④　D：売上高金利負担率

　・売上高金利負担（％）＝支払利息÷売上高×100

　・支払利息は、「営業外費用」の「支払利息」の数値。売上高は P/L の売上高。

用語集 [8]

....

【A-Z】

ACGA (Asian Corporate Governance Association)

アジアにおけるコーポレート・ガバナンスの推進を目的とする非営利団体。アメリカ最大の公的年金基金のカリフォルニア州職員退職年金基金（カルパース）や、イギリス大手運用会社のハーミーズ等、大手年金基金や運用会社など約90社がメンバーとして参加している。

CSR (Corporate Social Responsibility)

企業の社会的責任。企業が事業活動において付加価値を社会還元するといった経済的側面のみならず、営利的経済活動と社会活動、社会的責任を調和させることにより持続的発展を図ろうとするもの。

DCF (Disceunfeil Cash Flow)

割引キャッシュフロー法。企業価値算定のほか、不動産投資や不良債権回収などの局面で利用される算定方式。

DE レシオ (Debt Equity Ratio)

企業財務の安定性をはかる指標の一つ。負債が自己資本の何倍にあたるかを示す。DE レシオ＝負債÷自己資本

DOE (Dividend On Equity Ratio)

自己資本配当率。年間の配当総額を純資産で割って算出する指標のこと。株主から拠出された資金に対して、企業がどの程度配当による株主還元を行っているかを示すもの。DOE（自己資本配当率）＝配当金総額÷純資産。

EDINET (Electronic Disclosure for Investors' Network)

金融商品取引法に基づく有価証券報告書等の開示書類に関する電子開示システム。米国 SEC の EDGAR システムの日本版システムとして金融庁主導で2001 年 6 月より稼働開始、2004 年からすべての企業に有価証券報告書の提示と開示が義務付けられた。http://info.edinet-fsa.go.jp/

EPS (Earnings Per Share)

8　参照資料　http://ja.wikipedia.org/wiki/Wikipedia　http://t21.nikkei.co.jp/　http://www.atmarkit.co.jp/　http://e-words.jp/　http://www.k2iy.com/zaimu/　http://www.carjp.net/keiei/　http://kw.keiei.ne.jp/　http://dir.kotoba.jp/ddcat.cgi?fsz=2&k=financial　http://www.finance-dictionay.com/　その他、各種参考図書。内容は明治大学 萩原統宏教授執筆による。

1 株当たり当期純利益。当期純利益を発行済株式数（保有している自社株は控除する）で割って求めたもの。EPS ＝当期純利益 ÷ 発行済株式総数。

ESG

E（Environment）、S（Social）、G（Governance）の頭文字で、「環境、社会、ガバナンス」を指す。「持続可能な社会」を目指して 2000 年に国連が策定した企業行動原則「グローバル・コンパクト」を契機として、注目が高まってきている。これまでのリターンを過度に重視した投資手法に対して、リーマン・ショックを契機として機関投資家の間では、今後は ESG を重視して「Responsible business / good business」を確立している企業に積極的に投資をしていこうという機運が高まってきている。ESG は非財務情報であるので、企業側にとってこれらの情報のディスクロージャーが今後の課題となっている。

GIRN（Global IR Network）

2008 年 9 月 3 日の国際 IR 連盟（IIRF）の発展的解散を受け、発足。

IFRS（International Financial Reporting Standards）

国際会計基準審議会（IASB）が策定する国際的な会計基準のことで、「国際財務報告基準」と訳される。欧州連合（EU）が 2005 年に EU 域内上場企業に対し連結財務諸表に IFRS の適用を義務付けたことなどを契機として、IFRS を自国の会計基準として取り入れる動きが活発化した。日本、米国では自国の会計基準を IFRS と同等なものに近づけるためのコンバージェンス（統合化）が進められている。日本基準と IFRS との統合化は 2011 年 6 月末に終了する。一方で、米国では米国会計基準にかえて IFRS をそのまま適用（アドプション）できるようにするための議論が活発化している。米国の影響を受けて日本においても、IFRS を自国の会計基準として採用することを目指した議論が活発化。企業会計審議会・企画調整部会は 2009 年 2 月に、IFRS の任意適用については、2010 年 3 月期の年度財務諸表から一定の上場企業の連結財務諸表に認め、強制適用について 2012 年を判断の目途とする旨を発表した。

IPO（Initial Public Offering）

それまで特定個人や特定法人の株主によってしか所有されていなかった未上場の企業が新規に上場し、一般の投資家に株式を売り出すこと。

IR Day

事業別説明会の一形態。複数の事業を展開している企業が、1日、ないしは数日をかけて、1つの会場内で各事業について説明を行う。

IR オフィサー

IR活動の実践に不可欠な知識と能力を備えた企業のIR責任者や担当者。日本IR協議会ではIRオフィサーを育成するためのセミナーや講座を実施し、年間プログラムとして体系化している。

IR 行動憲章

2008 年度日本IR協議会が策定、2008 年 12 月 17 日の「IR カンファレンス」で公表した憲章。社会の一員として自らの企業価値を長期にわたり向上させ、健全な資本市場の発展を目指し、より進化した IR を実践するための指針として策定された。3 部構成で、主文として 7 つの「原則」があり、それぞれを具体化した「基本姿勢」を伴う。そして「基本姿勢」を実践するための行動を「実行の手引き」で示している。「実行の手引き」は、IR活動の「チェックリスト」としても活用できる。憲章の詳細は、当会ウェブサイトの「日本IR協議会の概要」→「IR行動憲章」を参照のこと。

M&A (Mergers and Acquisitions)

企業の合併や買収のこと。広義には、包括的な業務提携や OEM 提携なども含まれる。なお、M&A などの取引に際して行われる対象企業についての調査活動のことを「デューデリジェンス」（DDと表記されることもある）という。

MBO (Management Buy-Out)

企業の合併・買収（M&A）の一形態で、企業の経営陣や従業員などが、自社や自社の一事業部門を自らの出資と金融機関や投資ファンドなどからの借入や出資をもとに買収する形態のこと。なお、従業員による事業の買収や経営権の取得のことを特に「EBO（Employee Buy-Out）」という。

PBR (Price Book-Value R atio)

株価純資産倍率。株価を1株当たり純資産（BPS）で割ったものであり、株価が 1 株当たり純資産の何倍まで買われているかを示している。一般に PBR が 1 を割っている企業は「解散価値（企業が解散するときに株主が受け取る価値）」を下回っており、著しく割安だと評価される。

PBR（倍）＝株価÷ BPS（一株当たり純資産）。

PER (Price Earnings Ratio)

株価収益率。株価を 1 株当たり純利益（EPS）で割ったものであり、株価が 1 株あたり純利益の何倍まで買われているかを示している。株価収益率が高いほど、利益の成長に対する市場の期待が大きい。成長する可能性が高いのに PER が低い企業の株式は「割安」とされる。PER ＝株価÷ EPS（一株当たり純利益）。

ROA（Return on Asset）

総資本利益率（総資産利益率とも言う）。利益を、前期及び当期の総資本の平均値で割ったものであり、会社が調達したお金（自己資本＋他人資本）を使ってどのくらい利益を上げたかを表す。ROA（％）＝利益÷総資産（総資本）×100。

ROE（Return on Equity）

自己資本利益率（株主資本利益率とも言う）。純利益を、前期及び当期の株主資本（純資産−新株予約権−少数株主持分）の平均値で割ったものであり、株主から拠出された資金を活用して、どれくらい利益を出したかを示している。分母の株主資本は、貸借対照表上の純資産−新株予約権−少数株主持ち分で求める。

単体 ROE（％）＝当期純利益÷（純資産 - 新株予約権）×100。

連結 ROE（％）＝当期純利益÷（純資産 - 新株予約権 - 少数株主持分）×100。

SEC（Securities and Exchange Commission）

米証券取引委員会。1934 年に設立された連邦政府機関で、投資家保護のために証券取引法規を管理している。日本では、証券取引等監視委員会がこれにあたる機能を有している。URL：http://www.sec.gov/

SRI（Socially Responsible Investment）

社会的責任投資。従来の財務分析による投資基準に加え、社会・倫理・環境といった点などにおいて社会的責任を果たしているかどうかを投資基準にし、投資行動をとること。

TD net（Timely Disclosure network）

東京証券取引所が、会社情報の広範かつ迅速な伝達を目的として運営する「適時開示情報伝達システム」のこと。制度的情報開示のうち、「適時開示」に関する情報を一般投資家にも閲覧できるようにした電子ライブラリで、1998 年 4 月から稼働している。

TOB（Take Over Bid）

株式公開買いつけ。企業の合併・買収（M＆A）の際、相手方企業の株式を市場で取得する際、用いる手法。

TOPIX（TOkyo stock Price IndeX）

東証株価指数。基準時を 1968 年 1 月 4 日の終値に置き、その日の時価総額を 100 として、その後の時価総額を指数化したもの。市場全体の株価の動き

を表す。

XBRL（eXtensible Business Reporting Language）

各種財務報告用の情報を作成・流通・利用できるように標準化された言語のこと。2002年9月にXBRL Japanが設立され、有価証券報告書にかかるタクソノミーがほぼ固まりつつあり、2008年8月から東京証券取引所はXBRLによる電子開示を義務づけている。

NPV ／ IRR ／ DCF 法

Net Present Value ／ Internal Rate of Return ／ Discounted Cash Flow
事業の収益性や投資価値の判断を事前に行うための指標。投資に必要なキャッシュと将来得ることができるキャッシュの現在価値を比較して判断する。

NPV（正味現在価値）や IRR（内部利益率）は、ある事業に対する投資を事前に判断する際に利用する指標。資本コストを用いて将来のキャッシュフローを現在価値に割り戻す方法である DCF 法を用いて計算する。キャッシュフローを用いていることから、会計基準に左右されずに投資価値の判断ができることと、DCF を用いるため時間の概念が取り込まれていることなどが特徴。DCF では 5 年後に得ることができる 100 万円と 10 年後に得ることができる 100 万円ではその現在価値が異なる。

計算方法と特徴

NPV とは、特定期間の DCF の総和から投資額を差し引いた金額を指す。NPV がプラスであれば投資価値があると判断さる。IRR とは、NPV がゼロになる際の割引率を指す。IRR が資本コストより大きければ投資価値があると判断でる。

一般的に、資金の制限が少なく、単一のプロジェクトを評価する場合は、金額を評価することができる NPV を用いる。一方、限られた資金を複数の事業に分配することを考える場合は、効率性を評価することができる IRR で判断する。

日本で NPV、IRR は普及途上

米国ではすでに NPV や IRR が投資の意思決定ツールとして広く利用されているが、日本ではまだまだ簡便な回収期間法が利用されており、NPV や IRR などのツールの利用は限定的。　ただし、日本企業でも、多角化企業や複数の候補から投資判断を行う必要がある新規事業開拓などでは、投資案件の決定などの判断に利用されるケースが多い。　近年、企業価値の向上が叫ばれていますが、資本コストを超過するキャッシュフローを上げてこそ、企業価値を高めているとい

える。日本企業は企業価値向上のためにより多くの案件に対して NPV や IRR を活用する必要があると考えられる。データ引用　：　http://www.nri.co.jp/opinion/r_report/m_word/npv.html

....

【あ行】

アクティビスト

株主提案を行うなど、企業価値を向上させるために積極的な行動をとる投資家。

アクティブファンド

ベンチマークとなる市場インデックス（日経平均株価やTOPIXなど）に対して、相対的に高いパフォーマンスを出すことを目的に、インデックスとは異なるポートフォリオを構築する運用手法。⇔インデックスファンド

アナリスト

IRの対象となる証券アナリストは、財務データなどを収集し、それを基に企業のファンダメンタル分析を行って企業価値を評価する。大きく証券会社に所属してリポートなどで情報発信する「セルサイド」アナリストと、機関投資家（投資信託会社、投資顧問会社、生命保険会社、損害保険会社、信託銀行など）に属する「バイサイド」アナリストに分かれる。なぜ「セルサイド」「バイサイド」と呼ばれるかは、証券会社は顧客に株式を「売る」ビジネスを展開しているのに対し、投資顧問会社などの主なビジネスは顧客の資金運用であり、そのために株式などを「買う」立場にあるためである。リサーチ・アナリスト以外の証券アナリストには、資資産運用を理論面・定量面から分析する「クオンツ・アナリスト」や、様々なテクニカル分析（過去の株価変化から将来の株価動向を予測する手法）を用いて売買時期を予測する「テクニカル・アナリスト」などがいる。

アナリストコンセンサス

証券アナリストによる個別企業の業績予想やレーティングの平均値。QUICKやIBESなど情報ベンダーが集計しているものを指すことが多い。

アニュアルリポート

上場企業が投資家向けに毎年発行する事業報告の冊子。内容は規定されていないので、写真や図表を活用して経営トップのメッセージや事業内容を説明することができる。

委員会設置会社

日本における株式会社の内部組織形態に基づく分類の1つであり、「指名委員会」、「監査委員会」及び「報酬委員会」を置く株式会社のこと。従来の監査役設置会社よりも機動的に運営できるが、社外取締役の導入義務など、経営者の監督も強化される機関設計である。

委任状

代理人を選任したことを証する書面のこと。会社法310条（議決権の代理行使）により、代理人は株主に代わり株主総会で議決権を行使することができる。なお、委任状は株主総会の日から3ヶ月間、会社の本店に備え置かれ、株主は原則として閲覧等が可能とされている。

委任状争奪戦

企業の株主総会に向けて、自己の議決並びに議案に賛成をする株主を募るため、対立する対象者と争う行為。一般的には、経営者と株主とが利害対立するケースが多いが、株主間でも起こる。

インサイダー取引

内部者取引。上場会社の会社関係者（親会社・子会社の役職員、帳簿閲覧権を有する株主、許認可権限を有する公務員、会計監査を行う公認会計士、増資の際の元引受会社、顧問弁護士、取引先）及び情報受領者（会社関係者から重要事実の伝達を受けた者）が、その会社の株価に重要な影響を与える重要事実を知って、その重要事実が公表される前に、特定有価証券等の売買を行うこと。インサイダー以外の投資家の不利益につながるので、金融商品取引法が禁じている。

重要事実とは、株式の発行、自己株式の取得、株式分割、合併、提携、主要株主の異動、訴訟の提起又判決、手形の不渡り、債権者による債務の免除、業績予想の大幅な修正などが該当する。

また、以下3点のうちどれか一つの公表要件を満たせば、規制の対象から外される。①重要事実が記載された有価証券報告書等が、財務局において公衆縦覧に供された場合、②2以上の報道機関へ重要事実が公開され、その後、12時間経過した場合、③重要事実が発生した企業について、その企業の株式を上場している証券取引所等において、当該重要事実がウェブサイトに掲載されるなどの公衆縦覧に供された場合。

インベスター・ガイド

投資家向けデータ集。投資対象企業を分析するのに有用な財務情報や、事業

環境などをわかりやすく説明する内容となっている。

インデックスファンド

ベンチマーク（日経平均株価、TOPIX など）と同じ値動きを目的とする運用。⇔アクティブファンド

売上高経常利益率（ROS）

売上に対してどれだけ経常利益をあげているかを表す指標。経常利益は、企業の本来の営業活動の他に、支払利息などの金融指標も織り込んでおり、本業の営業活動に財務活動の結果を含めた収益力を見る指標。

エクイティ

債券や負債などに対して、株式あるいは株主資本をさす。株主、あるいは証券に具現化された株という場合は share、shareholder、stockholder、などということが多い。また、株式投資家向けIRのことを「エクイティIR」と呼ぶ。⇔デット

大型株、中・小型株

一般的に時価総額を基準として、「大型株」と「中・小型株」に区分される。時価総額を基準とした場合、1000 億以上が「大型株」、以下が「中・小型株」となる。

【か行】

会社法

従前の商法第 2 編、有限会社法、株式会社の監査等に関する商法の特例に関する法律（商法特例法または監査特例法）などを新たに体系的な組み替えを行った商事法のひとつ。2005 年 7 月 26 日公布、2006 年 5 月 1 日に施行された。

IRに関連する主な注目点は、株主の賛同を得て定款で定めておけば、株式発行等に関する柔軟な選択が可能となった「定款自治の拡大」、剰余金の配当の時期や回数についての制限がなくなったことによる「株主還元の拡大」、大会社（資本金 5 億円以上または負債 200 億円以上の会社）に施行後最初の取締役会で内部統制システムの構築の基本方針を求める「内部統制の強化」などがある。

カストディアン

有価証券を保管する金融機関。主に、有価証券の保管や、保管している証券の管理（配当金や元利金の受領、名義書き換えなど）を行う。「グローバル・カストディアン」と「サブ・カストディアン」とがあり、前者は複数国の有価証券の

保管業務の取扱いを総括して行う金融機関、後者は自国の有価証券の保管業務を実際に行う現地の金融機関である。

株式持合い

金融機関とその貸出先企業や、取引のある企業間で互いの株式を持ち合うこと。2010年3月に施行された企業内容等の開示に関する内閣府令によって、有価証券報告書の「コーポレート・ガバナンスの状況」において、投資株式を保有目的ごとに記載することが定められた。特に政策投資株式については、その保有目的を銘柄ごとに開示することが求められている。

（株主）エンゲージメント

株主の立場から、企業に提案したり企業と対話することによって、企業に影響を与えようとする株主行動。

株主還元性向

配当と自己株式取得の合計額が当期純利益に占める割合を示す指標。「総還元性向」ともいう。株主還元性向＝（配当＋自己株式取得金額）／当期純利益。

株主総会

株式会社の最高意思決定機関。定款の変更や役員の選任など、株式会社の基本的なあり方を決める。会社法で規定されている。

従来、株主総会における議決権行使結果の結果は任意の開示であった。しかし、2010年3月に企業内容等の開示に関する内閣府令が施行され、臨時報告書において賛否の票数を含む議決権行使結果を開示することが義務付けられた。

株主通信

一般に、株主総会後に事業報告や財務報告、株主の状況などをまとめて送る報告書のこと。中間決算後や四半期決算後に送る企業もある。会社法施行前の「事業報告書」を「株主通信」という表記に改める企業も多かった。

株主判明調査

株主の状況について、株主名簿に記載されている株主が、実際に株式を保有する株主（実質株主）と一致しているとは限らないことから、実質株主を判明する調査のこと。ミーティングを設定する機関投資家の情報を探ったり、ディスカッションの内容を決めるために使うことが多い。最近は、委任状勧誘、議決権行使促進などで投資家に接する際も使われている。

株主優待制度

企業が株主に対し、配当などの他に自社の商品や各種サービスを提供し、個人株主向けIR活動の一つとして採用される制度。

機関投資家

年金基金や個人などから資金を預かり、まとまった資金を投資する法人投資家のこと。大量の資金をまとめて運用するので市場に与える影響も大きい。　一般的には投資信託会社、投資顧問会社、生命保険会社、損害保険会社、信託銀行などを指す。

企業改革法

米国資本市場で起こった、エンロンやワールド・コムなどの一連の会計不祥事に対する不信感を払拭するため、コーポレート・ガバナンスやディスクロージャーの強化を目的として 2002 年 7 月 30 日に成立した法律。法案を連名で提出したポール・サーベンス（Paul Sarbanes）上院議員、マイケル・G・オクスリー（Michael G.Oxley）下院議員の名にちなんで、「サーベンス・オクスリー法：SOX法」と呼ばれる。

議決権行使

株主が株主総会にかけられた議案に対して、持株数に応じて賛否を表明する権利のこと。株主総会に直接参加して行使しなくとも、発行会社が送付する委任状に記載された議案に賛否、棄権をチェックして発行会社に返送する行為。

議決権行使ガイドライン

機関投資家が、自社に資金運用を委託した投資家に代わって、投資先の株主として議決権を行使する際に定めている行動規定。運用会社ごとに独自の議決権行使のガイドラインを有している。

議決権行使助言会社

投資家向けに株主総会の議案内容を分析、賛否のアドバイスを行う会社。代表的な企業では、ISS（Institutional Shareholders Service）の他、グラス・ルイス、日本プロクシーガバナンスなどがある。

技術説明会

将来、業績に影響を与えることが予想される製品やサービスに関して、技術担当の役員ならびに関係者が、開発中の製品・サービスについて説明する会。「技術報告書」や「テクノロジー・ハイライツ」という名称で技術に関する資料を作成する場合もある。製薬業界などでは、「Ｒ＆Ｄ説明会」として行うこともある。「Ｒ＆Ｄ」とは、Research and Development の略で、「研究開発」のこと。

キャッシュフロー（CF）計算書

現金収支。企業の、ある期間内における現金の収支のことで、企業の健全性を示す指標。「営業活動」「投資活動」「財務活動」の3つのキャッシュフロー

がある。「営業（活動）キャッシュフロー」は、本業の営業活動でいくらキャッシュを稼いだかを示す。「投資（活動）キャッシュフロー」は有形固定資産の取得・売却、投資有価証券の売買などによるキャッシュフローを示す。「財務（活動）キャッシュフロー」は、長期借入金の借入れによる収入・借入金返済による支出、新株発行による資金調達、配当金の支払額などによるキャッシュフローを示す。

金融商品取引法

株式や債券、変額年金保険など元本割れの可能性がある金融商品を幅広く規制する法律。証券取引法に、金融先物取引法や投資顧問業法などを統合し、共通した販売・勧誘ルールを設け、商品の仕組みなどについてより厳格な説明義務を課した。2006 年 6 月 7 日に成立、2007 年 9 月 30 日に施行。TOB（株式公開買い付け）、大量保有報告書制度の見直しなど、M&A関係の規則が整備された。

決算説明会

決算発表時期ごとに、今期の業績の分析及び今後の経営戦略などについて説明する。四半期決算が導入されたことを受け、電話会議なども活用して四半期決算説明会を開催する企業もある。主に証券アナリストやファンドマネジャーが対象だが、IRサイトで公開する企業もある。

コーポレート・ガバナンス

企業統治に関するシステム。株主・従業員を含む全ての利害関係者との関係をいかに保つかという点に係わる考え方。

コンプライアンス

企業の法令遵守。近年、体制が整備されてきたが、コーポレート・ガバナンスやリスクマネジメントの観点からも改めて重要視されている。

【さ行】

時価総額

個別企業の市場価値を現す指標。時価総額＝株価×発行済（普通）株式数。

自己資本、自己資本比率

会社の総資産に占める自己資本（株主資本＋その他の包括利益累計額）の割合をいい、会社の健全性・安定性を示す指標。

事業戦略説明会・経営戦略説明会

今後の事業展開や経営理念といった戦略的な内容を中心とした説明会。「中期経営計画」などを経営者や担当役員などが説明する。

自社株買い

一度発行した自社株式を企業が自己資金で買い戻すこと。株主への利益還元を機動的に行えるとして、ROEの向上に活用する企業もある。

資本コスト

企業が調達した資本にかかるコストで、資本の提供者が最低限求めるリターンのこと。企業の資金調達手段には、純資産と負債とがあり、それぞれにかかるコストを「株主資本コスト」、「負債コスト」というが、それらを加重平均させたものを「WACC（Weighted Average Cost of Capital）」という。

社外取締役

取締役会の監督機能強化を目的として、会社の最高権限者である代表取締役などと直接の利害関係のない独立した有識者や経営者などから選任される取締役。

証券取引所

株式や債券などの証券を売買する流通市場。日本には東京（東証）、大阪（大証）、名古屋（名証）、福岡、札幌の5箇所がある。取引所ごとに開示ルールや上場制度が異なる。世界の主要な証券取引所には、ニューヨーク（NYSE）、ロンドン（LSE）、NASDAQ、フランクフルト（FWB）、香港（HKEx）、などがある。

ステークホルダー

企業に対して利害関係を持つ人をさす。株主、社員、消費者、取引先関係など。

ストラテジスト

投資戦略を設計する立案者。経済の動きから産業・企業の動向、需給要因まで、様々な視点から投資環境を分析し、投資方針を提供する。

スモール・ミーティング

アナリストやファンドマネジャーを集めて行う少人数形式のミーティング。⇔ラージ・ミーティング

セイ・オン・ペイ（Say on Pay）

従来は取締役会で決定されていた役員報酬について、株主が賛否を表明できる制度。米国証券取引委員会（SEC）が、2010年7月に成立した金融規制改革法に基づき、2011年春に上場企業へ導入を義務付けた。2011年以降の株主総会が対象で、少なくとも3年に1回は実施しなければならない。制度に基づく株主の賛否結果に拘束力はないため、仮に反対が賛成を上回った場合でも会社は議案通りの役員報酬を払うことはできるが、企業は結果を受けた対応方針

を発表する必要がある。

セグメント情報

企業の構成単位のことを指し、厳密には①単独で収益を獲得できる、②経営トップが経営成績の判断に用いている、③単独で財務データを入手できる、の3つの要件を満たしたものを「セグメント」という。セグメントには事業別のものと地域別のものがある。いくつもの事業部門を抱えた多角化企業では、それぞれの事業部門ごとの情報が投資家にとっては重要であり、それらの情報はセグメント情報として開示される。日本では2011年3月期から新しいセグメント会計基準が適用され、IFRS（国際財務報告基準）および米国基準とほぼ同等の開示項目となる。

損益計算書（P/L）

企業の一定期間の経営成績を表すもので、企業の収益力を示す財務諸表。売上、原価、販管費、利益（「営業利益」「経常利益」「当期純利益」）等が記載されている。

「営業利益」とは、会社の本業によって得た儲けのこと。売上高から売上原価、販管費を差し引いた金額。

「経常利益」とは、「営業利益」から利息など金融収支や有価証券の売買損益などを加減した利益。日常（経常）的な営業から得られる利益。「当期純利益」とは「経常利益」に一時的に発生した特別損益を反映させ税額を差し引いた利益。

【た行】

貸借対照表（B/S）

企業の資産や負債、純資産が記載されている企業の資産状況を示す財務諸表。

「資産」とは、金銭および将来、現金を生む金銭的価値のあるものの総称。通常1年以内に現金化、費用化ができる資産を「流動資産」、1年以上継続的に営業の用に供することを目的とする財産を「固定資産」、ある年度の特定の支出をその年度だけの費用とせず、数年にわたり分割して償却できる資産（新株発行費や社債発行費など）を「繰延資産」という。

「負債」とは、将来、現金で返済の義務があるもの。現金の支払いや商品・役務の引渡しなど比較的短期間内に弁済、又は前受収益の当期収益への繰入れなどの決済がされるべき負債を「流動負債」、決算日から起算して返済期日が1年を超える長期の負債と、1年以内に取り崩されない長期負債性引当金とを「固

定負債」という。

「純資産」とは、資産から負債を控除した企業の清算価値。

　純資産＝株主資本＋その他の包括利益累計額＋少数株主持分＋自己株式

大量保有報告書

　上場企業の有価証券（株式や新株予約権付社債券など）の大量保有者が財務局に提出する書類。株式の保有比率が発行済み株式数の5％を超えた大株主が、保有株数、取得目的、最近60日間の取得・処分の状況、共有保有者の有無などを記載し、5営業日以内に内閣総理大臣へ提出することが1992年12月に義務づけられた。この義務を「5％ルール」という。

単元株

　取引可能な株式数の最低単位のこと。また、市場参加者の増加を促すため、株式の売買単位を小さくしたり、分割などを利用して株価を引き下げて売買金額を小さくすることを「売買単位引き下げ」という。

ディスクロージャー

　情報開示。投資家などの利害関係者を保護するため、企業の財務内容を報告・開示することを指す。ディスクロージャーは、一般的に「法定開示」と「制度的開示」を指し、自発的な情報開示であるIRは、ディスクロージャーを補完する役割を持つ。「法定開示」は、会社法、金融商品取引法に基づく開示で、証券取引所が求める「適時開示」と合わせて「制度的開示」と呼ぶこともある。

　IRとディスクロージャーは、重なる部分も多く、「自発的開示」とは、企業の情報開示のうち、企業が自発的に行う開示のこと。具体的には、詳細なリスク情報や経営戦略目標などの将来情報などを開示するケースが多い。

適時開示資料

　証券取引所に上場した企業に対して、証券取引所規則によって定める適時開示に必要な資料のこと。情報の速報性、周知性と共にわかりやすさを提供するものとして、適時開示制度は機能している。上場する企業と証券取引所の上場契約上の制度であり、違反行為には一定の制裁が科される。開示資料としては、決定事項や発生事項、決算短信、四半期決算短信、業績予想がある。開示内容は、TDnetにて閲覧できる。

敵対的買収

　特定企業の株式を、当該企業の経営陣の同意を得ることなくTOBその他の方法により市場内外より買い集めること。買収防衛策に関して、日本では、買収者出現前の平時において、新株予約権の行使条件など、防衛策の内容を決定し、

有事に発行可能であることを明らかにしておく「事前警告型」が主流となっている。

デット

有利子負債。デット（負債）の側面からのIRを「デットIR」と呼ぶ。⇔エクイティ

テレフォン・コンファレンス（電話会議）

多地点の電話回線を結んで同時に会話ができるサービス。主に、説明会に参加できないアナリストや投資家に情報を明確に伝達するために使用される。

統合レポート

従来個別に存在していたアニュアルリポートに代表される財務情報と、CSRリポート、環境報告書などの非財務情報を一つのリポートにまとめて発行したもの。

独立役員

東京証券取引所が上場会社に対して1名以上の選任を求めている役員のこと。独立役員は社外役員とは異なり、社外性に加えてさらに独立性の用件を満たした役員のことを指す。東京証券取引所は上場会社に対して、一般株主保護のため独立役員（一般株主と利益相反の生じる恐れのない社外取締役あるいは社外監査役）を1名以上確保することを定め、2011年6月の株主総会以降、全ての上場会社は独立役員を1人以上届け出なければならない。

【な行】

内部統制

業務の有効性と効率性、財務報告の信頼性、関連法規の遵守の3つの目的の達成に関して合理的な保証を提供することを意図した、事業体の取締役会、経営者およびその他の構成員によって遂行されるプロセスのこと。

日経平均

日本の株式市場を代表する株価指数。東証1部市場に上場している銘柄のうち、市場を代表する225銘柄の株価のダウ式修正を施した平均値。

日本IR協議会

IR活動の普及と質の向上を目指して活動している、わが国で唯一の民間の非営利団体。1993年5月に産業界によって設立。IR活動に関する調査、研究、情報提供、会員の相互交流等の活動を通して「日本のIR活動の情報センター」としての役割を果たすとともに、「IRオフィサー」育成のための教育プログラムを構築している。

日本証券アナリスト協会（SAAJ）

証券分析技術の向上、普及および証券分析業務に従事する者の育成を図るこ

とにより、証券価格の円滑な形成と証券投資の健全化に資し、日本経済の発展に寄与することを目的とした社団法人。日本産業、証券市場等の視察のため2度にわたって米国証券アナリストの団体が来日したのを契機に、証券、銀行、保険、信託など各界の協力のもと、1962年10月15日に設立された。証券アナリストの資格試験制度や教育プログラム等を運営している。

　URL：http://www.saa.or.jp/

【は行】
買収防衛策
　敵対的な企業買収を持ちかけられた際に、対象会社がおこなう予防・防衛策。日本では「ライツプラン」などの事前警告型買収防衛策の導入や株式の持ち合いなどを行う企業が話題となっている。しかし、IR等を通じて経営戦略を株主に伝え、企業価値の向上を目指すことが最大の防衛策であるといえる。

配当
　株主が利益配当請求権に基づいて受け取ることができる利益の分配のこと。一般的には現金によって支払われる現金配当を指すが、会社法においては、配当財産が現金以外である現物配当を明示的に認めている。

　なお、配当総額を当期純利益で割ったものであり、利益のうち配当に何％充てたかを表す指標を「配当性向」という。また、1株当たりの年間配当を株価で割って算出する株価に対する配当の割合を「配当利回り」という。

パーセプションスタディ
　企業に対する市場（アナリスト・投資家）の認識調査。主に、アナリスト・投資家分析と企業との認識のギャップを把握するために行われる。

非財務情報
　コーポレート・ガバナンスや、社会、環境に対する企業姿勢等ESGに代表される、財務以外の企業情報のこと。近年企業活動を評価する上で、財務情報だけでなく非財務情報まで重視する傾向がすすんでいる。

ファクトブック
　各種財務指標・経営数値の長期ヒストリカル・データなど投資分析に必要な情報を分析し、かつグラフや図なども記載されているデータ集。通常、アニュアルリポートの補完的意味合いを持つ。

ファンドマネジャー
　機関投資家の中で実際の投資判断を行う専門家。年金基金や投資信託など

の資金を運用する。

プライベート・エクイティ（PE）・ファンド
株式を公開・上場していない企業の株式に投資し、その企業の成長や再生の支援を行うことを通じて株式価値を高め、その後IPOや他社への売却を通じて利益を得る投資ファンド。

フリー・キャッシュフロー（FCF）
いくつかの算出方法があるが、赤字の場合は不足資金を補うため借入・増資等で調達を行い、黒字の場合は新たな成長のための投資や株主還元等の資本政策、借入返済等に充当する。

米国金融規制改革法　（ドット・フランク法）
リーマン・ショックを契機に、金融機関や市場への監視を強め金融危機を未然に防ぐ目的で、2010年7月にアメリカで成立した法案。

ヘッジファンド
投資家から集めた資金を株式や通貨など幅広い市場で運用、様々な手法のリスク回避策を適用して、絶対的収益の追求を目標としているファンド。

ベンチャー・キャピタル
成長志向性の強いベンチャー企業に対して資金提供を行う投資会社（投資集団）のこと。通常、資金を貸す（融資）のではなく、株式の取得という形で投資を行って、ベンチャー企業の資金需要に応じる。「プライベート・エクイティ・ファンド」の一種。

ポートフォリオ
直訳ではさまざまな要素で構成される集合体。株式においては、特性の異なる株式の組み合わせのこと。経営戦略では、事業や製品の組み合わせを指す。

包括利益
厳密には「特定期間における純資産の変動額のうち、資本取引によらない部分」のことを指す。具体的には、保有有価証券の期末公正価値の変動額や在外資産の為替換算差額などを当期純利益に加えた利益のことを指す。IFRS（国際財務報告基準）や米国基準では以前から報告が強制されているが、日本では2011年3月期決算から報告が義務付けられている。持ち合い株式などの政策保有株式を多く保有する企業では、保有有価証券の公正価値の変動によって包括利益が大きく変動する可能性がある。

法定開示資料
法定開示資料は、金融商品取引法と会社法に基づいた開示制度において、作

成が義務付けられている書類を指す。法定開示は、違反した場合に刑事罰・課徴金などの制裁を設けることで、正確性を担保する性格をもつ。金融商品取引法で作成、開示が義務付けられている資料は、有価証券届出書、有価証券報告書、四半期報告書、臨時報告書などがあり、金融庁の EDINET にて閲覧できる。会社法に基づく開示資料は、計算書類・連結計算書類、事業報告、附属明細書などがある。

ボラティリティ

直訳では変動性。平均値・基準値からのばらつきのことを言い、株価については価格変動率のこと。

【ま行】

持ち株比率

発行済みの株式総数に対して、所有株式数の割合のことをいう。発行済み株式総数に単位未満株などが含まれるので、株主総会における議決権の支配割合を示す議決権比率と同一ではない。

持ち株比率（％）＝保有株式数÷発行済株式総数×100

また、完全子会社以外の子会社における親会社以外の外部株主のことを「少数株主」という。

【や行】

有価証券報告書

上場会社などに義務付けられている金融商品取引法に基づいた開示書類。事業年度終了後3ヶ月以内に（所轄）財務局長宛に提出をしなければならない。事業及び会計の状況等に関する重要事項が記載されている。金融庁のホームページで全上場企業の有価証券報告書を閲覧することができる。2010 年 3 月における企業内容等の開示に関する内閣府令の改正では、有価証券報告書におけるコーポレート・ガバナンスに関する開示内容の充実が図られた。開示する内容には、従来の役員区分別の報酬総額に加え、報酬の種類（基本報酬、ストックオプション、賞与等）、連結報酬が1億円を超える役員についての個別報酬、役員報酬の算定方法を決定している場合はその方針内容等が求められている。

また、2009 年 12 月に企業内容等の開示に関する内閣府令の改正により、2010 年 4 月以降の株主総会から株主総会前の提出が可能になった。

【ら行】

ライツプラン

「敵対的買収防衛策」のひとつで、敵対的買収者が一定の議決権割合を取得した時点で、時価以下で新株を購入できる新株予約権を、既存株主に対して予め発行しておく方法。日本では互換的に「ポイズンピル」とも呼ばれているが、厳密には同義ではない。

レギュレーション FD (Fair Disclosure)

トレーダーやアナリストが優先的に受け取ってきた企業データを、個人投資家でも入手できるようにすることを意図したもの。SEC（米証券取引委員会）が打ち出した情報公開規則で 2000 年 11 月から実施された。

レバレッジ

直訳では「テコの力」。投資した金額に対し、何倍もの運用が可能になる場合などに使われる。

ロードショー

企業が、主に株式の上場や発行、売り出しの際に、機関投資家を訪問して説明する活動。一定の期間内に各地に点在する投資家を訪問することから、「ロードショー」と呼ばれるようになった。転じて通常のIR活動においても、海外の機関投資家などを訪問することを「海外ロードショー」と呼ぶ。

【わ行】

ワン・オン・ワン・ミーティング

企業のトップ及び IR 担当者と機関投資家やアナリストとの直接対話の場。「1対1」と表現されるのは、顔を合わせてのミーティングという意味合いが強い。活発なディスカッションは、お互いの理解を深めるIR活動である。一方、非公開の機関投資家やアナリストとのミーティングや説明会で株価に影響するような重要事実を話すと、インサイダー取引規制に抵触するおそれがある。重要事実とは何かを、企業は検討しておくことが必要である。

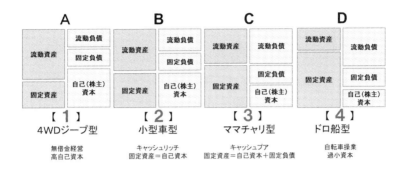

図 6-18　解答案　最も健全な B/S は A。最も不健全な B/S は D

A 【　1　】			B 【　2　】			C 【　3　】		

健全経営型 / 積極投資型 / 事業再編型

営業C／F	プラス
投資C／F	マイナス
財務C／F	マイナス

営業C／F	プラス
投資C／F	マイナス
財務C／F	プラス

営業C／F	プラス
投資C／F	プラス
財務C／F	マイナス

D 【　4　】　一発逆転型 / E 【　5　】　食いつなぎ型 / F 【　6　】　瀕死状態型

営業C／F	マイナス
投資C／F	マイナス
財務C／F	プラス

営業C／F	マイナス
投資C／F	プラス
財務C／F	マイナス

営業C／F	マイナス
投資C／F	プラス
財務C／F	プラス

図 6-19　解答例　最も健全な C/F は A。最も不健全な C/F は F

第6章　演　習

1.　財務および経理の目的は何か。

2.　リアルタイムに財務および経理の状況を把握するために必要なものは何か。

3.　最も重要な財務指標は C/F だと言われている。その理由は何か。

4.　C/F ステートメントをリアルタイムで、把握するためには、どのような方法、フレーム、プロセスが考えられるか。

5.　自社の資本の健全性を評価し、経営上のレバレッジを効かせるためには、どのような判断指標が効果的か。また、その指標に基づいて、自社のレバレッジの望ましい比率を求めよ。

第7章　資本編　[1]

　　　　　人生を豊かに生きるための40のリスト　　パート5
　　5.　捨てる勇気（戦略とは捨てると同義であることを知っている。）
　　　　①人生80年の年表を作成し、逆算して今やることを決めている。
　　　　②すでに持っているものの価値を理解し、大切にしている。
　　　　③やらないと決めたことは、まるごと捨てる。
　　　　④自分が心から好きなこと、成果を出せる領域を理解している。
　　　　⑤仕事では、強みを徹底的に活かすよう努力している。

　　　　　　　　　　　　　　　　　　　　　　　　　　　（筆者作成）

・・

　本章では、
　　①資本とは何か
　　②資本に必要なものは何か
　　③資本の調達方法の理解と運用
　　④情報開示の概要と理解
　　⑤開示報告書の概要と理解
　について解説する。

　資本政策で最も重要なのは、運転資金を含めて「調達」だけであるといって
よい。調達の次に重要なのは、効率よく調達するため（すなわち与信を獲得する
ため）、出資者へのディスクロージャーが重要となる。
　本章では、資本の理念的、実務的な調達と活用、さらに情報開示や報告書の
作成など、実務的なプロトコールの概要について記述する。

1　本章では資本調達を中心に記述する。ストックオプション、自己株式、準備金、増資減資、株式交換、合併、
分割、買収、精算、譲渡等も重要であるが、ここでは省略する。また、本章は、武井・郡谷・濃川・有吉・髙
木『資金調達ハンドブック［第2版］』(2017)。丸山・山田・手塚『資金調達完璧マニュアル』すばる舎。新
日本監査法人『会社の資本戦略』中央経済社、を参照。実際の記述は金融商品取引法、会社法の条文を参照さ
れることを推奨。

1. 資本の意義と目的

　企業に拠出した資金全般を「資本」という。

　基本は自己資金であるが、自己資金が足りなければ、投資家から出資を仰ぐ。

　企業経営において、出口は「ヒト」であるが、入り口は「カネ」である。カネがなければ経営はそもそも始まらない。入り口を間違うとそのまま出口になりかねない。企業経営からの退場＝倒産である。

　資金調達は「戦略」ではない。資金調達は日常である。しかも極めて当たり前の日常である。そのために、資本の存在は忘れがちになる。

　商法では株主の出資額を会社の資本金としているが、発行価額の2分の1以内は資本金としないとしている。改正会社法（2006年4月）では、最低資本金制度が撤廃され、資本金1円でも会社を設立することが認められた[2]。

　資本と資本金は異なる。

　資本金は、会社の財産確保のために設定される計算上の数額であって、現実の会社の資産（資金）とは異なる。

　会社の財産は営業活動によって日々変動するのに対し、資本金の額は、法律（会社法以下法という）の規定に基づいて算出されるため、現実の会社財産と連動して増減することはない。

　資本金の額は、原則として、会社設立や募集株式の発行の際に株主となる者が会社に払込み又は給付をした財産の額であるが、準備金や剰余金の資本組入れ等によっても増額する。また、資本金の額は登記事項とされている（会社法第911条第3項第5号）[3]。

2. 資本の調達方法

（1）企業金融型と資産金融型

　今日では、資本調達における「間接金融」「直接金融」という言葉自体が死

2　単純に資本といっても、その区分によって様々な分類がある。①金融資本、物的資本、人的資本　②貨幣資本、商品資本、生産資本　③可変資本、不変資本　④商業資本、商人資本、利子資本。こここでは、単純に金融資本を中心に論ずる。旧商法では、最低資本金制度として有限会社で300万円、株式会社で1000万円の資本金が必要とされていた。

3　Wikipedia　https://ja.wikipedia.org/wiki/%E8%B3%87%E6%9C%AC%E9%87%91

語になりつつある。実務的には、資本の調達方法は主に2通りで意味がある。

第一は「企業金融型資金調達」。

「企業の信用力」を基礎に行われる資金調達方法である。具体的には、株式発行、社債発行、銀行借入など。資金供給者（主に銀行などの金融機関）は、企業一般に関するリスクを負担するため、企業の財務情報、事業の内容など企業そのものの信用力を評価するための情報を求める

第二は、「資産金融型資金調達」。

一定の「資産の価値」のみを基礎に行われる資金調達方法である。資産流動化による資金調達、集団投資スキーム（ファンド）による資金調達などがあり、資金供給者（主にファンドなどの投資家）は、資金調達を行う企業とは切り離された対象となる資産に関するリスクのみを負担するため、裏づけとなっている資産や調達した資金の運用者・運用サービスに関する情報を求めるのは当然といえる。

資本構造を丁寧に理解するためには、資本調達方法の理解は必要不可欠な項目といえる。やや法技術的アプローチとなるが、企業金融と資産金融の2アプローチについて確認をしておきたい。

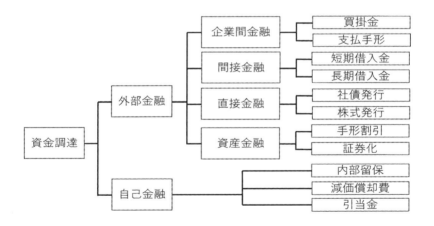

図 7-1　資金調達の様式　資金調達形態の主な分類
出所：武井他（2008）『資金調達ハンドブック』商事法務

表 7-1　資金調達の区分と手法　（出典　同上）

区　分	伝統的手法	新しい調達手法
企業金融型 資金調達	銀行借入 株式発行 社債発行　など	コミットメントライン シンジケートローン 私募債　　　など
資産金融型 資金調達	手形割引　など	ABL（動産・債権担保融資） 　（ABL Asset Based Lending） 信託受益権 ABS（資産担保証券） 　（Asset Backed Securities）など

（2）資金調達の企業行動の相違　武田薬品工業とソフトバンクグループの場合

①　武田薬品工業の資金調達

　武田薬品工業は英国の法制度「スキーム・オブ・アレンジメント」によってアイルランドの製薬会社シャイアーを買収した。武田薬品はシャイアーの株主に、シャイアー株式 1 株に対し 30.33 ドルと武田薬品株 0.839 株を対価として支払う。買収を発表した 2018 年 5 月 8 日の為替と株価で計算すると、30.33 ドルは 3305 円、武田薬品株 0.839 株は 3804 円で、総額は約 6 兆 8000 億円となる。武田薬品は買収資金の調達のため、JP モルガン・チェース・バンク NA、三井住友銀行、三菱 UFJ 銀行との間で、308 億ドル（約 3 兆 3500 億円）のつなぎ融資契約を結んだ[4]。総借り入れ限度額 75 億ドルのタームローンクレジット契約となる[5]。三井住友銀行、三菱 UFJ 銀行、みずほ銀行を含むグローバル金融機関と当初、JP モルガン・チェース銀行や三井住友銀行、三菱 UFJ 銀行と総借り入れ限度額 308 億 5000 万ドルのブリッジクレジット契約を結んでいたが、そのうちの 75 億ドルは、今回締結したタームローンクレジット契約で借り換えを行うもの。営業 C/F は大きく変わらないが、投資 C/F と財務 C/F は急変。増資と借入金で買収費用を賄ったことがうかがえる。非流動資産は 3 兆円から一挙に 10 兆円に増加。社債は 9800 億円から 4.7 兆円に増大した。

4　同制度は武田薬品のシャイアー買収に関して、シャイアー株主の過半数、議決権の 75％以上の賛成、裁判所の認可という条件を満たせば、反対する株主がいても 100％の株式を取得できるというもの。https://maonline.jp/articles/takeda20180530

5　タームローンとは、借入金額、金利、期間、返済条件などを規定した金銭消費貸借契約書を交わして行う証書貸付のこと。融資期間を 3 〜 5 年程度の中長期で契約し、一括で融資を実行するものと、契約日から一定期間内であれば分割して融資を実行できるコミットメント付タームローンがある。

　武田薬品の 2018 年 3 月期の売上高は 1 兆 7705 億円、当期利益は 1869 億円。シャイアーの 2017 年 12 月期の売上高は約 1 兆 6555 億円、当期利益は約 4600 億円。

　2 兆円の企業が 2 兆円の企業を買収し、2020 年度は買収後も 3.2 兆円の売上で苦戦している。有利子負債は、現段階でも 3.2 兆円。売上高と同じ借入金を抱える。2021 年 3 月期で 1 兆円の返済を行い、約 3000 億円の資産売却も実施している。重要なのは借入金額でも返済方法でもない。特筆すべきは、2 兆円の企業に金融機関が 3.4 兆円の融資を実行したということにある。

　②ソフトバンクグループの資金調達
　2021 年、ソフトバンクグループ（以下、SBG）は 6 月の株主総会で金融機関 8 社から 4.5 兆円を調達したことを公表した。2020 年は上位 8 社で 3.1 兆円調達していたが、4.5 兆円まで融資を拡大させたのは外資系金融機関のみ。2021 年 3 月期の業績では売上 6.2 兆円、営業利益 5 兆円であるが、すでに有利子負債 16 兆円を抱えている。さすがに、売上の 2.5 倍の有利子負債を抱えているため、邦銀 4 行の融資は後退し、合計 2.2 兆円（2020 年）から、3 行 1.6 兆円（2021 年）に後退した。

　SBG の調達手段は銀行借入れは 9%、保有株売却による調達は 40%、上場株ファンドは 14%、その他外債 9%。メガバンクは依然融資先の上位にあるものの、SBG の拡大志向を邦銀では支えきれないというのが実情。SBG では調達した 4.5 兆円のうち、2 兆円で負債の返済、残りは自社株買いを実施するという。株価に特化した調達方法は金融市場の環境変化を示すといえる[6]。武田薬品と異なり、こうした調達ができるのは、代表取締役である孫氏自身の保有株が 4.6 億株（22%）を保有しているからに他ならない。

3. 企業金融型資金調達

（1）コミットメントライン方式

　資本調達の原則は、自己資金（貯蓄）以外では、「銀行融資」がスタートとなる。第一は、コミットメントライン方式。
　企業と金融機関の間であらかじめ融資枠（コミットメントライン）を設定し、契

6　日経新聞　2021 年 6 月 17 日付け　朝刊

約期間内であれば、その枠内でいつでも借入できる融資形態である。借り手にとっては、確実に融資を受けることができるというメリットがある。

当座貸越の場合、金融機関は融資実行を断ることができるが、コミットメントラインの場合、金融機関は融資実行を断ることができない。

当然、金融機関はリスクヘッジのために、さまざまな手数料を設定する。融資枠の設定に際して「アレンジメントフィー」、融資枠を使っていない部分には「コミットメントフィー（融資枠未利用金額の数％）」といった手数料は設定される。

（2）シンジケートローン

第二は、シンジケートローン。

取りまとめ金融機関（アレンジャー）が、他の参加金融機関を取りまとめ、複数の金融機関（シンジケート団）が同一の条件で1社に対して融資をする形態である。

特に2000年以降は、金余りの影響を受け、シンジケートローンも0.4％、0.3％と超低金利となっている。それでも借り手は現れない。それほど実体経済が冷え切っている。

アレンジャーがいると融資交渉や借入金管理の煩雑さが減少するというメリットがある。通常、複数の金融機関から資金調達をする場合、個別に融資条件の設定や借入金の管理を行わなければならないが、シンジケートローンの場合、アレンジャー（エージェント）が一括して融資事務を行うため、借り手の負担が軽減される。

シンジケートローンの場合、契約書は基本的に、その都度作成されることになる。通常の貸付では、「金銭消費貸借契約書」という定型化された書面が存在するが、シンジケートローンでは、定型化された契約書はなく、顧客の与信状況や返済計画等によって都度作成されることになる。

内容は、
表明保証（開示された財務情報に虚偽がないことを確認するための誓約書）
貸付前提条件（融資条件や融資取組の前提条件など）
コベナンツ（貸付前提条件に抵触した場合に効力が発生する条文）[7]

7　コベナンツ条項（Covenants Clause）とはコベナンツ条項の定義。金融機関が企業に対して貸出を行う際に締結するローン契約上、あるいは、社債市場において社債を発行する際の社債発行要領上で規定される、債務

などが含まれる。

　通常、ローンでは、様々な手数料が発生する。複数の契約の取りまとめに際してアレンジャーおよび参加金融機関に支払う「アレンジメントフィー」、事務取りまとめ金融機関に支払う「エージェントフィー」など実際の契約の執行には金利以外に多くの手数料がかかる[8]。

　実際にシンジケートローンは多くの金融機関が参画できることから、多額の資金調達に適した手法といえる。

　貸し手からすれば、事務負担に耐えうる十分な手数料が取れないという不満が伴う。借り手からすれば、通常の融資と比べてコベナンツ等の果たすべき義務があるため、基本的には少額の資金調達には馴染まない。

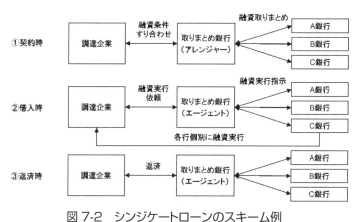

図7-2　シンジケートローンのスキーム例
出典：『資金調達完璧マニュアル』すばる舎リンケージ（2008）

者（借入人）の義務を指す。例えば、重要事項の事前申請や報告、対象企業の財産状態に関する調査への協力、財務指標の一定値以上／以下の維持等が挙げられる。コベナンツは借り手が当初の計画とあまりに乖離した資金の使い方をしないよう、また過剰にリスクを取った事業運営を行わないよう、資金の貸し手（銀行等）が借り手（事業会社等）に課す義務や制限を規定した契約書条項のことだと考えて良い。https://www.financial-modelling.jp/dictionary-posts/covenants

8　この手数料というのが、金融機関の不誠実な企業経営姿勢を示す。金利でピンハネし手数料でさらにピンハネし、振込手数料を事前に控除する。例えば、為替レートで金融機関で独自にレートを設定し、手数料を見えなくしている。シンジケートローンは、当然ながら、貸し倒れリスクの高い融資先には金利を高くし、優良取引先には超低金利で融資する。この金利は、東京と大阪でも異なる。基本的に関西は低いため、関西の銀行はなかなか利益を確保できない。金利は東高西低である。実務的には、少額の資金調達は通常の融資、多額の資金調達はシンジケートローン、といった使い分け望ましい。

（3）私募債の種類と発行

　第三は、私募債。

　特定少数投資家（通常 50 名未満）の機関投資家などに引き受けを依頼する社債である。社債を発行できる企業は、資金的な余裕のある企業として企業イメージの向上につなげることが可能となる。私募債発行の条件が緩和されたことにより敷居は低くはなっているが[9]、現在でも「社債発行ができる企業＝優良企業」という認識があるといっていい[10]。

　手法的には、私募債の発行は、利子が固定であることが多いため、資本コストを発行時におおむね確定することができるというメリットがある。

　中小企業が活用しやすい仕組みとして「少人数私募債」がある[11]。これは少人数（50 名未満）の縁故者（機関投資家を除く）に社債の引き受けをしてもらう制度で、様々な設定条件はあるが、条件をクリアすれば取り扱いが比較的シンプルである。

　注意を要するのは、資金供給者が縁故者（知人、取引先等）であることが多いため、資金供給者の意見や恣意的な意図が企業経営者の意思決定を阻害することがあり、過度な介入を警戒する必要がある。実際の活用には十分注意する必要がある。

　私募債は、実務上は「銀行保証付私募債」であることが多い。企業が発行した「無担保社債」の 100%を銀行が引き受ける。この際、銀行は社債の償還を「保証」する代わりに、社債発行企業からデフォルト（債務不履行）になった場合の保全として「保証」をとるのである。

9　来は不動産等の担保を差し入れて発行する「物上担保附私募債」が一般的だったが、平成 12 年 4 月より「中小企業特定社債保証制度」が創設され、いわゆる「信用保証付私募債」として中小企業による私募債の発行が容易になった。

10　経済産業省中小企業庁は、中小企業者の社債の発行による資金調達を促進するため、平成 12 年 4 月に特定社債保証制度（中小企業者の私募債の発行に対して信用保証協会の保証を付す制度）を創設。具体的には、純資産額要件をこれまでの 5 億円以上から 3 億円以上へと緩和するとともに、インタレスト・カバレッジ・レーシオその他の要件を見直した、新たな適債要件を現行要件に追加することとした。これにより、中小企業者による社債の発行による資金調達を一層促進する。これにより私募債の発行が容易になった。https://www.chusho.meti.go.jp/kinyu/tokutei_tekisaiyouken.htm

11　社債を少人数私募債として発行するための条件は以下の通り。適格機関投資家（金融機関等）を除いた勧誘対象先が 50 人未満であること。社債の発行総額が社債の一口額面の 50 倍未満であること。一括譲渡を除く譲渡制限を設け、譲渡には取締役会の決議を必要とすること。https://ja.wikipedia.org/wiki/%E5%B0%91%E4%BA%BA%E6%95%B0%E7%A7%81%E5%8B%9F%E5%82%B5

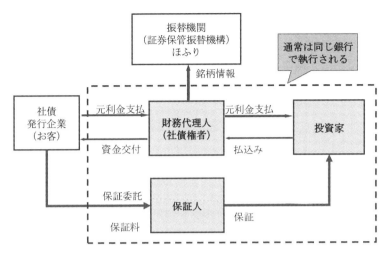

図 7-3　銀行保証付私募債のスキーム例　（筆者作成）

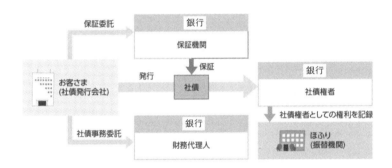

図 7-4　都市銀行の実際のスキーム例（同じ銀行で執行）

4. 資産金融型資金調達

（1）資産金融型ローン

　資産金融型資金調達の第一は、資産金融型ローン。

　ABL（Asset Based Lending。以下 ABL という）は、売上債権や在庫、その他の動産など企業の保有する動産や債権から得られる収益（将来キャッシュフロー）を担保として資金調達を行う方法である。

　ABL は融資側からすると、安心できる融資方法のため、リスクに対して審査が

311

甘くなる傾向にある。特に、環境的に融資先が先細ってくると審査が甘くなるだけでなく、融資自体が強要的になる。

一般的な ABL のスキームは、下記のプロセスをとる。

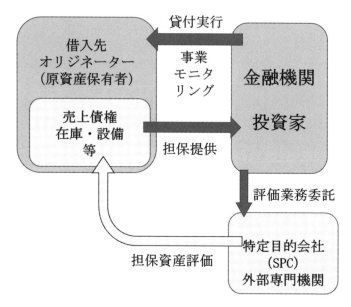

図 7-5　資産金融型資金調達 ABL（Asset Based Lending）のスキーム
（筆者作成）

*1 特定目的会社：このスキームを運用するための法人であり実体はない。
*2 裏付資産：具体的には、リース債権、クレジット債権、オートローン債権、消費者ローン債権、売掛金債権など。
　　①オリジネーターは資産流動化の対象となる「裏付資産」を SPC（特別目的会社）に対して売却する
　　② SPC は「投資家からの借入」で、①の裏付資産の売買代金を調達する
　　③ SPC は②の借入によって調達した資金によって、オリジネーターに対して①の裏付資産の売買代金を支払う
　　④ SPC は裏付資産からの回収金を②の借入の元利金の支払原資に充当する

ABL が利用促進される背景としては、不動産価格下落のため、不動産を担保

とした企業の資金調達余力が縮小してきた点にある。特に、地価の下落の著しい地域において、中小企業の不動産担保余力の低下が著しくなる。さらに経済基盤の中心的役割が、これまでの重厚長大産業から、IT をはじめとするサービス産業にシフトし、不動産を持たない多くの中小中堅企業のために資金調達手法の多様化を図る必要性が出てきたことによる。

（2）資産金融型ローンの抱える懸念

資産金融型ローンの資金調達は次の3つの懸念がある。

第一は、メインとなる金融機関から見たら面白くない話になるということ。

これまで事業資産を担保を取ることなく融資してきた金融機関からすれば、将来のキャッシュフローが他行に担保として取られることは面白くない。場合によっては、融資が引き上げられる可能性もある。その際は融資回収が早められる。そのため ABL を活用する場合は、メインバンクにまず話をすることが望ましい。

第二に、在庫や動産は担保にはなるが、金融機関にとっては管理にコストがかかるだけでなく担保自体が処分しにくいものでもあるため、避けられる可能性がある。

第三に ABL を活用する場合、前提として、事業別の管理を徹底する必要がある。事業別に資産管理をした上で ABL を利用しないと、既存事業の運転資金まで引き上げられる可能性がある。つまり、融資を受けている事業とは別の事業で、ABL を利用することを示せる必要がある。

（3）資産金融型資金調達：資産担保証券

資産金融型資金調達の第二は、資産担保証券（Asset Backed Security。以下 ABS という）[12]。

ABL のように原資産を担保に借入を行うのではなく、「証券化」という手法を使って、資産を保有することによって得られる権利（配当、償還など）を「受益証券化」して投資家に販売する方法である。

12　資産担保証券 (Asset Backed Security) は ABS と略す。キャッシュを生み出すものならば ABS の担保が可能。売掛債権、リース債権、自動車ローンなどの ABS として発行されている。企業資産を証券化商品の引き受け先として SPC（特別目的会社）に売却し、SPC がその資産を裏付けにして証券を発行し、投資家に販売する。それが調達資金となる。資産が債権なら割り引いて売却することにより債権の期日到来前に現金を入手できる。買い取った側（SPC）は割引額と証券の利払いの利ざやを入手する。（Wikipedia）https://ja.wikipedia.org/wiki/%E8%B3%87%E7%94%A3%E6%8B%85%E4%BF%9D%E8%A8%BC%E5%88%B8

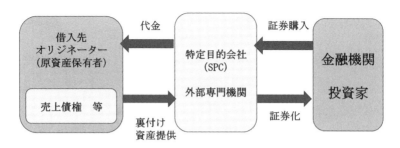

図 7-6　資産担保証券（ABS）のスキーム例　（筆者作成）。

①オリジネーターは資産流動化の対象「裏付資産」を SPC に対して売却
② SPC は「証券化」によって、①の裏付資産の売買代金を調達
③ SPC は②の調達資金で、オリジネーターに対して①の裏付資産の売買代金を支払い
④ SPC は裏付資産からの回収金を②の証券の元利金の支払原資に充当

　ABS の特徴は下記の2つ。
　第一に、ABS はオリジネーターの信用力に左右されない。
　ABL や ABS のような資産流動化商品は、譲渡した資産から生じるキャッシュフローに依存した仕組みであることから、オリジネーターが持っている倒産リスク（信用リスク）から切り離される。いいかえれば、万が一資金調達した企業が倒産しても、裏付資産が生み出すキャッシュによって弁済を受けることができる。
　第二に、原資産（裏付資産）の質が問われる。当然だが、あらゆる資産が担保になって証券化されるわけではない。転売しづらい不動産や業績の悪い企業の売上債権は対象にならない。

5. 資金調達に関する法的規制—各種規制と手続き

　資金調達に関する法規制はそれほど多くない。
　基本は会社法と金融商品規制法の 2 つである。
　①会社法による法的規制
　　本来、私権を有する私企業である会社は、自由に資金調達ができてしかるべきである。しかし、関係者が多い株式等に関し、利害関係の複雑さや特殊性、投資者の利益保護、さらに情報の非対称性から、現実には各

種規制が設けられている。

②金融商品取引法による法的規制

金融商品取引法の「有価証券」を通じて資金調達が行われる場合、さまざまな開示規制が適用される。

表7-2　法規制の例（出典　前出　武井（2008））

各種規制	規制内容	例
行為規制	会社の資金調達行為の態様・内容の規制	発行可能株式総数、種類株式の定款の定め
手続規制	資金調達の定まったデュープロセスを義務づけることで、利害関係者の利益保護を図り、または利害関係者が適宜にその利益を防御するための行動をとるための機会を与えるための規制	株式総会の決議の要求、通知・公告義務
金銭的解決の特則	資金調達を行った結果、利害関係者に生じた損害について、当該損害の回復を図るための規制	不公正発行に係る引受人の責任、虚偽公告等に係る立証責任の転換
原状回復	資金調達を行った結果、利害関係者に生じた損害を金銭的に回復するのではなく、当該資金調達を行う以前の状態に戻すことによって、損害を解消するための規則	無効の訴え、不存在確認の訴え

6. 株式の発行 [13]

株式会社は、定款をもって、設立に際して発行可能株式総数を定める。そして、発行可能株式総数に関する定款の定めはこれを廃止することができない。かつ、現に発行している株式の数を下回るような発行可能株式総数に変更するような定款の変更もできない。本来、株式の発行権限は株主に帰属するものであるが、資金調達の迅速性などの便宜を図るために、取締役または取締役会に対して、一定の範囲内で株式を発行する権限が与えられる（授権資本枠）。

①発行可能株式総数を超えて、株式を発行することはできない（法966条）
②発行可能株式総数を変更するためには定款の変更が必要（特別決議）
③公開会社においては、発行可能株式総数はその時点の4倍まで
　（発行済株式総数の4倍を超えて増加させることは不可）
④種類株式または株式の内容に関する定款変更には、株主総会特別決議が

13　法37条1項、763条1号等、法113条1項、同条2項。

必要

⑤定款により企図した内容の株式を発行できない

　株式会社は、剰余金の配当、議決権等会社法で認められている株主の権利
内容とは異なる権利内容を有する株式を発行することができるが、その場合には、
その株主の権利内容と、当該種類株式を発行することができる数を定款で定めな
ければならない。

（1）募集事項の決定方法の手続き：公開企業と株式譲渡制限会社

　募集事項の決定手続は、株式を上場している公開会社か、株式譲渡制限会
社かによって、基準となる規制体系が異なる。
　①公開会社の場合：取締役会決議
　　　通常の新株発行の場合、取締役会の決議で株式の交付が可能となる。
　　　そのため、通知・公告義務が別途課せられている。株式の権限における
　　　有利発行の場合、各株主の財産的価値に影響を及ぼす可能性があるた
　　　め、株主総会の特別決議が必要とされる。
　　　なお、公開会社の場合、ストック・オプション目的の新株予約権の発行な
　　　ど、これを正当化する特別の事由が存在しない限り、有利株式の発行は
　　　難しいのが一般的である。

　②株式譲渡制限会社の場合：株主総会決議
　　　各株主の持分比率が強く保護の対象となっているため、持分比率に大き
　　　な変動が生ずるような株式の募集をする場合には、株主総会の特別決議
　　　が要求される。場合によっては、既存の株主によって差止請求権が行使
　　　される可能性もある。

（2）募集事項の通知・公告の手続き：通知および広告

　株式の募集をする場合、当該募集株式に係る募集事項を株主総会の決議によ
り決定しない場合には、募集事項等の通知・公告をしなければならない。
　既存株主に株式の募集等の内容を知らしめること、およびその内容が不当な場
合には事前に差止め等の形で争う機会を与えることが目的である。

　通知・公告義務違反があった場合、株主から差止請求を要求される可能性があるが、実務的ではない。当然であるが、訴訟を前提とした株式の発行を上場企業が踏み切ることはあまり考えられない。余程の敵対的な買収や、社会的な意図にそぐわない買収がなされている場合などにかぎられるであろう。

(3) 申込・割当の通知と引受けの手続き：通知義務（法203条）

　募集しようとする株式等の総数を引受契約により引き受ける場合には、会社には開示義務は課せられない。そうでない場合、引受人を保護するために「申込行為の要式行為性」「申込をしようとする者に対する会社の必要事項の通知義務」に関する手続規制が存在する。通知すべき内容は、次の2点となる。
　　①申込事項の通知と書面による引受け
　　②割当の通知

さらに、申込者にとって必要最低限の情報を知らしめるため、
　　①募集の対象となっている株式に関する事項
　　②会社が他に発行している株式の内容
　　③その他の株式の権利内容に関する重要な定款規定事項を通知しなければ
　　　ならない。

　社債の場合、募集の対象の社債に関する事項のみ、通知義務が課せられている。これは、株式と社債の引受人の立場の違いを反映した措置である。
　その他の形式基準として、募集に応じて引受けを申し込む場合、書面または電磁的方法によらなければならない、などがある。これは形式的に要式を特定することにより、損害賠償などの民事訴訟上の便宜を図る狙いがある。

7. 現物出資に係る検査役の調査の手続きと例外措置

　募集事項の決定の後、現物出資財産の価額を調査させるため、裁判所に対し、検査役の選任の申立てをしなければならない（法207条）。
　検査役は、必要な調査を行い、当該調査の結果を記録した書面または電磁的記録を裁判所に提供する。現物出資財産について定められた価額を裁判所が不当と認めた場合、価額変更の決定がなされる。この決定により現物出資財産の

価額の全部または一部が変更された場合、募集株式の引受人は、確定後一週間以内という期限付きではあるが、その募集株式の引受けの申込みまたは契約に係る意思表示を取り消すことができる。

　ただし、以下の場合は、検査役の選任の申立ては不要となる。
　　①引受人に割り当てる株式の総数が発行済株式の総数の10分の1を超えない場合
　　②現物出資財産の価額の総額が500万円を超えない場合
　　③市場価格のある有価証券の価額が、当該有価証券の市場価格として法務省令で定める方法により算定されるものを超えない場合
　　④現物出資財産の価額が相当であることについて、弁護士、弁護士法人、公認会計士、監査法人、税理士または税理士法人の証明（現物出資財産が不動産である場合は、当該証明及び不動産鑑定士の鑑定評価）を受けた場合
　　⑤現物出資財産が株式会社に対する金銭債権であって、当該金銭債権の価額が当該金銭債権に係る負債の帳簿価額を超えない場合

8. 差止請求権の手続き

　法令・定款違反の株式の交付または著しく不公正な方法による株式の交付をすることで、株主が不利益を受けるおそれがある場合、株主は当該株式の交付の差止請求をすることができる（法210条）。株主になんら不利益を与えるものではなく、株主に差止請求を是認すべき事由を見出すことができない場合であれば、差止めの対象とはならない。

　一般的には、差止めを命ずる仮処分が下されて終わることが多いが、この仮処分命令に違反して発行した場合、これが無効事由とみなされる判例が存在する。

　また、この規制違反だけで無効事由を構成するケースは少なく、むしろ、他の利害毀損理由が付加されて差止請求が行われることのほうが多いといえる。

9. 不公正発行の責任と所在：故意または重大な過失

　役員等がその職務を行うについて、故意または重大な過失があったときは、当

該役員等は、これによって第三者に生じた損害を賠償する責任を負う（法429条1項）。

　株式等を募集する際の通知事項に虚偽があった場合や虚偽の公告をした場合において、故意・重過失の立証責任が発生する。

　不公正発行が認められた場合、会社だけでなく業務執行者個人も賠償責任に問われる。会社や業務執行者個人が株主に賠償するだけでなく、会社が業務執行者個人に賠償責任を追及するケースもある（またその逆もありうる）。

　原則的には金銭的な解決が図られるが、損害額を金銭的に把握することが困難なケースが多い。そのため、他方では、原状回復（株式の発行等の無効）を図る方法も、同時に検討する必要がある。

　ただし、一旦発行されてしまった株式が流通していることを考えれば、この作業は莫大なコスト負担になることを踏まえておく必要がある。

　無効を訴えることができる①行為、②期間、③提起人は下表のとおり。

表 7-3　行為無効の訴え（企業にとっての訴訟リスク）（出典　前出）

① 行為内容	② 訴訟可能期間	③ 提起人
会社の設立	会社の成立の日から2年以内	当該株式会社の株主等または設立する持分会社の社員等
株式会社の成立後における株式の発行	株式の発行の効力が生じた日から6ヵ月以内（公開会社でない株式会社の場合、株式の発行の効力が生じた日から1年以内）	当該株式会社の株主等
自己株式の処分		
新株予約権		当該株式会社の株主等または新株予約権者
株式会社における資本金の額の減少	効力が生じた日から6ヵ月以内	当該株式会社の株主等、破産管財人または資本金の額の減少について承認をしなかった債権者
会社の組織変更		当該行為の効力が生じた日において当該行為を行った会社の株主等もしくは社員等であった者 当該行為によって新設・変更された会社の株主等、社員等、破産管財人もしくは当該行為について承認をしなかった債権者
会社の吸収合併		
会社の新設合併		
会社の吸収分割		
会社の新設分割		
株式会社の株式交換		
株式会社の株式移転		当該行為の効力が生じた日において株式移転をする株式会社の株主等であった者または株式移転により設立する株式会社の株主等

10. 社債発行に関する規制と手続き [14]

社債は、株式発行と比較すると規制が比較的少ない。

ただし、新株予約権付社債は株式や新株予約権と同様の規制を受けるので注意が必要である。社債を発行する場合、社債総額、払込金額、償還方法・期限、利息、その他会社法 676 条各号に掲げる事項を決定しなければならない。

これらの決定に際して、取締役会設置会社では、取締役会の決議が必要となる。ただし、株式や新株発行のように、取締役会の議事録が登記に際しての添付書類となっているわけではない。責任問題が生じるのは、あくまで行為の結果、会社または第三者に一定の損害が発生したとき等に限られる。

当該の違反は、法令違反であることは明らかであるため、任務懈怠責任や第三者責任の問題を生じさせることになる。ただし、法令違反があるという事実がこうした責任を直接基礎づけるわけではない。

11. 金融商品取引法の規制：

（1）有価証券の定義およびみなし有価証券の定義 [15]

2006 年 6 月 14 日に交付された「証券取引法の一部を改正する法律」（証取法等改正法）が「金融商品取引法」に改称され、幅広い金融商品についての投資家保護のための横断的な法制として改組された。

会社が行う資金調達手段が、「有価証券」に該当するもの [16]、「有価証券」とみなされる権利（以下、「みなし有価証券」）は同法の規制対象となる。

従来の証取法と同様、有価証券の発行者に対し、有価証券の投資判断に必要な情報の開示を要請する。証取法と比べて、規制の対象となる金融商品および行為の範囲を拡大。他方で、商品の特性に合わせて規制を柔軟化させている。

14　会社法の規制（法 676 条・362 条 4 項 5 号）

15　金商 2 条 1 項および第 2 項　この法律において「有価証券」とは、主に次に掲げるものをいう。
一　国債証券　二　地方債証券　三　特別法の法人発行債券　四　資産流動化法の特定社債券　五　特別法人の出資証券　六　株券または新株予約権証券　七　投資信託または外国投資信託の受益証券　八　外国または外国の者の発行する証券など。　出所：「e-Gov（イーガブ）」（http://law.e-gov.go.jp/cgi-bin/idxsearch.cgi）（総務省）

16　金商法 2 条 1 項の規定　同条 2 項に規定

　金融商品は、その流動性によって開示の規制に違いがある。例えば、流動性の高い上場有価証券については、証取法の開示規制、財務情報に係る内部統制制度、四半期報告制度および経営者による確認書制度の各制度が新設されている[17]。一方で、流動性の乏しい「みなし有価証券」については、金商法第2章に規定する開示規制は適用されない。

　有価証券の定義は、21種類の有価証券が定義されている。代表的なものは、国債、地方債、社債券、出資証券、新株予約権証券、投資信託受益証券など。

　有価証券と同じ様に取り扱いを行うみなし有価証券は「権利」である。

　みなし有価証券は、証券または証書に表示されるべき権利以外の権利であっても有価証券とみなして、この法律の規定を適用するものとされる。権利の主なものは、信託受益権、合名合資会社の社員権、民法の組合契約、商法の出資権、拠出権などがある。

17　金商24条の4の4、24条の4の7、24条4の2

（2）発行開示制度の枠組みと概要[18]

開示制度体系		主な提出書類	概要
企業内容の開示制度（金商第2章）	発行開示制度： 有価証券の募集または売出しの際に開示を求める制度	有価証券届出書	有価証券の内容および発行者の事業内容や財務状況を詳細に記載したもの。内閣総理大臣に提出する
		目論見書	有価証券届出書の内容とほぼ同じ。投資家に交付するもの
	継続開示制度： 既に発行された有価証券に関して継続的に開示を求める制度	有価証券報告書	事業年度毎に提出が義務付けられるもの
		半期報告書	半期ごとに提出が義務づけられるもの
		四半期報告書	四半期毎に提出が義務づけられるもの
		内部統制報告書	財務計算に関する書類その他の情報の適正性を確保するための体制を評価した報告書。有価証券報告書と併せて提出することが義務づけられるもの
		親会社等状況報告書	事業年度ごとに、当該親会社等に関する事項を記載したもの（同法24条の7）
		臨時報告書	臨時書類。外国において募集または売出しが開始された場合など投資判断に影響を及ぼすような事項が発生した際に、提出が義務づけられるもの
		自己株券買付状況報告書	臨時書類。自己株式の買付を行うにつき、株主総会または取締役会の決議があった場合、決議日の属する月から各月ごとに、自己株式の買付状況等を記載したもの
公開買付けに関する開示制度			
株券等の大量保有の状況に関する開示制度			

図 7-4　発行開示制度の枠組みと概要（財務省）

　有価証券の発行、売却の手続きで重要なポイントは、届け出と罰則対策、そして実務上の書類作成手続きである。金融商品取引法の下では、有価証券が多数の投資家に販売・勧誘される場合において、情報開示を発行者に適切に行わせるため、発行市場における開示規制（いわゆる発行開示）が設けられている。新規発行だけでなく、既に発行された有価証券が多数の投資家に販売・勧誘される場合についても課されることとされている点に注意が必要である。

　金融商品取引法では、原則として、こうした発行開示の適用対象とすべき新規発行の有価証券の販売・勧誘のことを「募集」、既発行の有価証券の販売・勧誘のことを「売出し」と定義して、それぞれに詳細な情報開示のルールを定めている。会社が保有する自己株式を処分（放出）する行為についても、その放出

18　（金商5条、15条、24条、金商第2章の3）

される自己株式が多数の投資家に販売・勧誘される場合には、開示規制の対象となるべきことは論をまたない。問題は、それが「募集」として扱われるのか、「売出し」として扱われるのかである。

 ①届出義務と違反罰則（金商2条3項）
  有価証券の発行や売却が金商法上の「募集」または「売出し」に該当する場合、一定の場合を除き、内閣総理大臣に届出をしなければ開始することができない。届出なく募集または売出しを行った場合、民事上の責任を負うほか、刑事罰の対象となる。
 ②実務上のポイント
  書類作成の手間とコストをいかに軽減させるかが重要なポイントとなる。
  第1は「募集」や「売出し」の定義の確認、さらに届出義務の免除要件の確認および書類作成要式の確認である。
  第2は発行開示書類の効力発生時期と資金調達スケジュールの整合性および発行登録制度の利用である。
  第3は有価証券通知書の提出要件（発行開示を行わない場合）の作成の軽減がポイントとなる。

（3）有価証券の「募集」に関する規制と手続き

「募集」とは、新たに発行される有価証券の取得の申し込みの取引勧誘をいう。
 取得勧誘であって有価証券の募集に該当しないものを「私募」という（金商法2条3項）。発行開示が義務づけられるのは「募集」に該当する場合。
「募集」に該当しない場合は発行開示が不要となるため、「募集」の定義を理解しておくことが重要となる。

 募集に該当する場合 [19]
  ①多数の者を相手方として行う場合として政令で定める場合
  ②次に掲げる場合のいずれにも該当しない場合
   募集に該当しない有価証券として「少人数私募」と「プロ私募」、そして、

19　適格機関投資家のみを相手方として行う場合であって、当該有価証券がその取得者から適格機関投資家以外の者に譲渡されるおそれが少ないものとして政令で定める場合（少人数私募）。上記に掲げる場合以外の場合であって、当該有価証券がその取得者から多数の者に譲渡されるおそれの少ないものとして政令で定める場合（プロ私募）

企業内容等開示ガイドライン2の4に該当する有価証券の3つがある。

（4）有価証券報告書の概要

有価証券報告書とは、発行者がその事業年度ごとに会社の属する企業グループおよび当該会社の経理の状況その他の事業の内容に関する重要な事項等を記載した報告書を指す。

有価証券報告書の提出が「義務づけられる有価証券」には、下記の4種類がある。

　　①金融商品取引所に上場されている有価証券

　　②認可金融商品取引業協会に登録された店頭売買有価証券

　　③募集または売出しにつき有価証券届出書または発行登録追補書類を提出した有価証券

　　④最近5事業年度のいずれかの末日において、所有者の数が500名以上である株券等

有価証券報告書には提出期限があり原則として、「各事業年度経過後3ヵ月以内」に提出することが義務付けられている。

提出書類の様式および記載内容としては、企業の概況、事業の状況、設備の状況、提出会社の状況、経理の状況、提出会社の株式事務の概要および提出会社の参考情報に分けて、提出会社の属する企業集団（連結ベース）および提出会社（個別ベース）の情報が記載されるなどである。

（5）有価証券の情報開示の義務免除

有価証券の募集または売出しの定義に該当しながらも、情報開示の義務が免除される場合がある。免除される場合は次の5つである。

　　①取締役等への「ストック・オプション」の付与

　　　この特例を利用するには、さらに次の条件を満たす必要がある

　　　　（a）新株予約権証券に「譲渡制限」が付与されていること

　　　　（b）付与対象者が発行会社（または発行会社の100%子会社）の「取締役、会計参与、監査役、執行役または使用人」であること

　　　　　ただし、新株予約権証券等の発行価額・売出価額と行使価額の合計額の総額が1億円以上の場合、臨時報告書の提出が必要と

なる点は要注意。

②消滅会社が非開示会社であるか、新たに発行されるまたはすでに発行された有価証券に関して開示が行われていること

③すでに開示が行われている有価証券の売出しであること

④プロ私募等により適格機関投資家向けに発行された有価証券の売出しであること

⑤発行総額または売出総額が1億円未満の募集または売出しであること

（6）有価証券の募集または売出しの届出

　有価証券の募集または売出しの届出は、「有価証券届出書」を内閣総理大臣に提出することで行われる。届出に必要な要件は、次の3項目である。

（1）記載内容

証券情報：募集または売出しに関する事項

企業情報：会社の商号、発行会社の属する企業集団および発行会社の経理の状況その他の事業の内容に関する重要な事項。その他、内閣府令で定める事項

（2）形式的基準

①通常方式

②組込方式：1年間継続して有価証券報告書を提出している発行会社が対象
　企業情報の記載に代えて、直近の有価証券報告書を綴じ込んだうえで、
　有価証券報告書の提出後に生じた事実を追記する

③参照方式：上場後3年6ヵ月が経過し、3年平均売買金額および3年平均時価総額がいずれも100億円以上である発行会社が対象

④有価証券届出書に当該有価証券報告書およびその後に提出される四半期報告書、臨時報告書ならびにこれらの訂正報告書を参照すべき旨を記載して、企業情報の記載を省略する

(3) 訂正届出書の提出

①届出の効力が発生する前に、届出書類に記載すべき重要な事項の変更が
ある場合
②届出者が訂正を要すると判断した場合
③届出書に形式不備や重要な事項の虚偽記載等があり、内閣総理大臣に
提出を命じられた場合
④虚偽記載の場合は、訂正届出書の提出に限らず、届出の効力を停止させ
る、向こう1年以内に提出する別の届出書や発行登録書等について効力
を停止させるなどの措置が取られることがある

12. 有価証券報告書の「四半期開示制度」

上場会社等においては、四半期会計期間終了後、公認会計士または監査法
人の「保証手続」を経たうえで、四半期末から「45日以内での開示」が求め
られる

表7-5　有価証券報告書の「四半期開示制度」（財務省）

開示対象会社	確認書の提出義務者と同一（同法24条の4の7第1項、金商令4条の2の10） ・有価証券報告書の提出義務がある、上場会社等以外の会社については任意で提出
開示時期	四半期終了後45日以内 ・銀行、保険会社等については、第2四半期報告書については、連結ベースの開示に加え、単体ベースの開示も求めることから、第2四半期終了後60日以内とされている ・第4四半期については、四半期報告書の提出を要しない
作成基準	企業会計基準委員会（ASBJ）の「四半期財務諸表に関する会計基準」「四半期財務諸表に関する会計基準の適用指針」
開示内容	①企業の概況、②事業の概況、③設備の状況、④提出会社の状況、⑤経理の状況等
保証手続	公認会計士または監査法人による監査証明が義務づけられる ・年度監査が、財務数値の適正性を帳簿との突合・現物確認等を通じて検証する実証手続であるのに対して、四半期レビューは、質問と財務数値の間や財務数値と非財務数値等との間の関係を検証する分析的手続となる。
罰則	①重要事項について虚偽の記載がある四半期報告書を提出した場合 5年以下の懲役もしくは500万円以下の罰金または併科（個人）、5億円以下の罰金（法人） ②四半期報告書を提出しない場合 1年以下の懲役もしくは100万円以下の罰金または併科（個人）、1億円以下の罰金（法人）

13. 有価証券報告書の「臨時報告書」

　有価証券報告書提出会社は、以下の場合は、臨時報告書を提出する必要がある。

表 7-6　有価証券報告書の「臨時報告書」提出要件（財務省）

単体ベース	連結ベース
1. 発行価額または売出価額の総額が1億円以上の有価証券の募集または売出しが海外において開始された場合 2. 発行価額の総額が1億円以上の有価証券を募集によらないで発行する取締役会決議があった場合等 3. 発行価額または売出価額の総額が1億円以上のストップ・オプションを募集または売出しによらないで発行する取締役会決議等があった場合 4. 親会社または特定子会社の異動があった場合 5. 主要株主の異動があった場合 6. 重要な災害が発生し、それがやんだ場合で、当該重要な災害による被害が提出会社の事業に著しい影響を及ぼすと認められる場合 7. 一定額以上の訴訟が提起された場合または解決した場合 8. 株式交換完全親会社となる一定の株式交換または株式交換完全子会社となる株式交換が提出会社により決定された場合 9. 株式移転が提出会社により決定された場合 10. 一定の吸収分割が提出会社により決定された場合 11. 一定の新設分割が提出会社により決定された場合 12. 一定の吸収合併が提出会社により決定された場合 13. 新設合併が提出会社により決定された場合 14. 一定の事業の譲渡または譲受けが提出会社により決定された場合 15. 代表取締役の異動があった場合 16. 再生手続開始、更正手続開始、破産手続開始の申立て等があった場合 17. 多額の取立不能債権または取立遅延債権が発生するおそれが生じた場合 18. 財政状態および経営成績に著しい影響を与える事象が発生した場合 19. 株式新規公開に関して有価証券届出書を提出した後に株式公開情報が発生し、またはそれが変更した場合	1. 連結子会社に重要な災害が発生し、それがやんだ場合で、当該重要な災害による被害が提出会社の連結会社の事業に著しい影響を及ぼすと認められる場合 2. 連結子会社に対し一定額以上の訴訟が提起された場合または解決した場合 3. 連結子会社について一定の株式交換が提出会社または当該連結子会社により決定された場合 4. 連結子会社について一定の株式移転が提出会社または当該連結子会社により決定された場合 5. 連結子会社について一定の吸収分割が提出会社または当該連結子会社により決定された場合 6. 連結子会社について一定の新設分割が提出会社または当該連結子会社により決定された場合 7. 連結子会社について一定の吸収合併が提出会社または当該連結子会社により決定された場合 8. 連結子会社について一定の新設合併が提出会社または当該連結子会社により決定された場合 9. 連結子会社について一定の事業の譲渡または譲受けが提出会社または当該連結子会社により決定された場合 10. 連結子会社に再生手続開始、更正手続開始、破産手続開始の申立て等があった場合 11. 連結子会社に多額の取立不能債権または取立遅延債権が発生するおそれが生じた場合 12. 連結子会社の財政状態および経営成績に著しい影響を与える事象が発生した場合

14. 内部統制報告書の概要

　内部統制報告書とは、財務報告の適正性を確保するために必要な体制を評価した報告書をいう。内部統制報告書の作成と提出、および内部統制監査が義務づけられている。

表 7-7　内部統制報告書の作成と提出（財務省）

開示対象会社	四半期報告書や確認書の提出義務者と同一（同法24条の4の7第1項、金商令4条の2の10）
開示時期	有価証券報告書と併せて提出
開示内容	a）財務報告に係る内部統制の基本的枠組みに関する事項 b）評価の範囲、基準日および評価手続に関する事項 ・基準日は、原則として内部統制報告書を提出する会社の事業年度の末日 ・評価基準は、金融庁企業会計審議会が公表した「財務報告に係る内部統制の評価および監査の基準」および「財務報告に係る内部統制の評価および監査に関する実施基準」 c）評価結果に関する事項 ・①財務報告に係る内部統制は有効である旨、②評価手続の一部が実施できなかった評価手続およびその理由、③重要な欠陥があり、財務報告に係る内部統制は有効でない旨ならびにその重要な欠陥の内容およびそれが期末日までに是正されなかった理由、④重要な評価手続が実施できなかったため、財務報告に係る内部統制の評価結果を表明できない旨ならびに実施できなかった評価手続およびその理由、の4つの区分に応じて記載 d）付記事項 ・有効性の評価に重要な影響を及ぼす後発事象や期末日後に実施した重要な欠陥に対する是正措置等 e）特記事項
監査	公認会計士または監査法人の監査証明を受けなければならない
罰則	内部統制報告書の不提出および虚偽記載に対しては、5年以下の懲役もしくは500万円以下の罰金または併科（個人）、5億円以下の罰金（法人）

15. ファンダメンタル分析の概念と手法

株式投資において、企業のファンダメンタル分析は基本となる。

主な分析指標は、下記の通り。

　①資本金額　（過少資本に要注意。できれば100億円以上）

　②株主持ち分比率　（自己資本比率。できれば40％以上）

　③利益剰余金　（有利子負債以上の額）

　④有利子負債　（できるだけ少ない方が良い）

　⑤営業キャッシュフロー　（＋ならOK. 資産売却の場合は注意）

　⑥一株あたりの利益　（将来の1株益を着目。できれば15円以上）

　⑦配当利回り　（配当金÷株価×100。できれば2％以上）

　⑧ PER　（株価収益率。株価÷1株あたり利益。できれば10倍程度）

　⑨ PBR　（株価純資産倍率。株価÷1株あたり資産。できれば1.0以上）

上記以外に、株主構成として

　⑩メインバンク保有率

　⑪従業員持ち株会、親会社、取引先、関連会社保有など

　⑫外国人株主比率

などがファンダメンタル上、健全な数字であることが望ましい。

1. 資本とは何か。資本に含まれるものには何があるか。それぞれの役割は何か。

2. 成長のためには、資本のレバレッジが求められるという。それは真実か。真実なら、何故か。虚偽ならどうあるべきか。

3. レバレッジの原義は「てこ（レバー、lever）の作用」。商取引の用語では機会も増大する可能性があるが、損失も増幅される。
   正しいレバレッジ（負債比率）を算出するには、どのような計算（考え方）があるか。

4. IR（投資家とのリレーションシップ）が重要になると同時に、RI（Relational Investor モノ言う株主）の存在が力を増している。RI を統制する最適な IR には何が考えられるか。

5. 間接金融、企業間金融、直接金融など、さまざまな資本調達方法がある。業種、業態、経営形態など、様々な企業に対して、どのような調達方法が最も適しているか。企業形態ごと、調達方法毎に、最も適した方法、業態を設定せよ。また、最適な方法ではない場合は、どのようにしてその課題を克服するか検討せよ。

第8章　人事編

　　　　人生を豊かに生きるための 40 のリスト　　　パート6
　　6. 孤独を愛せる（何もしない空白を意識的に持てる）。
　　　①一人きり、何もない時間、誰とも話さない時間を畏れない。
　　　②逆に、毎日、誰にも邪魔されない一人だけの場所と時間がある。
　　　③抽象的な課題、答えのない問題を、何時間でも考えられる。
　　　④年1回以上、意識的に連続して2週間以上の休暇を組む。
　　　⑤重要な意思決定をする時は、必ず一人になり、必ず決める。

　　　　　　　　　　　　　　　　　　　　　　　　　　（筆者作成）

・・・

本章では、
　　①人事戦略と人事管理（人事体系の理解）
　　②人事のフレームワークとストラクチャー（運用アプローチの理解）
　　③人事のキャリア設計と開発の視点（プロセスとゴール）
　　④人材価値と報酬戦略の理解（汎用化と普遍化）
について解説する。

1. 人事における複雑性の理解

　人事管理は「複雑性」との妥協にある。
　人的資源の面では「老化・死亡・傷病」との戦いがあり、人生の面では「生活苦・世代交代・老後」。感情面では「羨望・妬み恨み。喜怒哀楽」、仕事の面では「学歴・転職・キャリア」の模索がある。
　企業経営で、人事だけが単独で存在しているなら問題は楽だが、人事には、組織・制度・業務といったハード面、能力・リーダーシップ・モチベーションといったソフト面、そして法律・宗教・人種・政治といった環境面、それぞれ超えられない壁や取り除けない化学反応がある。
　それらすべては人事課題として表出するため、その課題を紐解くためには、地道に構造と構成要素を分解し、それぞれの役割・意味、機能・効果を明確にし

た上で、課題とあるべき姿を明確に描いていく必要がある。

ここではそうした複雑性を理解した上で、解決するための手法とアプローチを提示し、解説する。

2. 人事戦略のストラクチャーとフレームワーク [1]

本章で解説する人事戦略は、次のストラクチャーとフレームワーク構造と、12のサブ戦略からなる。

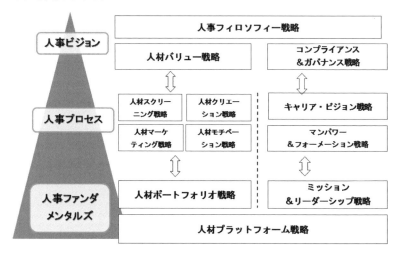

図 8-1　人事戦略のストラクチャーの全体像　（筆者作成）

12の戦略のそれぞれの概要は下記の通り。

①人事プラットフォーム戦略

人事戦略の策定で検討すべき全体像と展開スキームの基本となる。特に、経営の視点から人事戦略を展開するためのフレームワークと人事諸制度への展開プロセスの基盤となる。通常は、人材ポートフォリオと人事サブシステムから設計される。

②人材ポートフォリオ戦略

経営の担い手である人材について期待役割と貢献内容から定義し、事業に求

1　本章の詳細は、拙著『人事戦略論』青山ライフ出版（2015）参照。

められる人材の能力定義と事業構造とのマッチングを図る戦略概念である。事業ポートフォリオと人材ポートフォリオの最適化プロセスが戦略展開のコアになる。

③人材マーケティング戦略

　優秀な人材の獲得と適切な処遇の実現は、ビジネスの競争優位を人事戦略で実現するための必須の要件である。そのためには、コントリビューション（貢献）とコンペンセーション（報酬）を一致させる仕組みの設計が必要であるが、あわせて、事業の競争優位を確立するコア・コンピタンスと人材のコンピテンシー（行動特性）さらに組織におけるコミットメントがその仕組を完成させる仕掛けとなる。

④人材スクリーニング戦略

　人材スクリーニング戦略は、人事のサブシステムである評価と人材活用を戦略の中心に据えている。評価は「目利き能力」であり人材管理のスタートとなる。一方で「人材活用」は、そのゴールであり、人材価値と企業価値の向上を同時に実現するためには、戦略的な位置づけは最重要であるが、逆に最も「見える化」が困難なプロセスでもある。

⑤人材クリエーション戦略

　人材クリエーション戦略は、人材育成と処遇の一致を図る戦略である。処遇は、給与だけでなく、権限、名誉、環境があるが、何よりも仕事の報酬は仕事そのものであり、人材育成と直結する。次世代のコア人材の発掘と育成の展開プロセスを制度化し、特に人材育成ではマネジメント人材に集中しがちな人材育成を、R&D人材、グローバル人材に展開する。これらは、技術プラットフォームの基盤とグローバル事業の展開を人事戦略から支える仕組みとなる。

⑥人材モチベーション戦略

　組織の活性化と超長期にわたる個人の動機付けは重要な経営課題である。動機付けの内面的外面的要因、形式的実質的要件を明確化し、人事戦略として実務的に展開する視点を提供するのが、人材モチベーション戦略である。

⑦マンパワー＆フォーメーション戦略

　組織をどう設計するか、組織のメンバーの構成をどうするか。さらに組織の年齢・人数といった量的な要素、能力・行動といった質的な要素は、それぞれどう

決定したら良いのか、その決定要素と決定のプロセスを事業戦略の展開と合わせて設計するのがマンパワー&フォーメーション戦略である。

⑧ミッション&リーダーシップ戦略
　ミッション&リーダーシップ戦略では、経営行動としてのリーダーシップを人材ポートフォリオとして貢献と期待の観点から定義し、リーダースタンスと合わせてタイプ化した仕組みと仕掛けを構築する。リーダーシップはミッションの実現を目指すものではあるが、ミッションの低レベル化や自己中心化を排し、潔さ・美しさ、正しさを実現する為に資するものとして定義する。

⑨キャリア・ビジョン戦略
　人事におけるキャリアの意味と位置づけを、キャリア&ライフ・デザイン・プログラムとして提案する戦略である。キャリア開発のために必要なキャリア・アンカー、キャリア・コーディネート、キャリア・ビジョンの設計と活用を行う。キャリアは仕事や会社のものではなく、人生の中の一面でしかない。企業でのキャリアを目指さないというビジョンのあり方も重要な戦略の一つとなる。

⑩コンプライアンス&ガバナンス戦略
　人事において、コンプライアンスとガバナンスの重要性は強調し過ぎることはない。特に企業の組織的犯罪や不正、トップの暴走が企業の存続を危うくしている昨今では、コンプライアンスとガバナンスは人事戦略上も重要なテーマとなる。実際、BCP（事業の継続性）やBPO（間接業務の外注化）、さらに内部統制などマネジメントの終着点は人事であることが多い。

⑪人材バリュー戦略
　人材価値を創造・拡大・測定する戦略アプローチである。企業の財務価値を測定する方法は山ほどあるが、人材価値を測定する方法は限られ、多くは手探りである。
　しかも、ミッションと同じくバリューやビジョンも定義次第でその内容は大きく変容する。その意味で人材バリュー戦略は企業の存在そのものを左右するものとなる。

⑫人事フィロソフィー戦略
　経営者、株主、顧客、従業員、それぞれの立場によって経営に対する態度や

価値観は異なる。これまでは、人事の価値観の異なる利害関係者を一つの経営理念のもとに統合するための人事戦略が主要なアプローチであった。いま、異なる価値観を異なるまま統合させることなく、自然体の組織の実現を目指す。そのためには、人事の新たな哲学的な理解と洗脳が求められる。

3. 人材ポートフォリオ戦略による人事管理

　本章で提言する人材ポートフォリオは、9つの人材タイプからなる。

　縦軸は、組織が個人に期待する役割であり、横軸は、個人が発揮するアウトプットの視点によって定義されている。人材ポートフォリオを設定する積極的な意味は、多彩な人材を意図的に確保することで人材リスクを回避するだけでなく、可能性を拡大することにある。

　人材ポートフォリオ戦略の目的は、人材リスクを軽減するとともに、事業の将来に向け、人材の持つ可能性を最大限引き出すことにある。

　重要なのはリスクへの態度であるが、財務ポートフォリオでは、リスクをヘッジ（回避もしくは軽減）するのに対し、人材ポートフォリオではリスクを組織でシェア（共有）することにある。

　最大の人材リスクとは「死亡と老化」＝「能力の喪失と後退」である。それは誰ひとり避けて通れないリスクだからこそ、組織全体でリスクをシェアする必要がある。

　リスクのシェアは人数ではない。能力の代替である。時代に適合する能力と貢献度によって、お互いにシェアすることで、時代と環境に適合する企業となる。

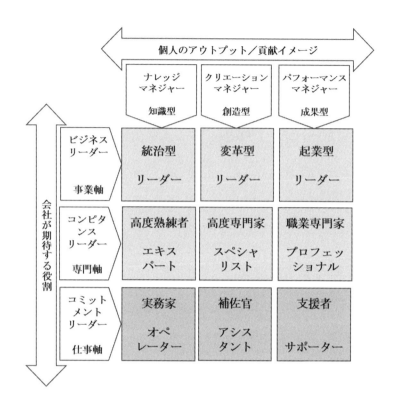

図 8-2　人材ポートフォリオ戦略の人材タイプ　（筆者作成）

（1）役割軸 ： 縦軸は会社が従業員に期待する役割

　第一層は「ビジネスリーダー」であり、事業と市場、投資と収益を第一に考えるリーダー群である。それは資本、マーケット、顧客、ブランド、成長といった組織のミッションを最優先で考えるリーダーである。

　縦軸の第二層、「コンピタンスリーダー」は、高い専門性や創造性、無から有を作る開発力、創造性、想像性が重要な視点である。それは、企業の価値の源泉となるコア・コンピタンスについて考えるリーダー群である。

　縦軸の第三層は「コミットメントリーダー（スキルリーダー）」であり、結果と成果について責任を果たすリーダー群である。顧客満足を実現し、現場の改善を常に考え、業務を遂行する現場の実務担当者であり、現場から決して逃げないことをミッションとする。

（2）貢献軸　：　横軸は従業員が提供できる貢献

　横軸の第一は「ナレッジマネジャー」の視点であり、人事や経理、あるいは生産工場のように一定の知識と技能の体系と集積に基づいてサービス、製品を作り、組織と品質をコントロールしていくマネジャー群である。
　第二は「クリエーションマネジャー」の視点であり、創造性とイノベーションを実現し、環境変化への対応や、自己変革を実現するマネジャー群である。
　第三の視点は、「パフォーマンスマネジャー」であり、結果についてコミットメントする。単純に売上と利益を上げる、自社のロイヤルカスタマーをつくる、あるいはシェアやエリアを拡大するといったシンプルでわかりやすく、具体的な価値の実績をつくり上げるマネジャー群である。

　この９つの人材タイプすべてを自社内で確保する必要はない。
　現場のほとんどはオペレーターとサポーター、あるいはアシスタントで稼働している。場合によっては、このオペレーター、アシスタントの大半はアウトソーシングされる。
　起業型リーダーはごく少数になるだろう。
　人材タイプごとに想定される職種、役職、役割、評価基準、報酬、ミッション、そして貢献イメージを、望ましい制度やルールとして整理したものである。

4. 人事管理のサブシステムと人事戦略

　12の人事戦略の中でも特に５つの戦略、人材プラットフォーム戦略と４つの人材戦略は、特に人事戦略のコアになるものである。
　運用軸となる４つの人材戦略（人材マーケティング戦略・人材スクリーニング戦略・人材クリエーション戦略・人材モチベーション戦略）は、人事管理の４つのサブシステム（評価・処遇・育成・活用の諸制度）をそれぞれ有機的につなげている。

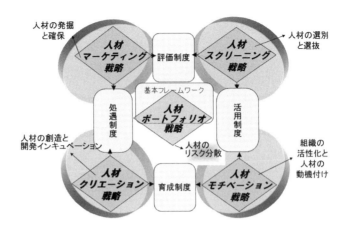

図8-3 人事管理と人材プラットフォーム戦略の構造図（筆者作成）

5. トータル人事システムの全体像

　トータル人事システムは、ベーシックでシンプルであるが、それぞれの構造を明確に示しており、その完成度は非常に高い。

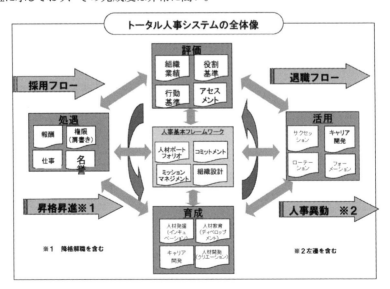

図8-4 トータル人事システムの全体像 （筆者作成）

（1）人事基本フレームワークの意味

　人事基本フレームワークは、基本のフレームと 4 つのサブシステム（評価・処遇・育成・活用）からなる。
　サブシステムはシンプルである。すなわち、
　　　①丁寧なコース職群定義と等級定義と役職定義の基本設計運用を最大限考慮した緩やかな評価基準の設定
　　　②定昇と業界水準（できれば国際水準）を上回る報酬水準の設計
　　　③複数名によるキャリア開発と積極的なキャリア開発の実行
　　　④計画的組織的な教育訓練と自立的自発的な能力開発
　この4つが基本となる[2]。

　①のコース職群定義と等級定義と役職定義の設計をシンプルにするためには、事業・業種・業界別に組織を細分化することが望ましい。
　大原則は、次の 3 点。
　第一は、組織を細分化し分割して統治すること
　第二は、権限を現場に付与すること。委譲ではなく、エンパワーメントすること
　第三は、財務的に自己完結（P/L だけでなく、B/S の疑似分割まで）させること

　①の後半の評価基準は次の 3 点を実行すること
　第一は、上位 2 割と下位 2 割を峻別し、上位は昇進を、下位は再配置を促すこと
　第二は、一次評価を複数名にして長期間の評定を繰り返すこと。固定化を排除すること
　第三は、人事担当は上位 2 割の人材と、直接毎年必ず会い、ヒアリング＆アセスメントを実施すること。その際、評価をした上司にもヒアリングをすること

　②の報酬設計は、少しテクニカルだが単純な設計でモチベーションの維持が可能になる。ここでも次の 3 点が重要となる

2　この基礎的で基本的なフレームワークは、今日、多くの実務家がグローバル運用を前提した対応に適用させようと、ダイバーシティ（多要員）、マルチスキル（多職種）、マルチオペレーション（多運用）といった、過剰なまでの汎用性と普遍性を盛り込んで追求してきた。残念ながら、その過度な汎用性の追求のため、人事基本フレームワークはグロテスクで不格好、不透明で解りにくく、誰にも当てはまるよう誤解を与えてしまい、結果、誰にも不満足なフレームワークになった。

第一は、同じ職務、職位、職責のままで報酬が40年間で2倍になるよう昇給率を維持すること[3]

　第二は、残業代を含め、部下よりも報酬が必ず（できれば圧倒的に）高いこと[4]

　第三は、理念的になるが、報酬が自ら創出した「付加価値」からしか支払われないことを全従業員に理解させること

　報酬は、生産性と生計費理論に対してニュートラルである。自分が作り出した付加価値以上の報酬を受け取ることはできない。生計費以下の報酬では生活できない。全ての従業員は収入以内でしか生活できない。その意味で報酬制度はどんな設計を行っても「ニュートラル（中立）」なのである。

　③のキャリア開発＆キャリア設計で実行する内容は次の3点である。

　第一に、何度でも挑戦可能な敗者復活を、システム化したキャリア開発とすること

　第二に、人事と上司と本人の三者が常に関与可能なキャリア設計（特に上司の関与を本人の異動後もフォロー実施可能にすること）

　第三に、昇格者に対して常に選択可能な複数のキャリアを用意すること

　④の計画的組織的教育訓練と自立的自発的能力開発の実行には次の3点が必要である。

　第一に、仕事が最大の報酬であり、成長が最大の成果（業績）であることを人事体系に位置づけ、常に能力開発と教育の機会（特に、能力のある部外者との対外試合の場）を付与すること

　第二に、教育は徹底したOJTをメインとし、OJTをカリキュラム化すること

　OJTのカリキュラム化とは、職務毎に教える内容、テーマを決めておくこと。職能要件書の習得能力に近い。

　第三に、部下・同僚・部外者を教育する機会を付与すること。単に教育を受けるための機会ではなく、専門家が教育をする機会である。エンジニア、ホワイトカラーは「人に教えるとき、初めて真剣に学ぶ」。教育のゴールは学ぶことではなく、教えられるようになることである。

3　定期昇給率を1.7％～1.9％維持できれば38年から43年で2倍になる。40年給与が上がり続ける仕組みが構築できればモチベーションを維持できる。

4　できれば部下の年間1000時間の残業でも逆転しないだけの格差を維持すること。

（2）人事管理：世襲型・年功型・成果型・職務型の整理と近年の役割型、ジョブ型

人事管理は、過去・現在で変遷し、未来でも変化が予測される。

　①過去　　：世襲型・職種型・年功型

　②現在　　：能力型・プロセス型・成果型　　が主流になった

　③新傾向　：役割型・貢献度型・ジョブ型[5]

という名称で移行しようとしている。

過去においては、職務は大半が「世襲」であり、職種で仕切られていた。

唯一の評価軸は「年功」であった。

年功とは、直向きさとロイヤリティに対する称号である。結果としての終身雇用は、経営側の褒賞概念であって、労働側の請求概念となる。年功を単純に「経年」と考える単純な論者が多いが、年功とはその言葉の通り、「毎年、功績を挙げ続ける」ことであってそれこそ成果型、貢献型の揺るぎない大樹（経年による成長）なのである。

世襲の中では、「年功」を発揮できなければ、それは家系の「没落」を意味し、未来（の子孫）に対する不徳を意味した。そのために、必死で「年功」を残そうとした。

「手柄」（結果）こそが世襲と年功の「存在条件」なのである。

年功主義は生き残った者たちに対する勝者としての「賛美歌」であり、それまでに脱落した多くの人たちに対する「鎮魂歌」なのである[6]。

5　英語では当たり前であるが、職務のことを「Shokumu」とは呼ばず、「JOB（ジョブ）」と呼ぶ。日本語では「ジョブ」と呼ば「職務」と呼ぶ。そのため、日本には仕事型（職種型・役割型）とは全く別の「ジョブ型」という概念ができあがったかの様な誤解が生じている。ジョブ型というのは人事用語ではなく社会学用語である。そのため、ジョブ型を唱える担当者は、人事用語としての定義を知らないため、対立概念として日本的な人事管理を「メンバーシップ型」という「中途は半端」な概念で作り出した。残念ながら、メンバーシップ型自体が日本型とはほど遠い別物なので、ジョブ型はさらに複雑になり、「無知の塊」ができあがった。「ジョブ型・メンバーシップ型」といった用語が使われているときは無力感に悩まされる。この無力感は、『虚妄の成果主義』日経BP（2004年）を読んだときと同じ感覚である。著名人の書かれている内容が独善的で無理解な時の無力感である。本人もコメントしているように人事の専門家でも労働経済学者でもない筆者が、経営組織論の経営学者の立場からコメントしたなら、成果主義人事も否定できないはずからである。サイエンスといいつつ分析がサイエンスでないことも無力感である。著名人の未熟な分析は誤謬というより罪悪である。最近の感覚では、トランプ前大統領のSNSのコメントと同じ感覚である。トランプが「フェイク」という言葉で攻撃する理由は明確で、自分で自分を「フェイク」と思っているからに他ならない。大統領ですら国民のことを考えていないという無力感である。そして、自分自身への自戒を含めて、もう一つの無力感。それは大学教員がおそらく一番「虚妄の年功序列」に陥っているという事実である。

6　拙著『人事戦略論』第13章（青山ライフ出版）（2015）参照

世襲と序列を鮮やかに打破したのは「能力主義」である。

能力主義人事とは、労働と成長、働きたいという欲求と成長したいという自我に対する挑戦を意味する。人材開発という人間尊重の威厳を、仕事という単純なやりがいから解放し、人生という生きがいにむけて揺り戻したのである。

6. ジョブ型およびメンバーシップ型 （現在の新たな模索）

いま「ジョブ型」という人事管理の流れが動き出している。このジョブ型自体が「ポスト」なのか、「専門性」なのか、「職務」なのか、現段階ではどの企業も運用レベルで定義できていないため、多くの企業が手探り状態である[7] [8]。

ジョブ型により、経営側の計画的で意図的な能力開発は「自己責任」として軽減することができる。逆に、あらかじめ提供すべき仕事、将来の成長すべき仕事を会社側が準備する必要がでてきた。

もともと年功型あるいはメンバーシップ型でも、能力の定義や評価が困難なため、そのプロセスの煩雑さから「成果型」が導入された。

環境の複雑さとICTあるいはデジタルという新たな知識、そして、その複雑さと気配を読み取った経営者は、従業員の能力開発コストを軽減し、従業員の自発的な成長に頼る仕組みを志向せざるを得なくなった。その一つが「ジョブ型」であり、「メンバーシップ型の改良」として導入が志向されている。「ジョブ型」の弱点としては、今ある仕事を「定食」のように従業員に突き出すことしか現段階ではできなくなった。従業員側はすでに「ジョブ型」ですら食い飽きており、食傷気味になっている。

ジョブ型に求められているのは、今ある仕事の再定義ではない。

---

[7]　https://en-gage.net/content/job-type-employment
　　日立製作所、富士通、KDDIがジョブ型採用を打ちだしている。今日、ジョブ型を標榜しているのは経営者だけである。従業員側から支援の声を聞かない。その意味でもジョブ型を標榜する側に説明責任があり、それができない場合、育成責任を回避し、労働者側に責任転嫁することになりかねない。過去にはポイントファクターとして武田薬品工業が「ヘイシステム」を導入した。しかし、その実態はポイントだけ貼り付けられた能力型で人員配置は職能的になった。「ヘイシステム」を導入した多くの企業が、運用に躓き制度的には破綻した。

[8]　欧米のジョブディスクリプションがジョブ型だと定義する向きもある。ただし、大抵のジョブディスクリプションは、組織規程か業務規程のレベルを出ていない。実務的には、日本の職務基準書や能力要件書と大差が無いが、日本ではどちらも詳細すぎるために参照されることがない。どちらも、都度、改定することも実際には難しい。運用になれていないために、実務的には部分修正でいいのだが、それすら煩雑なようである。

　あらたな仕事（ジョブ）の創造である。今ある仕事をジョブ型に変えるとしたら、賃金の洗い替えを実施する必要がある。現在の従業員の全員の賃金を単純に「洗い替え」するためにジョブ型を導入するとしたら、煩雑な作業になる。1/3 は据え置き、1/3 が減額、1/3 が増額される。必要なのは、ジョブ型導入の目的とその対応策である。

　ジョブ型の構造的な欠陥は、「存在しない仕事は定義できない」こと。
　自分の能力より安直な仕事に、自分自身を縛り付けることはできないことにある。
　結果として「ジョブ型」では、昇給し成長するには、新たな仕事を自らの責任で開発し、自己責任で能力開発し、目の前に見えている上位職の仕事飛びつくことで、成長を担保するものとなる。注意を要するのは、企業の中で見えていないジョブ、存在しないジョブには飛び移れないことである。

　ジョブ型に対しては、ポジティブな面からの支持もある。
　米国では、既存の企業が停滞し、その混沌の中から新たな事業の芽が息吹きだした。日本では、既存の事業が他社を参考に脱皮を繰り返し成長した。ジョブ型がその典型となる。ジョブ型は、外部から異能異才を吸収し、内部の自発的自主的な改革を促進してきた。経営者や事業主は、顧客の新たなニーズに対応し、新たな市場を創造した。それこそがチャレンジでありイノベーションであり、顧客の創造となった。能力開発と事業への投資は「同義」であり、新たな投資が人材の挑戦を促し、職務を開発し、組織を発展させた。ジョブ型は、メンバーシップ型という妥協と遠慮の組織を「反面教師」として、自己変革を促した「自立型組織」なのである。

表 8-1　ジョブ型およびメンバーシップ型の比較（筆者作成）

区　分		メンバーシップ型	ジョブ型
基本的な考え方	前提条件	能力発展段階のレベル	職務難易度の相対的レベル
	関係性	使用従属関係 （上下関係）	片務的取引契約（言い値）
	コミュニ ケーション	ナレッジ共有、提案重視	業務連絡　事務連絡　支持命令
	研修	階層別研修＋OJT	自己啓発・選抜型研修
	処遇実態	同じ職務でも違う報酬	違う能力でも仕事が同じなら同じ報酬
等級		能力等級×役割グレード （役職位）	コース職群×職種区分×役職（責任レベル）
報酬		職能給　（必要により役割給、 時間外加算）	ジョブ給 （必要により役職加算＋成果加算）
評価方法		能力＋プロセス評価　重視	成果＋能力評価　重視
評価目的		人材育成・キャリア開発 ＋成果配分	組織運営＋選抜・再配分 ＋査定
育成		階層別・テーマ別定食型研修	職務別・職種別・選抜型研修
昇格昇進		推薦・試験＋内部昇進	Up or Out 空席補充、オープン採用
採用		定期採用＋中途補充	年間採用＋ポジション別採用
要員計画		中長期	短中期
人件費		固定費・ 総合福祉ビジョン	変動費　労働分配率
ジョブ定義		組織規程・職務分掌規程 職務基準書、能力要件書	職位別コンピテンシー定義 ジョブディスクリプション

7. 人事管理の５アプローチ

　人事戦略を確実に管理する方法は、職務、役割、ジョブ、能力、成果、業績、貢献度から入るのではなく、財務と組織から検討することをお勧めする。

　　①総額人件費と総人員管理、モデル賃金カーブの設計

　　②平均賃金と平均年齢、労務管理の徹底

　　③組織構造と管理構造

　　④直間比率と間接比率

　　⑤管理職比率とバックオフィス比率

　これらの数値の許容範囲（閾値／しきいち）を見極めること。理由は明確である。従業員の能力評価をしなくて済む。

①増額人件費管理と総人員管理は、労働分配率、労働装備率、労働生産性に依存する。

②平均賃金と平均年齢は、組織年齢に依存する

③組織構造と管理構造は、事業戦略に依存する

④直間比率と間接比率は、組織構造に依存する

⑤管理職比率は、役割基準に依存する

ここでは従業員の能力評価や適材適所、キャリア管理や昇格昇進審査をしなくて済む。

8.「大卒男子の定年役職」管理

人事管理が、離職防止や人間尊重の観点から、過剰にミクロ型になったために、近年ではマクロ的なアプローチがあまりとられなくなった。

最初にとるべき人事戦略の管理的なマクロアプローチは、平均的な大卒男子を「何歳で管理職にし、どの役職で定年させるか」を決定することである。大卒男子は、どの企業でも基本的なボリュームゾーンである。

大卒男子の管理職昇進年齢と定年時役職（ポスト）が決まれば、①昇進昇格スピードがきまり、②役職別の滞留年数が決まり、③組織のピラミッドがきまり、④昇進昇格割合（前後3年間の従業員層の何パーセントを上位の等級に昇格させるか）がきまり、⑤賃金カーブが決まり、⑥総額人件費が決まり、⑥生涯年収が決まり、⑦労働分配率が予測できる。

等級ランクもジョブ型なら20〜25階層ほど必要だが、能力型なら、せいぜい8〜12で足りる。

実際に資格等級または役職等級の5階層以上は年功への褒美なので、ジョブ型であろうと5階層程度で本来は十分運用できるはずである。重要なのは、階層数ではなく、同一等級の報酬範囲となる。

5階層（等級）は、下記の内容となる。

新卒学生	⇒	担当職（遂行責任）：仕事を任せられる
担当職	⇒	監督職（業務責任）：部下を任せられる
監督職	⇒	管理職（数値責任）：組織を任せられる
管理職	⇒	経営職（市場責任）：顧客を任せられる
経営職	⇒	取締役（経営責任）：会社を任せられる

その間に「飾り（補佐職）」を入れるとしたら、

飾り　　　　　コア　　　　　基準

学生⇒（試用期間）　⇒担当職　　：仕事基準
　　⇒（現場指導職）⇒監督職　　：業務基準
　　⇒（監督職代理）⇒管理職　　：組織基準
　　⇒（経営職補佐）⇒経営職　　：市場基準
　　⇒（取締役見習）⇒取締役　　：事業基準

となる[9]。

　さらにそれぞれに初任とベテランの2クラスが入る。結果としてフレームワークは10等級となる。

表8-2　階層別の役割設計　（筆者作成）

階層	役職	資格等級	在籍率の仮説
経営層	部長	会社を任せられる。	さらに部長職は0.5%まで絞られる
	（部長代理）	生存率2%	
管理職層	課長	市場を任せられる	15%が昇進し管理職となる。この時点で、7人に1人の割合である 大半はここでゴールとなる 課長7人から部長1名
	（課長代理）	昇格率3% 生存率15%	
監督荘	係長	業務を任せられる	昇進した40%の競争はさらに熾烈になる。3分の1が昇進する
	（係長代理）	昇格率15% 生存率40%	
指導職	主任	部下を任せられる	昇進した80%の中、本来なら60%だが、ポストの制約から半分の40%のみ昇進する
	（副主任）	昇格率40% 生存率80%	
担当職	職長・班長	仕事を任せられる	2：6：2の法則から、下の2割が3年以内に最初に離脱し、指導職の生存率は80%となる
		仕事の理解	

　注）生存率とは、当該等級にそのまま当該等級に滞留する割合を指す。

9　補佐職の呼称はいろいろある。サブチーフ、チーフ、主任、係長代理、課長代理、課長補佐、課長見習い、次長、副部長、部長代理、部長補佐、部長見習い、主事、副主事、副参事、参事、副参与、参与　副工場長、副所長、副店長、副社長、常務、専務　etc。いずれも「無責任」の代名詞である。
愛知県豊橋のある企業に訪問した際、人事課課長という名刺をもった相手が6人も出てきた。全員人事課長かとおもったら、一人だけ「人事課長」で、残りの5人は「人事課付き課長」であった。課長が「補左職」として処遇されていた。五反田のAV機器メーカーでは、課長と統括課長、部長と統括部長という呼称で使い分けていた。課長は課付きの課長、部長は部付きの部長であった。
　あるシステム会社。第一部長室、第二部長室があり、そのメンバーは部長室に所属しているので、全員が「第一部長」「第二部長」で、究極のリストラ組であった。実態は第一部長室は「リストラ候補」、第二部長室は、人材再開発という名目の「転籍候補」であった。業務は毎朝出社しては、それまでの日々の業務の反省の日報を書くことだけ。一切の外出も訪問も許されていなかった。全員が自己都合退職するよう仕向けられていた。あるオーディオ部品一部上場企業で部長職50名をリストラした。「全員、1年出社に及ばず。給与は支給するので、自分の転職先を探すよう指示」。その際、企業側はメディアに対して「全員能力不足のため」と釈明した。結果、「転職先では能力不足の部長」ということで再就職は困難を極めた。

9. 人件費の決定要素

人件費の決定には、決定要素が 5 つある。
　①国別の購買力平価（カントリー格差）
　②業界特性（インダストリー格差）
　③職種（ジョブ格差）
　④属性（性別・学歴・年齢格差）
　⑤業績（企業・個人業績・組合交渉格差）
上記の 5 要素だけで、報酬の 80%から 90%を決定できる。

たとえば、「日本人・製造業・営業職・40 歳・大卒」「アメリカ人・金融業・審査担当・50 歳・大学院卒」「インド人・IT エンジニア・30 歳・ベンチャー企業・高卒」。

こうした前提条件で、報酬の 80%〜 90%が決定される。重要なのは、一切の能力評価や業績評価をしていないことである。

人事戦略や人事管理、特に報酬の決定に際して、個人の能力評価や個別企業の業績評価がなくても報酬の概要は決定できる。人事戦略・人事管理の「設計の入り口段階」では一切の個別管理を無視することが望ましい[10]。

こうした管理は、「集団的人事管理」という。さらに人事の「個別管理」に入る。集団的人事管理は、
　①総額人件費（平均年齢・平均賃金・生涯年収、総合福祉ビジョン）
　②要員管理（直間比率管理、管理職比率管理、本社要員管理、機能別人件費管理）
　③勤怠管理（所定外労働時間管理、所定内労働時間管理）
　④勤務時間管理（単位人件費あたり付加価値額管理）
　⑤昇進昇格管理（職位別職群別勤続別部署別職位別昇格管理、昇給管理）
など、これが基本的な集団的人事管理の内容となる。

これからの人事管理では、個別的人事管理として
　①スキル・能力管理

10　入社面接の段階で一人一人の報酬交渉をする煩雑さを考えると「ジョブ型」は仕事の定価販売しかできない。ここでの交渉は、応募者が受け入れるか断るかだけの話であって、メンバーシップ型の初任給政策と大差なく、ジョブ型もメンバーシップ型も能力査定が最大の焦点になる。能力査定はジョブ型の場合、知識と経験の精査が必要となり、入社前の労力とするか、入社後の育成に力を入れるかを当事者が選択する必要がある。

②モチベーション管理

③キャリア管理

④組織風土管理

⑤メンタルヘルス管理

が求められる。

これらの設計と評価、そして運用は至難の業となる。いずれも過去に、普遍化されたことも汎用化されたこともなく、人事担当者や人事コンサルタントの極めて属人的な運用に依存していたからである。

その最大の原因は、人事担当者や人事コンサルタント自体が「個人的人事管理」の訓練を満足には受けていないからに他ならない。きわめて属人的な人事管理のノウハウを、極めて属人的に蓄積し、極めて属人的に職人技（わざ）として極めてきた。

その結果、集団的な人事管理のノウハウだけを属人的に信奉することになった。

10. 総額人件費管理と生涯年収管理

総額人件費管理は、モデル賃金の設計と報酬水準に関わっている。

平均人数　×　平均人件費　＝　総額人件費となる。

モデル賃金は、初任給と定年時給与、再雇用給与、そして管理職初号給与によって設計される。

幸いにして日本では初任給にほとんど差がない。

大卒 22 歳の高学歴者を、たかだか月収 25 万円前後で採用できる。そして、副業を禁止して業務に専念させ、休暇も取得が難しく、取得すると評価を平気で引き下げる仕組みまで構築する企業さえある[11]。近年では ICT エンジニアを初任の月収 30 万円や年収 1000 万円で採用が可能な仕組みをとる企業も現れた[12]。

11　ある銀行系のシンクタンクのコンサル職では、研究員は「個人業績連動型年俸」として、個人の受注額・生産額でダイレクトに給与に反映されていた。ところが残業が増えると、賞与から支給した残業代を控除し「精算」していた。あきらかな労働基準法違反であるが、その点を指摘されると、人事部の担当者は、平気な顔をして「賞与は企業が自由に設計できる。だから支給した残業代も賞与で回収するのは自由だ」とうそぶいていた。ある人事専門のコンサルタントが違法な点を指摘すると、翌日のＨＰから給与規程の掲示が消された。そして、その旨を明示することなく、今は、うやむやにして、「評価」という概念で逃げている。
銀行系関連企業の人事部ですら、無知が放置されている実態を垣間見た。

12　大手の餃子中心の飲食チェーン店では、採用難になったため、高卒月給 15 万円の時代に初任給 30 万円で募集を行った。既存の従業員の報酬は据え置いたままである。もともとこの会社ではお手盛りで気に入った従業員に 100 万円のボーナスを追加したり、人事管理とはほど遠い処遇をしていた。今、このチェーン店は店舗閉鎖と従業員のリストラに追われている。

　総額人件費管理で決定すべき内容は下記の 5 項目となる。
　　①初任給（自社最低賃金）
　　②初任管理職給与（最速管理職昇進者賃金）
　　③60 歳定年時給与（大卒男子の定年時の給与水準の設定）
　　④65 歳までの再雇用給与（再雇用後の 5 年間の人事評価の有無）
　　⑤退職金、退職年金（再雇用対象期間）

　これらのうち、最も重要なのが初任管理職給与（40 歳給与）、次が 60 歳定年時給与である。40 歳給与が重要なのは 20 歳から 60 歳の丁度中間の年齢になること。40 歳前後で管理職になり残業代がなくなること。賃金カーブが 40 歳前後から昇給がとまり昇給しなくなること。賃金カーブがいわゆる上に凸、もしくはS字カーブとなることを示している。

図に見られるように、40歳の初任管理職の賃金水準をどこに設定するかによって、大きくモデル賃金カーブが異なる。

　当然であるが、①上に凸、②直線、③S字、④下に凹の4タイプで総額人件費は全く異なる。

　　①上に凸　　　：生涯年収　約4億円　（平均年収1000万円）
　　②直線　　　　：生涯年収　約3億円　（平均年収800万円）
　　③S字カーブ　：生涯年収　約2億8000万円　（平均年収600万円）
　　④下に凹　　　：生涯年収　約2億1000万円　（平均年収400万円）

　この平均賃金に従業員数を掛けて足し上げたものが総額人件費となる（金額は例示）。

（※　賞与3ヶ月×22歳入社60歳定年の43年勤続）

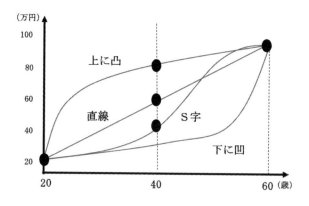

図8-5　モデル賃金カーブのイメージ　（筆者作成）

11. 内転原資

　モデル賃金カーブは業界によって特徴がある。モデル賃金カーブの特徴は事業構造に関連しており、事業の収益構造に依存する。

　すべての報酬は年功序列であろうが、成果主義であろうが、ジョブ型であろうが、メンバーシップ型であろうが、総額が変わらない限り、報酬総額を構成員で交換するだけのものなので、経営的な総額原資は中立（ニュートラル）となる。

　財務的には、賞与や要員、平均賃金で調整せざるを得ないため、必ず、どこかにバッファを持つ構造となる。結果としての労働分配率で調整される。

　最初は、単純な報酬の因数分解で制度化することが望ましい。

　モデル賃金カーブで次の様な構成員の会社を考えてみよう。

　毎年、22歳（大卒）で1名入社、65歳まで再雇用、65歳で1名退職する。そうすると22歳から65際までの43名の従業員を雇用している会社ができあがる。

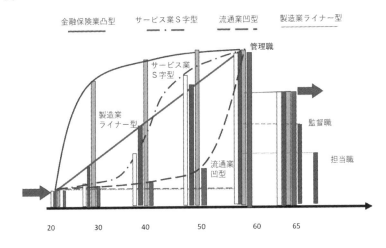

図 8-6　毎年 22 歳で 1 名入社、65 歳で 1 名退職する
総社員数 43 名の会社の例（筆者作成）

今年22歳の従業員は翌23歳になり、23歳の従業員は24歳になる。そのとき、23歳の従業員の給与は毎年昇給しているように見える。全員1年在籍していると少しずつ必ず昇給している。実際は、23歳の従業員の昇給は24歳の従業員の給与明細の名前だけ書き換えて受け取っているだけであることがわかる。

　そして65歳になったとき、退職する。この会社の総額人件費はベースアップがない限り、1円も増加しないことになる。

　重要な点は、
　　　①カーブの面積は企業の総額人件費を示していること
　　　②総額人件費は全従業員が入れ替わっても1円も増加していないこと
　　　③全従業員の報酬は毎年かならず上昇（定期昇給）していること
　　　④総額人件費のカーブは従業員の生涯年収となること
　　　という点である。

　実際のモデル賃金は、資格等級別・役職別のモデルになり、全員が同じ昇給カーブで昇給するわけではない。残念ながら全員が管理職に成れるわけではないし、当然ながら社長は1人である。しかも、前後3年（通算6年）の入社年次の全員がライバルでもある。

　図表の通り、昇進昇格で年収が異なる。このグラフの面積の違いは個人の生涯年収の違いであり、年齢別従業員数を入れると、全従業員の総額人件費の違いとなる。

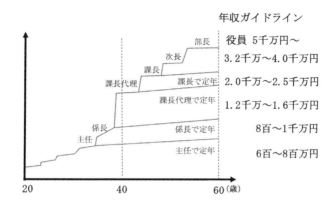

図 8-7　役職別モデル賃金のイメージ（金額は参考例示）（筆者作成）

　成果型やジョブ型で誤解があるといけないが、上記の様なグラフのジョブ型では、理論的には 20 歳代で部長、30 歳代で社長ということも可能な仕組みとなる [13]。

13　個人的には、こんな人事管理が可能な会社があれば、一生をその会社で過ごしたいとは思わないだろう。20 歳代の若手を現場で鍛える機会のない会社には違和感を禁じ得ない。

12. 業種別・職種別モデル賃金カーブおよび要員構造管理

こうしたモデル賃金カーブの違いは、業種や職種の違いにも現れる。

その違いは、専門性の違いではなく、業種と組織構造の違いに由来する。

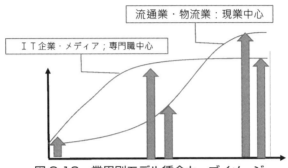

図 8-10　業界別モデル賃金カーブイメージ

専門性のレベルの違いや、貢献度の違いは、賞与や成果配分で表現されるが月例報酬は、職種と組織構造に依存する。

（1）上に凸型の賃金カーブ＆円柱型要員構造

凸型（上に凸）の賃金カーブ＆円柱型要員構造の賃金カーブの特徴。

金融保険業や、退職者が少ない大手企業の場合、上に凸型の賃金カーブになりやすい。監督職までほぼ全員が昇格し、ほぼ全員が定年まで勤務する。組織が急拡大しない限り、組織構造はそのまま円柱型になる。現場は多店舗型の店経営中心の事務職と専門職のみで全員がそのまま昇格で持ち上がる。

平均年齢も高くなり、平均賃金も上昇するので、一定年齢以上は定期昇給が押さえられる。場合によってはマイナス定期昇給（すなわち減額）も発生する。

　金融保険業や通信業界、インフラ業界（電気・ガス・水道）などはビジネスモデルとしての完成度が高いため、支店や現場の拠点長は数多く必要だが、トップの経営人材は少数精鋭となる。こうした業界は各種法律や参入規制で保護されている業界が多い。新規参入が少なく競争も少ないため利益率も比較的高い。全体的に高額報酬の賃金カーブとなり、上に凸のカーブになりやすい。その結果、給料だけが高くなり、生産性の低い高額報酬の管理職になる前に関係会社に大半が出向させられる。

　管理職になれても昇給率は非常に低いまま押さえられる。通常2%くらいある定期昇給率も管理職クラスになると0.1%の昇給もしないことが多い。

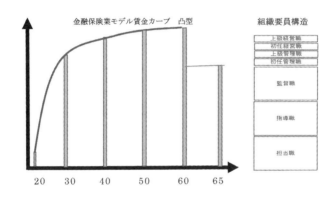

図8-9　上に凸型の賃金カーブと円柱型要員構造（筆者作成）

（2）直線型の賃金カーブ＆円錐（えんすい）型要員構造

　直線型の賃金カーブは製造業に多い。

　技術者集団で多機能組織の集合体となるため、多くの組織で年功的になりやすい。すべての組織で、指導職⇒監督職⇒管理職⇒経営職と昇格昇進するため、多階層になる。

　製造業に限らず、通常、大卒の3割が3年で退職する。短卒4割、高卒5割、中卒7割が転職すると言われているため、平均年齢は40歳、平均勤続は、12, 13年程度に収まる。その結果、要員構造ピラミッドは円錐型になる。製造業では高卒の現業職が多いため、一定数の退職者が常に発生し円錐型になる。

現業職、事務職、専門職、専任職人職、短時間勤務（パートタイマー・バイト）さらに請負など、勤務形態・雇用形態は多様化する。職種別報酬体系の場合は、鈍角円錐、全職種一体型の平等な処遇の時は鋭角円錐の組織構造になる。近年は、団塊の世代の退職で、上部の小さい下ぶくれ型の瓢箪型が多い。

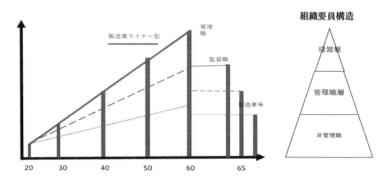

図 8-10　直線型の賃金カーブ&円錐型要員構造　（筆者作成）

（3）Ｓ字型モデル賃金＆折衷型要員構造

　業界としては、ほとんどの業界が当てはまる。製造業、サービス業、金融、病院、各種サービス業、人手不足で人材不足、さらに高齢化と競争激化に直面している業界、すなわち日本のすべての業界である。

　Ｓ字型の賃金カーブが該当する基本的な組織は、円柱型あるいは円錐型の複合型となる。

　原因は、高齢化と採用難。高齢化により管理職以上の報酬が抑えられ関係会社に出向させられる一方、新入社員は、新卒採用の強化のため初任給（特に大卒初任給）だけが徐々に上昇する。

　一方、在籍者の報酬は昇給させないため、直線型や凹型がS字型となる。

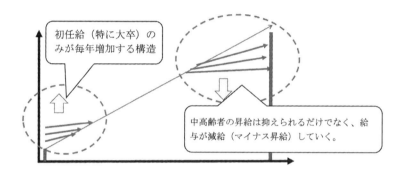

図表 8-11　Ｓ字型モデル賃金カーブの発生要因と形成プロセス

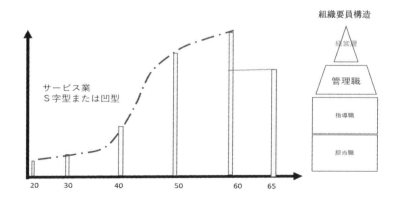

図 8-12　Ｓ字型モデル賃金カーブ＆ロケット型要員構造（筆者作成）

（4）凹型（下に凸）モデル賃金カーブ＆文鎮型要員構造

　業界としては、小売業、飲食業、物流業、あるいはサービス業、もしくは全国に営業所がある B to B の製造業などが該当する。多くの現場拠点責任者と拠点監督者（および作業者）を抱える組織である。

　大半の従業員が管理職になる前に離職・転職するように、結果的に（意図的に）高い離職率を維持することとなる。

　事業のビジネスモデルの完成度は高いが、参入障壁が低く、常に過当競争のため、現場拠点長になっても報酬は低めにおさえられており、賃金カーブは凹型となる。

　最もボリュームゾーンになる主任職に権限を集中させ、現場を担当者だけでオペレーションできる仕組みを作ることが重要である。特には、パートタイマーだけ拠点を運営することも仕組みとして可能にする。

　具体的には、店長に28〜30歳、早ければ入社して4〜5年で店長に昇格させる。ここで初任管理職になるが、残業月10時間程度で、部下と年収が逆転するほど、管理職との格差はわずかしかない。当然、上司がデモチベーションする可能性が高い。エリアマネジャーや事業部長になるには、さらに10年から20年かかる。本人にとって、それ自体が十分納得のいくキャリア形成であることが重要である。

　時には30年以上、相対的に低い報酬に据え置かれることもある。40歳になる頃には、多くの従業員が自己都合で退職せざるを得ない可能性がある。

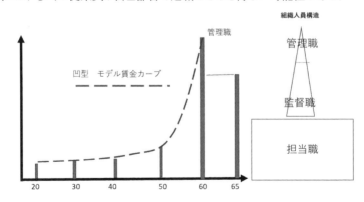

図 8-13　凹型（下に凸型）のモデル賃金カーブと鍋蓋型（文鎮型）
要員構造

13. リーダーシップとエンパワーメント

（1）リーダーシップの構造[14]

　本章で定義するリーダーシップ構造は、次の6つである。

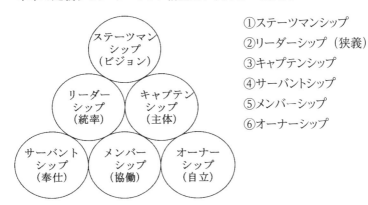

①ステーツマンシップ
②リーダーシップ（狭義）
③キャプテンシップ
④サーバントシップ
⑤メンバーシップ
⑥オーナーシップ

図 8-14　広義のリーダーシップの構造（シックスバブル／三宅モデル）
（筆者作成）

14　リーダーシップについて詳細は、拙著『人事戦略論』第8章　青山ライフ出版（2015）を参照。

表 8-3　広義のリーダーシップ（シックスバブル／三宅モデル）の意味

6つの区分	主要概念	意　味
ステーツマン シップ	ビジョン	組織に明確なビジョン、方向性、価値観、および目的を与え、構成員を動機付けることで、組織と個人を導く
リーダーシップ(狭義)	統率	自ら率先垂範して集団を統率し、組織に規律、秩序を与え、命令を発するとともに、自らの実践で、構成員の迅速な行動を促す力。ここでのリーダーシップは、狭義となる
キャプテン シップ	主体	自ら主体的、自主的に、組織的的達成のために、組織全体に影響力を発揮し行動する
サーバント シップ	奉仕	部下、同僚、上司をサポートし、それぞれの目的を達成できるように支援する力。部下が上司を、上司が部下をサーバントする
メンバー シップ	協働	全員が組織の構成員全員のために、自らの役割を律し、組織貢献を最優先して行動する
オーナー シップ	自立	組織上の与えられた役割から決して逃げることなく、役割に徹し、自立的に、堅実に成果を達成するよう行動する

（2）リーダーシップの本質

　リーダーシップの議論でいつも問題になるのは、ロールモデルである。

　つまり、リーダーはこうあるべきだという「ロール（役割）」を設定し、「成果を出すリーダーがいいリーダー」「成果が出たのは優れたリーダーのおかげ」という。

　同じ理由で、日産は優れたリーダーが8年続けて赤字を垂れ流し、東芝は優れたリーダーが粉飾を行い、スルガ銀行では優れたリーダーが百数十人の行員の不正を指示し、かんぽ保険でもすぐれたリーダーが9万3千件の不正契約を締結させた。

　リーダーシップの本質は、組織や人を動かすことではない。組織の目的を達成したり、成果を追求することでもない。リーダーシップの本質は、人の可能性を応援することにある。

　（社団）日本産業訓練協会の定義では、リーダーシップとは「組織の目標を達成するため、自身の行動を通じて、部下に影響を与えるすべて」をリーダーシッ

プとしている。

　その意味で、リーダーシップの本質は、行動力でも計画力でも部下への影響力でもない。「行動」そのもの。「実行」そのものであることがわかる。また、リーダーシップの結果（成果）とは、「部下の行動」「部下の成果」であって、組織の目標でもない。

　本章では、リーダーシップとは「『自分らしさ』の行動を通じて、他者の可能性を応援すること」であり、『自分らしい行動』そのものがリーダーシップである。

　その意味で、リーダーシップ行動の第一は、「エンパワーメント」であり、それこそが部下の可能性の承認であり強化となる。

　リーダーシップは、エンパワーメントとセットで議論されなければならない。

　リーダーシップはリーダーだけのものではない。部下へのエンパワーメントと部下の側のメンバーシップがあって完成する。

　現実の業務を現場で確認すると良い。成果を出すのは部下であり、結果を出すのも部下であることは自明である。リーダーはただ「指示」しただけに過ぎない。

　あなたが全てを部下に任せ、部下にエンパワーメントできたとき、あなたはリーダーシップを発揮したといえる[15]。

　逆に、あなたが全てを取り仕切り（エンパワーメントすることなく）部下に指示をだしてすべてを実施したときは、あなたは「単にリーダーとしての役割」を果たしたに過ぎない。それは部長が部長の仕事をしただけ。課長が課長の仕事をしただけ。すべて本来はこの形で業務が遂行される。

　役割とは、管理職が管理をすること。経営者が経営をすること。それ以上でもそれ以下でもない。実際は、経営者が経営に対してマンネリになり、管理職が管理に対して未熟過ぎる。その結果、当り前に経営する経営者と当り前に管理をする管理職が、職制以外で（時にはクロス・ファンクション・チームのように）任命され「リーダーシップ」が実行される。それをわれわれは「リーダー」と呼ぶ。

（3）エンパワーメントの定義と意味

　エンパワーメントとは、部下に活力を与えること、部下の意欲を極大化すること

15　部下にパワーを与えることから、人事管理とはHRM（Human Resouce Management）やHCM（Human Capital Management）でもない。人事管理とはHEM（Human Energy Management）であると考える。人材は資源でも資本でもない。エネルギーそのものである。

である。そのために、エンパワーメント・リーダーシップが求められる。人を活かすためのリーダー技術である。

　また、エンパワーメント・マネジメントも必要となる。信頼して部下に権限委譲できる環境を組織・業務として設計するマネジメント技術であり、意図的・計画的な対応（運や勘の排除）を行うマネジメントである。

（4）エンパワーメントのための前提の整理

　リーダーがエンパワーメントするには、重要な前提の整理がある。

　第一の前提整理は「目的・成果・行動の共有」である。

　①目的の共有化とは、最初に共有へのコミットメント（協働の意思）を行うこと。これによって目的・目標の共有が可能となる

　②成果（物)・ゴールの共有化とは、双方で成果（物）のイメージがわかること、品質／成果レベルのイメージがわかること

　③行動の共有化とは、上司が支援することを部下に示し、部下の側では行動すべき内容（プロセス）がすでに理解されており、上司は言葉だけでなくそれを、実際に行動で示していること

　第二の前提整理は「本人条件（リーダー要件）」の整理である。

　エンパワーメントするには、リーダーの側に要求される要件がある。

　　①相手（部下）の能力の目利き（リーダーの目利き能力）

　　　部下の習熟能力／職務遂行能力および修得能力／知的フレームワークの理解。

　　②相手（部下）の意欲（行動特性の判断力）の理解が求められる。相手（部下）が積極的に関係構築行動がとれるか、成果追及する行動がとれるかの判定。

　　③相手の置かれた状況（状況判断力）の理解。当然であるが、相手の職位・配属先、肉体的負荷・精神的負荷などの状況判断が求められる。相手が危機的な状況の中で健全なエンパワーメントなどできないのは当然である。

　第三の前提整理は「内部条件」の整理である。

　　①上司であるリーダー側に「意欲＆能力があるか」。コミュニケーション能力があるか、時間的（精神的）余裕があるか、職務権限があるか、さらに、

結果へのコミットメントができるか、である。

②上司である「リーダーの仕事の整理（配属部署／担当職務）」ができているか、職務難易度や要員配置は統制できているか。

③組織の「風土・価値観」の理解ができているか。組織年齢は組織の頑強性や堅牢性を表すため課題を隠したがる。それが組織風土となった場合、エンパワーメントは逆効果になる。

（5）エンパワーメントのメリットとデメリット

エンパワーメントは、それ自体がリーダー固有の行動ではなく、そもそも組織的な行動であり、それを付与する側も受諾する側にもメリットがある。

第一にチームにとって、いちいち指示を仰がなくても、現場に近いところがスピーディーに判断・対応できる。

第二に部下にとって、自分で決められるので、モチベーションが上がる。自分で考えなければならないので、意思決定能力が向上する。

第三に上司自身にとって、最もエネルギーを使う意思決定（頭のキャパ）を一時的に猶予できるため、より高度な業務に集中できる。

一方で、エンパワーメントの持つリスクについても理解が必要である。

第一に考慮すべき内容は、課題解決を現場に「権限委譲」することでリスクが増大してしまう可能性である。これは課題が組織間の情報共有を必要とする場合に、現場が身動きとれない場合などである。

第二にメンバー育成の必要性である。そもそも部下が未熟な場合は、育つまで待てない。

第三に課題の時間的な逼迫度が高い場合である。この場合はリーダーシップではなく、そもそもトップが役割をキチンと果たしていればいいだけのこと。時間的な逼迫度を要求された時点で、トップはリーダー失格となっている。

（6）エンパワーメントに向かない業務

エンパワーメントするのが難しい業務がある。

第一に他部門に影響を与えるような業務であって、オーソライズされた権限が無いと調整に苦労する場合である。

第二に緊急度（スピード）が極めて高い業務。

第三にリスクが極めて高い業務（損害量が大きく、発生確率が高い業務）。

第四に部下の学習や成長を許容（逡巡）できない場合である。

さらに、リーダーとして、常にエンパワーメントされる側の環境を整えてやる必要があることも重要である。

第一に、そもそも上司の権限の及ばない業務や、複数の組織間の問題の解決がある。これらは上司の越権行為ともとらえられかねない。

第二に目的を達成するための人的資源のアサインの許可である。現場を活用しようにも、許可が必要な場合がある。

第三に、環境整備として、トップのお墨付き（コミットメント）が必要になる場合がある。それは上司や現場の意思決定をどの程度まで認めるかといった条件の明確化を示す。

（7）エンパワーメントの目的

繰り返しになるが、エンパワーメントはリーダーシップと表裏一体であるといってよい。部下にエンパワーメントされたと言うことは、上司のリーダーシップが発揮されたと言うことであり、リーダーシップが発揮された場合、かならずエンパワーメントされていることが望ましい。

短期的には、エンパワーメントの目的はカネ。すなわち利益である。財務上の数字を変えることにある。それは、エンパワーメントすることで、自分が他の業務に専念できるからである。

中期的には、モノ。組織や製品、経営の品質の向上である。エンパワーメントは現場の働き方、ミドルマネジメントの行動や意識を変える。結果としてそれは、製品やシステムを変えることになり、業務の効率化・スピード化、専門性の向上につながる。

長期的には、ヒト。人材の可能性を高めること。人材を育てること。端的には部下の育成とモチベーション向上であり、それが組織の活性化につながる。管理職が管理を取り戻し、経営職が経営を自覚することに繋がる。

（8）エンパワーメントの条件整理

今一度、エンパワーメントの条件を整理しておきたい。それはリーダーシップの条件整理を意味するからである。

第一：前提条件の確認
　①任せようとしている仕事はエンパワーメントするのに適しているか（仕事の重要度、仕事の緊急性）
　②相手の状況、能力、やる気などを正確に把握しているか
　③部下の育成と言う視点で捉えたときにエンパワーメントする目的は明確か
　④問題が起きたときに責任をとる覚悟が出来ているか
　⑤部下の権限が及ばない部分（部門を越えた話など）に関しては、適切なフォローが出来る体制にあるか

第二：必要条件の確認
　①明確な目的（何のために）と期限（いつまでに）が共有できているか
　②「何を」「どのように」については、自由度／裁量度があるか（部下をコミットさせ、やる気を高めているか）
　③成果に対する判断基準（評価基準）は示されているか

第三：十分条件の確認
　①仕事について、十分にコミュニケーションがとられているか
　②リスクに対する対策は出来ているか
　③部下にエンパワーメントすることにより、自分自身の時間は、より付加価値の高い仕事へ向けられているか

14. キャリア戦略

（1）キャリア戦略の定義と意味

キャリア戦略は、企業と従業員が長期的視点の中で構築し運営する必要のある戦略となる。そのため、企業側の従業員に対する態度と、従業員側の企業に対する覚悟の両方を随時確認することが可能になると同時に、任意に参画態度を変更できる自立的（自発的）関係となる。

キャリアの語源はラテン語の carrus（車輪のついた乗り物）、carerera（連続する道）、フランス語源の carrière（競争する場、競争路）古代プロバンス語源の carriere（道）といわれている。単純な道ではなく、どこまでも続く競争路を車輪のついた車で競争しつつ移動するイメージがその本来の姿である。

もちろん３つの概念は、それぞれ構造化した概念であるが、「困難さ」、「果てしなさ」そして「闘争」「競合」の実体を示している。

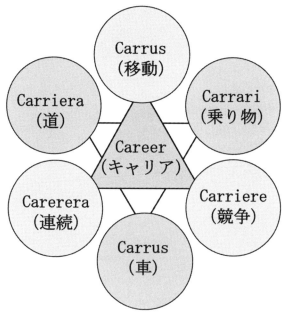

古代プロバンス語・ラテン語・フランス語　他

図 8-15　キャリア概念のイメージ（筆者作成）

キャリアの意味は、

　　①職歴：自分自身の知識・技術、経験・実績の集積

　　②やりがいのある仕事：これまでの生き方・考え方と信頼の集積

　　③成功・報酬・名誉・名声：勤勉さ・実直さ、そして真摯さ・直向きさへ
　　　の対価を意味している

本章では、

　　④将来を映しだす現在の仮説。そのため、将来に向けた成長のための実践
　　　意味のあるキャリアの定義として、仮説とその実践は相応しい。

　間違いなく将来のための設計であるが、それは、現在の延長ではなく、過去の積み重ねにより設定された選択肢の、現時点での「意思決定のための判断材料」となるものである。シンプルには、現時点の判断、意思決定の判断材料である。

　キャリア戦略の第1歩は、自分自身のキャリアを企業の中で再構築することにある。

（2）キャリア展開とは何か

　キャリア展開とは、将来のキャリアのイメージ化とイメージしたキャリア実現に向けたプロセスの明文化、そして実践的アプローチの選択肢の設定とスケジュール化である。
　そもそも、キャリアを展開する前提として整備すべき環境、とるべき姿勢として次の3つがある。

　第一は、（常に）仕事で実績を出す（努力をする）こと。
　これは、次のチャンスを手に入れる契機となり、信頼を構築する行動となる。実績があれば、単純に人は信頼してくれる。だれもが勝ち馬に乗りたいからである。しかし、それは自分自身のキャリアのスタートに過ぎない。まだ、何ら手に入れていないからである。

　第二は、業界、業種の中で（外部への発信を繰り返すことで）突出すること。
　このハードルはかなり難しい。一定の年数も必要とするからである。そして、対外試合が必要となる。そのためには、社内でも一目置かれていることが前提となる。それが、敵に恐れられる存在になる契機となり、組織や自分自身に埋没しない行動となる。
　第三は、自分自身の陳腐化に勝つこと。
　これは意外と簡単（かもしれない）。そもそ新たなキャリア構築を目指そうとする人材は、常に現状否定、自己否定ができる人材だからである。逆に、現状否定が出来ない人材にとって、自分自身の陳腐化を認めることは至難の業になる。それは頼るべき全てを捨てることに近いから。そのために実行すべきことは、虚構でも虚像でもいいので、まず明確に自分の将来像を具体的にイメージすること。スポーツ選手ならオリンピックで優勝している自分、歌手ならスターになって賞レースで人前で歌っている自分、起業家なら大金を手にして両親に家をプレゼントしている自分。どんな形でも現実に手に入れたい自分の姿を一度描いてみること。そうすれば、おぼろげでも自分自身の進むべき道が少しの説得力をもって、道の方から語りかけてくる。
　そうすれば次の第四のステップ、常に成長曲線の中に立つこと、そして、自分自身の相対化に挑戦する行動をとることが可能となる。

（3）なぜ、キャリア戦略か

　第一は、「仕事の確保」は自己責任であり、付加価値、貢献が判断基準となるからである。残念ながら、エンプロイアビリティは、キャリア戦略では自己責任になる。

　第二は、報酬を決定するのは「自分自身」であり、自分に値札をつけるのは自分であり、自分の雇い主は自分であるという、当たり前のことに気づかされるからである。

　その理由は、能力・スキルの生存期間が短命であるために、常に「次のキャリアステージ」を目指して準備が必要となるからである。さらに、キャリアのよりどころとなる技術や知識の習熟に時間がかかること。

　一方で、人生という時間軸はキャリア設計の中では非常に短いことに気づかされる。即戦力とは、実践の中での成長を意味するからである。しかも、顧客や雇い主からの要求される知識レベル、技術レベルが常に高度化している。何時の時代も、最高の顧客が最大のライバルとなる。

　そこでは、仕事への充実感があり、働いていることで自分自身の有用感と社会的存在意義を確認できること、さらに自己の価値観の再確認と重要視化が可能となり、結果として自己のアイデンティティの確立に機能する。それが、「自分らしい生き方」への欲求をさらに強めることに役立つ。そのために求められるのがキャリア戦略である。

（4）ジョブ型人事の矛盾

　ここでも「ジョブ型人事」の自己矛盾に気づく。

　企業側が「ジョブ」を定義できて、その「価値」を報酬として定義できるならば、その仕事が出来る人材を「育成」できるということであり、そのための企業戦略構築と人材育成は企業側の責任だということ。

　また、その能力を市場で購入出来ると（勝手に考えていると）いう点で、企業側の無責任体質と育成の責任放棄を自ら公言している。こういう企業は「自己責任」を従業員にも過度に要求しがちである。

　以前は、ジョブ型といわず、（年功序列に対する言葉として）時価型、または、その一部に注目して成果型、あるいはエンプロイアビリティと呼ばれていた。

　その本質は変わらないが、常に従業員側に適切なアラームを提供してくれる。その意味でジョブ型は、企業側が正しくその意図を発信し、企業側がコストをキチンと負担できれば、正しい人事管理を創造できる。

　注意を要するのは一部の企業に散見される態度、つまり、環境によって使い分ける態度である。それは人によって言うことを変える「ごますり」に近い。信頼できる従業員は「ポストや立場」によって言うことが変わっても、「相手」によって発言を変えることはない。

　いま、企業側の発言を精査する必要がある。そうすれば「信頼できる経営者」を見つけることができる。その経営者のもとなら、自分自身のキャリア展開の実効性も高まるだろう。

　さらにジョブ型は、存在しない仕事を創造し、値付けすることも重要な作業である。

　ところが、実際はその逆である。現在ある仕事を「再格付けし、再評価して、新たに値付け」するためにジョブ型人事を導入する企業が多い。それは、最も無駄で何ら生産性と成果のない作業を時間をかけて実施することになる。ある人の減給はある人の増給を意味することがあれば、それはどちらも、結果的に「人事への不信感」を植え付けることになるからである。

（5）キャリア戦略の設計の自己回帰 [16]

　キャリアをイメージする場合、自分自身が動機付けられているものが何なのか、自分自身が最後に頼れるものは何なのかを確認することが必要である。
　　①あなたは、何に動機付けられているか（夢風景は何か）
　　②あなたは、自分を見失ったとき、どこに戻るか（原風景は何か）
　エドガー・H・シャインは、これを「キャリアアンカー」と呼ぶ。本章では「夢風景」と定義する。それは、イメージを重視するからである。

　夢風景の主な内容は下記の通り。
　　①野心派：自分の存在価値を世間にアピールしたい
　　②ロマン派：自分の好きなことや夢を実現したい
　　③技能派：専門領域でのジャンプ・アップを実現したい
　　④事業派：経営者となり事業を立ち上げ、経営をしたい
　　⑤バランス派：仕事、家庭、趣味などのバランスを重視したい
　　⑥模索派：何がベストかは分からないが、危機感はある

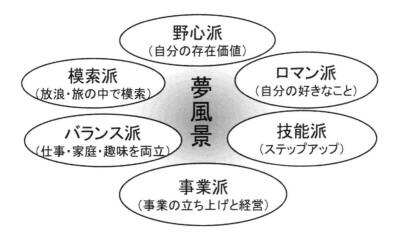

図8-16　キャリア設計のための6つの動機　（筆者作成）

16　キャリア・アンカーとは、個人がキャリアを選択していく上で絶対に譲れない軸となる価値観や欲求、能力などを人生の錨（アンカー）。マサチューセッツ工科大学ビジネススクールの組織心理学者であるエドガー・H・シャイン博士によって提唱されたキャリア理論の概念として有名。コトバンクより。https://kotobank.jp/word/%E3%82%AD%E3%83%A3%E3%83%AA%E3%82%A2%E3%82%A2%E3%83%B3%E3%82%AB%E3%83%BC-180567

（6）キャリアのゴール

　キャリア開発を自ら指向するとき、必ず自らに問いかける質問がある。
「自分自身のキャリアのゴールはどこか。そして、それは、いつか」
　学生から就職して、社会人ではなく「会社人」になったと自覚した時、キャリアのゴールまで設計することはない。そもそも「いつ、何を、どこから」始めるかさえ覚束ないのが現状であろう。
　だからこそ、敢えて問うのが「キャリアのゴール」である
　　①自分の定年年齢（ハッピーリタイヤメント、総合福祉ビジョン設計）
　　②事業、知識技術技能、資産財産等の後継者の存在
　　③自分自身が構築した哲学、思想、あるいは宗教の目に見える形のもの
　　④あなた自身の様になりたいと「あなたの背中」をみて育った部下、後輩の
　　　存在
　いずれも自分自身の生き方や考え方、知識や財産が、自分の時代を超えて、将来（未来）にむけて有効であると確認できたなら、自らのキャリアの幕を下ろすことに躊躇しない。
　そして、さらなる研鑽を自分自身に課す覚悟がさらに強まるに違いない。

　筆者の推奨するキャリアのゴールのあり方は、以下の3点にある。
　　①生涯現役として貢献可能なビジネスとの出会い
　　② Next is BEST　（生涯現役を目指す姿勢）
　　③ Now & Here　（いま、この場所で、現在を生きる。自分を生きる）

　最も意味のあるキャリアゴールの「言葉」で筆者が信奉するものは、「一粒の麦は、地に落ちて死ななければ、一粒のままである。だが、死ねば、多くの実を結ぶ。」である[17]。
　筆者はキリスト教徒でもないし、アンドレ・ジイドの書籍も読んだことはないが、植物学の事実として、この言葉の持つ意味が大きい。

17　ヨハネ福音書12章24-26節「希望の種」ペトロ岐部と187殉教者のミサ
「12:24 はっきり言っておく。一粒の麦は、地に落ちて死ななければ、一粒のままである。だが、死ねば、多くの実を結ぶ。12:25 自分の命を愛する者は、それを失うが、この世で自分の命を憎む人は、それを保って永遠の命に至る。12:26 わたしに仕えようとする者は、わたしに従え。そうすれば、わたしのいるところに、わたしに仕える者もいることになる。わたしに仕える者がいれば、父はその人を大切にしてくださる。」https://hanafusa-fukuin.com/archives/1284

図 8-17　キャリア体系（アンカー、コーディネート、ビジョン（筆者作成）

（7）自己実現を求める動き

　さらに、キャリアゴールを設定すると、マズローの欲求 5 段階説である「自己実現」を追求する姿勢が自ずと形成される。これもキャリアゴールの成果であろう。
　その成果は、以下の通り。
　　①仕事への充実感を重視する
　　②仕事の社会的意義を疎かにしなくなる
　　③自己の価値観や存在意義に対して重視する傾向が生まれる
　　④自分自身のアイデンティティを確立、肯定的になれる
　　⑤「自分らしい生き方」への新たな欲求が生まれる

（8）キャリアを作るというスタンス　（キャリアコーディネート）

　キャリアゴールを設定するということは、逆に現在の「立ち位置」の確認の必要性を意味する。キャリア展開では、これを「キャリアコーディネート」と呼ぶ。
　いくらキャリアのためだとはいえ、60 歳で弁護士に挑戦することや、東京大学に入学するために 4 年、5 年と浪人生活を続けているとしたら、（それ自体をムダとは言わないが）その姿勢そのものが問われることになるだろう。
　その正当性の認識こそがキャリアコーディネートに求められる。

①現時点の自分を正しく知ること（自己洞察と自己認識）

②残された時間軸を知ること　　（年齢×残存時間軸）

③何を目指したいかを知ること　（志向性）

④何が大切かを知ること　　　　（価値基準）

⑤自分の役割を知ること　　　　（社会的ポジション）

⑦何で貢献するかを知ること　　（仕事の内容と自己有用性）

⑧行動の優先順位を知ること　　（行動計画）

キャリアコーディネートの中身は、それぞれ次の回帰志向に繋がる。

それは、深い喪失感の後に、帰る場所と言う意味で「原風景」と呼んでいる。

①技術力、専門能力（職人タイプ）　　　⇒仕事

②管理能力（管理職志向タイプ）　　　　⇒組織と人

③保証・安定（安定志向タイプ）　　　　⇒家庭

④創造性（クリエーター・タイプ）　　　⇒モノつくり

⑤自律・独立（独立志向タイプ）　　　　⇒一人の時間

⑥挑戦・克服（チャレンジ・タイプ）　　⇒競争

⑦ライフスタイル（生活重視タイプ）　　⇒習慣

⑧奉仕・貢献　（奉仕タイプ）　　　　　⇒笑顔、汗

キャリア戦略における基本は、極めてオーソドックスなアプローチを実践することがまず間違いない。すなわち、

①自分自身の価値観や自己像の明確化を図ること

②キャリア・ビジョンの明確化を図り動機付けること

③キャリア・アンカーの確認と強化を図ること

である

（9）キャリア戦略策定上の留意事項

キャリア戦略策定上の留意事項としては、

①価値観やキャリア・アンカー、キャリア・ビジョンには絶対的序列はない

②誰もがいくつかのキャリア・アンカー、キャリア・ビジョンを併せ持っている

③その組み合わせ、結びつきの程度・強度は異なる

④価値観、キャリア・アンカー、スキルは活躍のステージにより、変化する

⑤新たなキャリアや仕事、経験の積み重ねによって向上し，潜在的な能力・

　欲求に気付くことがある
⑥雇用環境の変化によって求められる能力が、一層高度になり、対応が求められる
⑦「価値観の見直し」、「アンカー位置の修正」といった自律的な調整が必要

こうしたキャリア戦略を策定するために、有効な問いかけがある。それは、
①いくら稼ぎたいか。どんな（どれだけ）報酬を望むか
②そのために、何かを犠牲（代償）にするとしたら、何を犠牲（代償）にできるか。

（10）仕事の報酬

　キャリアを追求する人にとって、報酬を気にしない人はいない。
　むしろ報酬は好むと好まざるとに関わらず、人材の価値そのものを体現する。人は、間違いなく報酬によって人を値踏みする。
　本来、キャリアを目指す人にとって、最も重要視するべきなのは、報酬よりも仕事そのものである。その意味で仕事の報酬は仕事そのものであり、キャリアの別名でもある。
　仕事とは、自らを成長させる顧客であり、成長は顧客とともにあることがわかる。

　キャリアは一人では構築が困難である。
　ともに仕事をこなす仲間、信念を共有する仲間、その存在も忘れてはならない。
　仕事の報酬は、仕事そのもの、対価は成長、救いは信念を共有する仲間である。ただし、信念を共有する仲間は味方とは限らない。強力なライバルがその存在である場合がある。
　また、仕事も仲間も、そして成長も、いずれも、逆選択されないよう留意が必要である。

　成功のものさしは、自分で作ること。
　報酬の定義は自分で設計すること。
　特に、仕事の報酬は仕事であると信ずること。

（11）Personal Definition of Success[18]

キャリアをミスリードしないために、成功の定義は必須である。

条件が一つある。それは、決して、歩みを止めないこと。

「歩みを止めない」と決めたならば、どこまでも行ける。何にでもなれる。

キャリアの定義も成功の定義も自分で決める。

それが、常に「生涯現役」でいるための条件となる。キャリアのゴールを決める必要がない。

今一度、自分に質問してみよう。

　①タイムマシンをもらったら、いつの時代の誰に会い、何と言うか?

　②あなたにとって「キャリアのゴール」は、どこにあるか?

　③今のあなたのキャリアを捨てて再出発するため、70億分の1のサイコロをもう一度投げる勇気があるか?

自分がどれほど恵まれた環境にいるかを考えてみることも重要である。

自分がすでに持っているものを数えてみることも非常に重要である。

我々は、すでに多くのものを持っており、それを活かす機会も環境も整っていることが自覚できる。

> ある種の幸運は、かならず成功を約束する。
> そして、成功を約束された者には、ある種の「義務」が生まれる。
> その「義務」を果たす努力を忘れないでほしい。

道はない。必要なのは勇気だ。

ぜひ、肩の力を抜いて歩いてほしい[19]。

18　ナポレオン・ヒル 『成功哲学』 産能大学出版部

19　『ハーバードからの贈り物』デイジー・ウェイドマン (著)、幾島 幸子 (翻訳) ダイヤモンド社 (2013)

第8章　演　習

1. 人事戦略、人事管理の改革フレームワークとして何が望ましいか。

2. 人事のキャリア設計のために必要な組織および個人のアプローチには何があるか。

3. 人材価値の把握方法を設計し、報酬戦略に展開する方法を検討せよ。

4. 自社の人事戦略の策定プロセスを明確化し、さらに、具体的な方法論（実行アプローチ）を設計し展開せよ。

5. 上記1のフレームワークを用いて、自社の人事制度の改革プログラムを設計せよ。

第 9 章　組織編

　　　　人生を豊かに生きるための 40 のリスト　　パート 7
　　7. 誠実と勤勉を友とする（人生は運と偶然であることを知っている）
　　　①仕事、家事、趣味。当たり前と思わず、実直に向き合ってみる。
　　　②携帯、漫画、ゴルフ、ゲーム等、無意味な浪費は統制できる。
　　　③自分と同様、自分の背中を追う部下の存在を意識している。
　　　④歓喜や希望、達成感と同じレベルで、痛みと悲しみを知っている。
　　　⑤ 1 万時間の壁を越え取り組んだものがある。または、挑戦している。
　　　　　　　　　　　　　　　　　　　　　　　　　　（筆者作成）

・・

　本章では、
　　①組織とは何か
　　②組織戦略とは何か
　　③組織戦略の阻害要因は何か
　　④組織戦略の促進要因は何か
　　⑤組織戦略を克服する新たな基軸の提言は何か
について解説する。

1. 組織戦略の矛盾と組織の新たな定義と意味

　戦略を管理する視点では、組織戦略はそのテーマ自体が矛盾と違和感を内在
させている。チャンドラーのテーゼ[1]によれば、「組織は戦略に従う」ため、改め
て組織戦略を策定する必然は、本来は無いはずである。戦略が策定された時点
で、組織は組成と実行の対象であり、マネジメントの対象となるからである。

　もう一つの違和感は、組織論の古典的（伝統的）な定義である。C.I. バーナー
ド以降、「組織とは 2 人以上の人々の意識的に調整された諸活動、諸力の体系」

1　Strategy and Structure: Chapters in the History of the Industrial Enterprise, A Chandler, (MIT Press, 1962)

（Barnard,1938）[2] という定義がかなりの強制力をもって一人歩きし、学問領域に入り込んできた。網羅性と普遍性を担保したこの定義は、強い説明力を有しているために、これまで多くの論者が定義として活用してきた。そして、組織に求められるのが、共通の目的、コミュニケーション、協働の意思、この3つが組織の定義をさらに強固にする。

　しかし、筆者の感覚では、数名程度の集団はチームと呼ぶことはあっても、組織とは認識しづらい。また、分業していない集合団体も組織とはなかなか認識できない。例えば宗教団体。大学の同窓会や学会、コンサルファーム。集団が協業しても組織のイメージを持てない。そこにあるのは、アメーバ的に独立して活動する主唱者と事務局、そしてチームだけである。

　本章で改めて組織の定義をしたい。
「組織とは、招集者の意図により4機能（守る・作る・売る・配る）に分離し協業させた集合体」となる。
　この定義はやや隔靴掻痒ではあるが、納得いく形で十分に麻姑掻痒できる定義をさらに模索することになる。
　そもそも協業の意思は不要。招集者の意思だけでよい。コミュニケーションも必須ではない。情報交換はトップから一方向でも十分。集団間の協業の意思も必須ではない。組織構成員が全員同じ目的の下に集散しているというのは、経営者が抱きたがる健全な誤解に過ぎない。必要なのは、シンプルな目標設定と説得力のある洗脳でよい。企業組織なら貢献や付加価値に対する信奉。地域社会（町内会など）なら居住に対する安心の徹底と不安除去。政治集団なら影響力の行使である。
　過剰な組織に対する一体感や方向性、さらにメンバーに対する義務や責任など、多くが経済的な収益獲得と修身的な道義心から、実務家や学者が組織に対する幻想を増幅させた。

2. 組織の4ファンクション

　そもそも組織はそれほど複雑な構造ではない。
　どんな大きな組織であろうと、どんな小さな組織であろうと、基本の設計図は同じ。トヨタ、NTTのような大きな組織でも、商店街の居酒屋でも企業規模に

2　The Functions of the Executive, C Barnard, (Harvard University Press, 1938).

かかわらず組織には4つの機能がある。

　①組織を統制し「守る機能」

　②売れるものを「作る機能」

　③作ったものを「売る機能」

　④売った利益を「配る機能」

「守る機能」は

　①コンプライアンス（遵守／Compliance）

　②ガバナンス（統制／Governance）

「作る機能」は、

　①クリエーション／イノベーション（Creation/Innovation）

　②プロダクション（Production/Manufacturing）

「売る機能」は

　①マーケティング（Marketing）

　②セリング（Selling）

「配る機能」は、

　①インベストメント（Investment）

　②シェアリング（配分／Sharing）

①守る機能	Compliance	信頼される企業になること・頼られる企業になること
	Governance	尊敬される企業になること・名誉を獲得すること
②作る機能	Creation	イノベーションを実現すること
	Production	良品の安定供給義務を果たすこと
③売る機能	Marketing	製品価値を伝えること・顧客を創造すること
	Selling	製品をお金に換えること・リピーターを作ること
④配る機能	Investment	将来に投資すること・次世代人材を発掘育成すること
	Sharing	株主、従業員に配当すること・顧客に還元すること

表9-1　組織機能と目的と意味（筆者作成）

「現実的」な組織は、それほど多くのバリエーションを持っていない。

　それぞれの機能が、製品や顧客、伝票や金銭について手離れする仕組みさえ

できれば、後は事前の予算計画と事後の実績報告のレポーティングを繰り返すだけである。

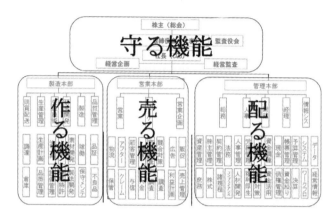

図9-1　組織の4つの機能（筆者作成）

　厄介なのは、それぞれの機能の中間、または機能同士の仲介として位置する補完機能の方である。
　具体的には、
　　①調達価格の交渉と品質チェック部門
　　②製品企画・客先対応・製品クレーム・製品市場調査等のアプローチと窓口業務部門
　　③各部門の要員計画、採用計画、配置と配置後の能力開発
　　④素材開発、製法開発、用途開発、製品開発、客先対応の規格調整および納品調整
　　⑤顧客クレーム窓口と企画書作成、原価見積もり下請け作業
　などである。
　基本は、前工程の情報量と後工程対応能力の専門性に依存する。

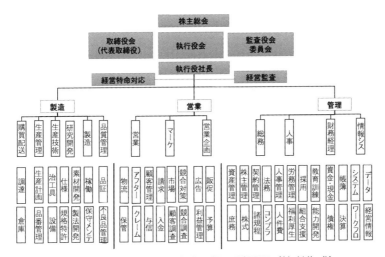

図9-2　組織の4つの機能の部門別展開（筆者作成）

3. 組織における経営者の役割と従業員の覚悟

　ネットワーク型組織、在宅勤務、フリーワーク形態、ノーレイティング評価制度、ジョブ型人事など現在ブームとなっている勤務形態、人事形態がある。これらはこれまでのKPI（Key Performance Indicater）を一切無効にする。

　働けるときに働きたいだけ働いて、信頼できるメンバーと真剣に能力で成果を追求する。そこでは、いわゆる組織的な上下関係、成果の優劣、報酬の大小にすらにこだわらない。場合によっては、こうした組織の構成員は、オンラインだけでつながっていたり、会社へのロイヤリティすら持ちあわせていない従業員などによって構成されている。

　ただし、経営者はそうはいかない。

　そうした組織であっても、経営者は組織とその構成員を信じる必要がある。資本主義という金銭に裏打ちされた使用従属関係の中においても、真に対等な人間関係が築けると信じて疑わないこと。経営者にはそうした姿勢が求められる。

　一方、従業員にも覚悟が求められる。

　従業員に求められるのは、自らの人生に、自分で値段を付ける覚悟である。

　従業員の報酬は、現実には経営者から支払われる。理念的には、報酬は「顧客」から支払われる。経営に携わる者にとって、報酬が顧客から払われていると

いう概念は非常に重要である。自分だけで稼ぎ出していると考える者はビジネスに携わるべきではない。それはビジネスに携わる者に対する「踏み絵」となる。しかし、現実には、報酬は顧客からではない。報酬は、従業員が自ら産みだした付加価値の中からしか支払われない。

業務は能力に応じて自ら獲得し、責任は、みずからの意思決定と行動から生じ、権限は信頼と実績から獲得する。そして、報酬は経営者からでも顧客からでもなく、「自ら作り出した付加価値」のみから支払われる。

4.「働きがい・やりがい」と「働き方」、そして「生きがい」

報酬は自らの付加価値から生み出される。そして「働きがい」は、自ら選択した「仕事」からもたらされる。

「仕事」の「標準化」が困難な場合、「働き方」に「標準化」を求める。そのために、個人に「無理・無駄」が生じ、成果や結果に「斑（ムラ）」が生じる。

「働き方」として、企業が提供するのは「やりがい」と「働きがい」までが限界であろう。今、そこに、個人の「生きがい」として、「仕事」を再定義することが求められる。

本来なら、組織に「生きがい」まで求める人はいないだろう。なぜなら、生きがいは極めてパーソナルな領域の定義であるため、本来、企業がそこまで定義する必要は全くない。

ただし、本章では「ミッション」を顧客側や従業員側から再定義することを提示する。

その意味で、個人は組織に自分自身のミッションを織り込み、仕事に個人のやりがいだけでなく、今「生きがい」を盛り込んで「キャリア」を仕事で実現する。組織が個人を定義するのではない。個人が自身のために組織と仕事を定義するのである。その結果「仕事」には「標準化」が必要でなくなる。

現状は、「仕事」に標準化を求めるから無理が生じる。

そのため、残念ながら現在の多くの組織は、最低限の「やりがい」「働きがい」すら提供できていない。意味のない仕事、やりがいの無い仕事、貢献を承認してもらえない仕事、業績しか追求しない仕事を提供する。さらにそれを上塗りしているのが、管理者のチープなリーダーシップであり、最悪はその現状の組織や仕事

に対して、共通の目的や協働の意思を洗脳のように強いる定義を強制的に個人に受け入れさせようとして、ミッションが利用される。

その洗脳に染まった人は、「仕事とは本来辛いもの」「お金をもらうのだから辛いのは当り前」「貢献してナンボ」といった概念を援用したがる。

「報酬は各自の付加価値」と再定義したなら、組織も仕事も人生と社会の「触媒」であり、報酬も仕事も「ニュートラル」であることがわかる。重要なのは、個人の定義する「付加価値」の方であり、付加価値の再定義が個人の「働きがい」となり「やりがい」となる。多くの従業員の現実にとって仕事が「生きがい」であり、職場が「人生の一部」となるからである。

「個人が定義する組織」と「自分らしさのリーダーシップ」の重要性を理解した上で、改めて組織に戦略を持ち込むのは、個人が、組織の持つ機能を戦略的に策定する必要があるためである。

個人の貢献に見合うように組織戦略を設計し、仕事の最適化を図る。もちろん、仕事の領域（フィールド）は市場・顧客・競合であり、成果となる対象は技術・製品（モノ）・コスト（カネ）・業務・知識・時間・情報である。そして、それらを常に統治し、支配するのは人材（ヒト）であり個人である。

そういった組織の設計段階で検討すべきポイントは何か。

多くのトップ経営者は、組織の機能強化と効率化を主要なテーマにする必要があった。それは本来、組織自体が非効率の塊であり必要悪であり資源限定的だからである。しかし、どんな組織を設計しても、組織の全体像と従業員の能力と組織行動、それら全てが組織の中で調整され整合されている以上、そしてその中で、すべてを把握しなければならない以上、組織は「ニュートラル（中立）」でしかない。逆に個人にあわせて組織が設計できたなら、すべての組織は効率的であり高生産性となる。

毎年、組織変更を繰り返して、その効率化に終始する経営者は、ほとんどが「短期的な視野」しか持ち合わせていないか、自分自身が「全能」であるかのごとく盲信するか、善意に解釈するなら従業員の環境適合力を「過信」し過ぎているかだろう。

5. 事業別組織と機能別組織の定義と意味

事業部制組織を採用するか、機能別組織を採用するかは、古典的であるが組織管理の基本的な課題を再認識させてくれる。

事業別と機能別の組織設計に本質的な違いは無い。最終的には、「スタッフを何処に置くか」と「スタッフのコストを誰（何処）が負担するか」に依存する。

	事業部別	機能別
メリット	①意思決定が顧客に近いところで可能　（スピード対応） ③自己完結	①業務の高度化、専門家 ②低コスト
デメリット	①高コスト構造 ②人材の非効率化 ③資源重複 ④没コミュニケーション	①非自己完結組織 ②低い機動力 ③レッドテープ　（縄張り意識） ④官僚型組織　（手続き重視）
判定	①環境変化が多く、大きい環境 ②事業多様性、地域広域性 ③高収益力、本社経費負担力	①高度専門性 ②市場の安定性 ③経営費資源の安定供給

表 9-2　事業部制組織&機能別組織のメリット&デメリット（筆者作成）

事業部制組織が成立する条件は、主に次の点にある。
①環境変化・顧客ニーズの変化が速く、意思決定にスピードが要求される場合
②事業部の投資決定において、相当金額の決裁権限が委譲されている場合
③大型案件や大型投資を要する案件は既にトップ経営層において決裁されており、事業部には業務プロセスの進捗だけ予定されている場合
④事業部単体で、本社経費の負担が可能なレベルで、十分な収益を上げていること
⑤事業部に過度な部門別業績評価指標を設定したり、事業部業績に基づいた成果配分を（過剰な形では）導入していないこと
⑥事業部の投資や経費の優遇配分がなされておらず、他部門からみて不利益が生じるような経費予算配分、意図的な設備投資が報酬に連動する様な形で実施されていないこと

⑦事業部の収益は未来に対する必要な投資であり、事業部内では一切配分
　しないことを明確に宣言していること

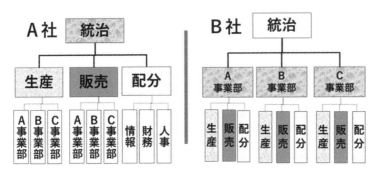

図 9-3　機能別組織　&　事業部別組織（筆者作成）

6. マトリックス組織の定義と意味 [3]

　マトリックス組織は、事業部制と機能部制の両方のメリット（スピードと専門性）
を取り込んだが、一方で、それぞれ権限を主張しつつ、結果責任と説明責任、な
らびにコスト負担を放棄する組織を巧みに構築した。それがマトリックス組織である。
　筆者はこれまで疑似マトリックス組織を多く見てきたが、真性のマトリックス組織
を見たことはない。マトリックス組織は、いつも狭義の概念上でしか機能しなかっ
た [4]。
　マトリックス組織上の責任は、常に現場の一個人が担ってきた。
　マトリックス組織の責任の取り方は、2 通り。
　第 1 原則：双方の上司となる者が決定する
　第 2 原則：現場担当者が決定する
　現実には第 1 原則が適用されることはない。両者が協議する前に、先に協議
した方で強制力が行使されるからである。そのとき、担当者は仕方なく、第 2 原

3　マトリックス組織の起源は 1970 年代の TRW、GE、エクイタブル生命保険、シティコープ、シェル石油、
ダウコーニングが採用を開始したと言われている。　M.K. バダウィ、角忠夫訳『エンジニアリングマネジャー』
日科技連、286 頁（2004）。ISBN 4-8171-9123-6。

4　疑似マトリックス組織とは、営業事業部制、生産事業部制など、営業部だけが事業部制、製造工場だけが
事業部制といったもの。トヨタのチーフエンジニア組織もマトリックス風であるが、機能別の組織になってい
る。結局、本社スタッフ（などの他機能コスト）を抱えていないので、責任は限定的である。しかも自己完結
しない組織となっている。

則で意思決定する。

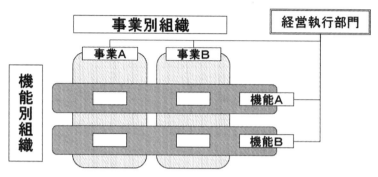

図 9-4　マトリックス組織（筆者作成）

7. 組織の肥大化とサイロ型組織 [5][6]

　今日の組織の形式的な課題は、「組織の肥大化とサイロ化」におけるコミュニケーションの確保と意思決定スピードの健全化である。これは事業別、機能別、マトリックス型に関わらず発生している課題である。

　組織は３つの要因で肥大化する。細分化、多階層化、そして補佐職の増大である。

　特に、権限もないくせに影響力だけ行使したがる本社のスタッフや、存在意義を自己証明する運命を負っている現場の上級経営職は、年功的な処遇の恩恵を最大限受けながら、組織の最強の抵抗勢力となる。それが補佐職なら組織の肥大化の症状はさらに悪化する。

　組織の肥大化と同時並行で「組織のサイロ化」が進行する。

　大企業での現実的な組織課題は、大型案件や大規模プロジェクト、さらには高度専門的開発における意思決定の健全化と迅速化、そして精緻化である [7]。

　サイロ化の意思決定のプロセスは以下の手順で回る。

　機能別組織であれ、事業別組織であれ、マトリックス組織であれ、通常は現

5　ジリアン・テット『サイロ・エフェクト　高度専門化社会の罠』文藝春秋（2016）

6　山田智弘『三菱航空機2018』名古屋商科大学ビジネススクール、特定ケース課題より。

7　具体的には、三菱重工の航空機開発プロジェクト（スペースジェット）の開発で、大規模＆精密＆先進的な設計と研究、製造（試作）を同時進行実施する際に、組織の健全な意思決定をどのように実施するかである。

場のマネジャー（初級管理職）の階層は、意思決定者までの距離が非常に深くて遠い。

　主任⇒係長⇒課長代理⇒課長⇒次長⇒（部付き部長）⇒部長⇒副本部長⇒本部長⇒副部門長⇒部門長⇒（管掌）取締役⇒代表取締役。

　この程度のヒエラルキーは通常で、さらに関係する部局に「お伺い」という名の「審議」が入る。この審議を通さなければ、上位の決裁権限者まで届かない。係長が思いついた案件を、権限を有する課長や部長が起案する。それでも、関係部署（通常は本社の全ての部署の部長クラス）に回議し、コメントをもらって副本部長から本部長へ移管される。ここでも関係部署の部長クラスに回議される。

　決裁権限を持たないくせに、影響力だけを行使したがる輩（やから）は、尤もらしい理屈とリスクを掲げるが、その対策を一切提案しないために、都度、起案者に差し戻される。そして、さらにうんざりするほどの根回しと抜け道を作り出して、最終的には「審議保留コメント」を記載して、（意思決定の責任を上位者に投げかける形で）責任転嫁する。さらに面倒なのは、意思決定者ですら、『回議者の最終合意をとれば実行してよし！』という意味不明のコメントを下知して、この稟議は「廃案」となる。

　これがサイロ型意思決定であり、サイロ型組織の典型的な業務を形成している[8]。

8. サイロ化の目的と課題

そもそも「サイロ化」の目的は、下記にある。
①不確実性を可能な限り自部力内で低減しようとする組織的仕組み
②ミス防止と急速な回復のために組織全体で試みる支援体制の事前合意
③全社一丸の責任体制の強化のためのヒエラルキー型の責任重層化[9]
④上記を、職務階層的または年功的な処遇運用の中で、活用すること

　一方、「サイロ化」の課題は、慣性的な無関心にある。
　クルト・レビンの組織改革論に照らせば、多くの内省段階（変革の必要性を確

8　山田智弘『三菱航空機 2018』名古屋商科大学ビジネススクール、特定ケース課題より。

9　ジリアン・テット、Gillian Tett　（原著）、土方 奈美（翻訳）「サイロ・エフェクト 高度専門化社会の罠』文芸春秋（2016）

認する段階）にある組織は「サイロの罠」から抜け出せておらず、大型案件や高度専門開発など、意思決定の健全化を危うくする硬直した官僚体質すら認識していない。

　文化人類学的な観点からサイロ化への対策を提言しているジリアン・テット（2016）によれば、主な課題と症状は下記の通りとなる。

①人は元来、分類し、整理することで文化的な発展を遂げてきたが、文化や社会が高度になると専門化という細分化が進み、自分の「サイロ」以外で何が起きているのかを知らないし、知ろうともしない傾向がある。

②サイロこそが、組織が機会損失やリスク軽視をする原因となっているが、一方で専門化された「サイロ」がなければ、人は高度で複雑な社会・組織を効率的に運営することはできない。サイロ化したからこそ高度専門化が進む。サイロ化が構成員に安住の地を与える。それは恰も、監獄で数十年を過ごした囚人が塀の中でのみ人生の安楽を得られるのに似ている。不幸にして、70歳、80歳の高齢になって釈放され出獄を許されようものなら、社会という監獄以上の牢獄の中で生きる苦しみを味わうことに似ている[10]。

③人間元来の矛盾した特性を認識し、弊害に立ち向かい戦い続けることが組織的には必要であるが、サイロの内部にいる限り無力と無気力と無関心に本人も気づくことがない。

④弊害に対抗するため、異なる視点を統合し、組織機能の分類を見直す強力なリーダーシップと、非効率を受容する長期的視野に基づく経営姿勢を持つことが求められるが、それを知る組織人も、それを許容する時間的猶予も、大半は持ち得ていない。

⑤形式的には、多くの組織は近代的なため、外部知見の取り込みに積極姿勢をとりさらなる近代化を図ろうとする。さらに強力なリーダーシップを発揮するリーダーを迎え入れようとする。また、高度に細分化された職能別組織に新たな「分類」を認識させようと試みる。これが結果として補佐職化・多階層化・細分化を形成する。

⑥サイロ化した組織が変革に移行するために必要なことは、長期的視野に基

10　映画『ショーシャンクの空に』。高齢囚人ブルックスは仮釈放されたものの、社会で拭えない孤独感の中自殺する。「ブルックス　ここにありき」というメッセージを残して。『ショーシャンクの空に』スティーヴン・キング『刑務所のリタ・ヘイワース』原作。監督・脚本フランク・ダラボン（1994年公開）

づく継続した組織学習の強化である。一方、短期的な非効率を受容し、小さな軌道修正を早く実行して組織学習の形成を加速させることが求められる。

⑦サイロ化の課題を解決するには、市場と顧客価値を創造するための長期的経営姿勢を持つ開かれた組織を志向し続けること。

これらが、サイロ化した組織に求められる変革のためのマネジメント方法となる。

9. 組織変革

組織改革は手段であって目的ではない。

改革したい成果として、通常は財務的な数値や業績が目的となることが多い。経営数字を変革するためには行動変革が必要である。行動変革には意識改革が必要。意識改革には評価基準（KPI）改革が必要、そしてその前提は、トップの改革の必要性（あるいは危機感）が求められる。

評価基準の改革まではトップの責任。実際に変わるか（変えるか）は従業員個人の責任である。変えるようにリーダーシップが発揮されることはあるが、本当に変わるかは、やはり自己責任となる。

図 9-5　成果と責任の変革プロセス（筆者作成）

組織の変革モデルとして、多く紹介されているのは、クルト・レビンと J.P. コッターであろう [11] [12]。

11　Kurt Zadek Lewin, 1890 年 9 月誕生。心理学者。ドイツのモギルノ（Mogilno）生まれ。ベルリン大学にて学位を取得し，ベルリン大学、コーネル大学、アイオワ大学にて教鞭。1945 年にマサチューセッツ工科大学に招かれ，グループ・ダイナミックス研究センターを創設　『社会的葛藤の解決—グループ・ダイナミックス論文集』（現代社会科学叢書）末永俊郎 1966

12　コッター、J.P. 訳梅津『企業変革力』日経 BP 社（2002）
John P.Kotter『Leading Change』HARVARD BUSINESS REVIEW PRESS（1996）。

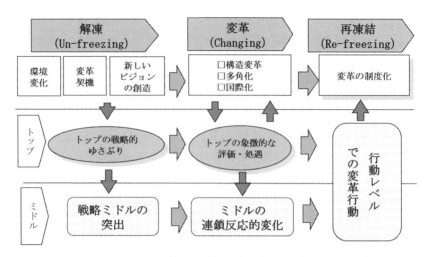

図 9-6　クルト・レビンの変革モデル（1947）（筆者作成）

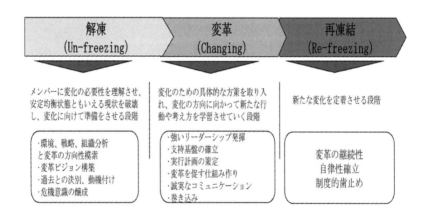

図 9-7　クルト・レビン（1947）の変革モデルの例（筆者作成）

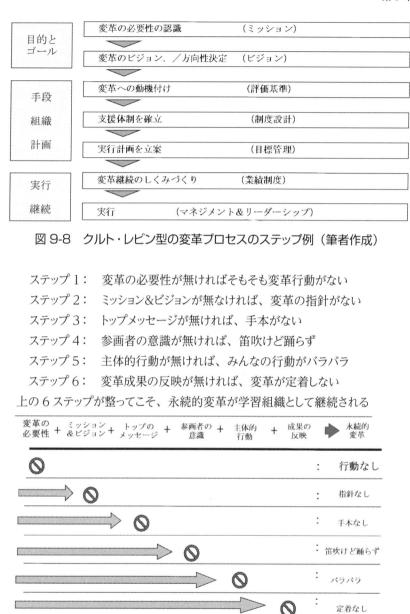

目的と ゴール	変革の必要性の認識	（ミッション）
	変革のビジョン．／方向性決定	（ビジョン）
手段 組織 計画	変革への動機付け	（評価基準）
	支援体制を確立	（制度設計）
	実行計画を立案	（目標管理）
実行 継続	変革継続のしくみづくり	（業績制度）
	実行	（マネジメント＆リーダーシップ）

図 9-8　クルト・レビン型の変革プロセスのステップ例（筆者作成）

ステップ１：　変革の必要性が無ければそもそも変革行動がない
ステップ２：　ミッション＆ビジョンが無なければ、変革の指針がない
ステップ３：　トップメッセージが無ければ、手本がない
ステップ４：　参画者の意識が無ければ、笛吹けど踊らず
ステップ５：　主体的行動が無ければ、みんなの行動がバラバラ
ステップ６：　変革成果の反映が無ければ、変革が定着しない
上の６ステップが整ってこそ、永続的変革が学習組織として継続される

図 9-9　変革プロセスのステップ別取り組み内容と成果レベル
（Andersen "Change Enablement" より）（再掲）

10. コッターの組織変革の8ステップ

　コッターの変革ステップは最初に見たときは、その納得性の高さと論理性に気づき驚く。しかし、落ち着いてみれば、実務的には不必要に冗長であり、制度的に巻き込みもプロセスも煩雑であり、内容的に単純な希望的観測があり、領域として空想的で観念的な代物であることに気づく。

　もちろん、これは筆者の浅学無学と実務家として安直さから来る排他的な理解であることは重々承知した上で、今日に意味のある新たな変革ステップを構築できないかと訝しがっている次第である。

　最終的には、コッターは何をさせようとしているのか、その目的は何なのか、逆に迷走してしまうのである。コッターと付き合うには知識だけでなく忍耐も必要である。

```
┌─────────────────────────────────┐
│        1. 危機意識を高める        │
└─────────────────────────────────┘
                 ▼
┌─────────────────────────────────┐
│  2.変革推進のための連帯チームを築く  │
└─────────────────────────────────┘
                 ▼
┌─────────────────────────────────┐
│      3.ビジョンと戦略を生み出す     │
└─────────────────────────────────┘
                 ▼
┌─────────────────────────────────┐
│  4.変革のためのビジョンを周知徹底する │
└─────────────────────────────────┘
                 ▼
┌─────────────────────────────────┐
│       5.従業員の自発を促す        │
└─────────────────────────────────┘
                 ▼
┌─────────────────────────────────┐
│      6.短期的成果を実現する       │
└─────────────────────────────────┘
                 ▼
┌─────────────────────────────────┐
│ 7.成果を生かして、さらなる変革を推進する │
└─────────────────────────────────┘
                 ▼
┌─────────────────────────────────┐
│  8.新しい方法を企業文化に定着させる  │
└─────────────────────────────────┘
```

図 9-10　コッターの組織変革の 8 ステップ
出典：Kotter,1996,p.23（邦訳 p.45）[13]

13　J・P・コッター,梅津訳『企業変革力』日経 BP 社（2002）
John P.Kotter『Leading Change』HARVARD BUSINESS REVIEW PRESS　1996。

11. 実務的な変革のフレームワーク

コッターも論じているように、通常、組織変革は危機感が起点となる。

実際は危機感を組織で共有するかは、トップのコミットメント次第である。現場に危機感を共有したがるトップは、そもそも変革にコミットメントしていないトップが多いといえる。本来、トップのコミットメントが強ければ強いほど従業員のエンゲージメントが高まるはずであり、その意味で従業員の危機感は不要のはずである。

筆者の浅い経験では、トップが危機意識を持つ段階では、むしろ手遅れの場合が多い。

トップは、現状の成功や成長の中に危機を見いだし、それを周知させなければならない。成功と成長の中では、どんなに優秀な従業員でも危機感を抱けない。だからこそ、必要なのは、危機感ではなく、単純な問題意識・課題意識である。

改革を実行するのに、危機感を引き合いに出す冗長さが、コッターを遠ざける。

トップが組織全体の危機感を強調したがるのは、トップが危機感を持つことが遅すぎたからに過ぎない。本当にトップが危機感をもっているのであれば、最初に危機意識の醸成を強調する必要はない。たた、指示し命令すれば良い。

最初に必要なのは、シンプルでわかりやすい改革の実行計画、変革プロセスの全体像である。そのプロセスでは、変革につながる仕組みと仕掛け、そして実行が求められる。

仕組み：部門別業績評価　外資系トップ登用　若手登用　評価基準改定　評価廃止など

仕掛け：M&A　事業売却　新規事業　海外展開　分社化など

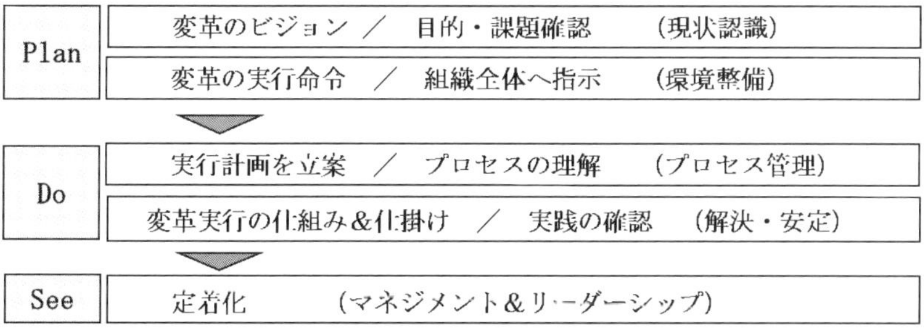

Plan	変革のビジョン ／ 目的・課題確認 （現状認識）
	変革の実行命令 ／ 組織全体へ指示 （環境整備）
Do	実行計画を立案 ／ プロセスの理解 （プロセス管理）
	変革実行の仕組み＆仕掛け ／ 実践の確認 （解決・安定）
See	定着化 （マネジメント＆リーダーシップ）

図9-11　実務的・実践的な変革ステップ（筆者作成）

12. 組織管理

　組織管理の基本を確認しておきたい。組織には階層・職務・権限・責任等の一定の約束と理がある。

- ①命令統一、命令一元化の法則　　⇒組織の混乱を防ぐ
- ②階層序列の原則　　　　　　　　⇒頭越し命令の禁止
- ③職務専門化の原則　　　　　　　⇒効率化の徹底
- ④統制範囲の原則　　　　　　　　⇒効果の極大化
- ⑤予定調和業務の権限委譲　　　　⇒反復日常定型業務の権限

13. 組織管理の公式化

　組織の業務には一定のプロトコールがある。組織の公式化、業務の公式化である。公式化とは、ある出来事やイベントが起こった時に、一定の処理方法をあらかじめ決めておくことである。
　理由としては、以下の点がある。

- ①管理者不在時の対策をすることにより組織の業務の停滞を防ぐ
- ②管理者の増加を防止する。一定のルール化で管理職の指示を省略させる
- ③業務量は常にコストと一体化であるため、生産性の追求が宿命となる
- ④ルール（決まり・仕掛け）とツール（道具・仕組み）の設計を詳細化する
- ⑤プログラム化することで、反復日常定型業務を常にスタッフに委譲する
- ⑥命令一元化の法則により、組織内部の不要な調整を削除する体制を構築する

　プロトコールの必要な規模の組織は官僚化する。そのため組織の官僚化（レッドテープ）のメリット&デメリットを理解しておく必要がある。

　組織の運用では、組織管理の典型である「官僚制」のメリット（強み）とデメリット（逆機能）が存在する。どちらも不可欠である。

表9-3　官僚制組織のメリットとデメリット（筆者作成）

官僚制のメリット	官僚制のデメリット
①仕事の合理性を追求	①専門外のことは無関心になる
②属人的でなく客観的な組織を設計	②規律や前例を優先し、挑戦しない
③業務等の属人性排除	③自分たちの部門の利益を最優先する
④階層別に高度専門性を実践	④組織を優先し個人的配慮が欠如する
⑤一定のルールで組織間の調整排除	⑤長い意思決定プロセス
⑥組織統一性の確保と一体化の推進	⑥組織の力の混同
	⑦階層や等級により組織硬直性

14. 組織構造の規定

組織構造が規定するものがある。

①事業部制を採用すれば事業部長が必要となるように、組織はそのまま責任体制と権限体制を構成する。

⇒仕事の種類は、組織の構成員（従業員）の努力の方向を規定する。

⇒従業員は報酬や権限を得るためには、より困難な仕事に挑戦し、その職位を獲得したがる。それが努力の方向となる。

②組織は、情報の内容や性質を規定する。

⇒意思決定の距離がそれぞれの役割で異なる。

⇒決定の遅れが発生すると、組織は回避を図るために情報をコントロールする。

③情報の統合のあり方を規定する。

⇒中央に集まる情報と現場に集まる情報は質もレベルも異なるため、共有が始まる。

⇒同じ情報が得られない時は、組織の情報の歪みと遅れを集成するべくプロトコールの改訂手順が規定される。

④コンフリクトの解消

⇒組織間でコンフリクトが発生すると、上司の決済により解決を図る。

⇒コンフリクトを当事者が解決できない場合、上司の決済により解決が可能となる。

⑤部門間の調整

⇒組織間のコンフリクトは組織の距離に正比例する。そのため、組織課題の解決・調整のため組織の統廃合により距離を調整する。

⑥組織内相互作用と組織内の 2 次的な変化の維持

⇒日常の接触のパターン：組織構造により構成される個人とネットワークを規定する。

⇒内部競争のパターン：グループの比較／個人の比較により規定される。

⇒パワー関係：誰が情報を持つか／誰が担当するかを規定する。

⇒パワーのある人の意見が最終的に通過してしまうことが多いが、組織的には訂正のプロトコールを共有する。

⑦組織における役割の設計

⇒役割を担う　：組織の中では役職や資格によって「役割」が設計される。

⇒役割を演じる：設計された役割は組織の目的にそって組織行動を実行する。

⇒役割を果たす：さらに、役割は組織の目標目的を実現することを要求する。

⑧組織におけるコミュニケーション

⇒組織には独特のコミュニケーションのコードや言語が形成される。

⇒単調な仕事はホイール型をとり、権限・情報を集中させる。

⇒複雑な仕事はサークル型をとり、権限・情報を分散させる。

⑨組織の階層、役職の設計

組織が階層的なのはその業務と責任体制のためである。

⇒対象が単調な仕事は多階層型をとる。そこで情報が収集される。

⇒対象が複雑な仕事はフラット型の組織が規定される。情報を処理する組織は分散化される。

15. 組織構造としてのプロジェクトチーム

プロジェクトチームは恒常的な組織と異なり下記の性格を有する。

①目的：調査、問題解決、企画提案など　（成果が明確）

②期間：有期（始まりと終りがある）

③メンバー：目的に応じた専門性（人材に無駄がない）

④アサインメント：流動的、横断的、専門的

一方で、プロジェクトチームにも弱みがある。

①非メンバーとメンバーの間の緊張が起きやすい

②マネジメント部門利益の代表間の抗争になりやすい

③当事者意識の欠如が起きやすい

④上層部へのアピールの場と化しやすい

⑤チームとしての動き方が決まるまでに時間がかかる

第9章　演　習

1. 組織戦略、組織管理の改革フレームワークとして何が望ましいか。

2. 次の業種業態別の組織機能を抽出し、再定義せよ。
   （消費財製造業、生産財製造業、商社、小売り、病院、警察署）

3. 組織の活性化として望ましい方法は何か。
   また、自社の組織改革の望ましいステップをあげよ。

4. 自社組織が環境に適合するにはどのような組織（機能）が望ましいか。
   在るべき姿と併せて再設計せよ。

5. 貴社の組織構造を規定しているものには、何があるか。

第 10 章　技術編 [1]

　　　人生を豊かに生きるための 40 のリスト　　パート 8
　8. 知識と経験の価値を知る（何にお金を使うべきかを知っている）
　　①モノだけでなく、コトに時間とお金を積極的に使う
　　②常に超一流と接し、分不相応でも、身銭を切って本物を選ぶ
　　③情報機器、通信機器等は、常に最新を選び、身銭を払って装備する
　　④時間が最も高価で、取り返せない財産だと知っている
　　⑤週 2 冊本を手に取る。年 100 冊。10 年 1000 冊。30 年 3000 冊

………………………………………………………………………………

本章では、
　①技術（研究）および技術力（研究力）とは何か
　② MOT とは何か
　③ MOT の管理と運用の理解
　④技術戦略シナリオの展開
　⑤技術視点からのビジネスモデルの理解
について解説する。

　本章では、技術（力）および研究（力）の定義と目的、さらに課題解決のためのアプローチやマネジメントのあり方について検討を加える。
　そのうえで、技術開発と技術経営（MOT）の現状（As-Is）とあるべき姿（To-Be）の俯瞰を通じて、我々がこれから何をなすべきか（To-Do）の検討と考察を行う。

1　本章は、下記の参考図書から多くの示唆および知見を得ている。
『MOT "技術経営" 入門』（日本経済新聞出版）延岡健太郎 2006。
『基礎から学ぶ生産管理システム　SE のための製造業の業務知識』 第 1 版　日経 BP2007。
『誰も教えてくれない「工場の損益管理」の疑問』 日刊工業新聞社　2016。
『MOT 研究開発マネジメント入門』岡本，福代，上西　朝倉書店 2020。
『イノベーションを目指す "実践" 研究開発マネジメント』日刊工業新聞　2010。
『生産マネジメント入門　生産システム編』藤本隆宏　日経 2001。

1. 技術（力）および技術基盤とは何か

そもそも技術（力）および研究（力）とは何か。

技術力、研究力そのものを定義することは難しい。それは経営学というより経営哲学に近いかもしれない。現時点で、明確に言えるのは、製品に化体された技術を「評価する力」が求められるという点である[2]。

①技術力は期待価値ポイント（ Expected Value Point ）の明確化と期待価値レベル（ Expected Value Level ）の設定や評価を行う。

良品と不良品、不適合品を識別するための基準作りのためにも「評価する力」が必要である。不良品を見極めるためには技術力を持っている必要があり、さもなれば、容易にクレームにつながり、客離れにつながる。

②技術力は、不良品リスクを想定し、製品を正しく評価するために必要である。

不良品リスクとは、この機能、この仕様、この製造方法ならば、どれ位の不良品発生の可能性があるか経験値から仮説を構築する力となるもの。

リスクの定義は、「損害額×損害発生確率」で表現される。

技術力が不十分の場合、不良品リスクを想定、評価できないために、事前の対策や検討が行われず、市場に投入してみないと、どれくらい不良品が発生するかわからないことになる。そのため Try & Error は技術戦略では、重要な手法となる。

技術基盤とは、事業展開や企画開発を行う上でベースとなる。

保有技術の中からユニークな技術を基盤として位置づけし、事業活動や研究開発を通して、強化していくべきものである。

①研究・開発テーマは、売れる製品、あるいは儲かる製品であること、さらにユニークな技術基盤の獲得や強化に有効であること。

②技術基盤の確立および強化のために、保有技術の整理、評価を行い、技

---

2 音楽を聴いても、音楽について深い知識と経験、それらの洞察がなければ、いい音楽かは理解が難しい。骨董品、現代絵画、レントゲン写真、心電図、楽器、新体操、フィギュアスケート。技術のレベルとポイントを指摘し、その差分を丁寧に解説できるためには、やはり技術力が求められる。さらに厄介なのは、自分では演奏できないのに、技術の高さや音楽の芸術性が「理解できてしまう点」にある。技術を持たないものが技術レベルを理解し、そのポイントを指摘出来るのはなぜが。それが真実なら、小学生でも、企業トップのリーダーシップのあり方が理解できることを意味する。

術基盤の候補となりうる技術であるか否かの検討が求められる。技術基盤強化テーマの選定や開発テーマの抽出などにつなげていくことが目標となる。

2. 研究および研究力とは何か

　研究および研究力とは、辞書的には、「物事を詳しく調べたり、深く考えたりして、事実や真理などを明らかにすること（大辞泉）」であるが、企業が顧客のニーズやデマンドに応えるために、製品化（製品開発）の可能性の高い技術領域の解明と具体化を行うことを意味する。

　重要なのは、研究および研究力そのものではない。製品開発のための研究として、事前に環境整理する必要がある。製品開発のための研究とは、まず、顧客の便益を明確にすることにある。それは競合品（あるいは期待効果）との違いを明確にすることに他ならないからである。

①製品開発のための研究に基づかない企画は、自己の「感性」に頼ったアイデアに頼り、「行き当たりばったり」の思いつきをベースにすることになり、売れる製品作りやユニークな技術基盤の確立・強化には、直接結びつかない。

②製品開発のための研究には、自社および競合の製品を「評価する力」が必要であり、顧客の便益に相当する期待価値ポイント（以下、E-VP/Expected Value Point）の明確化とその実現度を意味する期待価値レベル（以下、E-VL/Expected Value Level）の評価を適切に行う必要がある。

③E-VPとは、顧客の便益そのものであり、なぜ、顧客はその製品を選択してくれるのかが、自分で理解できていないと差別化と品質の強化ができない。

④E-VPは企画ポイントであり、長期にわたりそれらの向上を図るものでなければならない。新たなE-VPの設定は、製品にこれまでとは異なる機能を付加することになる。

⑤各E-VPに対して重要度（重み）をつけ、各E-VP毎に自社品と競合品を評価する。現状のE-VLはどうであって、それをどのようにするのか、自分で説明できるレベルになっていなければ差別化は困難である。

⑥どのE-VPで勝負するのか、そのE-VPをどこまで向上させるのかを決定

する。

⑦その上で、E-VP の重要度と E-VL の実現度をチェックすることになる（実務的には顧客の声に学ぶことを意味する）。

3. 基盤技術、技術の競争優位性とは何か

　技術開発を体系的・統合的・効率的に運営する方法を検討することは、企業の存在意義とも関わる本質的な課題である。ただ、技術基盤だけが単独で存在しているわけではない。

　基盤技術は企業の存在意義とともにある。

　R&D 戦略の論点は、主に以下の点に絞られる。すなわち、

　　①新製品をどう開発するか（市場ニーズにどう応えるか）

　　②新技術をどう開発するか（市場をどう構築するか）

　　③次世代の技術は何か（持てる開発力をどこに向けるか）

　　④自社の開発力を強化するにはどうするか（何に、何処に、誰に投資するか）

である。

　そのためには、

　　①自社の技術基盤をどう確立するか。

　　②技術の競争優位をどう確立するか。

　　③競争優位性を、組織的に弛まなく継続するにはどうすべきか。

これらの質問に対して答えを導き出す必要がある。

　第一に求められるのは、技術の競争優位性とは何かである。

①技術や製品に「独自性」があるか。

　　⇒その技術や製品はユニーク（高い独自性がある）か？

②その独自性をさらに「強化する可能性」を無限大に持っているか

　　⇒強化する方法を知っているか。過去に継続的に強化してきた歴史があるか？　たまたまその技術を持っている、あるいは、技術を買収（購入）したというのではなく、開発に取り組んできた組織的人的知的技能的な歴史があることが重要である。

③持っている技術そのものに「幅広い応用性」があるか。

　　⇒その技術は、他に展開できるか？

　この独自性、拡大可能性、応用性・援用性が技術基盤の競争優位性にとって必要不可欠となる。それにより、技術は「磨かれる」からである。

　第二に明確にしなければならないのは、技術に対する「ニーズの正体」の解明と理解である。多くの技術はニーズに応えるために開発される。ところがそのニーズは、単なる欲望であったり、利益への執着であったり、単なる願望や夢でしか無かったりする。

　技術に対するニーズは、夢や希望や欲望だけではない。

　いま、技術に求められている態度・理解・姿勢は、神や生命の摂理、さらに資源や物質に対する探索、真理や宗教に対する信奉、それに匹敵するレベルでの技術に対するニーズの再定義であり、人類が生き残るための環境への挑戦（環境との共存）と捉える必要がある。

　少し（というか、かなり）荒唐無稽な話。

　50 億年後に地球は太陽に飲み込まれて必ず滅びる。超新星爆発である。

　地上は地震と洪水で飲み込まれすべて水没する。化石エネルギーは枯渇する。生命は病気に抵抗できない。人類が産みだした武器や火薬は戦争で殺人に援用される。通信は予期せず遮断され、個人情報が意図的に独占される。社会的弱者は遺棄される。自動車は利便性を産んだが、事故によって毎年数十万人の命も奪う。これらすべてが、技術に対する真摯な現象である。

　少なくとも、10 億年後には、地球上に人類は生きていけなくなる。1 億年以内に、太陽すらない宇宙空間で人類が生き残る方策を実現する必要がある。「土のないところでの食料の自給自足」「太陽も海もないところでのエネルギーの無限再生」そして「水と塩」。こういった環境への挑戦、あるいは環境との共存。それが技術に対するニーズの真実の姿である。

4. 基盤技術および技術力の競争優位に求められるものは何か

　基盤技術および技術力の競争優位に求められるものは、次の 2 つの力である。
　①研究開発を形にする力
　　⇒製造する力（2 次元の図面や数式を 3 次元の製品やプログラムにする力）
　　⇒製品を図面に落とす力（3 次元の製品を 2 次元の図面にする力）

②製品を評価する力

　　⇒評価ポイント（期待価値ポイント／ E-VP）の明確化

　　⇒評価レベル（期待価値レベル／ E-VL）の設定と評価の実施

　この 2 点を実現する力が、本章における技術力のスタートとなる定義であり、この定義を含めた全体像を技術基盤と定義する。

5. 日本企業が抱える技術開発上の課題 [3]

　ハーバード大学が日本の技術優位性を研究テーマとして、日本の主要企業をヒアリングし、その競争力の源泉を探った。

　その過程で、あらためて日本企業の抱える問題点もいくつかクローズアップされた。

　その問題点というのが下記の点である。

　①日本企業は、顧客の課題を解決することより、自社の技術を売ることに熱心である。

　②日本企業は、組織間の密着度が高く、他部門を客観的に評価できない。そのため、本質的な問題を先送りする傾向がある。

　③日本企業の多くの技術部門が、複雑な事務マネジメント下に組み入れられ、技術者が本来の開発業務に専念できていない。

　④日本の工学系の大学教育にも問題がある。大半の学生が指導教官の研究を研究室として継続サポートしているだけで、なぜその研究をしているのか、なぜその方法で研究しているのか、大半が問題意識もなく継承されている。その結果、企業の工学系大学卒業の R&D 担当者が、組織的な開発マネジメントに未熟であり、満足な開発教育を体系的に修得できていない。

3　ハーバード大学エドウィン O. ライシャワー日本研究所の調査結果。日本研究の支援を行う世界で最も歴史のある研究所のひとつ。 日本とハーバード大学、さらには日本とアメリカのさらなる関係強化に貢献することを使命とし、社会、文化、経済、政治まで、日本に関する幅広い分野での学術交流を推進している。1973年「日本研究所」として発足し、1985 年に創立者であるエドウィン O. ライシャワーの引退を記念して「エドウィン O. ライシャワー日本研究所」に改称した。創立以来、ハーバード大学の Faculty of Arts and Sciences (FAS)、Graduate School of Arts and Sciences (GSAS) の他、様々なプロフェッショナルスクールの教員および学生とともに、人文学、社会科学、自然科学の分野において日本に関する幅広い研究をリードしている。多岐にわたるプログラムや取り組みを通し、日本研究の振興、大学の教育理念の遂行、さらには全米、日本国内、ヨーロッパ、そして全世界の日本研究コミュニティへの貢献することを使命としている。https://rijs.fas.harvard.edu/ja/about-us（2021 年 5 月検索）

6.MOT（Management of Technology）とは何か

　MOT とは、技術・知的資源を事業に結びつけ、経済的付加価値へ転換するためのダイナミックなマネジメントを意味する。R&D の一切の費用対効果を極大化することが目的である。

　それは、「技術・市場・利益（売上）」の３つの観点で「技術の本質の見極めと選択」ならびに「新事業創造と画期的新製品開発の方法・仕組み」を改革すること、さらに、舵取りをする経営手腕・マネジメント力をつけることを意味する。

　MOT の基本的コンセプトは「技術の市場化」にある。

　技術開発のプロセスが売買され取引されることで、効率的な研究開発が行われ、製品化が促進される。技術そのものに「ナノ技術・薄膜技術・界面活性化技術」など名前が付けられ、技術に価格がつき、技術に「模倣困難性」や「価値」そのものが化体され、流通するべくステークホルダーが流通網を構築する。それら一切合切が「市場化」となり、MOT として実装される。

　技術を絶対価値と見なさず、技術が事業に応用され、その事業が市場において価値を生み出して、初めて技術が価値を持つとする考えである。

　技術を市場化するためには、「技術の関門」と「市場の関門」の両方を克服し突破する必要がある。

　　①技術の関門とは：性能、波及効果、標準化、信頼性の壁
　　②市場の関門とは：経済性、金融・投資、政治・規制、文化障壁、経営
　　　課題など

　古くは、90 年代以降、日本企業の MOT が多く頓挫し、その技術のマネジメント体制が問われている。80 年代当時、世界最強（Japan as No1）[4] と謳われた日本の技術系企業の MOT に対して、多くの日本企業は、米国で開発されたプロトタイプ新製品を、日本企業の持つ効率的技術開発プロセスによって改良する MOT の取り組みを発揮し、全社一丸となって「技術の関門」を突破してきた。

　　①伝統的 MOT（＝日本型 MOT）：技術フォロワーの MOT、技術リーダー

4　英語版初刊　Ezra F. Vogel 著『Japan as Number One: Lessons for America』ハーバード大学出版局、1979 年 5 月 22 日、ISBN 0674472152
日本語版初刊　エズラ F. ヴォーゲル 著『ジャパン アズ ナンバーワン：アメリカへの教訓』（広中和歌子、木本彰子 訳）TBS ブリタニカ、1979 年、ISBN 4484000490

が開発したプロトタイプの改良であり、プロダクションプロセス中心に展開される。

②先進的 MOT（＝アメリカ型 MOT）：技術リーダーの MOT、革新的なコンセプト・技術・製品の創造による MOT であり、イノベーションプロセス中心に展開される。

残念ながら、90 年代、日本企業の技術レベルが米国企業に追いついた途端行き詰まったと言われている。日本企業の伝統的 MOT から、先進的 MOT への転換が求められた所以である。

MOTの管理領域

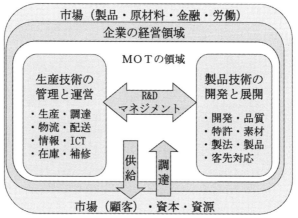

図 10-1　MOT の管理領域（筆者作成）

7.MOT の定義と目的

MOT の定義：MOT とは、企業のバリューチェーン（経営、人事、情報、マーケティング、開発、調達、生産、物流、アフターサービスなど業務プロセス価値連鎖）における技術課題の体系的経営の実践を意味する。

最高責任者は、通常、CTO（Chief Technology Officer）が担い、その体系的な戦略を構築する。実務的には、全社技術戦略と投資の意思決定責任を担う。

MOT の目的：MOT の目的は、「技術投資の費用対効果を最大化すること」

にある。

　それは、研究開発マネジメントの徹底化、経営戦略と技術戦略のリンケージ、さらに技術戦略の立案、技術投資の組織化・効率化、技術人材開発の実行、そして経営資源の充実と有効活用である。日本企業には、戦略的技術企画部門を強化し、ハイリスクの技術投資に挑戦することで画期的事業創造を行うことが求められる。

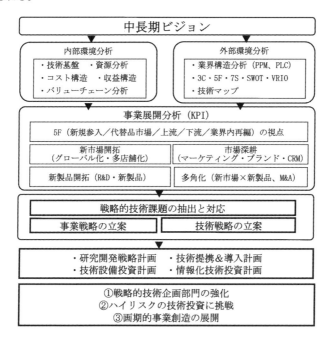

図 10-2　中長期技術戦略の構築と技術戦略の位置づけ（筆者作成）

8.VALS（Values and Life Style）の　　マクロ環境分析手法（事業環境分析の方法１）

　マズローの欲求５段階説をもとに、アーノルド・ミッチェル博士が 1980 年に開発した手法が VALS（Valucs and Life Style）である。消費者の価値観を分析することで、市場環境の将来の方向性を推定する。

　具体的な対策としては、未来市場の決定要因（デタミナンツ）の把握、機能要件（アトリビュート）のリストアップ、さらに技術課題（イシュー）の明確化がある。

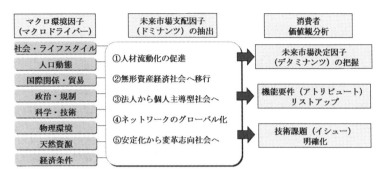

図 10-3　VALS（Values and Life Style）のマクロ環境分析手法
『MOT"技術経営"入門』日本経済新聞出版　延岡健太郎 2006

9. 未来製品コンセプトの創造法　（事業環境分析の方法2）

　未来製品コンセプト想像法とは、①代替性の考慮、②市場環境分析の応用、③現実的で必須の機能要件から、実現のための技術的課題の抽出を行なうアプローチ方法である。

　そのアプローチ方法とは、

　　①マクロドライバーの抽出

　　②ドミナンツの抽出

　　③ドミナンツ基盤を確認することで市場環境との関係性を説明しやすくすること。それにより、「市場の価値の仮説」を構築する。

　　④主要な機能要件から実現的な技術的課題を抽出し対応すること

　　　ここでは、アンコントローラブルファクター（コントロール不可能な要素）も考慮する必要がある。市場環境分析では、マクロドライバーの抽出、事業ドミナンツの抽出が必須となる。

図 10-4　未来製品コンセプトの創造法（出典　前出）

10. 技術戦略シナリオの策定

MOT では、技術戦略の構築そのものとあわせて、シナリオ作りが求められる。

不確実性の高い状況においては、未来の複数のシナリオを想定し、シナリオ毎に意思決定を行う未来予測の方法が有効である。

技術戦略策定プロセスにおける戦略技術課題の優先順位は、シナリオによって異なってくるため、複数のシナリオ代替案を示し多様なオプションを持つ技術戦略を臨機応変に実行する能力が求められる。この考え方は、元々は第二次大戦後、戦争における戦略手法として考案されたものであり、1970 年代初頭に SRI のピーター・シュワルツの研究グループが企業戦略用に開発したものである。

主な対応モデルは、下記の 5 つが代表的である[5]。

表 10-1　未来予測の 6 つの方法（出典　前出）

	方法	内容	特徴
1	専門家予測法	専門家の意見に基づく予測で、デルファイ法を含む	・低コストで予測が可能 ・主観的、直感的に明快な予測が可能
2	外挿法	・時系列データの外挿 ・連続的変化の予測	・簡便に予測可能 ・無難な予測法
3	相関モデル法	・技術動向の予測向き ・歴史的相似性を利用する	・各々が独立する事象の予測に適用する
4	因果関係モデル法	・設備投資の意思決定に活用 ・消費者向けの事業予測	・因果関係を分析することによる予測 ・経済や景気動向を示すファンダメンタルズを活用
5	不確実性モデル法	・未来シナリオの作成	・未来の複数シナリオに対する意思決定に活用

11. 技術戦略シナリオの開発要素

技術戦略策定のシナリオは、通常下記の開発要素の検討が必要である。

①シナリオ機軸の決定：技術戦略シナリオのシナリオ機軸は、一般に「市場」「経済」「技術」の 3 軸だが、当然、技術戦略によって自由に設定可能である。

5　デルファイ法：アメリカのランド社が開発、1964 年発表した技術予測の手法。将来の科学技術の新製品がいつ頃出現し、産業構造や国民生活がどのように変わるかを予測する手法として、官公庁、学会、シンクタンクなどでしばしば用いられている。その方法は各分野の専門家にアンケートによって意見を求め、これを集計した結果を、再びアンケートとして回答者に送り、その意見を集計する。このようにして数回にわたってアンケートの反復を行なって、専門家の意見の収斂、分散を調べて、これを予測の材料とする。なおデルファイとはギリシアのデルフォイ神殿の神託にちなんで名づけられたもの。https://kotobank.jp/word/%E3%83%87%E3%83%AB%E3%83%95%E3%82%A1%E3%82%A4%E6%B3%95-101902（2021 年 9 月検索）

②シナリオの説明因子：シナリオの説明の中心となるマクロドライバーの抽出を行う。

③マクロドライバーの分類：マクロドライバーは、「技術因子」「経済因子」「市場因子」に分類して、マトリクス上にプロットし、重点方針を設定する。技術戦略に与える影響の大きなマクロドライバーが何かを把握する。また、技術要素と非技術要素の相互関連性を確認し、そのインパクトの大小をメンバー間で共有する事が可能となる

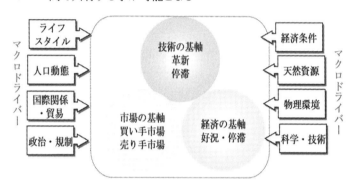

図 10-5　技術戦略シナリオの開発要素（出典　前出）

12. 自社シナリオ開発の手順とモデル化

「技術軸」「経済軸」「市場軸」のそれぞれを説明するマクロドライバーを抽出し、それぞれの動向を分析するモデルである。技術・経済・市場のそれぞれの3軸の高低区分で8ブロックのパターンができあがる。

①技術軸：技術革新力・R&D活性度・保有技術資産

②市場軸：事業環境・顧客消費性向・社会活性度・市場魅力度

③経済軸：経済動向・ファンダメンタルズ・規制動向・エネルギー動向

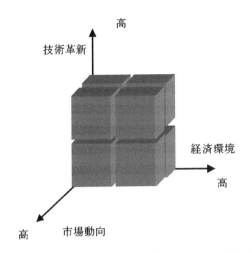

図 10-6　技術・市場・経済の 3 軸シナリオモデル（筆者作成）

　企業の新事業への参入、新製品の量産に伴う設備投資など、中長期の技術投資戦略の策定には、シナリオアプローチが適している

　最初に、技術投資シナリオモデルの開発を行う。経済軸（好況／不況）、技術軸（技術革新の自由競争／保守化）に基づき、4 つのシナリオポートフォリオを作成する。

　次にシナリオごとの投資リターンを評価する。シナリオ別に、売上げ規模、売上げ成長率、割引率を仮定し、どれだけの DCF（ディスカウント・キャッシュフロー）リターンが見込まれるかを計算する。

　最後に、技術投資のリスクのマネジメントである。すべての投資にはリスクが伴う。最悪のリスクやマイナス効果をもたらす不慮の災難は、常にモニターしておくことが必要である。

13. 競合分析による事業環境把握

　競合を分析することは、技術開発の競争戦略としては重要なアプローチである。競合は 2 種類。

　第一は同業他社、第二は新たな競合として、異分野からのチャレンジャー、新参である。

　次に重要なのは、投資意思決定のタイミングである。どの段階でどの程度の額

をどの領域を優先的に投資するかを意思決定しなければならない。最も注意しなければならないのは、技術の代替現象が発生する可能性があるので、技術投資意思決定のタイミングが企業の競争戦略の成否を大きく分けることになる。多くの企業はグローバルで戦っている。そのため、一瞬でも判断が遅れると、技術はたやすく先を越され、新たなイノベーションの陰で遺棄されることになる。

14. あるプロジェクトの失敗からみた技術経営の現実的な課題

A社は、将来の業務案の設計を志向するCRM（Customer Relationship Management）システムの開発・導入を行う企業である。

当然、期待効果としてCRMシステムの導入・活用による顧客満足度の向上にある。しかし、現実の現場プロジェクトの運用はどうか。

①システムを具体化しようとしても、CRMシステムの開発そのものが目的なので、要件設定や設計条件の業務分析の拠り所が明確ではない

②「顧客満足」とは何かと聞かれても、システム開発に没頭しているので、十分に理解しているわけではない

③業務の流れとして、当然、ヒアリングは実施しているが、顧客の本当のニーズとは無関係に仕様の決定を進め、事後的に利用部門に了承を得ようとする。実際そのほうが業務の進捗がはやい

④問題意識や具体的なニーズを感じていない利用部門は、「この仕様でよいか？」と問われても、そもそもシステムとの連動をよく分かっていない。しかも、プロジェクトメンバーが勝手に決めた内容のため、内容を聞かれても実際には返答に困って居る

⑤スケジュールに縛られたプロジェクトなので、クライアントはもちろん、リーダーから返事がない場合は、担当者は了承を得たものとしてプロセスを前に進める

⑥本来、利用部門との架け橋を期待されていたプロジェクトは、その場その場しのぎで、何とか切り抜けることだけを考え始める

A社のプロジェクトは、一応の設計を終えた後、総合テストの段階に入り、システムを検証することになったが、この段階で問題が顕在化することになる。

①利用部門が了承したことになっている仕様は、「こんなものでは使い物にな

らない」と批判される

②プロジェクトは、運良く宙ぶらりんにならなかったが、機能変更・追加で修正作業が繰り返され、作業が進むほど仕事が増えていく

③このまま続けると、コストやスケジュールはどこで収束するかわからない状況におちいっていく

④プロジェクトの費用が相当程度に膨らんだところで、発注者側は、不本意ながらあまり根拠のないところで、一先ず、打ち切りを決断することになった

　最終的に、プロジェクトはすべての関係者の不満を残したまま、出発点から形骸化したものになった。誰もこのシステムに愛着を持てないから、システムを活用して効果を結びつけようとしない。必要性すら認識していないため、内容もよく理解しようとしない。やがて、プロジェクトも利用部門もまともに使おうとしないシステムを、そもそも大事に扱う人がいなくなる。

　結果として、一切の効果、検証がないまま、多大なサンクコスト（埋没費用）としてシステムは早期引退となる。システムの導入がトップの鳴り物入りで始めたものであれば、口が裂けても誰も失敗とは言えない。トップの追求を受けながらも、プロジェクト自体はいつまでも継続されることになる。

15. 顧客研究に基づく営業戦略の基本的な考え方と戦略展開

　多くのプロジェクトでは、顧客に応じた営業戦略を展開するのが当然で、プロジェクトの優先順位付けは顧客に応じて行うことになる。したがって、重要な顧客に対してしかるべきアプローチを行うのは当然である。逆に、営業上、重要でない顧客にはそれなりに対応をしてお茶を濁すことになる。

　活動の中には顧客サービス向上に直接結びつかないムダが数多く存在する。求められるのは、非効率な営業活動の排除であることには違いない。

　技術営業で求められる基本的な考え方とその戦略展開は、次のアプローチが望ましい。

①顧客に応じて戦略や対応、サービスを明確にする

　その際、顧客研究を徹底するため、個人で都合よく判断することなく、個人スキルに過度に依存しない営業戦略を構築する。

②全ての顧客が一律の期待価値レベルを求めているわけではないことを認識

し、顧客の状況に合わせた戦略展開を図る

　　顧客セグメンテーションによる顧客ニーズの見極めを行い、顧客の状況に
　　合わせることが求められる。

③顧客の求める期待価値レベルは常に変化している

　　いつまでも、ワンパターンの同じ戦略展開、価値提供を希望しない。当然、
　　顧客変化、環境変化への適応が求められることになる。

④顧客ごとに発信情報と収集情報を明確にすることが求められる

　　特に営業的には重要なトリプルＡ顧客（ロイヤルカスタマー）の囲い込み
　　を行いサービスの特価を図ることはムダではない。顧客ごとの営業戦略は、
　　販売計画の根拠となる

16. 死の谷（Valley of Death）の原因と初期対策

　死の谷とは、事業展開や技術開発において、導入段階から、成長段階に入る
際に生じる難関・障壁を指す。もともとは、「技術開発が資金調達の問題から実
用化に至らない状態」を指した。

　最近では、資金的なリソース以外の様々なリソースの不足や法律、制度等の
外的要因なども含めて、研究開発の結果が事業化に活かせない状態、あるいは
その原因全般を指す。

　死の谷の原因は多面的である。

　　①資金的な原因：商品化に多額の投資が必要となる。研究・開発の段階で
　　　多額の資金を費やし、商品化への資金が枯渇すること。製造段階での資
　　　金不足。広告段階の資金不足

　　②組織的な原因：研究開発・製造段階がそれぞれ別部署のため、意思統
　　　一が欠如したこと。技術基盤の背景が異なり、要員が不足すること

　　③時期的な原因：商品化が早すぎた、あるいは、遅すぎて販売時期を逃し
　　　たなど。販促の不備。商品告知不足など

死の谷に陥らないために、初期対策として実施すべきことがある。

第一は、自社における最大の「経営管理上の不備や欠陥」を確認すること。

なぜなら、「最大の不備や欠陥」はマネジメントの不備や欠陥から発生してい
ることが多いからである。

第二に、自社の競争優位性を明確に定義すること。

それは、何で勝負するのか、どこ（ま）で勝負できるのか、逆に勝負しないところは何か。経営の効率化、技術の高度化だけでなく、このサービスに「本当に顧客はお金を払うか、顧客はお金を払う覚悟と準備をしているか」を確認することになる。

17. ジリ貧のビジネスモデルとなる QCD マネジメント

MOT を実現するためのアプローチとは異なるアプローチが散見される。

例えば、日本で作っていてはコスト削減に限界があるので、人件費の安いアジアに生産を移す。アジアに生産を移してコストは下がったが、逆に原材料の不良や製造技術の不良など、かなり不良率が高い結果となった。不良率を下げるのは日本で経験豊富な品質管理の出番であり、やはり QCD が重要であることが再認識される。

ところが、しだいに QCD 全体がアジアに移転され、品質で遜色なく、さらにコストで逆転されたアジア製品に席巻される道につながっていく。結果、海外移転が自社の典型的なジリ貧のビジネスモデルとなる。

18. ヒット商品開発で聞かれる言葉：マンネリ対策の現状

現場で聞かれる素朴な疑問に、次のようなものがある。
①たまたま良いアイデアが夜中にひらめいた
　⇒　皆で寝ていれば、またひらめいてヒット商品が作れるということ。ヒット商品とは「アイデア勝負」のこと。
②試行錯誤の連続だった
　⇒　試行錯誤と言うが結局、場当たり的な腕力任せ。さらに、これからも試行錯誤を続けるマネジメントを継続することになる。
③要するに、KKD（経験と勘と度胸）だった
　⇒　長いことやっていればうまくいくということ。これからもKKDを推奨する予定でいるということ。
④開発担当者ごとにやり方が違って属人的だった
　⇒　個人のスキルに過度に依存した状況を必ずしも否定しない。しかし、企業ならではの商品開発の法則や方法論が共通認識できていない。
⑤あの人が作るとヒットする

⇒　凡人にはヒット商品は作れないということ。そうならば、必要なのは名人の育て方であって、製品開発ではない。

⑥商品開発に取り組んで苦節 10 年、やっとヒット商品がでてきた

⇒　開発担当者は、10 年の歳月と多くの失敗を経ないとヒット商品はできない組織になっている。人材育成も超長期の意識になっている。

⑦誤ってこぼした薬品をもったいないといって測定して、画期的な蛋白質分析方法を発見した

⇒　これからも、わざと過ちを犯したり、わざとこぼしたりすることが求められると言う意味。そもそも、これが現実ならば、研究・開発・企画におけるマネジメントの不在と仕組みの欠如といえる。

19. 求められる研究開発体制の現状チェック

研究開発体制の棚卸では、以下のような現状チェック体制が求められる。これは常に技術開発、技術力強化を実現するために必要なプロセスとなる。

①技術力強化のための対策：テーマ終了時の事後評価の結果測定と善後策

②技術基盤の強化：エンドユーザーの声の利用状況と方法の展開

③技術基盤の強化を図るための施策：新規事業分野のネタの抽出

④保有技術の客観的な評価と評価基準の策定

⑤デマンドとニーズの区別の実施：デキタダケ開発やデキルダケ開発からの脱却

⑥技術マップと開発マップおよび人材マップの整合性の確保：過去の新規製品にユニークなものがあるか、製品の棚卸し、技術の棚卸し、能力の棚卸し

⑦技術マップの将来展望の仮設構築：研究開発要員の増加以上に売上や利益が増加しているかの検証

⑧研究開発部門に対して、未来創造部門としての自覚を持たせるための施策：企画段階でのテーマコンセプトを明確にし、着手前にマイルストーンとその対策案の明確化を図る

20. ニーズ（欲求）とデマンド（需要）

　ニーズとはデマンドの原因となるもので、デマンドはニーズの直接的な課題となるものである[6]。

　その意味で、ニーズとデマンドは混同しやすい。ニーズを満足させるというのは、デマンドの原因に応えることである。デマンドには、すでに市場を形成している競合品が存在する。

　研究開発のタイムラグを考えると、デマンド対応の研究開発は、先行品との価格競争に巻き込まれるだけとなる可能性が高い。しかも、競合には先行利益、創業者利益がある。

　対策の出発点として、下記の明確化を図る。

　　①デマンドの原因、さらにその原因であるニーズを明確にする。

　　②自社の得意（競争優位性のある）技術からなる提供価値ポイントおよびレベルを明確にする

　IMD の世界競争力年鑑によると日本は GDP に占める研究開発支出比率ならびに特許取得件数は上位にある。一方、研究成果の事業化や起業家精神、技術に対するマネジメント水準は下位に下がる。

21. 経営的な視点からの技術戦略の理解

　すべての経営者が理学や工学の学位を持っている必要はない。しかし、経営（の一翼を担う）者であるからには、少なくとも、下記の点について理解し熟知しておくことが必要である。

　　①企業の経営戦略ポジションに技術がどのように関連しているか

　　②競合技術や投資案件の内容の見極め

　　③科学的コンセプトや実践コンセプト、技術体系の是非の判断

　　④その具体化としての技術革新や生産プロセスの実態の確認

　　⑤それらをどう市場に誘導していくか、および評価基準と誘導プロセスの設計

6　例えば、めがねのニーズは、視力であるが、実際に視力を提供するのは、「医者」しかできない。その結果、ニーズである「視力」を提供する「デマンド」として「めがね」の提供を行う。めがねの技術基盤は、①ゆがみのないレンズ、②強度の高い割れないレンズ、③軽く強度の高いフレーム、④かけ心地のいいデザイン、⑤さびないフレーム、など。ニーズを徹底的に追求した場合、めがねは不要となる。最終的には、医者すら必要なくなる。それがニーズの本質である。

22. 技術の競争優位性の確保

　重要なポイントは、製品作りは企業の全社全部門の仕事であるということである。

　自社技術に関与していない部門は無いといって良い。製品作りやモノ作りが企業を変える。そして、実際に企業は変わる。その意味で、MOT の真髄は新商品開発、新事業開発にあるといって良い。

　そのために、売れる品質が良い品質であり、品質が良いのに売れないのは、実は品質の追求が悪いか、未完成な状態にある。

　ただし、ハイテク製品は異なる。良い製品だけが売れるのではない。売れた商品が市場の中で良くなるのである。

　技術における競争優位はどこにあるか。答えは「シンプル」である。

　第一に、「ユニークか否か」⇒「当社もできます」の「も」はいらない。

　第二に、「強化可能か（強化できるか）」⇒たまたま持ってる技術では意味がない。

　社内に技術の発展の歴史があることが重要である。

　第三は、「技術の応用性があるか」⇒素材・基礎研究に展開できるか。

　製法に展開できるか。製品・プロセスに展開できるか。用途に展開できるか。

23.MOT の推進でよく聞かれる言葉：
　　　　　　自己満足と怠慢、そして覚悟不足

①「特に優れた技術がある訳ではないが、顧客に言われたことにはキチンと
　対応し、形にするのは自信がある。何よりもフットワークの軽さ、個別対応
　の軽さが自慢である。」
　⇒現実は、デマンド対応型開発に終始し、QCD で勝負出来ていると勘
　違いしているジリ貧の企業と言えるし、将来展望も不明である。そもそも
　研究開発の方法を（特にニーズ追求型について）知らないことが多い。
　実際、本当にフットワークが軽いかどうかは、調べたこともない。個別対応
　も「手前味噌の自己判断」でしかない。要は、外向けの宣伝文句の常
　套手段。

②「確かにそのテーマは面白いし、チャンスがあると思うが、うちは○○屋

で△△に関する技術が足りない。」

⇒技術基盤としての考え方・捉え方があるかどうかが重要で、その技術を持っているかではない。顧客が必要としているサービスを中途半端な技術で対応し、あとは「知らぬ存ぜぬ」のほったらかし状態の企業がその実体となっている。

△△技術が技術基盤ならば強化の対象となるため、本テーマは資金および時間的な手当てが必要。技術基盤でないならば、必要な技術を「借りる」あるいは「買う」だけのこと。それすらしようとしない「言い訳過多の無責任企業」がその実体である。

24. ニーズ抽出プロセスと商品化プロセス

①新たなニーズの創出（掘り起こし）

製品改良につながるデマンドは顧客から提示されることが多いが、画期的な新商品につながるニーズが顧客から提示されることは少ない。画期的な新商品のニーズは、企業が顧客に提供する形で創出される。

②ニーズを満たす市場を創出するマーケティング

これまで議論したように、顧客の明確化、顧客の便益の明確化、さらに、競合との差別化の 3 点が重要となる。

③ニーズを満たす市場や商品を創出するための技術構成（いわゆる技術の百貨店化）など技術の応用法の探索や技術進化の動向の探索が求められる。

技術経営を実践するためには、下記のコンセプト（概念）の明確化が求められる。

①ターゲット顧客の明確化：顧客のデマンド分析とニーズ分析の実施

②製品の企画概要および基本コンセプトの明確化：製品の企画提案で求められる製品の「売り（使用価値）」の明確化である

③顧客便益の明確化：期待価値ポイント（E-VP）と期待価値レベル（E-VL）の明確化

④価格政策の明確化：担当者レベルまでブレークダウンされたアクションプラン

⑤販売・プロモーションの基本方針と施策の明確化：誰に何をどう販売するかの決定

⑥技術基盤と技術的課題（マイルストーン）の明確化：製品の改善、ブラッシュアップ、買い換え（リプレース）と更なる技術的挑戦

25. ビジネスモデルによる検討

　筆者の提案するビジネスモデルは、4つのモデル化に添ってビジネスを再定義することにある。目的は、汎用化と普遍化を行うこと。4つのモデル化は次の通り。

　①プロダクトモデル（提供価値製造のモデル化）

　プロダクトや財サービスのもつ独自性と付加価値を、自社内で独自に汎用化、標準化し、顧客に共通のイメージを創造（製造）し、定式化すること。

　②プロフィットモデル（付加価値測定のモデル化）

　付加価値の内容と大きさとレベルを頑強性、堅牢性を持って、普遍的に実現できる仕組みを定式化すること。

　③プロセスモデル（価値形成工程のモデル化）

　企画案の具体化プロセス、生産製造におけるバリューチェーンをルーティンの中で実現し、安定化、移転化、送出化の可能な仕組みとして定式化すること。

　④ピープルモデル（価値創造人材のモデル化）

　上記のすべてを実現し、さらなる高度化、精鋭化、精緻化、特異化、専門化を追求することのできる人材の発掘と育成を可能にする仕組みとして定式化すること。

26. カスタマーエージェントおよび
　　　セールスエージェントによるビジネスモデル

　近年の YouTube に見られるインフルエンサーのように、顧客の側に立って商品を探して紹介するカスタマーエージェントと、提供者の論理で商品を提供するセールスエージェントの対立モデルである。

　カスタマーエージェントに求められるのは、信頼、提供側に匹敵する商品知識、そして顧客のニーズを知ること。

　セールスエージェントに求められるのは、迷っている顧客の継続的なつなぎ止めと、顧客の意思決定のためのウイッシュリストの提供。そして利便性を高めるワン・ストップショッピングの提供と企業側のリコメンデーション（推薦）を伝えること。

　ここで求められる技術は、顧客動向分析、プロフェッショナルの商品情報の提供、そして購買タイミングの選択である。

　注意を要するのは、双方の癒着によって、ユーザー側がミスリード（あるい欺罔）されること。現実には、これが非常に多く、すでに顧客側がインフルエンサーを選別し、セールスエージェントを排除する力をSNSで手に入れていることを双

方が知る必要がある。

27. 顧客シェアおよび市場シェア分析によるビジネスモデル

　顧客シェア（市場シェアではない）と言う概念は、顧客層の細分化と多様化から、その必要性が認識されつつある。マーケティング手法として企業が捕捉しているのは、市場シェア。それもかなりの大きなセグメントでしか把握出来ていない。

　ある特定の顧客が自社製品をどの程度選択してくれるか、将来にわたって利益をもたらしてくれる顧客の選別とフォローが重要な時代になった。古典的には、いわゆるロイヤルカスタマーの存在であるが、重要なのは、その繁殖（人工孵化）と繁殖環境の人工化（モデル化）にある。

　何時の時代でも「ブランド」は存在し、「ブランドのロイヤルカスタマー」は存在する。その多くはインフルエンサーによることは事実である。昔は、浮世絵の歌舞伎俳優、その後舞台俳優、映画俳優、グラビア雑誌のモデル、TV の歌手やスター、いまでは SNS の中学生でもインフルエンサーになれる。

　それは TV の子供番組がその時代のヒーローを産むように、ある種の洗脳が、顧客シェアを形成する。新規顧客の獲得コストはリピーターの 5 倍という試算もある。儲かる顧客にはコストをかけてでもずっと顧客でいていただく。利益をもたらす顧客とそうでない顧客の識別、さらに利益をもたらす顧客への継続的なクオリティの提供、それらがロイヤルカスタマーの囲い込み戦略として、これまでは意味のある戦略だった。

　しかし今、提供側の洗脳モデルが陳腐化し、顧客側の逆選択が始まりつつある。チャネルやツールが多様化し、コンテンツの内容が数値化され、顧客は「選択」「情報シェア」「意思決定」に時間がとられるのを嫌がる。

　もともと、シェアの低い商品を試す意味がない[7]。

　ロイヤルカスタマーの囲い込みは、販売機会を重視し、顧客から情報を入手し、情報に基づいて顧客ニーズを捉え、購入まで導いていく。

　求める効果は、売上増加、顧客増加、顧客安定化、価格安定化（脱価格訴求）、

7　TV の料理番組は「何故か」いつも「とってもおいしい」。TV 報道のコメンテーターもアイドルかコメディアン（芸人）になった。ある国営 TV の「プロフェッショナル」番組は企業の宣伝用に使われる。「壺」「宮殿」「三つ星レストラン本」は企業の販促カタログとして活用されている。ある通販メディアは、「放送コード」に引っかからない特定視聴者を理由に芸人の破廉恥シーンまで「お金」に換えるようになった。あのシーンの横に企業経営者の名前を一緒に常に公表できるようになれば、事業はさらに発展するかもしれない。

情報利益（顧客のサポーター化）、そして競合情報と企業イメージの向上にある。これらはすべて、ICT を利用した仕掛けが重要になる。

28.One to One マーケティングおよび マスマーケティングのビジネスモデル

One To One マーケティングは、顧客ごとのニーズを理解し、高度な専門知識によって顧客ニーズにマッチした商品やサービスを提供することにある。ここでは徹底した単品管理が求められる。それで付加価値が向上すれば、コストを吸収できる。単品管理は極大品種極小生産となり、ドア to ドアで宅配される。今、ライフタイムマネジメントと併せて、トータル購買額を極大化させるマネジメントとセットで One To One マーケティングが調整されることになる。

一方、マスマーケティングは、最大公約数の厳選されたニーズに最小公倍数の単純化した商品をいかに極限的に大量に売りさばくかが使命となる。マスマーケティングはマスカスタマイゼーションと組み合わさり、さらにマスプロダクションの働きによって、ビジネスモデルが完成する。管理ポイントは、コスト低減、納期、そして、不良率ゼロにある。さらに進化したマスカスタマイゼーションでは、単品の概念を発展させ、規格化された部品や素材を数種類用意し、組み合わせて、顧客のニーズにあった「顧客仕様商品」を提供する。ある時計メーカーは、文字盤、ケース、バンド、針を個人の好みで選択し、オリジナルウォッチを組み立てて販売する。

29.One Stop Shopping のビジネスモデル

One Stop Shopping は顧客の選択を助け、ショッピングの持つ非効率化を軽減する。決して品揃えが豊富なわけではない。決して必要なものが全て揃うわけではない。

しかし、そう思わせる程度の品揃えと組み合わせを提供することが最も意味のあるモデルとなる。他の店を回遊する煩雑さ、改めてモノ選びをする労力と引き換えに、多少の出費をカバーする納得性、これらを妥協的に選択させる便益性、そして多少のトレードオフを我慢する満足度。これらすべてが One Stop Shopping の基本的な付加価値となる。

30. マッチング・サービスおよび
　　リコメンデーション・サービスのビジネスモデル

　顧客が欲する商品やサービスを探し出し、情報提供するサービスや、顧客属性や購買履歴に基づき、その人に適していそうな商品を提案するサービスを提供するモデルである。

　コンピュータから玩具まで、膨大な数の店舗、膨大な数の商品から、顧客の条件に合った商品を探すための比較検討表の作成、最終的には、購入・配送までも代行する。

　顧客自身が気づかなかった「自分にとって価値のあるモノ」を提案できれば理想となり、リピーターを作る。古典的なモデルであるが、現在も効果があるのは成果に間違いが無いからであろう。

　ある調査によるとオンラインショッピングをする人の 66% が購入ボタンを押す前にショッピングカートの中身を捨てるという。「他の商品との比較で、コストパフォーマンスがもっと明確になれば」「商品内容がもっとよくわかれば」などの直接の疑問にアドバイスできればリコメンデーションとも繋がるモデルとなる。

　場合によっては、顧客が購入しようか迷っている商品の情報を記録して残しておくことで、検討中リスト（サスペンションサービス）として次の購買を惹起できる。タイミング良く、顧客の購買履歴や属性から顧客の行動を予測したり、事前にいろいろな顧客の予定を登録してもらうことによって、時期が近づいたらお知らせし、商品やサービスの購買を促すことも可能となる。また、これらの情報を蓄積し、高い頻度の問い合わせに対して、その内容と回答をデータベース化して提供するFAQ サービスも重要なモデルとなる。統一した対応と迅速対応を行う点が重要となる。

31. 生産現場における技術対応&標準作業化
　　　　　　　　　　　（製造現場のテーマ1）

　企業経営、特に製造現場の運営における重要なテーマとして、作業の標準化と作業標準書の作成、さらに在庫管理と発注管理がある。

　最初のテーマは、作業の標準化である。

　作業の標準化を進める際に求められる 2 つのアプローチがある。企業は作業標準を作りたがる。実際は、品質に大きな差は無い。あるのは納期（スピード）

か能力かである。

　第一は、人に作業が付いている工場の例である。この場合、作業の人工数（原単位）が明確になっていない。そのため、標準作業がない。あわせて、作業の手順の標準化も無いために、時間軸をベースに作業が行われていない。結果、デキタダケの生産となる。ただし、能力に依存して完成させるため、優秀な人材が集まれば多くの場合、高い生産性を示す。働きやすい仕事場なので、人の定着も高く、一人一人の能力も高い。

　⇒　上記のオペレーションの結果は、多くの場合、属人的な要素に依存するために、生産性や納期にバラツキが見られるという点が顕在化する。

　第二は、作業に人を付ける工場の例である。

　この場合、標準作業を明確にすることから始める。これで作業手順を時間軸で捉えることになり、人工数の明確化が図られる。人工が解かれば、作業に人を割り当てる。

　重点は、人繰りを行うことに移るが、人繰りは、レイアウトの工夫や多能工化の訓練を行うことが重点施策になる。作業が単純で裁量がないため、離職率が高い。結果、能力開発に常に追われる。

　⇒　上記のオペレーションの結果は、多くの場合、要員の育成レベル、確保レベルにバラツキが見られるために、品質やロスにバラツキが散見される点。

32. 標準作業書による品質の徹底のアプローチ
（製造現場のテーマ２）

　標準作業書を重視し、誰でもいつでも同じ時間で同じ品質のモノができるように、標準作業の確立と徹底を図ることが品質を維持するアプローチの一つとなる。

　同時に良品不良品基準も併せて作ることが求められる。良品不良品基準は、出荷検査や工程内検査の品質管理チェックシートの基礎になるものであり、また、顧客に提供する（約束する）製品品質レベルでもある。

　良品不良品基準書は、作業内容や手順と密接に関連するため、標準作業書を改善・修正すれば、良品不良品基準書も修正され、また、顧客に提供する品質レベルの観点から良品不良品基準書が変更されれば、標準作業書も修正されることになる。

　アプローチとしては、標準作業書を作成した上で、標準作業書の徹底を行う。誰でもいつでも同じ時間で同じ品質のモノができるまで、標準作業の徹底を行うか、あるいは、標準作業の見直しを続けることになる。また、新製品の立ち上げ時には、必ず標準作業書の作成が必要である。

　しかし、忘れてはならないのは、人材育成の時間と能力、そして指導者の存在も求められる。

　標準作業書は、マニュアルに過ぎない。そして、マニュアルは単純化を生み、マンネリを生み、デモチベーションを生む。

33. 標準作業書と良品不良品基準書（製造現場のテーマ 3）

　品質上の問題が発生した場合、あるいは生産性を向上させたい場合などをきっかけに、都度、標準作業の改善を行う必要がある。現場からの提案制度を利用する方法もある。

　生産性の向上、製造原価低減や品質の維持・獲得のために、標準作業の改善を行い、それを徹底することで、製造力の強化を図ることになる。

　標準作業書や基準書は言い換えると、現状の製造力を表しているため、その内容やフォーマットが将来にわたってあまり変わらないものにしておく必要がある。標準書と基準書の基準を作ることは、同時に標準作業書と基準書の作り方を明確にすることも意味する。

　製造力強化作戦の例

　　①標準作業書と良品不良品基準書の作成を進める

　　②標準作業の確立や徹底における成果を明確化する

　　③良品不良品基準書に基づき、工程内検査や出荷検査を見直す

　　④標準作業の改善体制を作り、改善活動に取り組む

　　⑤レイアウトの工夫や多能工化訓練を行い、人繰りを模索する

　　⑥標準作業時間と実作業時間の差異に基づき、正常に製造が行われているか否かを Check する

34. 在庫理由と在庫削減の方法（製造現場のテーマ4）

　製品の適正在庫の管理は難しい。入荷出荷が安定している工場なら、適正在庫管理は必要ない。適正在庫管理が必要なのは、欠品したり、過剰になったりが繰り替えされるためである。

　在庫は生産活動の一つの結果でしかない。在庫は経営問題なのではなく、在庫は結果に過ぎない。問題なのは、情報制約の現状であり、解決策は情報制約からの解放である。解決の方法は、サプライチェーン情報の可視化にある。

　適正在庫削減の着眼点で重要な点は、サプライチェーンにおけるブルウィップ現象を回避することにある。

　ブルウィップ現象とは、初期発注と期末発注の格差が大きいために、各部署で中間在庫が発生する現象である。ブルとは振れ幅、ウィップは鞭。原因は、見込みの供給活動における情報断絶であり、こうした情報制約条件からの解放が、ブルウィップ現象の解決につながる。直接の解決方法は、意思決定の数を削減することが最も効果的である。意思決定のたびに発注数量が増幅されていくため、この中間の発注者の数を削減することが重要となる。

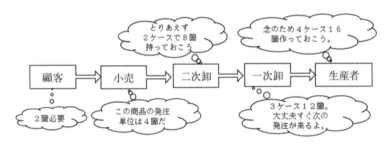

図 10-7　ブルウィップ現象と現場の発注管理（筆者作成）

そもそも、情報制約から解放できれば、適正在庫管理という概念すら不要となる。情報制約からの解放の成果とは、

　①見込み活動からの脱却　（他部門や自部門の勝手な思い込みや判断からの脱却）

　②セクショナリズムの排除

これらの実現を意味し、そしてさらに、

　③主体者意識の醸成

　④業務の流れや情報の流れの明確化とルール化

につながる。

表 10-2　在庫種類　在庫理由および削減の着眼点（出典　前出）

在庫の種類	在庫理由	在庫削減の着眼点
ロットサイズ在庫	大量生産在庫 バッチサイズ	段取りの削減 ロット入り数の削減
安全在庫	不確実性への対応 需要の不確実性 システムの変動制	リードタイム単色
見越し在庫	変動への対応	人繰り、多能工化 アジャイル策
管理制度在庫	管理の手間・計画スパン 計画立案のサイクル	IT活用
デカップリング在庫	需要の従属性の分断 システムの従属性の分断	ボトルネックの 重要管理

第10章　演　習

1. 自社の基盤技術は何か、定義せよ。

2. 自社の技術力、研究力、基盤技術を強化してきた歴史を整理せよ。

3. これまでの新製品の上市タイミングは平均どれくらいの期間を要していたか実績を調査した上で、その期間を早期化させるためには何が有効か検討せよ。

4. 今後、自社の技術領域で設備投資を実施するとしたら、どの領域か。5つ上げよ。

5. 技術力を強化するための人材育成プログラムを設計せよ。

第11章　思考編

　　　　　　　一、至誠に悖（もと）る勿（なか）りしか
　　　　　　　一、言行に恥ずる勿りしか
　　　　　　　一、気力に欠くる勿りしか
　　　　　　　一、努力に憾（うら）み勿りしか
　　　　　　　一、不精に亘（わた）る勿りしか
　　　　　　　（旧大日本帝国海軍の海軍兵学校　訓戒）

　　　リーダーシップの本質は、組織や人を動かすことではない。
　　組織の目的を達成したり、成果を追求したりすることでもない。
　　　リーダーシップの本質は、人の可能性を応援することにある。
　　　　　　　　　　　　　　　　　　　　　　　　　　（筆者）

　　　人生の最大の喜びは、最愛の人に愛されていると実感できること。
　　逆に、最も不幸なのは、最愛の人に愛されていないと実感した時である。
　　　人生の最も充実した時間は、最愛の人と過ごす時間である。
　　　　　　　　　　　　　　そして、最も幸福な終わり方は、
　　　　　　　最愛の人が天寿を迎えた翌日に終えることである。
　　　　　　　　　　　　　　　　　　　　　　　　　　（筆者）

・・・

本章では、
　①ビジネスにおける思考とは何か（思考の意味）
　②ロジカルシンキングとクリティカルシンキング（思考の相違と創意）
　　（以下、適宜、本文中はロジシン、およびクリシンと表記）
　③思考の実践的運用の理解（フレームワークとストラクチャー）
　④構造化・論理展開・因果関係（思考方法）の理解と運用
について解説する。

1. 考える意味

　本章では、経営を「考える」際のストラクチャーとフレームワークについて解説する。
「走りながら考える」「考える前に走れ」という言葉がある。
　物事を為すには、行動することが大切だという意味である。考えるのは、目の前の課題が明確になってからでも遅くない。競争に勝つには、考えていてはだめだ。「まず、実行せよ」ということらしい。背景には「事業スピード」に対する恐怖感がある。
　しかし、何を実行するのか。どこから実行するのか。どう実行するのか。

　本章の主題は「考えるとは行動すること」、「行動するとは考えること」にある。どちらかを優位に置くのではない。行動は拙速を招き、浅薄は未熟を映し出す。思考とは、体力であり、忍耐であり、知力であり、実践であり、いつ何時も完璧を追求する渇望である。

　まず、「思考」の重要性の再認識から始めたい。
　理由は明確。
　思考は、我々が想像する以上に進歩的で急進的で加速度的だからである。我々は、行動する以上に表現することができる。表現すること以上に創造（想像）することができる。そして創造（想像）する以上に直観（直感）することができる。さらに、直観（直感）すること以上に思考することができる。直観（直感）は一瞬のスチル写真だが、思考は動画である。
　思考は「超高速」ですべての直観（直感）をフラッシュバックさせ、すべての表現を記録させ、すべての創造を未来に刻みつける。行動は未来から過去を振り返ったときの記念碑であり墓標となる。行動を未来に向けシミュレーションするのが思考である。表現と創造（想像）、直観（直感）と表現を、思考によって超越するのである。
　実行を意味あるものにし、価値あるものにするためには、実行のほうで思考に追いつかせる必要がある。そのための最良の方法は、「考えるために立ち止まること」である。

2. 様々な思考方法

経営を考えるための思考法は、さまざまな方法がある。

①6色ハット思考（目的・プロセス・創造・直観・ポジティブ・ネガティブ）[1]

②レゾナンス思考（ロジシンと全体思考法を互い違いに共鳴させる方法。イメージで仮置きの答えをつくり、ロジシンで後付けする）[2]

③マインドマップ（トニー・ブザンが提唱した思考・発想法の一つ）（英国 The Buzan organization limited 社が商標登録）

④KJ 法（川喜多次郎法）

⑤ブレーンストーミング法

⑥ケプナー・トリゴー法（SA/PA/DA/PPA）[3]

⑦特性要因図（フィッシュ・ボーン）法（4M/4P など）[4]

表 11-1　ケプナー・トリゴー法の4ステップ（筆者作成）

プロセス	目的	質問
状況分析 (SA)	現状把握と課題抽出	何が起きていて何をすべきか？
原因分析 (PA)	問題の明確化と原因究明	なぜ起きたのか？
決定分析 (DA)	目標設定と最適案決定	何をすべきか？どうすべきか？
リスク 分析(PPA)	リスク想定と対策計画	次は何が起きそうか？

1　de Bono, Edward (1985). Six Thinking Hats: An Essential Approach to Business Management. Little, Brown, & Company.

2　レゾナンス思考法は、一旦仮説がイメージできた段階で、大論点を小論点に因数分解する。この作業は、因果関係すなわち　Why や How を問い続けて導出する。この工程で、仮説を論理的に後付けする。検証過程：検証は数字によるものだけでなく、現場の観察や討議、ヒアリングを含む。重要なのは、現場を見て「感じる」ことで、それが検証されればいいが、反証されたら、最初のイメージ仮説立案の工程に立ち返る。メリット：現実的で,実践的な回答が得られる確率が高い。論理でトレースしているので、伝達力再現力に優れる。イメージを起点としているので、創造性や柔軟性を保てる。ディメリット：ロジカルシンキング学習というスキルトレーニングの範囲が拡大してしまうこと。イメージが「属人的」。仮説そのものが、インスピレーションなので、都度、原点・現場に戻る煩雑さがある。A.T. カーニ　バイスプレジデント山本真 http://members3.jcom. home.ne.jp/hykw980/DATA1/041222.htm

3　1950 年代、米国のシンクタンク RAND 社に勤務していたケプナーとトリゴーは、空軍および NASA における意思決定プロセスを分析する過程で、優秀な士官はアクションを取る前に必要な情報を集め、課題を整理・分析していることに気が付いた。これらの思考プロセスの研究成果に基づき理論化、プログラム化したもの。現在でも組織、業界、国境を越えて多くの企業の経営や実務の現場におけるプロセス改善に貢献している。（Wikipedia より）

4　4M とは、Man Machine Material Method 5 M の場合 +Measurement。4 P は、マッカーシーの4P で、Product　Place　Price　Promotion の4つ。

その他の思考法として、①右脳・左脳思考　②ロジカル思考・クリティカル思考　③積極・消極思考　④目的・手段思考　⑤優先・排他思考　⑥可能・不能思考　⑦多面・単一・メタ思考　⑧本音・建前思考　⑨仮説・総花思考　⑩反復・単線思考　⑪時間・空間思考　⑫記録・記憶思考　⑬映像・記述思考　⑭自己・他人指向　⑮調和・混沌思考　⑯厳格・曖昧思考、など様々ある。

　実際に経営者が、一人で静かに思考を深める方法論、そして強固に意思決定した方法論を関係者に理解させ、主張する方法、さらに、実行させるために最も効果的な施行法、それにはクリシンがベストであろう。
　クリシンは、仮説&検証、分析&論証、方法論への落とし込みが可能であり、何よりもその特長は、課題のタイプによって方法論を何度でも再構築できる点にある。そして、特に重要な意思決定をする場合に「孤独」であること。特に、経営者にとって重要なことは、孤独に耐えられる思考法であること。クリシンは、それに応えることができる。

3. クリティカルシンキングの定義

　クリティカルとは、「批判的な、鑑識眼のある、重要な、決定的な、臨界の、極限の」という意味である。
　重要な点は、クリティカルという言葉の意味には「公平性、無縫性、無謬性、違いない思考、正しい思考、深い思考、勝つための思考、合理的な思考」などの意味はない。

　クリシンの一般的な定義は、
　　①適切な基準・根拠に基づいた論理的で、偏りのない思考方法
　　②本質をじっくり考えようとする姿勢
　　③論理的な探究法や推論法の知識
　　④それらを実際に運用適用する技術
　である。この定義は健全で万人に正しく受け入れられる定義といえる。
　「課題解決」のための思考法、論理的かつ創造的思考法について自らがコントロールし、より効果的な思考を行う方法論、それがクリシンの定義として意味のある第一義となる。

　しかし、クリティカルの元々の用語の意味にあるように、それは「批判的、鑑識眼的、重要性、決定的、臨界、極限」であり、「公平さ・論理性」をそもそも重要視していないことがわかる。

　逆に、クリシンは「公平性よりも独善的」、「汎用性よりも偏狭的」、「妥当性よりも恣意的」であることを重視する思考方法である。

　本章における最も重要な意味のある定義は、むしろ、次の定義にある。
　　①あらゆる批判、反論に耐えられるようあらかじめ検討を加える思考方法
　　②主張を決して曲げない姿勢
　　③自説を客観的に再構築できる知識
　　④相手の主張をコントロールする技術
これが、本章におけるクリシンの最も重要な定義である。

4. ロジカルシンキングとクリティカルシンキングとの違い

　もう一つ、クリシンで明確に理解しておかなければならないのは、ロジシンとの違いである。

　クリシンは、自らの意思によりコア課題の明確化と根本原因の特定さらに解決方法を決定する思考アプローチである。

　ロジシンはその名称のとおり「ロジカル」な思考、論理性と客観性を重視する思考方法であり、何よりも論理性、普遍性、不偏性、合理性、妥当性を重視する思考方法である。ロジシンは「課題解決」のためのコミュニケーション（相互理解）や、「客観性」「論理性」を重視し、課題分析と共有化を中心として、論理的に結論を導くための方法論であるといえる。

　そのため、思考方法の目的としては、課題解決よりも現状把握や事実確認、課題の共有などコミュニケーションに重点が置かれることになる。

（例1）ロジシンの例
　　　　①新型コロナウイルスが蔓延して、外出が禁止された
　　　　②外出が禁止されたので、外食が大幅に減った
　　　　③外食が大幅に減ったので飲食店が困窮している
　それぞれ、事実に基づいていて齟齬がないため、コミュニケーションが成り立つ。
それに対して、以下の例2と例3は、典型的なロジシンとクリシンの違いとなる。

例 2 はロジシン、例 3 はクリシンである。

（例 2）ロジシンの例

①リンゴは丸い　　　　　　　　　　　　A＝B

②頭も丸い　　　　　　　　　　　　　　C＝B

③したがって、頭はリンゴだ　　　　　　∴C＝A

（例 3）クリシンの例

①企業にとって、利益が重要だ　　　　　A＝B

②当社も企業だ　　　　　　　　　　　　A＝C

③したがって、当社にとって、利益が重要だ　∴C＝B

　構造は同じ三段論法である。例2は、間違っているようであるが「条件が一つ（丸いという条件）」であり、丸いという条件では、頭もリンゴも同じように丸いということになる。

　一方、企業にとって重要なのは「利益」だけではない。信用や品質、さらには顧客、従業員も重要である。しかし、論点は「利益」がより一層重要であることを主張する点にある。利益を特に主張するということが「クリティカル」な理由である。

　ロジシンは、コア課題の特定や根本原因の追及に役立っても、意思決定や価値観論争には弱い。しかも、ロジックを重視するためにフレームワーク思考やストラクチャー思考といった重点思考（指向）で説得性や効率性が低くなる傾向がある。「課題解決」のための思考法、論理的かつ創造的思考法について自らがコントロールし、より効果的な思考を行う方法論としては、クリシンがやや戦略的な意思決定に効果的であると思われる。

5.『考える』とは『分解すること』

　考えるとは分解することと定義した。それは、以下の 4 点である。

①場合分けできること

②分けた条件（理由）の設定（説明）ができること

③プロセス（前工程・後工程／因果関係）が区分できること

④再度、全体を組み立て直せること

（直せないのは、分解ではなく、「破壊」となる）

（相手を「論破」することが目的ではない。自己主張が目的である。）

　アカデミック思考では、短期間に効率よく、「証明」「分析」「原因究明」「結論」が求められる。そのため、「事象」から「原因」を予測（仮説構築）し、意図的に原因を作り出すことにより「結論」を導く方法が用いられる。ただし、特定の原因に絞りこむため複合的原因に弱い。

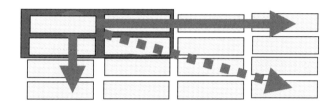

図 11-1　考えるとは「分解すること」（筆者作成）

6. クリティカルシンキングの全体像

　クリシンの全体像は、大きくは4階層13パーツで成り立っている。
　4つの基本姿勢を前提に、To-Do（実行リスト）をフレームワークとストラクチャーに基づいて設計できれば、クリシンは卒業である。あとは習熟あるのみ。

図11-2　クリティカルシンキングの全体像（筆者作成）

　習熟すべき方法論は、ストラクチャーの構造化、論理展開、因果関係であるが、思考訓練としては、MECE、4Wステップ、フレームワークの3パーツ、思考プロセスとしては三段論法、演繹法・帰納法の修辞法である。
　戦略策定や経営分析は、思いつきや初挑戦で実施する様なものではなく、繰り返し繰り返し訓練し、習熟し、うんざりするほどのアウトプットを作成した後でなお、あたかも初めて策定するがごとく、戦略マップに向き合うことになる。

7. クリティカルシンキングで重要な 4 姿勢と 4 プロセス

クリシンで重要なコンセプトが3つある。

第一は「意識」。特に課題意識と目的意識。第二は「姿勢」、そして第三は「自治」である。

この「意識・姿勢・自治」こそがクリシンのエッセンスというべきもの。

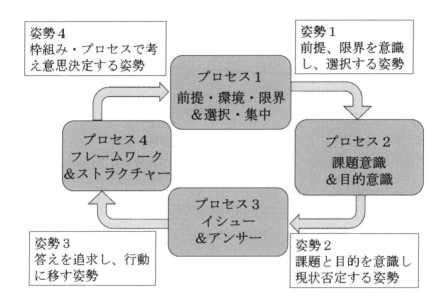

図 11-3　クリシンの4プロセス（筆者作成）

8. 第一コンセプト：
クリティカルシンキングの4プロセスにおける姿勢

クリシンでは次の4つのプロセスを踏み、そのプロセス毎にクリシンの姿勢が求められることになる。

表11-2 クリシンの4プロセスおよび4姿勢（筆者作成）

段　階	プロセス	姿　勢
プロセス1 姿勢1	前提・環境・限界＆ 選択・集中	前提、限界を意識し、選択する姿勢
プロセス2 姿勢2	課題意識＆目的意識	課題と目的を意識し、現状を否定する姿勢
プロセス3 姿勢3	イシュー＆アンサー	答えを希求し、行動を恐れない姿勢
プロセス4 姿勢4	フレームワーク＆ ストラクチャー	枠組み・プロセスで考え、意思決定する姿勢

第一のプロセス1＆姿勢1：
「前提・環境・限界＆選択・集中」とは、クリシンの前提を理解するプロセスとなる。そもそも、課題自体が環境の産物であり、コア課題の特定と根本原因の追及を行うにも、すべてに前提があり、環境に依存している。そのため、何を為すにも前提・限界があることを理解し、それを意識しつつコア課題の選択、現象である事実（ファクト）の選択、根本原因の特定、そして対策の選択をせざるを得ない。その姿勢を維持しつつ、課題に集中し、事実に集中し、対策に集中し、行動に集中すること。これが第一のプロセス＆姿勢である。

第二のプロセス2＆姿勢2：
「課題意識＆目的意識」は、クリシンのそもそもの前提となる企業経営そのものを問うものである。なぜ経営するのか、なぜ、経営に携わるのか、なぜ競争するのか、なぜ顧客は消えるのか、なぜ赤字になるのか、それらに対する前提となる姿勢である。何事にも課題意識、目的意識がなければ考えることはできない。課題解決を目指す姿勢こそが、経営者や従業員を成長させ、企業を存続させ、社会を安定させる。

第三のプロセス 3& 姿勢 3：
「イシュー＆アンサー」は、クリシンにおける成果を問うプロセスとなる。企業経営は課題の解決作業の連続であり、顧客創造プロセスの積み重ねである。一つ課題を解決しても次から次へと課題が生じる。そのとき、真剣に目の前の課題に向き合うことが重要であるが、残念ながら、多くの経営者や従業員は、目の前の課題と真剣に向き合っていないことが多い。特に、組織の密着度が高すぎると、本質的根本的な課題を先送りにする傾向がある。その姿勢が企業経営を徐々にだめにする。クリシンでは、その目の前の今取り組むべき課題を「イシュー」という。そしてイシューに対する解決策こそが「アンサー」なのである。「イシューを押さえ、かつ押さえ続けること」。そしてイシューに対して明確にアンサーを出すこと。これこそがクリシンの成果である。

第四のプロセス 4& 姿勢 4：
「フレームワーク＆ストラクチャー」はクリシンが能力や才能に基づくものではなく、習慣と秩序、努力と経験から生み出されていることを認識させる。それが「枠組み・プロセスで考え、意思決定する姿勢」となって現れる。企業経営という「抽象的な課題」を「何年も何年も」考え続けるには、倦まず弛まず継続される不断の努力と、思考の定石を踏む律儀さと秩序だったプロセスが必要不可欠なのである。その不断の努力なしに企業経営は為し得ない。このとき、真にクリシンを体得したことになる。

　企業経営には深い戦略の理解と環境の洞察が必要になる。
　初めて通った道では、その道の昨日と今日の違いがわからない。何度も何度も歩き続けた道だからこそ、自社の経営課題がおぼろげに見えてくる。そのときマンネリに陥ることなく常に新鮮な目と意識で、変わらぬ日常を眺められる意識と姿勢が必要になるのである。そのためには、フレームワークとストラクチャーを都度組み立てていては違いがわからない。毎年、毎月、毎日、フレームワークとストラクチャーを組み立てて壊し、壊しては組み立てる、それを繰り返しているからこそ齟齬が見えるのである。
　「牛の涎の如き」「新鮮な日常」「無意識の意識」「不易流行」、クリシンはそこにある。

9. 第二コンセプト：
クリティカルシンキングに求められる直向きさと誠実さ

クリシンには、意識と姿勢に負けず劣らず直向きさと誠実さが求められる。それは、戦略の決定に直接つながり、その結果が収益や企業価値に直結するだけではない。

思考自体が「自身でコントロール可能な唯一のもの」だからである。

思考だけがすべて自分でコントロールできる。逆に思考すらコントロールできないなら、世の中の何一つコントロールすることはできない。だからこそ、思考については誠実であることが求められる。それが、思考と向き合うときの「姿勢」でなければならない。

まず、留意すべきは下記の10点である。

　①知的好奇心　（常に疑問を持つ）
　②客観性　（まず、自身のいる感情・主観を離れる）
　③開かれた心　（いろいろな立場の人の意見を幅広く聞く）
　④思考の柔軟性　（自分のやり方にこだわらず、常に最善を求め改める）
　⑤知的懐疑心　（十分な証拠と事実のみ信用する姿勢）
　⑥知的誠実さ　（違う意見でも認める恕の心）
　⑦確かな筋道　（論理を積み重ねる勤勉さ）
　⑧知的追求心　（決着がつくまで考え抜く、甘えを排除する心）
　⑨知的決断力　（信念ではなく、証拠に基づいた、揺るぎのない決断）
　⑩自他尊重の精神　（他者の考えの承認と徹底した配慮と忖度ない追求）

10. 第三コンセプト：
クリティカルシンキングにおける自治の姿勢[5]

コンセプトの理解として、「自由」でも「自決」でもなく「自治」であること。

自由な意思決定だけでは意味が無い。重要な意思決定を行う者は、まず「自立」が求められる。他者に経済的、精神的、政治的に依存した意思決定はあり得ない。何ら束縛が無いことが前提である。その上で、自律・自省・自戒のできる者が自浄し、自治を実現できる。

自由なだけでは、自省や自戒を保証しない。自浄にいたっては自分に都合よく開き直りをするかもしれない。

クリシンによる課題解決では、常に自省する姿勢が求められる。それは思考が「完全な自治」を要求するからである。誰にも支配されたり、洗脳されたりしていないこと、ファクト（事実）のみを信じ、自由な思考のみを巡らせていることを、自ら証明する必要がある。そのため、「思考の自治」とは、「自省」ができること。そして、「自戒」ができること。その上で「自決（ここでは自己責任で決定すること）」できること。自治とは自浄できるものだけが持つ権利である。

```
自治 ＝ 「自立＋自律」 ⇒ 経済的・経営的自由
     ＋ 「自戒＋自省」 ⇒ 精神的・観念的自由
     ＋ 「自責＋自浄」 ⇒ 法規的・遵法的自由
     ＋ 「自然＋自在」 ⇒ 社会的・政治的自由
     ＋ 「自尊＋自愛」 ⇒ 理念的・人道的自由
```

図 11-4　クリティカルシンキングにおける自治のコンセプト（筆者作成）

5　一度決心した後、他者から批判されると過剰に自己防衛的になる。筆者のある目標設定研修での経験。部下の課長の目標があまりに安直なので、その点を上司の部長に指摘すると、「この目標自体は非常に難しい目標で、達成自体も困難。その目標に挑戦するに相応しい能力を課長は有しており、問題ない」との回答。周囲の苦笑いをよそに、部長が安直な目標を承認したことで「課長は困難な目標に挑戦する優秀な人材」。そしてその上司は適切なマネジメントのできる経営人材という表面的な面子を維持できた。組織に「無能」が蒸着された瞬間を垣間見た。諫言には人柄を斟酌する必要を痛感した。心幅のない人には諫言も届かない。

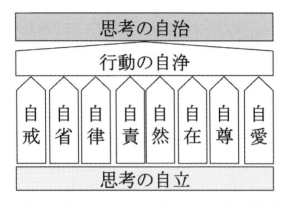

図 11-5　クリティカルシンキングの自治の姿勢（筆者作成）

そのためには、次の 4 つの姿勢をとることが望ましい。

①正しい答えを出せたか?

クリシンでは自ら出した結論、その実行の結果に迷いがないことが求められる。

少なくとも、出した答えが意味のある答えであること。

そうでなければ実行することすら意味がなくなってしまう。

②正しく考えたか?

考えたプロセスに問題がないことも重要である。

プロセスが異なれば間違った結論になりかねない。

クリシンは厳格な思考法ではないが、プロセスを追うことは無用な混乱を排除する。

③相手を変えられるか?自分が変われるか?

課題解決により戦略が変わる。業績が変わる。最終的に企業が変わる。

その時点で従業員も経営姿勢も、場合によっては企業風土すら変わる。

考えることで、自分が変わる。相手が変わるのである。

④自らの意思と主張に沿っているか?

結論が自分の意思でないなら、クリシンで課題解決する意味がない。

自分の意思決定だからこそ、実践する覚悟と準備が既にできあがっている。

そしてたとえ失敗しても、新たな課題解決に挑戦できる。

成功するまで失敗はあり得ない。失敗は成功を諦めた時訪れる。

11-1. プロセス 1 ＆姿勢 1：疑うべき 5 つの前提の理解

　クリシンで「思考」を研ぎ澄ますには、様々な前提を疑い、一点でも曇りがあればそれを排除し、事実を正しく確認する必要がある。なぜなら、自分自身のもっている知識や経験ですら、邪魔をすることがあるからである。最後には自分自身の性格ですら思考を歪めることを強く認識する必要がある。

　クリシンで疑うべき内容、深く理解すべき内容は次の 5 つである。
①性格・環境・立場・経験・知識を疑う
　属性や環境、知識や経験が所与であればあるほど、排除は不可能である。
　ところが時には、その経験や知識を頼りにせざるを得ない。
　だからこそ、前提としてまず自分の知識と経験、性格を疑うべきである。
②課題の構造の理解　（ストラクチャー）
　課題の構造自体が、目の前のファクト（事実）に基づいている以上、ファクトの整理と理解が必要である。
　例えば、ペットボトルに水が「半分しかない」と見るか、「半分もある」と見るか、同じ事実でも、人によって見方が異なる。これが課題についての判断を過つ元になる。
③思考方法の理解
　（課題題の調理方法 / MECE Framework Logic-Tree））
　課題の調理方法とは、どのフレームワークを用いるか、どのストラクチャーを用いるかによって、仕上がりの調理が異なることである。経営不振の理由を販売不振だと理解したとき、人材の問題か、品質の問題か、技術能力の問題かは、調理方法によって大きくプロセスも結論もそして結果も異なることになる。
④思考プロセス（手順）の理解（仮説・検証、因果関係、構造化、論理展開）
　課題の調理方法の具体的な手段は、構造化・因果関係・論理展開など、手法によってその原因と対策が異なる。方法論についても理解が浅いとコア課題や根本原因まで他取り付けないかもしれない。
⑤思考忍耐力の修得と習熟（直観（直感）、霊感だけに頼らない）
　よくある名言。「直観（直感）は過たない。判断が過つ」。この言葉は、思考に対する神聖さや誠実さ、鋭利さや堅牢さを蔑ろ（ないがしろ）にし、軽薄にさせてしまう。実際は直観（直感）の危うさや軽率さ、なによりも直観（直

感）が無知や無能をさらけ出すことも恐れなければならない。判断だけが過つのではない。判断も直観（直感）もいずれも「思考」であることを理解し、両方が過たないまで「思考」し続ける忍耐と努力する能力を身につける必要がある。判断が過つのは思考訓練が足りないからである。

11-2. 前提 1：見ているものを疑う

クリシンでは、事実や現実（ファクト）の認識がスタートとなる。

しかし、実際には事実自体が隠されていたり、情報が操作されていたり、見ているものが限定的だったり、そもそも判断する材料になっていない。

一水四見・一境四心・一処四見・一月三舟という言葉がある。要は見る場所、立場によって、同じものが違って見えるという意味。あるいは違う立場、違う場所なのに、同じ様に見えるという意味。

同じ水や川でも、人には単なる「水」、天から見れば「光るガラス」、魚からみれば「住処」、餓鬼からみれば「膿血の海」。

一月三舟とは、南北に進んだ舟も、その場にいる舟も、見上げれば同じ方角、同じ所に同じ月が見えているという意味。

人に何が見えているかではない。自分が何を見ているかを疑うことが重要である。

①全員が同じ答えのときは、「判断が間違っているのではないか」「情報操作ではないか」と考える。
②意見がバラバラ、議論が過度に対立するときは、情報不足・利益誘導を疑う。いわゆる総論賛成・各論反対の状態である。
③情報・データ・事実は嘘を言わないが、人は情報・データ・事実を使って嘘をいう。

情報・データは「事実」であっても、「真実」ではないことがある。もちろん、「事実」ですらないことがある[6]。

6　1995年、ウィンドウズ95のヒットでPCが爆発的に売れた。ある企業の経営会議での報告。営業本部長が、会議で、「売り上げは昨対140％アップで絶好調」と報告した。しかし、重要なのは「競合企業の実績は昨対170％だった」という事実。競合が自社を上回っているという事実を意図的に隠蔽した。自社は相対的に負けていたのである。

11-3. 前提 2：立ち位置を疑う

　組織でもトップと現場では見る景色が違う。見る景色が違うと情報も異なるため、意思決定が歪む。ただし、組織の上位者は自分の方が真実を見ていると勝手に勘違いしやすい。そしてそれが「決定」として下達され、行動を規制する。

　事実には、正否・真偽・上下・尊卑はない。あるのは時間の前後だけである。その前後ですら見誤る。単純な因果関係でも、原因を結果と見なし、結果を原因とみなす。

　あるいは、間違った情報でもトップは悪意に判断したり、善意に判断したりする[7]。

「立ち位置や組織の立場」で、同じ事実（ファクト）が違って見える

　氷山の一角のように、ほとんどのものが見えていない場合がある。虚偽報告とは偽証と違って、同じものを見ていて、立場によって判断が歪む場合がある。

　トップも現場も、すべてが見えているわけではないことを認識する

　無知の状況での意思決定はアンゾフの重要なテーゼである。業務的決定ではすべて情報が管理された中で意思決定され、管理的決定では、意思決定を他者情報に依存する。そして戦略的意思決定はすべての情報を自己責任で実施しなければならない。

「すべての立場」が「操作されている」と考えるほうが「健全」である

　特に伝聞情報はすべて操作されている。特にトップの聞く報告はすべて脚色されている。ただし、どんな情報であってもトップの意思決定は自己責任で実施しなければならない。情報が間違っていることを言い訳にするトップは「牧歌的」としか言い様がない。情報が間違っていたのではない。判断しか、間違いようがないのである。現場では「間違った情報が提供されている」ことを認識する能力がトップに試されている。

11-4. 前提 3：知識と情報を疑う（OIKE 症候群)

　もう一つ、よく知られている古典の寓話。

　目の不自由な 6 人のジャイナ教の僧侶が生まれて初めて、象徴に出会った。

7　例えば「残業」。優秀な従業員の残業は「努力や頑張り」とみなし、無能な従業員の残業は「手戻りやミス」と見なしやすい。しかもその優劣の判断すら時に間違う。

腹を触った僧侶：	象徴とは「壁」のような動物だ
足に触った僧侶：	いやいや「太い柱」のようだぞ
尾に触った僧侶：	私には「縄」のようだったが……
耳に触った僧侶：	とんでもない。「幕」のようだ
牙に触った僧侶：	みんな違うな。象徴とは「槍」だよ
鼻に触った僧侶：	私だけが正解だ。「大蛇」だよ

とうとう、僧侶たちは互いに喧嘩を始めた。

これは、OIKE 症候群とよばれる。　Only I know everything.（私だけが全てを知っている）症候群で、勝手な判断を各自が行っている状況である。

ここでは、次の 3 点を意味している。
　　①全員間違いではないが正しくもない。お互いに、自分だけが正しいという
　　　固定観念を捨てなければ全員が真実にたどり着けない。
　　②お互いに情報交換（情報共有）することで真実に一歩近づくことができる。
　　　それでも、「真実そのもの」は誰にもわからない。全員の立場が同じのため、
　　　誰も真実を知ることができない状態であることに変わりはない。
　　③全ての経営においてもあらかじめ全てを知る人はいない。それは全員の当
　　　事者能力が限定的であることを意味する。

　この寓話の重要なメッセージは、見えていないこと、全体を知らないことではない。そもそも、経営の全体像など見えている人は一人もいない。トップ経営者さえも、である。

　見えている部分が全体であり、全体が部分であり、部分がさらに全体以上に飽和する。

　重要なのは、あらかじめ知識・情報があるために、判断を誤ること、あるいは拙速で判断することにある。そして、他者の判断を排除することにある。

　多くの人は、情報を得ると直ちに行動に移したくなる。即座に回答を得たくなる。そのサービス精神が判断を誤らせ、他者の考えを排除し、他者の判断を無視させてしまう。

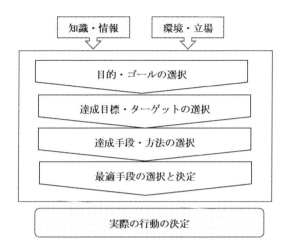

図 11-6　行動の選択のプロセス①（筆者作成）

　マズローの格言に曰く、「金槌を持っている者には、すべての問題が釘に見える」というものがある[8]。

　人事の担当者は、どんな課題でも「人材や能力、要員」に原因を帰結させやすい。財務の担当者は「投資やキャッシュフロー」に、製造の担当者は「品質」を問題にしやすい。すべて持っている知識と情報が悪さをする。持っている知識と情報が邪魔をし、判断を誤らせる。

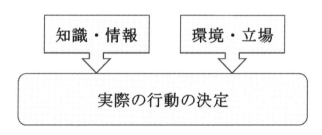

図 11-7　行動の選択のプロセス②

8　ゴールデンハンマー（マズローのハンマー、道具の法則）：一つの目的に作られた物を複数の用途に使用する行為についての確証バイアスの事。心理学者のアブラハム・マズローは「興味深いことに、金槌しか道具を持っていない人は、何もかも釘であるかのように取り扱う。」と言ったことから。『人間性の心理学─モチベーションとパーソナリティ』産能大出版部；1987　ISBN-10：4382049245　ISBN-13：978-4382049246

11-5. 前提４：思考と学習の戦略性

「思考」は、特に訓練の要るものではない。だからこそ、誰でも普通に考えることが出来る。ただ、クリシンでは考えるための準備をすることをお勧めする。

「考えること」「学ぶこと」には、戦略が必要である。我々は、あらかじめ考えたり、学んだりすることが不得意である。戦略的に考え、戦略的に学ぶことが必要である。

目的があるから学習できる。なんとなく歴史を学んだり、なんとなく経営を学ぶことは、教養レベルでは使えても、投資や撤退、成長には使えない。

　考える前に
　　①考える覚悟（準備）ができているか
　　②考える環境（自分自身の訓練）ができているか
　　③考えている自分も考えている（思考に集中する環境）か
　考えた後に
　　①考えた「結果（結論）」を考え続けているか（アンサー「答え」の明確化）
　　②「自分の結果（結論）」を白紙に戻せるか（思考の呪縛「思考の走馬
　　　灯状態」からの脱却）
　その姿勢が常に問われることになる。

11-6. 前提５：事実、意見、仮説の峻別

事実と意見、仮説は混同されやすい。

クリシンで重要なのは事実だけであって、意見と仮説は選択肢の一つに過ぎない。

　①意見（主張）と事実の峻別。よくある誤解（主張）として利用される意
　　見がある。
　　「みんな言ってますよ」「みんなやってますよ」
　　「今、若手に流行っています」「この商品が売れ筋です」
　　「いつも行列のできる店です」「通に大人気の店ですよ」

　②注意を要するのは、単なる意見が増幅すると事実と見分けが付かなくなる

点である。

「1 匹の犬が『陰』に向かって吠える。100 匹の犬が影に『実体』を与える」
「成果主義で、短期志向になった」「米国は個人主義、日本は和の文化だ」
「日本が活性化するには、メンバーシップ型ではなく、ジョブ型人事が必要
だ」

　意見は多くあることに越したことはない。しかし、どんなに多くあっても意見は意
見でしかない。他人の意見では意思決定できない。意思決定できるのは、自身
の意見だけである。

　①当然であるが、全員が同じ前提にはない。
　　むしろ、違っていることを前提にすべき。それこそが意見であり、それに
　　惑わされてはいけない。意見は常に洗脳のために用いられる。
　②「同じ言葉」で別の概念を表現した意見もあれば、「違う言葉」で同じも
　　のを指すことがある。
　　営業担当に成果といえば「売上げ」を示し、製造では「生産量や品質」
　　を示す。
　　「貢献度」という言葉でも、それぞれ職種や担当によって全く異なる成果
　　をイメージしている。
　③同じ言葉、同じ概念でも、その序列・優劣・前後・大小・内外・上下が
　　異なる。
　　事実や意見、仮説は表現され記述されていても評価を受けていないので、
　　重要性や影響度、実行の難易度や困難度は、事実か意見からは一切判
　　断できない。

　すべての評価群、評価要素、評価基準、評価レベルが意思決定者に委ねられる。
　困難なのが意思決定者の評価基準も「意見の一つ」でしかないため、共感や
賛同を得ることは不可能に近く、強権（決定権限）をもって発動するしかない。
　それでも、従うか否かは受命者の自由意志に依存する。

　重要度、影響度、難易度、効率度を判定するためには、評価要素・評価項目、
評価段階、評価基準を設定する必要がある。その際の要諦は下記のポイントで
ある。

①意味のある項目の設定　⇒　優先順位と重複の回避
　　二重評価や恣意的基準を避けること。
②意図したウェイトの設定　⇒　逆転可能な配分の設定
　　過剰ウェイトを避けること。
③意識できる格差の設定　⇒　改善可能な区分の設定
　　評価を改善する方向性が設定できること。

12. プロセス２＆姿勢２：
　　「課題意識＆目的意識」＋警戒すべき「興味・関心」

　クリシンで、意味のある意思決定が可能になり、かつ、具体的な対策を策定することができる理由があるとすれば、それはイシューに対する強いこだわりに他ならない。

　特に重要なのは、第二のプロセスでも指摘した「課題意識＆目的意識」である。

①高い課題意識（問題意識）があること
②強い目的意識があり、それを持続できていること

　ここで留意したいのは、「豊富な経験・知識」さらに「テーマ（イシュー）に関する強い関心や興味」が「害」にもなることを知ることである。
　４つのプロセスのうちの一つ、ジャイナ教の僧侶の例（象をなでる寓話）で説明したように、前提となる経験や知識、さらにテーマに関する強い関心を疑う必要があるということである。

③豊富な経験と知識、課題に関する強い関心は、時に思考を歪め、判断を誤らせ、対策やアプローチを間違わせる。
　強い関心や興味、知識、豊富な経験に留意しなければならない。

　多くの人は自分の得意分野、専門分野については、強い関心をもっており、逆に、苦手な分野になると、たちまち寛容になる。
　野球選手にとって野球とは何か。俳優にとって芝居とは何か。音楽家にとって音楽とは何か、こうした質問をプロフェッショナルにしたとき、多くのプロフェッショナルは沈黙する。自分が真剣に取り組んだものに対して、単純な答えを用意するのは至難の業となる。その回答によっては、自分で自分の人生を軽んじたり、自

分の仕事や専門性を侮辱したり、しかねないからである。俗に言う「たかが野球、されど野球」の心境になる。

　この関心や経験・知識に惑わされないようにする方法は、事実（ファクト）以外にはない。入手可能な『根拠』があれば、少なくとも、自分の課題意識や目的意識を事実だけで丁寧に説明できる。

　　①課題意識・目的意識・関心が否定されるとすべての前提が否定されてしまう

　　②逆に、この３意識が共有されると、議論および結論が早い

　　③３意識への「反論」に徹底的に備えること

　　④想定する反論に対して、議論すべき「明確な根拠」を持つこと

この４つの対応がコミュニケーションを潤滑にする。

13. 根拠を主張する際の留意点

カール・ワイクの名著『組織化の社会心理学』で以下の点の指摘がある。

　　①「主張」で重要なのは「自分がなにを言いたいか」ではなく、「相手に何が伝わっているか」を常に確認すること

　　②私が何を言ったかは、あなたがどう答えたかを知ることで、私は自分が何を言ったかが初めて理解できる

　　③「相手の理解・反応を見るまでは自分の本当の主張を正しく表現することができていない」と考えるべきである

これが根拠を主張する際の留意点である。

　自己の意思決定内容、特に課題意識や目的意識を、相手に根拠を以て主張する際に重要なのは、次の３点である。

　　①相手の言葉で説明すること

　　②自分のいいたいことではなく、相手が聞きたいことを説明すること

　　③相手の立場、環境、タイミングを理解すること

　これが出来なければ、「自分のいいたいことの羅列」になり、相手の説得は難しい。

14. クリシンに適した課題

　クリシンでは、その思考に適した課題と不適切な課題がある。

　一般的に課題といえるのは、次の3種類である。

　　①止血課題

　　②予測課題

　　③創造課題

　このうち、クリシンで解決可能な課題、アンサーにたどり着く課題は、①②の止血課題・予測課題である。③はクリエイティブシンキングなどの発想法に委ねることになる。

　止血課題は対処療法であり、根本的・本質的課題ではない。本質的課題ではないが放置できない。放置すれば出血で瀕死状態になる。止血課題をさらに深掘りし、仮説を巡らせ、原因を追及する態度が求められる。止血課題は、本質的課題の予兆であり、症状の一つである。

　最も重要でクリティカルな課題は予測課題である。本質的課題・根本的課題は課題が表出してからでは遅い。表出を予測するために、事実の把握が最も重要である。

　そして、その事実（ファクト）を見誤らないための目利きも併せて重要になる。

15. プロセス 3& 姿勢 3：イシューの特定と固執

　イシューとは「何を考えるべきかを考える」ことに他ならない。

　イシューが何かを特定することは、「課題が何か」を特定することであり、議論を発散させることなく、意識をイシューに集中させ、優先順位を設定し、思考のプロセスを設定することになる。

　もう一つ、イシューで重要なのは「イシューへの固執（執着）」である。

　思考は発散しやすい。思考の目的は喪失しやすい。そのためには、初期に設定したイシューに固執する必要がある。頑強なまでにイシューを押さえ、かつ押さえ続けることが、思考を精鋭化し、思考を明瞭化し、深耕を可能にする。

> ①イシュー（Issue）とは「何を考えるべきか」を考えること
> ②イシュー（Issue）を「特定すること」
> ③イシュー（Issue）を「押さえ、かつ、押さえ続けること」

　イシューを特定するということは、自らの意思決定によってコア課題と対策を主張することになる。そのため、常に多くの反論が想定される。

　そのためには、「反論への備え」を常に怠らないこと。反論は、自分の考える「クセ」が影響していることも理解する必要がある。

　さらに、イシューを特定する目的を意識し、相手に明確に伝わるよう「アウトプット」に集中すること。それが対策の具体化につながる。

　対策が相手に「わかる」ように伝えること、さらに相手に「できる」と思わせること。「わかる」と「できる」を峻別することが大切である。

16. アンサー：何を言えば答えになるか。

　イシューからどのようにアンサーを導くか。

　アンサーとは、次の3つ「結論・根拠・方法」の主張に他ならない。イシューからどのようにアンサーを導くか。これが課題解決のエッセンスとなる。

　　①結論（これ以上、議論にならない）

　　　伝えるべき課題に対する答えの核をなすもので、「アクションの提示」や「評価や判断」を示すこと。

　　②根拠（疑問の余地のない事実・概念）

　　　結論に至った理由や結論の必然性について相手を納得させるもの（事実と判断）を示すこと。

　　③方法（あとは、実行あるのみ）

　　　結論が行動（アクション）なら、相手がその行動（アクション）をとれるように、具体的なやり方を提示すること。

　問題なのは、アンサーがアンサー（課題解決）にならない場合である。

　「なぜ、アンサーにならないのか」「なぜ、アンサーが相手に通じないか」

　実は、ここにロジックが必要なのである。クリシンだけで根本原因や改善対策に到達できても、コミュニケーションが通じない場合がある。コミュニケーションにならない原因、アンサーにならない原因には次の3点がある。

　原因①　結論が…

　　・「課題の答えの要約」ではなく、「自分の言いたいことの要約」になっている

（検討の途中でいろいろな発見、伝えたいことが出てきて、課題からズレている）

・「状況に応じて」「場合によっては」といった例外が多い（無知の温床）

原因②　根拠が…

・「AがないからAが必要だ」とロジックも根拠も幼稚

（因果関係、説明がない主張。「なぜ、そうなるのか?」がない説明）

・「事実なのか、単なる判断、仮説なのかが不明」のため信憑性が半減する

（客観的事実なのか、自分の判断や考えなのかをハッキリさせること）

・「前提条件や判断基準」が「言わずもがな」「当たり前」と思っている。

（伝え手だけが納得しているアンサーの場合）。

原因③　方法が…

・10年前でも通用するような（手垢のついた）公理や方法では人は動かない。

（陳腐化を警戒、「それは当たり前」「なぜ、今さら」と受け取られる）

・修飾語、形容詞ばかり（言葉が踊っている）。

（「もっともっと徹底する」「最大限の努力で・・」で精神論的）

（あいまいさが増し、聞き手に混乱と疲労を来す）

・抽象化の罠（判った気になる）。

（やはり「人材が重要」だ。「営業力を強化しよう」など。方法論も課題も不明）

17. アンサーに求められるもの

アンサーには、具体性・実行可能性、方法論の選択性が求められる。

①具体性：事実および経験に基づく方法で、あいまいさがない

②実行可能性：時間的、金銭的、要員的、気力的、体力的、知識的、タイミング的、精神的、場所的に無理がない。（なんとか「やれそう」な印象）

③合理的な選択の結果：MECE 感があり、評価を受けている

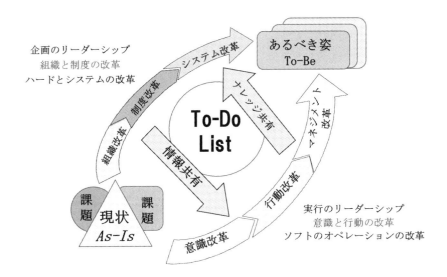

図 11-8　クリティカルシンキングにおける改革の体系図（筆者作成）

To-Do List を作り込むためのハード&ソフトの改革リストであるが、実行に移すためには、個別の精度やオペレーションのギャップリストが必要となる。

　全てに具体性と実行可能性、さらにコスト効率性が求められるため、明確なギャップリストが必要となる

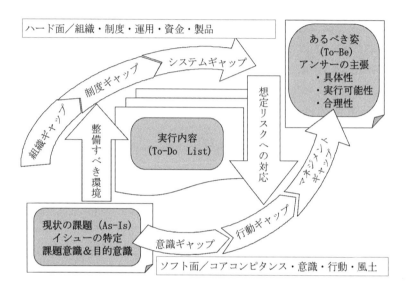

図 11-9　イシューとアンサーの関係　（筆者作成）

　イシューとアンサーは、クリシンのプロセスであるが、目的でも成果でもない。

　クリシンの目的と成果は「To-Do List」の作成にある。何を為すべきか、一人一人の行動レベルまでブレークダウン出来たとき、クリシンは次のプロセスに入る。すなわち、「実行」である。

　イシューとアンサーに次いでクリシンの重要なコンセプト・思考ツールとして、MECE とフレームワーク思考がある。

18. プロセス 4& 姿勢 4 : ストラクチャー&フレームワーク
（ストラクチャーとしての MECE）

　MECE（Mutually Exclusive, Collectively Exhaustive）は、網羅性と排他性を両立させた思考ツールであり、広大でありながら精緻な戦略マップである。

　重要なのは、ストラクチャーとしての縦軸と横軸の定義である。MECE の戦略性は、何をもって縦軸とし、何処までを横軸とするかを「決定」するところにある。

　我々は、不本意に飼い慣らされた従業員としての律儀な忠誠心の証として、他人の作った戦略マップの「マス目」を埋める作業に習熟しきってしまっている。

　何の疑問も持たずに、事業計画を策定し予算案を組み立て、取り組み内容を列挙する。それ自体は問題ないが、マス目自体がすべて他人の設計したフォーマットであり、予定された項目を期待されるレベルで記入して、自己満足する様に仕向けられる。

　その時点で気づくのは、マス目の内容に戦略はなく、縦軸と横軸のストラクチャーにこそ戦略があるということである。

　MECE は、その設計そのものに戦略を要求される。

　　①自分が何者か

　　②ドメイン（絶対的な競争優位）はどこか

　　③時間とともにどう変わりたいか

　　④変わるため（成長するため）に必要な新たな視点は何か

　　⑤捨てるべき内容は何か

　　⑥持ち得ていない資源は何か

　　⑦踏み込めていないフィールドはどこか

　これらは、MECE の限界を予知させ、可能性を期待させる。

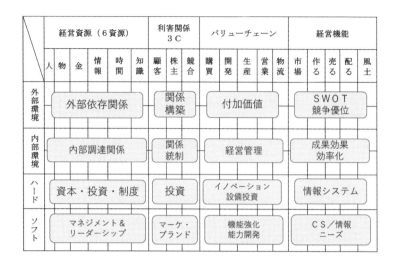

	経営資源（6資源）						利害関係 3C			バリューチェーン					経営機能				
	人	物	金	情報	時間	知識	顧客	株主	競合	購買	開発	生産	営業	物流	市場	作る	売る	配る	風土
外部環境	外部依存関係						関係構築			付加価値					SWOT 競争優位				
内部環境	内部調達関係						関係統制			経営管理					成果効果 効率化				
ハード	資本・投資・制度						投資			イノベーション 設備投資					情報システム				
ソフト	マネジメント＆ リーダーシップ						マーケ・ ブランド			機能強化 能力開発					CS／情報 ニーズ				

図 11-3　フレームワークとコンテンツの MECE（筆者作成）

19. 意思決定ツールとしてのフレームワーク

MECE がストラクチャーとしてのタテ構造ならば、フレームワークは平面構造となる。それも重層的な平面構造となる。いくつもの層を多層的に重ねており、その一つ一つのフレームワークが意思決定ツールとなる。

フレームワークを活用することで、意思決定の効率性と汎用性、普遍性を高めることが出来るとともに、繰り返し安定的な戦略策定をすることで、意思決定の精度が向上する。

シンプルでわかりやすい具体例としては、

①ヒト（人的資源管理）のフレームワーク：人材の評価・処遇・育成・活用
②カネ（財務会計）のフレームワーク：収益性・成長性・安全性・活動性
③モノ（生産管理）のフレームワーク：調達・開発製造・営業マーケティング・物流配送・アフターサービス
④市場（新規事業）のフレームワーク：市場深耕・製品開発・市場開拓多角化
⑤戦略（ポジション構築）のフレームワーク：差別化・集中・コストのリーダーシップ

⑥マーケティングのフレームワーク：セグメント・ターゲット・ポジショニングなどが汎用される。

さらに R&D の戦略フレームワーク、M&A の統合フレームワーク、組織マネジメント行動のフレームワークなど、様々な意思決定のためのフレームワークを準備することでフレームワークの緻密さと正確さを一層高めることができる。

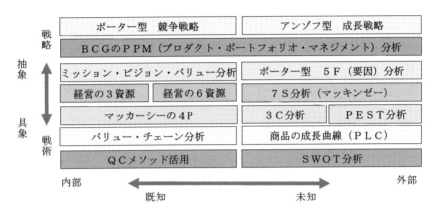

図 11-10　戦略のフレームワークと MECE（筆者作成）

フレームワークおよび MECE のメッセージは、

① モレ・ダブリを防ぐことができるため非効率性と思考の欠如という欠陥を排除することができる　⇒　効率的思考、論理的欠陥の排除

② 思考の集中度を高め、深堀りすることにより、アプローチを明確にできる思考方法

　　⇒　順番や優先順位がわかるため、集中と分散で考えることができる。

③ 相互の差異を明確にし、メッセージ性（用語定義）を際立たせることができる

　　⇒　全員の意識が集中しやすく、一致させやすい。

　　⇒　違いがあっても、合意できる部分が整理できる。

一般的・普遍的な前提から、より個別的・特殊的な結論を得る論理的推論の方法、それが MECE でありフレームワーク思考である。

20. クリシンの4プロセスと4姿勢（再掲）と第5の姿勢

　これまで見てきたように、クリシンの最も重要な思想は、この4プロセスと4姿勢にある。この4つのプロセス毎に4つの姿勢が明確に打ち出されたならば、クリシンはその意思決定をたがうことはない。

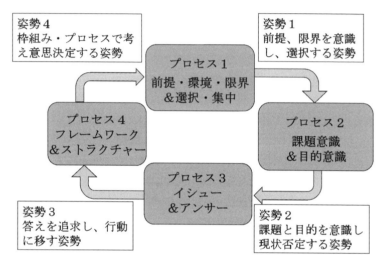

図 11-11　クリティカルティンキングの4プロセスと4姿勢 (再掲)
（筆者作成）

　この4プロセスと4姿勢を再掲したのは理由がある。それは、上記のフレームに乗り切れないクリシンに必要な第5の姿勢があるからである。

　クリシンの第5の姿勢は「孤独」である。

　孤独は4つの姿勢以前に求められ、姿勢以後に改めて求められる。そもそも孤独は、思考だけでなく経営に携わる全ての人に要求されるといっていい。特に、最終的な意思決定を担う立場にいる者は孤独の必要性を痛感するだろう。意思決定において「孤独」ほど恐怖なものはない。そして「孤独」ほど助けになるものもない。

21. 三段論法と演繹法・帰納法

いわゆる三段論法には2種類ある[9]。
　①演繹的三段論法　A=B、B=C　よって、C=A
　②帰納的三段論法　A=B、A=C　よって　B=C
　三段論法は思考メソッドの大原則である。大原則であるが故に、この思考方法
は訓練されていないことが多い。その結果、ロジックが成り立っていないのに、そ
のまま三段論法を続けてしまうことがある。

　例えば、
　①日本人は勤勉だ。だから、競争力がある
　　日本人=勤勉　⇒　競争力の源泉
　②目標管理の導入で短期志向になった。だから目標自体が低レベルになった
　　目標管理=短期志向　⇒　低レベル

　もう一つ、本来の理論的修辞法としての「演繹法・帰納法」がある[10]。
　三段論法と演繹法・帰納法の違いは、ファクトと仮説の有無にある。三段論法
はファクト（事実）のみで校正されており、ロジカルなコミュニケーションを重視する。
特に、ロジシンでは仮説の根拠となる事実が必須であり、事実が無い（不明確な）
場合には、実験（仮説⇒検証）を繰り返す。事実によるロジックがつながってい
ることが重要で、ロジックには例外があってもよい。大切なのは感想ではなく、事
実が重要となる。
　一方で、演繹法・帰納法は、仮説と一般論を前提とする。
　事実と仮説、さらに一般論には違いがある。事実は（それが真実かどうかは検
証が必要だが）確認は不要である。ただし、仮説は検証が求められる。そして、
一般論は単なる意見なので、意思決定の際には反論すら必要ない。一般論は多
くの他人の意見の一つに過ぎないからである。意思決定をするのに、他人の意
見は参考程度ですらない。重要なのは自分の意見のみである。

9　三段論法：論理学における論理的推論の型式のひとつ。典型的には、大前提、小前提および結論という3
個の命題を取り扱う。これを用いた結論が真であるためには、前提が真であること、および論理の法則（同一
律、無矛盾律、排中律、および充足理由律）が守られることが必要とされる。https://ja.wikipedia.org/wiki/%
E4%B8%89%E6%AE%B5%E8%AB%96%E6%B3%95

10　帰納法とは、さまざまな事実や事例から導き出される傾向をまとめあげて結論につなげる論理的推論方法
を指す。演繹法は、帰納法とは論理展開が大きく異なり、一般的かつ普遍的な事実（ルール・セオリー）を前
提として、そこから結論を導きだす方法である。https://next.rikunabi.com/journal/20161101_s7/

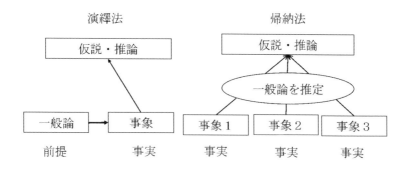

図11-12　演繹法・帰納法の構造（筆者作成）

22. クリシンの課題解決ステップ（4Wステップ）の全体像

クリシンの4Wステップとは下記の問いかけステップを示す。

「何が悪い　⇒　どこが悪い　⇒　どうして悪い　⇒　それからどうする」という4つの問いかけとその解答が課題解決の近道となる。

この問いかけの際、どういった思考アプローチをとるかが鍵となる。この問いかけ自体は、何ら違和感のない普通の（通常の）思考ステップであって、特段「これがクリシンだ」というほどの内容ではない。むしろ、この4Wステップをとらない課題解決はありえないと言っていい。

逆にそれだけ重要なステップなので、一つ一つを丁寧に押さえることが重要である。

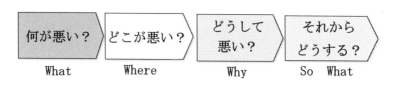

図11-13　クリシンの4Wステップ（筆者作成）

実務的なステップでクリシンの思考プロセス（4Wステップ）をたどると、7つのステップとなる。

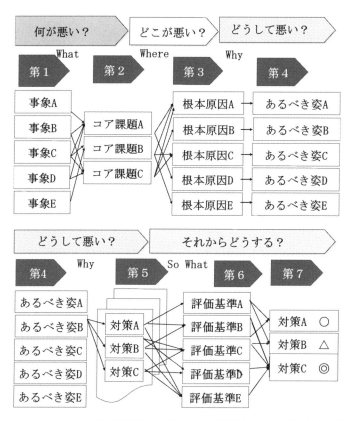

図 11-14　クリシンの課題解決ステップ（4W ステップ）（筆者作成）

23. クリシンの3つのアプローチ

　クリシンの最終フェーズは、課題解決のための具体的な思考アプローチである。このアプローチは3パターン。構造化、論理展開、そして因果関係である。

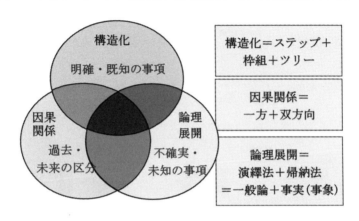

図11-15　クリシンの3つの思考パターン（筆者作成）

　目標が明確な場合は構造化を、判断や価値観が分かれる場合は論理展開を、原因が過去にある場合は因果関係で課題分析、原因分析を行う。

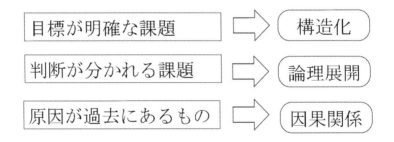

図11-16　クリシンの3つの思考パターンの対応関係（筆者作成）

24. 第一のアプローチ「構造化」

　課題の原因追及というより、あるべき姿の達成を目指して、その構成要素を分解して課題を一つ一つ解決するアプローチである。

　具体的には、売上げや利益などの予算達成、クレーム削減、不良率の軽減、会員獲得等、目指すべき目標やゴールなど明確な場合の思考アプローチである。

　例えば売上げの場合、性別・年齢・エリア・年収・世帯数・職業・曜日・月度など、様々なマトリックスでクロス集計し、それを時系列で定点観測する事で、収益の伸びているクラスター（集合）、収益の減っているクラスターなどが明確化できる。そのクラスター一つ一つの棚卸しと構成要素の特徴を分析することで、課題の特定と原因分析、さらに対策まで策定することができる。

図 11-17　売上げの構造化による分類例（筆者作成）

分解して考える場合、
　①分ける意味を考える
　②アウトプットからインプットに向けて分解すると、手を打つポイントが見えてくる

467

③比較的簡単な（数学的）分解であり、ロジックツリーとは異なる

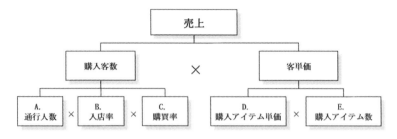

図 11-18　数学的分解による構造化の例（筆者作成）

25. 第二のアプローチ 「論理展開」

論理展開のツールとしての目的には、
　①問題点を論理的に構造化
　②議論すべき論点を分解
　③明確なイシューとして細分化
　④自分自身の持っている偏見や独善を排除
　⑤自身の関心をイシューに集中させること
　⑥メンバーが複数ならば、全員の関心を収集し集中させること
にある。

論理展開が使用可能なシチュエーションは、
　①ゴールおよびそのプロセスが人によって異なる場合
　②価値観や現状認識によって判断が大きく異なる場合
　③投資や買収、グローバル化など高度な判断を要する場合
　④いくつもの選択肢があって意思決定に迷う場合　　　など
　基本的に、特定のテーマで課題を特定し、原因や結果をシミュレーションして対策を検討する場合には、この論理展開が効果的である。

26. ロジックツリーによる論理展開

　論理展開は、ロジックツリーによる展開が一般的である。論理展開により、分岐点毎に場合分けし、Yes・No（Go　or　No-Go）により、条件（仮説）を設定する。Yes ならどうするか（どうなるか）、No ならどうするか（どうなるか）を予測し、リスク対策や失敗したときの善後策まで対応を検討する思考方法である。将棋ほどではないが、2 手先、3 手先を読んで対応を考える。

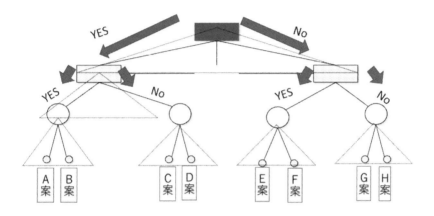

図 11-19　論理展開によるロジックツリーのイメージ（筆者作成）

　ロジックツリーのノード（分岐点）毎の選択肢は少ないほどよい。基本は All or　Nothing の二者択一である。設備投資を実行するかしないか、企業を買収するかしないか。海外へ進出するかしないか、などがわかりやすい。ただし、いずれかの選択肢が「逃げ」の対策ならば、論理展開は意味が無い。仮説が構築できないからである。

　海外展開した場合にはリスクがあり、海外展開しなかった場合にはリスクがないとしたなら、何も実行しない方の選択肢が選択されることになる。

　海外展開しなかった場合、ジリ貧で事業縮小か、倒産のリスクなどが想定されるような選択肢の場合に意味のある意思決定を導出する。

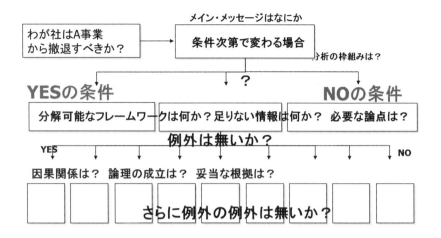

図11-20　クリシンにおける論理展開のイメージ②（筆者作成）

　論理展開のノード（分岐点）の選択肢がいくつか考えられる場合もある。例えば提携先が複数ある場合、進出先が複数のエリアの場合などである。その場合は複数案を同時に検討することも可能である。場合によっては点数化して、一旦絞り込んだ上で、再度論理展開を実施することも可能である。

27. フレームワーク構造による論理展開と論理展開の　　　　　　　　　　　　　　　　　エラー（錯誤）の原因

　論理展開する場合の留意点には、次の６つがある。いずれも誰でもが陥りやすいエラー（錯誤）である。
　　①前提の間違い
　　⇒　エラーの原因はデータ収集を惜しんだ結果
　　②隠れた前提の見落とし
　　⇒　原因は論理展開そのものを惜しんだ場合
　　⇒　演繹法は冗長なため論理展開が省略されやすい
　　③論理の飛躍
　　⇒　丁寧で地道な思考を惜しみ、安直な結論に飛びつく
　　④ルールのミスマッチ
　　⇒　正しいルールの適用について、検証を惜しむ

⑤軽率な一般化

⇒　もっとも陥りやすいエラーの一つ。原因は情報分析の欠如

⑥抽象化の罠

⇒　陥りやすいエラーの一つ。甘い分析、乏しい具体性

　　本人だけが分かった気になっていることが多い

28. 第三のアプローチ 「因果関係」

　原因追求のシンプルな方法のひとつ。それが因果関係の追求である。基本的な原因追及のアプローチ方法は 2 通り。

　第一は演繹法・帰納法で考えること、第二は、5W で考えることである[11]。

　5W とは、「why × why × why × why × why」と why を 5 回繰り返すこと。いわゆるトヨタ方式とも言われている。「なぜなぜ分析」とも言われており、「なぜ」を 5 回繰り返すことにより、物事の本質や根本的な原因にたどり着けるというものである。

29. 因果関係の 3 パターン

　因果関係には 3 つのパターンがある。

　第一は最もわかりやすい 「原因―結果」 の関係である。

　ここでの原則は、「結果には必ず原因があり、その原因は必ず過去にある」ということである。

　　　　　　過去の原因　　　　　　　　　　　現在の結果

図 11-21　シンプルな因果関係 （筆者作成）

　第二は、「鶏と卵」 の関係。いわゆる原因が結果を生み、その結果が新たな

11　5W は「why」を 5 回繰り返す意味であるが、why の代わりに「What」を用いる方法がある。理由は、「why」では結局、多くの原因が 「人」 になってしまうからである。人の不注意や能力不足、人材不足などが原因になってしまう。これを What で繰り返し確認することで、「人」 の原因ではなく、「システム」 の原因に帰結させることができる。一考である。

原因となる場合である。一般的にはこの双方向の因果関係が最も多い。注意を要するのは「相関関係は因果関係を証明しない」ということ。

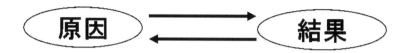

図 11-22　双方向の因果関係　「鶏―卵」関係（筆者作成）

　第三は、複雑因果関係である。
　ビジネスにはこの関係が一番多い。この因果関係状態が多くなる理由は明確。原因追及を怠った結果、新たな結果を生んでしまうためである。その結果、何が原因かがわからなくなる。最大の敵は、ここでも多くはやはり「人の怠慢や不作為」である。

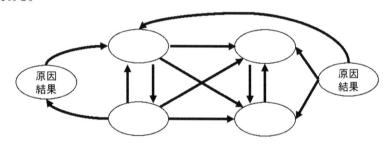

図 11-23　複雑な因果関係　複雑因果関係（筆者作成）

30. 行動要件の因果関係

因果関係を解きほぐすとき、特に行動要件の因果関係の解明が求められる。
　①原因帰属区分　（内的原因＋外的原因）：物事の原因を内外で区分する
　②立方体モデル　（一致性・一貫性・弁別性）
　⇒　一致性：他の人も同じ行動なのに、特定の事象で同じ原因となる場合
　⇒　一貫性：常に同じ行動をとり、同じ結果を生じている場合
　⇒　弁別性：その人だけに（が）特別な行動のため、特定の事象となる場合
　③割引原理　（後発原因による割り引き）：後で印象的な事象があるとそちら

に引っ張られて、後発の原因と思い込む傾向
④割増原理　（後発抑制原因の割り増し）：後で発生した抑制原因を過大評
価する傾向
⑤基本的帰属錯誤：そもそもの原因の読み違えや、因果関係の読違え
⑥自己高揚バイアス・自己防衛バイアス：自分が選ばれることで生じる原因
選ばれなかった事になった事に対する防衛
⑦ステレオタイプ思考（暗黙の性格論・相関錯覚）：思い込みや色眼鏡
⑧究極的帰属錯誤　（ワイナーの法則／⑥と関連）：原因を「安定・不安定」
および「内部・外部」に分けた場合

31. 因果関係の落とし穴と成立要件

　因果関係を推定し、原因を特定することはクリシンの重要なアプローチとなる。
当然、原因が目の前にわかりやすく存在しているわけではない。原因らしさを推
定するためには下記の原則を理解しておく必要がある。
①原因推測（必要原因＋十分原因）
②共変の原則（相関関係の成立）
③時間的順序関係　（X の次に Y が起こる）
④第三変数問題の回避
⑤欠落ケースの精査
⑥同時発生の原因を探索
⑦一致法　（同じ原因で同じ結果）
⑧差異法　（同じ原因で異なる結果）

32. 因果関係理解の留意点と3つの罠

因果関係を正しく理解する際の注意点として下記の3点がある。
①副産物・副作用に注意する
②真の目的が何かを明確にする
③手段が目的化していないかを確認する

さらに因果関係の3つの罠として、
①手段の目的化

②第三因子

③最後の藁（わら）

がある。

　第一の手段の目的化とは、因果関係では、「原因と結果」が「手段と目的」にすり替えるのを警戒しなければならない。因果関係が、「過去⇒現在」なのに対し、手段と目的は「現在⇒未来」だからである。

　⇒手段はコントロール可能なので、手段を組み合わせて望ましい結果（目的＝未来）を生み出すことができる。したがって、未来を変えられると考える輩は、手段を目的にしがちである。

　⇒原因は、どんなに精緻に特定しても、過去のことなので現在を改善できない。しかも、ほとんど検証できない。そのために、事実が、最良の判断根拠となる。

　第二の第三因子とは、ロジックが飛躍した場合に、別の因子（原因）か輻輳的に隠れている場合がある。

　例えば、「英語が話せる⇒出世が早い」のロジックの詳細は、

　　　　⇒　英語が話せる

　　　　⇒　従って、欧米人とコミュニケーションができる

　　　　⇒　その結果、取引先も拡大して、仕事の範囲が広がる

　　　　⇒　成果が出しやすくなり、評価が高い

　　　　⇒　その結果、出世が早い

等が考えられる。

　もちろん、上記以外の推論もなりたつ。

　例えば、英語が話せる。

　　　　⇒　外資系の企業で働く

　　　　⇒　日本に進出したい外資にとって、都合がいい人材

　　　　⇒　他に日本に行きたがる本国人がいない

　　　　⇒　仕方なしに英語の話せる従業員を使う

　　　　⇒　他に選択肢もないから、彼／彼女を登用した

　　　　⇒　その結果、英語が話せない従業員よりは、出世が早い

　第三に「最後の藁」は、これまで重奏した原因が積み重なった結果、最後の原因で一挙にその原因が「吹き出して」、新たな結果につながった場合、などである[12]。

12　重い荷物をずっと運んでいたロバとその商人の一団。一人の青年がたまたま持っていた藁（わら）をロバ

（例）

①長年の取引で、鮮魚を「言い値」で買わされてきた神戸の食品商社 K 社。

自社の業務用スーパーの店舗で釣り扱う鮮魚は、仕方なくある中央市場の業者 Y 社から買っていた。数回の交渉にも関わらず取引条件は変わらない。K 社は、最終手段として、市場の小売り仲買を買収し、子会社化。その子会社からの仕入れにルートを一挙に変更した。

市場の業者 Y 社は、K 社社長を訪れ、これまでの取引実績と協力関係を訴え、さらに今後の取引条件の再考を説明し、継続した取引を懇願した。

K 社社長は、静かに、しかし、勝ち誇ったように、「これまで、チャンスはいくらでも有りました。弊社としてもとても残念です。」といって、取引の終了を宣言した。

Y 社は K 社の不満を見抜けなかった。これまで品質や価格について、何度も商談が行われていた。それでも、顧客の声が届かなかった。

②年間 3000 術以上の手術を行っている病院に、多くの手術用具をパッケージのキットとして卸している H 社。眼科手術用、外科手術用、脳外科用、循環器系用など、ほとんどのオペ器具用をキットとしてレンタルしている。大手の病院を独占しているといってもいい状態。当然、競合は少なく言い値で商売していた。多くの病院が赤字経営の中、できれば契約を見直ししたいが、なかなかできない。多くの病院が「いやいや」その企業と取引している。そんな業界に競合が表れた。徳島の企業L社。多くの病院が、細かい条件を聞くことなく、H 社から L 社に切り替えている。今では、売上げも収益も H 社は L 社に抜かれてしまっている。

に乗せた途端、ロバが倒れて死んでしまった。商隊は青年を責めて、荷物をすべて青年に負わせて運ばせたという逸話。例えば、電話を散々たらい回しされた顧客が、最後に電話をとった社長に怒りをぶつけた話など。英語のことわざ、「ラクダの背骨を折るのは最後の藁だ（It is the last straw that breaks the camel's back）」に由来する、ある物事が、耐えることのできる限度を超えてしまうきっかけとなった物事を意味する表現。
https://www.weblio.jp/content/%E6%9C%80%E5%BE%8C%E3%81%AE%E8%97%81

1. クリティカルシンキングとロジカルシンキングの違いを説明せよ。

2. クリティカルシンキングの目的と意味は何か。また、限界と欠点は何か。

3. クリティカルシンキングの思考フレームワークとしてどのようなものが望ましいか。

4. 下記の用語の意味と用法を説明せよ。
   MECE、フレームワーク思考、4W ステップ、三段論法、構造化、論理展開、因果関係

5. 自社の経営戦略を受理クリティカルティンキングのフレームに基づいて策定せよ。

あとがき

　本書の目的は、当初、MBA の初学者のための基本書の予定であった。執筆を続けるうちに欲を掻き出した。分不相応にも実務家への啓蒙の書を目指したり、人事プロフェッショナルのためのガイドラインを目指したり、野心的には研究者へのテーマ出しのつもりで課題を書き出したりした。その結果、結局、何物でもない多くの局面での迷走の書の様相を呈してしまった。それでも、本書が経営に携わる精鋭たちの道標となることを期待している自分がいる。

　類書の多くある中で、敢えて本書を上梓するにはそれなりの理由が必要であろう。

　第一の理由は、直接的な理由で、筆者の授業用でこれまで配布していた数百枚の PPT 資料を集約し、体系化と簡素化を図ることであった。授業では筆者の口下手数百枚の PPT 資料が補完した。そして授業後も PPT 資料は学生の思考整理のためのサポートには有用だったようである。ただ、さすがに PPT 資料は整理もできていなければ、漏れも多く散見された。そのため、この機会に整理することとした。

　第二の理由は、筆者が授業で感じていた隔靴掻痒感の解消である。それは授業枠という限界と経営学の深淵さとの妥協にあった。授業で詰め込めば実務経験豊富な社会人学生とはいえ興味を無くしていった。ケースを深掘りすれば、学生の理解と興味は増したが、授業の LG（ラーニングゴール）は遠のいた。授業の未熟と浅薄さは、物言わない資料が雄弁に物語った。小職の授業は未だに資料に敵わないのである。

　第三の理由は、コンサルタントとしての専門性の限界を打破し敷衍しつつ、実務的に解決が要求される広範な経営課題に対して解決の道筋を設定するためのガイドラインとすることである。医者、弁護士はそれぞれ自らの専門性を特定した上で施術や弁護に入る。しかし経営者は製品や市場の専門家であっても、経営に対しては広範な視野を要求される。たとえ、全体像を理解できていなくても、たとえ、それが不十分であることが分かっていても、全体最適を指向せざるを得ないのである。それは経営者という立場がそれを要求する。経営者の意思決定をサポートするコンサルタントとして、経営者と同じ視点を持ちたいというのは過大な幻想だろうか。本書はそのための渇望の書として執筆した。

第四の理由は、本書を小職の墓標とし、一里塚とすることである。これまでコンサルタント歴 33 年、教職歴 28 年、コンサル会社 6 社（合併含む）、出版は通信教育のテキストを含めて 18 冊、往訪した国は 19 カ国（中国／上海・義烏・杭州・昆山・恵州・深圳・香港）・タイ・マレーシア・シンガポール・インド・アメリカ（5 回）・イギリス（3 回）・フランス（5 回）・ドイツ（5 回）・スイス（2 回）・イタリア（4 回）・バチカン（2 回）・ハンガリー（2 回）・デンマーク・チェコ・ポーランド（2 回）・フィンランド（3 回）・ベルギー・オランダ、往訪外国企業約 100 社。これら全てが筆者の知識と経験になっている。筆者は経営および経営学に実務家の立場で携わってきた。多くの経験を得たが、それでも一番重要なのは「現場感覚」と「シミュレーション能力」だと実感した。その現場感覚の立ち位置、そしてシミュレーションのためのプロセスを整理したものが本書である。

　教育の現場では、あらかじめ課題が整理されており、議論はいつもそこから始まる。コンサルティングの現場では課題は見えていない。見えているのは「ファクト」だけである。「ファクト」は「症状」であって課題ではない。まして「原因」ですらない。
　現場担当者のヒアリングを繰り返しても、残念ながら多くの従業員には経営全体の全体が見えていない。うんざりするほどの仮説と検証を繰り返し、やっと「手掛かり」を得る。そこから課題を設定し、根本原因を特定し、いくつかの解決策を提案する。それでも経営者の中には「安直な弥縫策」を選択せざるを得ない時がある。この時「知によって諭し、情によって行動を促す」ことが求められる。

　行動を起こさなければならない。
　Smart talk trap. という言葉がある。日本語訳は「能弁の罠」。
　知っていることと行動することには雲泥の差がある。知っているだけで行動できると勘違いする。筆者の次の一里塚は、その軸足を「行動」に移すことにある。

2021 年吉日

往訪企業名（一部）、および名刺交換させていただいた方々（肩書きは当時）
ここに掲載し、謝意としたい。

1）PASONA USA（NY）Norio Teramoto President&CEO　2001 年
2）IBM　（New Orchard Road,Armonk,NY 2001 年 ）・Don Riley
（Vice President, Human Resources, IBM Global Service）・
Kuniya Tsubota（HR Partner／Strategist, Integrated Techcal
Services, IBM Global Services）2001 年
3）AT&T（295 North Maple Avenue, Basking Ridge, NJ 2001
年 ）・Marian M. Graddick（Executive Vice President, Human
Resources）・Sharman Craighead（Director, International
Human Resources）・Jerard F.Kehoe（Organization
Effectiveness Director, Human Resources）・Joseph P. Venezia
（District Manager, Integrated Human Resources ・Kathaleen
O.Brown（Division Manager, Human Resources）
4）3M（3M Center,St. Paul MN）・Ronald O. Baikal（Executive
Vice President, Member of the Board, 3 M International
Operations）・Harold J. Wiens（Executive Vice President 3
M Industrial Market）・Joseph A. Giordano（Vice President,
Asia Pacific, 3 M International Operations）・John T. Nesheim
（Manager, Human Development,Asia Pacific）2001 年
5）Medtronic（7000 Central Avenue NE, Minneapolis, MN
2001 年 ）・Mary Ann Donahue（Vice President, Human
Development）・David A.Ness（Vice President, Compensation
Consultant・Marlene A. Gravlin（HR Career Development
Consultant）・Barbara S.Whitemore（Organization
Development Consultant）・Andrea Almond-Wallace
（Organization Development Consultant）2001 年
6）New United Motor Manufacturing（NUMM）（45500 Fremont
Boulevard, Fremont,CA）・Morio Owaki（Coordinator Legal／
General Affairs ）Mary Ann Donahue（VP）, David A.Ness
（VP）,Marlene A. Gravlin, Baebare S.Whitmore（HR D）2001
年

7) City College of San Francisco（50 Phelan Avenue S193 San Francisco CA）Martha Lucey（Direvtor）Suzanne Korey,Judy Teng,Sherry Lopez 2001 年

8) Cisco Systems（170 West Tasman Drive, San Jose, CA 2001 年）
・Omar Noorzai（Manager, Global HR Operations）・Megan Wolfenden（Manager,Field E-learning Connection, Internet Learning Solutions Group）・Haruka Yamashita（Japan Program Coordinator, Executive Briefing Center）

9) 杭州　阿里巴巴（中国）网絡技術有限公司（アリババ・ドットコム／杭州市文三路 477 華星科技太楼 9 階）・馬雲（総裁）・李棋（副総裁）・彭蕾（人事行政総監）・張英（国際サイト運営部）・朱國紅・渡辺純子　2003 年

10) 華為技術有限公司（深圳市龍崗区坂田工業区華為基地）・李建国（管理部副総裁　兼　品質管理部総監）2003 年

11) TCL 王牌電器（恵州）有限公司（広東省恵州市仲愷慯高新技術開発区19号小区）・王徳輝（副総経理／多媒体電子事業本部製造中央・恵州王牌基地）・張双鋒（TCL 集団股分有限公司　行政部）2003 年

12) LG 電子（恵州）有限公司（恵州市斜下仲愷高技術開発区 19 号）・金昌龍（総経理助手）

13) 聯華超市股份有限公司（上海市四川北路　1666 号）・許静源（総経理弁分室主任）・道弟栄（人力資源総部人事総監）・杜健強（上海市福山店店長／上海市世紀聯華発展有限公司）

14) 三得利（サントリー）啤酒（昆山）有限公司（江蘇省昆山市昆太路 388 号）・岡田芳和（董事・総経理／三得利（中国）投資有限公司）・羽岡利治（董事・総経理／三得利啤酒（昆山）有限公司）

15) オムロン電子部件（深圳）欧母龍電子部件（深圳市龍崗区坪山鎮太陽村）福原幹男　宮本孝　李國鋒　小林恭子　2003 年

16) 上海市浦東新区管理委員会　（上海市浦東世紀大道 2001）　王律平（副部長）　張烈（科長）

17) 上海市商工会（2002 年）・李毓毅（会副主席）・趙順章・張立群・屠国明・崔春吉

18) 上海凱泉（集団）有限公司　銭建岱

19) Harlem Community Development Corporation（NY,USA）ハーレム地域開発公社・Wayne Benjamin（Director）

20）CUNY NY 市立大学 Dr.MASAKO N.Darrough, Baruch College 2005 年

21）NYU Stern School of Business（NY）Dr.Edward J. Lincoln 2010 年

22）Wells Fargo & Co.（San Francisco CA）Ms.Julie Shriver（HRD）2010 年

23）ITT Corporation（NY）John（Jack）Lenzi （Director,Ethics&Complicnce Programs）2010 年

24）MUJI ST-SULPICE（Ryohin Keikaku FranceS.A.S）新井真人 2011 年

25）JAMAC ヨーロッパ（日本能率協会 Paris）泉本保彦ダイレクター 2011 年

26）IBIDEN Hungary Kft.（Budpest）島戸幸二（イビデン ハンガリー社長）関正紀（管理部門長）竹中悟（センター長）2011 年

27）Pernod Ricard（ペルノ リカール）（Paris）Patrice ROBICHON（Group Scientific Advisor）2011 年

28）CUNY ニューヨーク市立大学経営大学院 高田博和 博士 2012 年

29）House Food America（New Jersey Plan,NY）國保和巳、大野玄 （Marketing Director）

30）PMI（Pacific Market International）（Seattle）Valerie Bone （Director）2013 年

31）Amsterdam City Saskia Muller, Gijs Van Rijin 2013 年

32）CREDIT AGRICOLE（Paris）Paola Monperrus-Veronl Axelle Lacan 2013 年

33）VINCIT（Finland Tanpele）Mr.Mikko Kuitunen（CEO）Ms.Johanna Pystynen 2015 年

34）IITTALA（FISKARS Group）（FINLAND Helsinki）Tuija Aslto、Taina Gronqvist

35）SOK Corporatin（FINLAND Helsinki）レア・アランキ（CSR）アンテロ レバネン（HRM）

36）Uneticky Pivovar（Prague Czech ）Tkad Lecova（President）2016 年

37）University WARSZAWSKI（ワルシャワ大学）Janusz Marszalec

博士（エジソンセンター CEO）Grzegorz Wolff（ワルシャワ市経済開発部）Jan Krzyzanowski（欧州資金・経済開発部）Alwlsander Wasiukiewcz（技術移転センター）Artur Kupczunas（Co-CEO）

38）MissionPharma（Lynge Denmark）Jens Rasmussen（Director Development）2017 年

39）Kontapunkt（Copenhagen Denmark）Lars Larson（Partner）Bergen Bybane 20176 年

40）Veolia Environment（36-38, avenue Kléber 75116 Paris）・Yves Cabana（Director）・Denis Lepee（Director）2006 年

41）The Bank of New York（NY,USA）・Mark Castle（Vice President）

42）AIG（NY,USA）・Fernando Gonzalez（Japanese Corporate Solution Vice President）

43）PCL Construction Company（Denver）・Rolle Walker（Director,Corporate Business Development）

44）CFDT cadres（Paris, France ／フランス民主労働同盟）・Jean-Louis Chaigneau（人事労務問題担当）2006 年

45）ALPINE Manufacturing Europe（Budapest）・中谷政則（Senior Manager）

46）Leu Locati Milano, Italy）・Paolo Amato CEO／President）

47）ロンバルディア産業連盟（Milano, Italy）・Fabio Aromatici（Director, International Department）・Chiara Fanali（Incharge of Japan）2006 年

48）Fordham University（NY）Ph.D Joyce Nilsson Orsini 2007 年

49）Bank of Tokyo-Mitsubishi UFJ,New York Branch）・Beth GilroyVice President, Legal Office for Americas）2007 年

50）ESTEIN BECKER & GREEN P.C.（エステイン・ベッカー・グリーン法律事務所／ New York, USA）・Brill Ono（Ono & Associates ／ Consultant）・Williams Milany（Estein Becker & Green P.C. ／ Attorney）

51）Hensel Phelps Construction Co.（Denver, USA）・Jeff Wenaas（CEO & President）

52）Quake Finder（Silicon Valley）・Tom Bleier（President ／

Founder）2007 年

53）CBI（New Oxford Street London）英国産業連盟・Brian Cris・Thomas Headray Rousse criskly

54）TUC（英国労働組合会議）・Tom・Powdrill　Tsam・Gurney

55）DTI（貿易産業省 カンファレンスセンター）・Michel・Massey

56）ILO（国連 ILO 本部）Geneva（4 Rout des Morillons CH Geneva）・Kee Beom KIM・Hera Batin・Bernice Rois（ロンドン支局員）・Neil Worsop（財務省）

57）Free University Berlin（ベルリン自由大学）・マネジメント福沢啓臣

58）Federal Ministry of Economics and Labor・Vera Bade・Jochen Homann

59）DGB（ドイツ労働総同盟）中央執行委員・Burhard von Seggern

60）西安楊森製薬有限公司(ヤンセン)西安市東郊万寿北路 34 号・劉懐忠(党書記)

61）DigitalPoland Foundation（Poland Warsaw）・Piotr Mieczkowski・Lukasz Borowiecki 2019 年

62）APPLICA.AI LTD.（Poland Warsaw）・Piotr Surma 2019 年

63）JETRO WARSAW・清水幹彦所長

64）FRAUNKOFER Research・Marianne Hofmann 2019 年

65）Wittmann Munchener Recycling・David Ward 2019 年

66）TUC（英国労働組合会議）・Tom Powdrill・Tsam Gurney

67）Federal Ministry of Economics and Labor・Vera Bade・Jochen Homann

68）Tata Motors,（India Pune Plant）Anil S Porasharami（General Manager）

参考資料

アーサーアンダーセンビジネスコンサルティング（著）『ミッション・マネジメント 価値創造企業への変革』生産性出版　1997 年。

アッカーマン、ローレンス　D.　邦訳　陶山計介、梅本春夫　『戦略アイデンティティ経営―持続的競争優位をつくる 8 つの法則』、ダイヤモンド社、2002 年。

アンゾフ、H.I, 監訳　中村元一，邦訳　田中英之, 他、『経営戦略論　新訳』、中央経済社、2007 年。

伊藤良二、須藤実和　『戦略グループ経営』、東洋経済新報社、1999 年。

伊藤邦雄　『グループ連結経営』、日本経済新聞社、153 頁、1999年。

板倉　雄一郎　『社長失格の幸福論』、英知出版、2003 年。

内藤勲　『価値創造の経営学―「驚き」がうみだすダイナミクス』、中央経済社、2003 年。

遠藤彰郎、岡田依里、北川哲雄、田中襄一編著　『企業価値向上のための IR 経営戦略』、東洋経済新報社、2004 年。

石井淳蔵　『ブランド　－　価値の創造』、岩波新書、1999年。

石井、奥野、加護野、野中『経営戦略論　新版』、有斐閣、86頁、1996年。

岩出博　『戦略的人的資源管理論の実相―アメリカ SHRM 論研究ノート』、泉文堂、2002 年。

ウェイドマン、デイジー 邦訳 幾島幸子　『ハーバードからの贈り物』、ランダムハウス講談社、2004年。

ウィリアムソン、ジェフェリー　G．邦訳　安場安吉、水原正亨　『不平等、貧困と歴史』、ミネルヴァ書房、2003 年。

エズラ F. ヴォーゲル 著（広中和歌子、木本彰子 訳）『ジャパン アズ ナンバーワン：アメリカへの教訓』TBS ブリタニカ、1979　原著　Ezra F. Vogel 著『Japan as Number One: Lessons for America』ハーバード大学出版局、1979 年。

大滝令嗣　『営業プロフェッショナルの好業績の秘訣』、ダイヤモンド社、14〜29頁、1996年。

岡本, 福代, 上西『MOT 研究開発マネジメント入門』　朝倉書店 2020。

尾崎貴章、松山繁博　『戦略コンピテンシー・マネジメント』、生産性出版、2000 年。

角埜恭央 『ビジネス価値を創造する IT 経営の進化』、日科技連出版社、2004 年。

亀川雅人編著 『ビジネスクリエーターと企業価値』、創成社、2004 年。

川喜多喬、岩村正彦、高木晴夫、永野仁、藤村博之 『グループ経営と人材戦略』、総合労働研究所、1997 年。

河野辺雅徳 編著 『経営者のための事業価値評価』、中央経済社、2003 年。

神田敏英 『価値と生産価格―労働価値説の新たな概念と定式』、御茶の水書房、2002 年。

神田範明 編著 『顧客価値創造ハンドブック』、日科技連出版社、2004 年。

キルソン、C.S. 邦訳 関本 『コーポレートリストラクチャリングの企業価値創出』、パンローリング社、2003 年。

楠田 丘 『賃金体系設計マニュアル』経営書院 1992 年。

クルーグマン、ポール 邦訳 中岡望 『恐慌の罠―なぜ政策を間違えつづけるのか』、中央公論新社、2002 年。

クリステンセン、クレイトン、邦訳 監修 玉田俊平太、訳 伊豆原 弓 『イノベーション・ジレンマ（増補改訂版）－技術革新が巨大企業を滅ぼすとき－』、翔泳社、2001 年。

クリレイトン・クリステンセン、マイケル・レイナー、玉田俊平太監訳 桜井 祐子訳 『イノベーションへの解』 翔泳社、2003 年。

クリレイトン・クリステンセン、ジェフリー・ダイアー、ハル・グレガーセン著 『イノベーションの DNA 破壊的イノベータの 5 つのスキル』 翔泳社、2011 年

棲井祐子訳景気循環学会、金森久男編 『ゼミナール景気循環入門』、東洋経済新報社、2002 年。

コープランド、T.、T. コラー、J. ミュリン、邦訳 伊藤邦雄 『企業評価と戦略経営－ キャッシュフロー経営への転換』、日本経済新聞社、1992 年。

コッチ、リチャード .、イアン・ゴッデン、邦訳 梅酢祐良 『脱マネジメント企業』、ダイヤモンド社、51 頁、1998 年。

ゴジャール、スマントラ クリストファー・A・バートレット 邦訳 グロービス・マネジメント・インスティテュート、『個を生かす企業』、ダイヤモンド社、1999 年。

紺野登、野中郁次郎『知力経営』、日本経済新聞社、93 頁、1995 年。

小林、塩次、高橋『経営管理』、有斐閣、116 ～ 137 頁、1999年。

小林敏男編 新しい企業統治研究会著『ガバナンス経営「守りすなわち攻め」の体制とは』、PHP 研究所、2007 年 1 月。

小林敏男『事業創成 -- イノベーション戦略の彼岸』、有斐閣、2014 年。

三枝匡『戦略プロフェッショナル』、日本経済新聞社、1994 年。

三枝匡『V字回復の経営－2年で会社を変えられますか－』、日本経済新聞社、2001 年。

佐藤政人『人事戦略イノベーション―日本型新職務主義の提言』、同友館、2003 年。

清水秀樹『基礎から学ぶ生産管理システム　SE のための製造業の業務知識』第 1 版　日経 BP　2007 年。

シュワルツ、ピーター .、邦訳　埣本一雄　池田啓宏 『シナリオ・プランニングの技法』東洋経済新報社、2000 年。

シュムペーター、ジョセフ・A.、訳塩野谷祐一、中山伊知郎、東畑精一『経済発展の理論－企業者利潤・資本・信用・利子および景気の回転に関する一研究　上・下』1911 年

新日本監査法人『会社の資本戦略』中央経済社　2004 年。

鈴木輝夫 『グループ経営管理のすべて』、中央経済社、2002 年。

鈴木一功『企業価値評価』、ダイヤモンド社、2 頁~98頁、2004 年。

タッシュマン、マイケ・L.、チャールズ・A・オーライリーⅢ、監訳齋藤彰悟　平野和子『競争優位のイノベーション』、ダイヤモンド社、1997 年。

タイソン、L. D. 、邦訳 竹中、阿部　『誰が誰を叩いているのか』、ダイヤモンド社 、1993 年。

ダモダラン、A. 邦訳　三浦、兼広、中野　『コーポレートファイナンス』、東洋経済新報社、90 ~ 338 頁、2001 年。

高　巖、トーマス・ドナルドソン『新版　ビジネスエシックス』、文眞堂　182頁~ 190 頁、2003 年。

高　巖、日経 CSR プロジェクト編『CSR －企業価値をどうたかめるか』日本経済新聞社、2004 年、16 頁　21 ~ 31 頁。

竹田志郎『日本企業のグローバル市場開発』、中央経済社、2005 年。

竹内規浩『国際人事管理入門』、産能大学出版部、185頁~202頁、1997 年。

武井・郡谷・濃川・有吉・髙木『資金調達ハンドブック［第 2 版］』2017 年。丸山・山田・手塚『資金調達完璧マニュアル』すばる舎

オーライリー、J. フェッファー、監修長谷川喜一郎、訳廣田里子、有賀裕子、『隠れた人材価値（高業績を続ける組織の秘密）』、翔泳社、2002 年。

チャンドラー A.D、チャンドラー Jr.　"Strategy and Structure 、"The　M.I.T.

Press. 『経営戦略と組織（1962）』実業の日本社　1967 年。

デジョージ、R.T. Business Ethics 、Macmillan Publishing Co.　1989 、
　邦訳 永安、山田『ビジネスエシックス− グローバル経済の倫理的要請−』、明
　石書店、586 ～ 610 頁、1995 年。
手塚正彦編著『Q&A 企業再構築の実務—リストラをめぐる法律・会計・税務』、
　新日本法規出版、1999 年。

ドラッカー、P.F. 邦訳　上田惇生、『（新訳）経営者の条件』、ドラッカー選書1
　ダイヤモンド社　1996 年。
ドラッカー、P.F. 邦訳　上田惇生イノベーションの条件（社会の絆をいかに創造
　するか)』ダイヤモンド社、2000 年。
ドラッカー、P.F. 邦訳　上田惇生『ネクスト・ソサイエティ（歴史が見たことのな
　い未来がはじまる)』、ダイヤモンド社、2000 年。
ドラッカー、P.F. 邦訳　上田恒生『新訳　現代の経営』、ダイヤモンド社、136 頁、
　1996 年。
照屋華子、岡田恵子『ロジカル・シンキング−論理的な思考と構成のスキル』、
　東洋経済新報社　2001 年。
ドイル、ピーター　監訳恩藏直人　『価値ベースのマーケティング戦略論』、東
　洋経済新報社、2004 年。
ドゥ・ヴァール、フランス　邦訳　西田利貞、藤井留美、『利己的なサル、他人
　を思いやるサル−モラルはなぜうまれたのか』、草思社、1998 年。
トーリ、ジョー&ヘンリー・ドレイアー　邦訳北代晋一『覇者の条件—組織を成功
　に導く12 のグラウンド・ルール』、実業の日本社、2003 年。
ドノバン、J. R. タリー、B. ワートマン、邦訳　デロイト・トーマツ・コンサルティ
　ング戦略事業部　『価値創造企業−株主、従業員、顧客−全ての満足を最大
　化する経営改革』、日本経済新聞社、1999 年。
トム・コープランド、ティム・コラー、ジャック・ミリョン　邦訳　伊藤邦雄　『企業
　価値と戦略経営』、日本経済新聞社、1993 年。
中村雅秀、奥田宏司、田中祐二編著『グローバル戦略の新世紀パラダイム』
　晃洋書房、2004 年。
永田晃也編『価値創造システムとして企業』、学文社、2003 年。
西澤脩編集代表『グループ経営ハンドブック』、中央経済社、2001 年。

日刊工業新聞社『誰も教えてくれない「工場の損益管理」の疑問』2016年。

日刊工業新聞『イノベーションを目指す"実践"研究開発マネジメント』日刊工業新聞　2010年。

延岡健太郎『MOT"技術経営"入門』（日本経済新聞出版）2006年。

波頭　亮『戦略策定概論−企業戦略立案の理論と実際』　産能大学出版部、1995年、2頁。

萩原秀昭『インナーヘルス・トリップ−心の健康世界旅行』　星雲社　1999年。

原田新介『キャリアコンピテンシーマネジメント』　日本経団連出版、2002年。

パトリシア・ジョーンズ、『世界最強の社訓—ミッション・ステートメントが会社を救う』講談社、2004年。

バーナード、C.『経営者の役割』　有斐閣。

ピーター・シュワルツ『シナリオ・プランニングの技法』邦訳　垰本一雄　池田啓宏、東洋経済新報社　2000年。

M.ビアー、B.スペクター、P.ローレンス、D.ミル、R.ウォルトン『ハーバードビジネススクールテキスト；ハーバードが教える人材戦略』邦訳　梅津　祐良、水谷榮一、日本生産性本部　13頁、1990年。

フェッファー、ジェフェリー. 佐藤洋一訳『人材を生かす企業』翔泳社、1998年。

ブリーリー、リチャード. スチュワート・マイヤーズ、『コーポレートファイナンス上下（第6版)』邦訳藤井真理子　国枝繁樹、日経BP社、2000年。

フェッファー、ジェフェリー. 佐藤洋一訳『人材を生かす企業』翔泳社、1998年。

藤本隆宏『日本のもの造り哲学』日本経済新聞社、2004年。

藤本隆宏『生産マネジメント入門　生産システム編』日経　2001年。

ヘンリー・ミンツバーグ「戦略サファリ」齋藤嘉則　監訳　東洋経済新報社、1999年。

ベリングポイント編『グループ経営マネジメント—連結シナジー追求戦略の構築』生産性出版、1999年。

ポランニー、マイケル、邦訳　佐藤敬三　『暗黙知の次元—言語から非言語へ』、創玄社、1999年。

ポーター、M.E.（1996)、"What is Strategy"Harvard Business Review vol.11-12 邦訳 中辻（1997)「戦略の本質」『ダイヤモンド・ハーバード・ビジネス・レビュー』Vol. 3、ダイヤモンド社、1997年。

ポーター　M.E."What is Strategy,"Harvard Business Review、Nov-Dec 1996、pp.61。

D. ウルリッチ『MBA の人事戦略』（日能率協会マネジメントセンター）1997 年、原典のタイトル ”Human Resource Champion”。

マンツ、 チャールズ C. クリストファー・P. ネック、邦訳 宍戸由希子 『なりたい自分になる技術 － あなたを成功に導くセルフリーダーシップ』 生産性本部、1999 年。

三宅光頼、栗田猛 『賃金システム戦略改訂全書』 明日香出版、1993 年。

三宅光頼、栗田猛 『賞与システム戦略改訂全書』 明日香出版、1993 年。

三宅光頼 『人事戦略論 ストラクチャーとフレームワーク』青山ライフ出版 2015 年

ミルグロム、ポール、ジョン ロバーツ 邦訳 奥野正寛、伊藤秀史、今井晴雄、西村理、八木甫『組織の経済学』 NTT 出版、1997 年。

宮本俊昭『経営組織における実践的正義認識』、創書房 、2001 年 。

ムーア、ジェフェリー 訳高田有現、齋藤幸一『企業価値の断絶』翔泳社、2002 年。

牟田 學『社長学』産能大出版部 1999 年。

武藤泰明『グループ経営 7 つの新常識―投資家の視点から企業の視点へ』 中央経済社、2002 年。

メイワン・ホー、邦訳小沢元彦『遺伝子を操作する―ばら色の約束が悪夢に変わるとき』 2000 年。

本寺大志 ,『職務をベースとした人事・賃金制度改革』労政時報 3902 号、労務行政研究所編 8-22 p.116-138、2016 年 1 月。

リオーダン M.、D.N. シュラム著、原著:Michael Riordan、『宇宙創造とダークマター―素粒子物理からみた宇宙論』、吉岡書店、1994 年。

レビット、T. "Marketing Myopia," Harvard Business Review, July － August. 邦訳 土岐「マーケティングの近視眼」『ダイヤモンド・ハーバード・ビジネス』 1982 年 3-4 月。

レーザー、E.P. 邦訳 樋口美雄、清家 篤『人事と組織の経済学』 日本経済新聞社 1998 年 、325 頁 479 ～ 544 頁。Lazear, Edward P. "PERSONNEL ECONOMICS FOR MANAGER" John Wiley & Sons, Inc. 1998 年。

著者

三宅光頼（みやけみつより）

所属 （現在）

三宅経営コンサルティング事務所　所長

名古屋商科大学ビジネススクール マネジメント研究科　教授

名古屋商科大学ビジネススクール 大阪校　事務所　ディレクター

職歴

大手流通業、人事統括部人事部を経て、住友ビジネスコンサルテイング㈱、朝日アーサーアンダーセン㈱、㈱さくら総合研究所、合併により SMBC コンサルティング㈱を経て㈱日本総合研究所。経営コンサルティング歴 33 年。現在は三宅経営コンサルティング事務所所長

学歴

大阪大学大学院　博士後期課程修了　博士（経済学／大阪大学）Ph.D.

教職歴

追手門学院大学講師、関西学院大学講師（非常勤）、㈱グロービスマネジメントスクール講師（財）関西生産性本部マネジメントスクール講師、近畿大学経営学部講師（非常勤）。

現在　名古屋商科大学ビジネススクール（教授）。教職歴 28 年。

学会

日本経営学会、組織学会会員

著書・訳書

『人事戦略論　ストラクチャー＆フレームワーク』（単著）青山ライフ出版、2015 年

『ガバナンス経営－「守りすなわち攻め」の体制とは』（共著）　PHP 出版 2007 年

『CKO－ナレッジを活かす経営』（共著）生産性出版　2001 年

『プラットフォーム・リーダーシップ』（共訳）有斐閣

『賃金システム戦略改訂全書』（共著）明日香出版　1993 年
『賞与システム戦略改訂全書』（共著）明日香出版　1993 年　　他多数

三宅経営コンサルティング事務所

　主なコンサルティング領域は、組織・人事・戦略。特に人事領域では上場、中堅を問わず約 200 社の実績。

　主な指導業種&業界は、商社・流通小売・ホテル、鉄鋼・建設機械、精密電子機器・電気製品・通信、医薬・病院・介護、情報システム・メディア、不動産・金融、地方自治体、建設・設計、精密機器など。

名古屋商科大学大学院

　国際認証の大学院。本学の MBA プログラムは世界 3 大ランキングとして知られるフィナンシャルタイムズにおいて国内 1 位にランクイン。さらにビジネススクール教育の世界的調査機関である Eduniversal から全ての教育課程が国内 1 位を連続獲得。全授業でケース教材による「ケースメソッド」を導入。

　数百におよぶ多様なケースを活用した討論型授業でリーダーとしての経験値を高めることが可能な学修体験を提供。また教員の 8 割が実務家としての経験を有する研究者、実務と研究で得た知見を授業に反映することで、ビジネスに直結した学びを提供している。国内唯一の AMBA、AACBS、EQUIS の 3 冠（トリプルクラウン）を獲得。

　問合せ先
　　三宅経営コンサルティング事務所
　　mission.and.integrity@kcn.jp
　　名古屋商科大学ビジネススクール
　　mitsuyori_miyake@gsm.nucba.ac.jp

戦略管理論
ミッションからインテグリティへ

著　者	三宅　光頼
発行日	初版1刷　2022 年 1 月 31 日
発行者	高橋　範夫
発行所	青山ライフ出版株式会社
	〒 108-0014　東京都港区芝 5-13-11 401
	TEL　03-6683-8252　FAX　03-6683-8270
	http://aoyamalife.co.jp　info@aoyamalife.co.jp
発売元	株式会社星雲社（共同出版社・流通責任出版社）
	〒 112-0005　東京都文京区水道 1-3-30
	TEL：03-3868-3275　FAX：03-3868-6588
装　幀	加藤　翔子